“十四五”普通高等教育规划教材

财务管理

CAIWU GUANLI

（第3版）

主　编　刘谷金　符安平

中国财经出版传媒集团
中国财政经济出版社
北京

图书在版编目（CIP）数据

财务管理／刘谷金，符安平主编．--3版．--北京：中国财政经济出版社，2024.1

ISBN 978-7-5223-2666-5

Ⅰ.①财… Ⅱ.①刘… ②符… Ⅲ.①财务管理 Ⅳ.①F275

中国国家版本馆CIP数据核字（2024）第011466号

责任编辑：田明晖　　责任校对：徐艳丽
封面设计：陈宇琰　　责任印制：史大鹏

财务管理
CAIWU GUANLI

中国财政经济出版社 出版

URL：http：//www.cfeph.cn

E-mail：tianmh@cfemg.cn

社址：北京市海淀区阜成路甲28号　邮政编码：100142

营销中心电话：010-88191522　编辑部门电话：010-88190670

天猫网店：中国财政经济出版社旗舰店

网址：https：//zgczjjcbs.tmall.com

北京密兴印刷有限公司印刷　各地新华书店经销

成品尺寸：185mm×260mm　16开　19.25印张　485 000字

2024年1月第3版　2024年1月北京第1次印刷

定价：49.00元

ISBN 978-7-5223-2666-5

（图书出现印装问题，本社负责调换，电话：010-88190548）

本社质量投诉电话：010-88190744

打击盗版举报热线：010-88191661　QQ：2242791300

第 3 版前言

“财务管理”是我国高等院校经济管理类专业开设的核心课程，也是会计学、财务管理专业的主干专业课程。为适应该课程的教学需要，我们在 2020 年旧版《财务管理》教材的基础上进行了全面修订，力图在我国现行法律制度、资本市场规定和社会经济整体框架下，以企业财务管理活动为主线阐述财务管理基本理论和方法。

作为本科生财务管理的入门教科书，在编写过程中，我们力求使本书的内容框架清晰、语言简明朴实、理论阐述深入浅出，设计了学习目标和课后练习题，帮助读者加深概念理解和掌握相关知识点。故本书既可以作为本科院校经济管理类专业财务管理课程的学习教材，亦可以作为广大企业管理工作者、理财学习爱好者自学财务管理知识的参考用书。

本书由长期讲授财务管理课程具有丰富教学与实践经验的团队完成。参与编写的人员有：刘谷金、符安平、赵玉珍、欧阳胜银、李雁、李志钢。本次修订保持 2020 年版基本体系和体例，根据财务理论和财务实践的发展，在充分吸纳各方建议的基础上，主要对教材第二章、第三章、第七章的内容进行了较大幅度修订，其余章节小范围修正。

本书的编写参考并吸收了有关法律法规以及国内外已出版的优秀教材、著作、论文的相关内容，谨此说明并致以感谢！

本书是湖南省普通高等学校“十三五”专业综合改革试点项目“湖南科技大学会计专业综合改革”项目、国家一流专业（会计学）建设成果。

由于编者水平和时间有限，本书难免存在不足之处，敬请广大师生和读者批评指正。

刘谷金

2023 年 11 月

目录

附录

第一章　财务管理总论

学习目标

本章主要讲授财务管理的基本概念、内容、原则和方法。通过本章的学习，要求了解财务管理的产生与发展；掌握财务管理的概念；了解财务管理的内容；理解财务管理目标的主要观点；了解财务管理原则及财务管理的主要方法；熟悉财务管理的环境。培养依法理财的意识。

现代财务管理产生于20世纪50年代的美国。几十年来，企业理财环境不断变化，特别是当前，经济持续快速发展，几乎每天都在发生经济环境的变化及财务实务的创新，这使得财务管理的研究方法得到逐步改进和丰富，财务理论和方法得以极大地发展，使人们能在发生不可避免的变化时，做出正确的决策，实现企业市场价值的最大化。

第一节　财务管理的产生与发展

财务学已成为经济管理界最热门的领域之一。1990年，三位美国经济学家亨利·马科维茨（H. Markowitz）、威廉·夏普（Willian F. Sharpe）、默顿·米勒（Merton Miller）因在财务学方面的杰出贡献而获得诺贝尔经济学奖。他们之所以能够获此殊荣，其主要贡献就在于为投资者提供了衡量不同投资的风险和收益的工具以及股票和债券的估价方法。西方财务学主要由三大领域构成，即公司财务、投资学和金融市场，本书主要讲述公司财务的内容。

一、财务管理的产生

15—16世纪，随着商品经济的繁荣，地中海沿岸一带的城市的经济得到了迅速发展。意大利的许多城市发展成为欧洲与远东之间的贸易中心。这种超地区的商业发展，使得某些城市出现了邀请公众入股的商业组织，股东有商人、王公、大臣及一般市民。这种商业组织一般由官方设立并监督其业务，股份不能转让但投资者可以收回。这虽然还不是现代意义上的股份公司，但已开始向公众筹集资金用于商业用途，也已存在红利的分配和股本的回收等问题。因此，国外的许多学者认为，当时已经有了财务管理，只不过那时的财务管理还没有作为一项独立的职能从商业经营活动中分离出来。

随着资本的原始积累，金融业兴起，工业技术的发明和应用，生产和交易规模的不断扩大，股份公司在许多国家中发展起来。特别是19世纪50年代以后，西方产业革命进入完成时期，制造业迅速崛起，新机器、新技术不断涌现，企业规模不断扩大，组织企业需要大量的资金，股份公司得到迅速发展。19世纪末20世纪初，随着股份公司迅速发展，企业规模不断扩大，一项新的管理职能出现，诸如企业如何筹集资金，如何发行股票，外界有什么资金来源，筹集到的资金如何使用，盈利如何分配等。一个新的管理部门——财务管理部门因此应运而生，专门来承担以上职能。财务管理从企业管理中分离出来，专业化的财务管理也就产生了。

二、财务管理的发展

财务管理自产生以来，经历了融资财务管理、内部决策财务管理和投资财务管理三个时期。

（一）融资财务管理时期

20世纪初期，西方国家股份公司迅速发展，企业规模不断扩大，市场商品供不应求。公司普遍存在如何为扩大生产经营规模筹措资金的问题。当时公司财务管理的职能主要是预计资金需求量和筹措公司所需资金，融资则是当时公司财务管理理论研究的根本任务。从一定意义上讲，当时财务管理问题就是融资管理问题，融资管理问题就是财务管理问题。因此，这一时期称为融资财务管理时期或筹资财务管理时期。

为适应当时的情况，各个公司纷纷成立新的管理职能部门——财务管理部，独立的公司理财活动应运而生。财务管理理论研究的重点也主要是融资问题。1910年，美国学者米德（Meade）出版了第一部专门研究公司筹资财务管理的著作《公司财务》。1938年，戴维（Dewing）和李昂（Lyon）分别出版了《公司财务政策》和《公司及其财务问题》。这些著作主要研究企业如何卓有成效地筹集资本，形成了以研究公司融资为中心的“传统型公司财务管理理论”学派。所罗门（Solomon）认为这种传统财务研究为现代财务管理理论的产生与完善奠定了基础。但这种财务理论忽视资金使用问题，存在很大的局限性。

1929年爆发的经济危机和20世纪30年代西方经济的不景气，造成众多企业破产，投资者损失严重。为保护投资人利益，西方各国政府加强了证券市场的法制管理。如美国于1933年和1934年分别出台了《联邦证券法》和《证券交易法》，对公司证券融资做出严格的法律规定。此时财务管理面临的突出问题是金融市场制度与相关法律规定等问题。财务管理首先研究和解释各种法律法规，指导企业按照法律规定的要求，组建和合并公司，发行证券以筹集资本。因此，西方财务学家又将这一时期称为“守法财务管理时期”或“法规描述时期”（descriptive legalistic period）。

1929—1933年的经济危机，也使如何维持公司生存成为投资者和债权人关注的首要问题。危机使许多公司意识到财务管理的任务并不仅是融资问题，还应包括对资金的科学管理与使用。只有注重资金的使用效益，保持资本结构的合理性，严格控制财务收支，才能使企业立于不败之地。20世纪30年代后，财务管理的重点开始从扩张性的外部融资向防御性的内部资金控制转移，各种财务目标和预算的确定、债务重组、资产评估、保持偿债能力等问题，开始成为这一时期财务管理研究的重要内容。

一些专家、学者根据20世纪30年代后出现的这种趋势，认为西方财务管理理论进入了新的发展时期，实际并非如此。直到20世纪40年代末，公司财务管理的理论与方法仍然没有实质性进展。财务管理的重点仍停留于外部融资，财务理论的内容仍以介绍法律、金融市场和金融工具为主，至于怎样提高资金使用效率和强化内部控制等问题，尚未达到应有的重视程度。

（二）内部决策财务管理时期

20 世纪 50 年代以后，面对激烈的市场竞争和买方市场趋势的出现，在总结历史经验教训的基础上，财务经理们普遍认识到，单纯靠扩大融资规模、增加产品产量已无法适应新的发展需要。财务经理的主要任务应是解决资金使用效率问题，做好资金利用的决策。公司内部的财务决策成为首要任务，而与融资相关的事项已退居第二位。这样，公司财务决策与生产决策、营销决策一起构成决定公司生死存亡的三大支柱决策。美国各大公司纷纷设立财务副总经理，由其制定公司的重要财务方针和计划，编审财务预算和评估重大投资方案等。基于这一原因，西方财务学家将这一时期称为“内部决策时期”（internal decision-making period）或“综合财务管理时期”。

在此期间，资金的时间价值引起了财务经理的普遍关注，以固定资产投资决策为研究对象的资本预算方法日益成熟。最早研究投资财务理论的美国人迪恩（Joel Dean）于 1951 年出版了《资本预算》，其对财务管理由融资财务管理向资产财务管理的飞跃发展产生了决定性影响。此后，财务管理的中心由重视外部融资转向注重资金在公司内部的合理配置，使公司财务管理发生了质的飞跃。这一时期资产管理成为财务管理的重中之重，因此也被称为资产财务管理时期。

20 世纪 50 年代后期，对公司整体价值的重视和研究是财务管理理论的另一显著发展。实践中，投资者和债权人往往根据公司的盈利能力、资本结构、股利政策、经营风险等一系列因素来决定公司股票和债券的价值。所以，遇到重大决策时，首先必须评估决策对公司价值将会产生何种影响。由此，资本结构和股利政策的研究受到高度重视。1958—1961 年，米勒和莫迪格利尼（Modigliani）经过大量研究认为在有效的证券市场上，公司的资本结构和股利政策与其证券价值无关，即被世人称为的 MM 理论。西方财务界对此反响强烈，最初该理论被看作是离经叛道的奇谈怪论，但今天它已被学术界公认，大多数财务学者认为它是财务管理理论中最重要的贡献，奠定了现代公司财务理论的基础。

总之，在这一时期，以研究财务决策为主要内容的“新财务论”已经形成，其实质是注重财务管理的事先控制，强调将公司与其所处的经济环境密切联系，以资产管理决策为中心，将财务管理理论向前推进了一大步。

（三）投资财务管理时期

第二次世界大战结束以来，科学技术迅速发展，产品更新换代速度加快，国际市场迅速扩大，跨国公司日益增多，金融市场空前繁荣，市场环境日趋复杂，投资风险与日俱增。企业更加注重投资效益，规避投资风险，这对已有的财务管理理论提出了新的要求。20 世纪 60 年代中期以后，财务管理研究的重点转移到投资问题上，因此，这一时期称为投资财务管理时期。

早在 1952 年，马可维茨就提出了投资组合理论的基本概念。1964 年和 1965 年，美国著名财务管理专家夏普和林特纳（J. Lintner）在马可维茨的基础上做了深入研究，建立了“资本资产定价模型”（capital assets pricing model，简称 CAPM）。这一理论的出现标志着财务管理理论的又一次飞跃发展。

投资组合理论和资本资产定价模型揭示了资产的风险与其预期报酬率之间的关系。它不仅将证券定价建立在风险与报酬的相互作用基础上，而且大大改变了公司的资产选择策略和投资策略，并被广泛应用于公司的资本预算决策。其结果导致财务学中原来比较独立的两个领域——投资学和公司财务管理相互融合，使公司财务管理理论跨入了投资财务管理的新时期。

20世纪70年代以后，金融工具的推陈出新使公司与金融市场的联系日益密切。认股权证、金融期货等广泛应用于公司融资与对外投资活动，推动财务管理理论日益发展和完善。如布莱克（F. Black）等的期权定价模型（option pricing model，简称OPM），罗斯的套利定价理论（arbitrage pricing theory，简称APT）。

一般认为，20世纪70年代是西方财务管理理论走向成熟的时期。它吸收了自然科学和社会科学的丰富成果，财务管理进一步发展成为集财务预测、财务决策、财务计划、财务控制和财务分析于一身，以筹资管理、投资管理、营运资金管理和利润分配管理为主要内容的管理活动，并在企业管理中居于核心地位。1972年，法玛（Fama）和米勒出版的《财务管理》一书，是集西方财务管理理论之大成的著作，标志着西方财务管理理论已经发展成熟。

在我国，1949年以前，社会经济发展缓慢，始终未形成独立的财务管理工作体系和财务管理学科。1949年以后，在苏联的影响下，根据计划经济的特点，建立了集中计划管理和统收统支的财务管理体系，它对恢复我国经济和国民经济的发展曾起到十分重要的作用。在此体制下，企业财务管理的任务是完成国家下达的计划指标，按计划取得资金和按规定使用资金，无自主筹集资金的必要，也无自主使用资金的权力。企业实现的盈利全部或大部分上缴国家，亏损由国家弥补，财务管理相对薄弱。改革开放以后，国家对经济工作十分重视，并对财务管理体制实施了一系列的改革措施，企业理财的自主权逐渐加强。随着改革开放的逐渐深入和社会主义市场经济的建立，国家主要通过间接的调控手段对经济进行调节和管理，市场在国家宏观调控下对资源配置起基础性作用。企业直接面向市场，成为自主经营、自负盈亏、自我积累、自我发展的独立商品生产的经济实体。这样的变革为企业自主理财创造了可能性。随着社会主义市场经济的深入发展，竞争日益激烈，财务管理已经成为促进我国经济发展的重要手段，财务管理在企业管理中的战略地位日益明显，并受到极大的重视。

三、财务管理发展趋势

从财务管理的发展趋势看出，财务管理学处在不断变化和日趋完善中。我们认为企业财务管理进入了深化发展的新阶段，并正朝着国际化、精确化、网络化方向发展。

（一）国际财务管理成为现代财务学的分支

随着现代通信技术和交通工具的迅速发展，世界各国经济交往日益密切，公司不断朝着国际化和集团化的方向发展，国际贸易和跨国经营空前活跃。在新的经济形式下，财务管理理论的注意力转向国际财务管理领域。20世纪80年代中后期以来，进出口贸易融资、外汇风险管理、国际转移价格、国际投资分析、跨国公司财务业绩评估等，成为财务管理研究的热点，并由此产生了一门新的财务学分支——国际财务管理。随着21世纪经济全球化时代的到来，国际财务管理将更加得到重视和发展。

（二）财务风险问题与财务预测、决策数量化受到高度重视

20世纪80年代中后期，拉丁美洲、非洲和东南亚的发展中国家陷入沉重的债务危机，

苏联和东欧国家政局动荡、经济濒临崩溃，美国经历了贸易逆差和财政赤字，贸易保护主义一度盛行。这一系列事件导致国际金融市场动荡不安，使企业面临的投融资环境具有高度不确定性。因此，企业在其财务决策中日益重视财务风险的评估和控制，其结果是效用理论、线性规划、对策论、概率分布、模拟技术等数量方法在财务管理工作中的应用与日俱增。

（三）网络财务管理是21世纪企业财务管理的发展方向

20世纪60年代以来，随着数学方法、应用统计、优化理论与电子计算机等先进方法和手段在财务管理中的应用，公司财务管理理论发生了一场“革命”，财务分析向精确方向飞速发展。20世纪80年代诞生了财务管理信息系统，20世纪90年代中期以来，计算机技术、电子通信技术和网络技术发展迅猛，网络时代已经到来，财务管理面临一场伟大革命——网络财务管理。

第二节　财务管理的内容

一、财务管理的概念

财务管理是组织企业财务活动、处理财务关系的一项经济管理工作，而财务管理学则是研究如何组织财务活动及处理财务关系的方法论科学。企业财务则是企业财务活动及其所体现的经济利益关系的总称。因此，要了解财务管理，必须要了解企业的财务活动和财务关系。

（一）财务活动

企业财务活动是以现金收支为主的企业资金收支活动的总称。在市场经济条件下，企业再生产过程具有两重性，它既是使用价值的生产和交换过程，又是价值的形成和实现过程。在这个过程中，物质价值的货币表现就是资金，资金的实质是再生产过程中运动着的价值。为了保证生产经营活动正常进行，企业需要筹集一定数量的资金。企业拥有一定数量的资金是进行生产经营活动的必要条件。

随着企业再生产过程的不断进行，企业的资金总是处于不断的运动变化之中。在生产经营中，现金变为非现金资产，非现金资产又变为现金，这种流转过程称为现金流转。这种流转无始无终，不断循环，称为现金循环或资金循环。资金循环体现着资金运动的形态变化。企业财务活动包括企业为生产经营需要而进行的资金筹集、资金运用和资金分配以及日常资金管理等活动。

1. 筹资所引起的财务活动

新设企业，必须要筹集一定的资金作为最初的资本。在生产经营过程中，企业也必须要筹集一定数量的资金来维持简单再生产或扩大再生产。企业通过发行股票、发行债券、吸收直接投资、银行借款等方式筹集资金，表现为企业现金的流入；企业偿还债务、支付利息、股利以及付出各种筹资费用等，则表现为企业的现金流出。这便是由企业筹资所引起的财务活动。

2. 投资所引起的财务活动

企业是以盈利为目的的经济组织，为了实现其目的，需要把资金用于生产经营活动以便取得盈利，不断增加企业价值。企业把筹集的资金投资于企业内部用于购置固定资产、无形资产等，形成企业的对内投资；把资金用来购买其他企业的股票、债券或与其他企业进行联营投资，形成企业的对外投资。无论是对外投资还是对内投资，都将引起企业的现金流出；而收到股利、利息或将股票、债券变现时，则会引起现金的流入。这种因投资而产生的现金收支，便是由投资所引起的财务活动。

3. 营运所引起的财务活动

企业在正常生产经营过程中会发生一系列的现金收支。例如，企业要采购材料或商品，以便从事生产和销售活动，同时还要支付工资和其他营运费用；又如，出售商品或提供劳务时，可取得收入，收回现金。上述所产生的现金收支活动便是营运所引起的财务活动。

4. 利润分配所引起的财务活动

企业在生产经营过程中会产生利润，也可能会因对外投资而产生利润，这表明企业的资金实现了增值或得到了投资报酬。企业的利润应按规定的程序进行分配：依法缴纳企业所得税；弥补以前年度亏损；提取盈余公积金和公益金；发放优先股股利；向投资者分配利润。这些便属于由利润分配而引起的财务活动。

以上财务活动构成了企业财务活动的全部，它们相互联系、相互依存。

（二）财务关系

企业财务关系是指企业在组织财务活动过程中与各相关利益集团发生的经济利益关系。企业的财务关系可概括为以下几个方面。

1. 企业与投资者和受资者之间的财务关系

一方面，企业从各种投资者那里筹集资金，进行生产经营活动，并将所实现的利润按各投资者的出资额进行分配；另一方面，企业还可将自身的法人财产向其他单位投资，这些被投资单位即为受资者。受资者也应将其所产生的利润向企业进行投资收益的分配。企业与投资者、受资者的关系，实质是共同分享收益的关系。这在性质上属于所有权关系，反映着经营权和所有权之间的关系。

2. 企业与债权人、债务人、往来客户之间的财务关系

企业购买材料、销售产品，要与购销客户发生货款收支结算关系。在购销活动中由于延期收付款项，要与有关单位发生商业信用——应收账款和应付账款。当企业资金不足或资金闲置时，要取得各种银行借款、发行债券或购买其他单位债券。企业与债权人、债务人、购销客户的关系，在性质上属于债务债权关系。

3. 企业与国家之间的财务关系

企业应按照国家税法的规定计算缴纳各种税款。国家以社会管理者身份向企业征收有关税金，保证国家财政收入的实现，满足社会各方面的需要。企业及时足额纳税是其对社会应尽的义务，而税务机关代表国家行使税收征管权力。这反映了企业依法纳税和税务机关依法征税的税收权利义务关系。

4. 企业内部各单位之间的财务关系

这是指企业内部各单位之间在生产经营各环节中相互提供产品或劳务而形成的经济关系。在实行内部经济核算制的条件下，部门之间相互提供产品和劳务要进行计价结算。这样，在企业财务部门同各单位及各单位之间就发生了资金结算关系。处理这种关系时，要严格分清有关各方的经济责任，以便有效地发挥激励机制和约束机制的作用。

财务管理是基于再生产过程中客观存在的企业财务活动和财务关系而产生的，是组织企业财务活动、处理企业财务关系的一项综合性的管理工作，通过预测、决策、计划、控制和评价来实现筹资、投资、资金运营和利润分配的管理。

财务管理学则是研究如何组织财务活动和处理财务关系的方法论的科学。

二、财务管理的内容

企业财务管理集中于企业怎样才能创造和保持价值，即如何实现企业价值最大化。企业价值最大化的途径是提高报酬率和减少风险，企业报酬率的高低和风险大小又取决于投资项目、资本结构和股利政策。因此，财务管理的主要内容是投资决策、筹资决策和股利分配决策及营运资金管理。

（一）投资决策

投资是指以收回现金并取得收益为目的而发生的现金流出。投资决策主要涉及资产负债表的资产方（左方），决定企业投资于哪些资产和提出诸如是否新建厂房的问题。企业的投资决策，按不同的标准可以分为以下类型。

1. 直接投资和间接投资

直接投资是指把资金直接投放于生产经营性资产，以便获取利润的行为。例如，购置设备、兴建工厂、开办商店等。

间接投资是指把资金投放于金融性资产，以便获取股利或利息收入或资本利得的行为。例如，购买债券、股票、基金等。

这两种投资决策所使用的一般性概念虽然相同，但决策的具体方法却不同。间接投资只能通过证券分析与评价，从证券市场中选择公司需要的股票和债券，并组成投资组合。作为行动方案的投资组合，不是事先创造的，而是通过证券分析得出的。直接投资要事先创造一个或几个备选方案，通过对这些方案的分析和评价，从中选择一个足够满意的行动方案。

2. 长期投资和短期投资

长期投资是指影响所得超过 1 年的投资，例如，购买设备、建造厂房等。长期投资又称资本性投资。用于股票和债券的长期投资，在必要时可以出售变现，而较难以改变的是生产经营性的固定资产投资。所以，有时长期投资专指固定资产投资。

短期投资是指影响所得不超过 1 年（含 1 年）的投资，包括各种股票、债券、基金等。短期投资又称为流动资产投资或营运资金投资。

长期投资和短期投资的决策方法有所区别。由于长期投资涉及的时间长、风险大，决策分析时更重视货币的时间价值和投资风险价值的计量。

由于企业拥有的经济资金具有稀缺性，因此，有效投资、实现风险与收益的均衡是进行投资决策所必须遵循的基本原则。

（二）筹资决策

投资决策一经做出，公司就必须为满足投资对于资金的需要而进行筹资。筹资是为了满足公司对于资金的需要而筹措和集中资金的经济行为。例如，公司发行股票、发行债券、向银行借款、赊购等。筹资决策主要涉及资产负债表的负债及股东权益方（右方），表现为对公司资金需要的确定，对筹资方式的选择，对公司权益资本与长期负债比例的规划等方面。

筹资决策的关键是决定各种资金来源在总资金中所占的比重，即确定资本结构，以使筹资风险和筹资成本相配合。

1. 权益资金和借入资金

权益资金是指公司股东提供的资金。它不需要归还，筹资风险小，但其期望的报酬率高。

借入资金是指债权人提供的资金。它要按期归还本金，并支付利息，有一定的风险，但其要求的报酬率比权益资金低。

所谓资本结构，主要是指权益资金和借入资金的比例关系。一般来说，完全通过权益资金筹资是不明智的，不能获得财务杠杆的好处；但负债比例高则风险大，企业可能陷入财务危机，所以，筹资决策的关键是确定合适的资本结构。

2. 长期资金和短期资金

长期资金是指企业可长期使用的资金，包括权益资金和长期负债。权益资金不需要归还，企业可以长期使用，属于长期资金。此外，长期借款也属于长期资金。有时，习惯上把1年以上、5年以内的借款称为中期资金，而把5年以上的借款称为长期资金。

短期资金一般是指1年内要归还的短期借款。一般来说，短期资金的筹集主要解决临时的资金需要。例如，在生产经营旺季需要的资金比较多，可借入短期借款，度过生产经营的旺季之后归还。

长期资金和短期资金的筹资速度、筹资成本、筹资风险以及借款时企业所受的限制有所区别。如何安排长期资金和短期资金的相对比重，是筹资决策要解决的另一重要问题。

（三）股利分配决策

股利分配是指在公司当年实现的净利润中，应拿出多少用于支付现金股利，多少保留下来用于再投资。过高的股利支付率，影响企业再投资的能力，会使未来收益减少，造成股价下跌，而过低的股利支付率，则可能引起股东不满，股价也会下跌。

股利分配决策是确定当年净利在股东股利和企业留存收益之间的分配比例，即制定公司的股利政策。每个公司根据自己的具体情况确定最佳的股利政策，是财务决策的一项重要内容。

股利分配决策，从另一个角度看也是保留盈余决策，是企业内部筹资问题。因此，有研究者认为股利决策属筹资的范畴，而并非一项独立的财务管理内容。

（四）营运资金管理

营运资金管理的基本任务是短期资金的筹集以及短期资金周转效率的提高。营运资金管理是通过有效地进行资金的日常调度和调剂，合理配置资金，以提高资金使用效率，增强短期资金流动性。

营运资金管理的首要任务是合理安排流动资产和流动负债的比例关系，确保企业有较强的短期偿债能力；其次是加强流动资产管理，提高其周转效率，改善企业财务状况，也是营运资金管理的重要内容。

三、财务管理的环节和方法

任何一项财务活动都需要经过预测、决策、计划、控制、分析与评价这几个基本环节。这些管理环节互相配合，紧密联系，形成周而复始的财务循环过程，构成完整的财务工作体系。

（一）财务预测

财务预测是根据有关的历史资料、现实条件和未来的要求，运用科学的方法对未来的财务活动、财务成果和财务状况进行预测和测算。财务预测的类型包括编制财务计划之前的预测和计划执行过程中对计划完成情况的预测。财务预测的目的是为财务决策和财务计划提供科学的依据。财务预测的内容包括资金数量与来源及运用的预测、成本预测、销售收入预测和利润预测。财务预测的工作步骤为：明确预测对象和目的，搜集和整理预测资料，选择预测模型，实施财务预测。财务预测的方法有多种，常用的有定性预测法和定量预测法，前者有经验判断法和调查研究法等，后者有趋势预测法和因素分析法等。

（二）财务决策

财务决策是在财务预测的基础上，根据财务目标的总体要求，从若干个可以选择的财务活动方案中选择最优方案的过程。财务决策包括筹资决策、投资决策、股利分配决策。财务决策包括以下工作步骤：确定决策目标、拟定备选方案、评价备选方案、选择最优方案。常用的财务决策方法有优选对比法、数学微分法、线性规划法、概率决策法、损益决策法等。

（三）财务计划

财务计划是在一定的计划期内以货币形式反映生产经营活动所需要的资金及其来源、财务收入和支出、财务成果及其分配的计划。财务计划以财务决策确立的方案和财务预测提供的信息为基础来编制，是财务预测和财务决策的具体化，是进行日常财务管理和控制财务活动的依据。财务计划一般包括资金筹集计划、资金使用计划、现金收支计划、成本费用计划、利润计划等。财务计划环节的主要工作步骤为：分析主客观条件，确定主要指标，安排生产要素，组织综合平衡，编制计划表格。常用的财务计划编制方法有固定计划法、弹性计划法和滚动计划法。

（四）财务控制

财务控制是指在财务管理过程中，利用有关信息和特定手段，对企业的财务活动施加影响或调节，以便实现计划所规定的财务目标。财务控制要适应管理定量化的需要，抓好以下几项工作：制定控制标准，分解落实责任，确定执行差异，及时消除差异，评价单位业绩，做好考核奖惩。最常用的财务控制方法有防护性控制、前馈性控制和反馈性控制等。

（五）财务分析与评价

财务分析与评价是根据有关信息资料，运用特定方法，对企业财务活动过程及其结果进行分析和评价的一项工作。通过财务分析，可以掌握各项财务计划指标的完成情况；评价财务状况；研究和掌握企业财务活动的规律性；改善财务预测、决策、计划和控制；改善公司管理水平，提高公司经济效益。财务分析的一般程序是：确立题目，明确目标；搜集资料，掌握情况；指标对比，揭示问题；因素分析，明确责任；提出措施，改进工作。财务分析的方法主要包括比较分析法、比率分析法和因素分析法等。

第三节　财务管理的目标

企业财务目标是指通过企业财务管理的融资和投资等活动所要达到的根本目的。在现代财务管理的理论体系及理财实践活动中，财务管理目标是一个逻辑起点，决定着财务管理各种决策的选择，是企业各种理财决策的标准。科学的理财目标，有助于企业日常理财的规范化，有利于科学理财理念的树立，有助于提高企业的理财效率并支持企业的可持续能力。

一、财务管理目标的基本观点

关于财务管理目标的综合表述有四种主要观点。

（一）利润最大化

这种观点认为利润代表了企业新创造的财富，利润越多则说明企业的财富增加得越多，从而越接近企业的目标。但是，以利润最大化为目标存在着以下的不足或缺陷：

（1）概念模糊不清。利润有许多定义，譬如是指会计利润还是经济利润？是计量民间利润还是社会利润（包含对社会各方面而不仅是对所有者的影响）？是使短期利润最大化还是长期利润最大化？

（2）利润最大化忽略所获得货币的时间差异。这种差异因货币的时间价值而非常重要，如利润最大化没有明确区别今天所获得1元和未来1年后的今天所获得的1元。当成本和利益随着时间（如若干年）延续发生时，利润的计量无法恰当地调整时间差异对价值的影响。

（3）利润最大化忽略不同方案之间的风险差异。当对两个报酬相同而风险不同的方案进行选择时，大多数人都选择风险较低的方案。这就使低风险方案更有价值，而利润最大化却无视这种风险上的差异。

（4）没有考虑投入与产出之间的关系。当对两个报酬相同而投资额不同的方案进行选择决策时，人们会选择投资少的方案，这就使低投资方案更有价值，而利润最大化则不考虑这种投资上的差异。

（二）每股盈余或净资产收益率最大化

每股盈余是指税后净利与发行在外的普通股股数之比，净资产收益率是指税后净利与所有者权益的比率，它们是同一含义指标的不同表达形式。这两个指标是利润最大化目标的演进。同利润最大化相比，每股盈余的高低取决于税后净利润的高低，并且考虑了所获利润同所投入资本之间的比例关系。但它与利润最大化一样，仍然没有考虑每股盈余取得的时间差异，没有考虑每股盈余的风险差异。

（三）股东财富最大化

股东财富最大化是指企业应以达到股票的最高市价为目的。该种观点认为，股东创办企业的目的是扩大财富，他们是企业的所有者，企业价值最大化就是股东财富最大化。但是股东财富最大化不一定是企业价值最大化，在财务管理中，股票的市价是投资者根据企业未来的现金流量对股票所做的价值估量，反映了货币的时间价值；股票的市价与风险成反比，投资者所冒风险越高，投资收益越不稳定，要求的报酬率就越高，股票的价值就越低，反映了投资的风险价值。

但是，按照现代经济理论，股东财富最大化不能成为理想的公司财务目标。首先，股东财富最大化的目标忽略了公司相关方面的利益，公司是利益相关人的集合体。其次，在契约参与的其他方利益固定的前提下，以“股东财富最大化”为财务目标并不可能保证实现“社会财富最大化”。如果以股东财富最大化作为唯一追求的目标，将会导致公司种种损伤社会财富的行为，比如削减工资、恶意兼并其他企业以降低员工成本或逃避国家税收等。最后，以股票市价最大化作为理财目标实际上很难普遍采用。上市的股份公司在全部企业中只占极少一部分，且即使是上市公司的股票市价也要受多种因素包括非经济因素的影响，不是总能反映企业的经营业绩并准确体现股东财富的。

（四）企业价值最大化

企业价值是指企业未来现金净流量按照公司要求的必要报酬率计算的总现值，也是公司的市场价值。企业价值取决于公司未来创造的现金净流量、公司要求的必要报酬率和公司存续时间等因素，在理论上等于公司股东的价值与债务的价值之和，即金融化的资产价值。以企业价值最大化作为公司理财的目标，是现代企业发展的必然要求。它具有与相关利益者利益的一致性，保证公司战略发展的长期性，考虑了收益取得的时间差异性及投资的风险性等特征。

企业的价值在于它能给所有者带来未来的报酬，给利益相关者创造财富。如同商品的价值一样，企业的价值只有投入市场才能通过价格表现出来。

我国企业按出资者的不同，可分为三类，其价值分别如下所述。

（1）独资企业，即只有一个投资者，对企业债务负无限责任，企业的价值是出资者出售企业可以得到的现金。

（2）合伙企业，即有两个以上的出资者（合伙人），合伙人对企业债务负连带责任，该企业的价值是合伙人转让其财产份额可以得到的现金。

（3）公司企业，依照《中华人民共和国公司法》（以下简称《公司法》）设立，分为有限责任公司和股份公司，均为公司法人并对公司债务负有限责任。有限责任公司有 1～50 个出资者（股东），该公司的价值是股东转让其股权可以得到的现金。股份有限公司的股东在 2 人以上，该公司的价值是股东转让其股份可以得到的现金。总之，企业的价值是其出售的价格，而个别股东的财富是其拥有的股份转让时所得的现金。

其中，最典型、最能说明问题的是股份公司，我们将以股份公司为背景，展开对财务管理的论述。

二、影响财务管理目标实现的因素

财务管理的目标是企业价值或股东财富最大化，股票价格代表了股东财富。因此，在一定程度上，股价高低反映了财务管理目标的实现程度。

公司股价受外部环境和管理决策两个方面因素的影响。外部环境的影响将在本章第五节中论述，这里先说明管理当局可控制的决策因素。

从管理当局可控制的决策因素看，公司价值大小取决于公司的报酬率和风险，而公司的报酬率和风险又是由公司的投资项目、资本结构和股利政策决定的。因此，这五个因素影响企业的价值。财务管理正是通过投资决策、筹资决策和股利决策来提高报酬率，降低风险，实现其目标的。

（一）投资报酬率

在风险相同的情况下，提高投资报酬率可以提高公司价值。公司的盈利总额是不能反映公司价值的，而要看其投资报酬率的高低。

（二）风险

任何决策都是面向未来的，但未来具有不确定性，也就是存在或多或少的风险。因此，决策时需权衡风险与报酬，才能获得较好的结果。

（三）投资项目

投资项目是决定企业报酬率和风险的首要因素。

一般来说，被企业采纳的投资项目都会增加企业的报酬，否则企业就没有必要为它投资。与此同时，任何项目都有风险，区别只在于风险的大小不同。因此，企业的投资项目会对企业的报酬率和风险产生影响，从而影响企业价值。

（四）资本结构

资本结构是企业筹资行为的结果，它也会对企业的报酬率和风险产生影响。资本结构是指所有者权益与负债的比例关系。一般情况下，企业借债的利率低于其投资的预期报酬率，可以通过借款来提高每股盈余，但同时会扩大每股盈余的风险。因为一旦情况发生变化，如销售萎缩等，实际的报酬率低于利率，则负债不但不会提高每股盈余，反而使每股盈余减少，企业甚至可能因不能按期支付本息而破产。资本结构不当是企业破产的一个主要原因。

（五）股利政策

股利政策是指企业赚取的盈余中，有多少作为股利发放给投资者，有多少保留下来进行再投资，以便使未来盈余源泉保持下去。股东既希望分红，又希望每股盈余在未来不断增长，两者是当前利益与长远利益的矛盾。但加大保留盈余会提高未来的报酬率，而再投资的风险比立即分红的风险要大。因此，股利政策会影响公司的报酬和风险，从而影响公司价值。

三、不同利益主体财务目标的冲突与协调

企业的理财目标是企业价值最大化。但是，由于公司制企业的各利益主体包括股东、经营者、债权人等经济人具有独立的经济利益，利益的冲突使得企业不会自行沿着企业价值最大化的轨道运行。如何解决他们之间的利益冲突，成为当代经济学的前沿问题，即代理经济学。

代理理论是由著名经济学家迈克尔·詹森和威廉·梅克林于1976提出的。代理理论阐明了企业存在的两种主要代理关系：股东与经营者之间的代理冲突及协调，股东与债权人之间的代理冲突及协调。

（一）股东和经营者财务目标的冲突与协调

股东和经营者的代理冲突源于在自利行为的假设下，股东与经营者目标的不一致性。股东的目标是实现股东财富最大化，而经营者的目标是报酬和所消费的非金钱利益最大化。非金钱利益包括经营者的职务消费，如增加闲暇时间、公款旅游、公款消费等。经营者消费的非金钱利益牺牲的是企业价值，经营者的非金钱消费动机越强烈，股东价值损失越大。

为了防止经营者背离股东目标，一般有两种方法：监督和激励。

（1）监督。经营者背离股东目标，其条件是双方的信息不一致，主要是经营者了解的信息比股东多，避免“道德风险”和“逆向选择”的出路是股东获得更多的信息，对经营者进行监督，在经营者背离股东目标时，减少其各种形式的报酬，甚至解雇他们。

但是，全面监督在实际上是行不通的。股东是分散的或者远离经营者的，他们得不到充分信息，经营者比股东有更大的管理优势，比股东更清楚什么是对企业更有利的行动方案，全面监督管理行为的代价是很高的，很可能超过它所带来的收益。因此，监督受到合理成本的限制，不可能事事监督，虽然监督可能减少经营者违背股东意愿的行为，但不能解决所有

问题。

（2）激励。防止经营者背离股东利益的另一出路是采用激励报酬计划，使经营者分享企业增加的财富，鼓励他采取符合企业最大利益的行动。例如，企业盈利率提高或股票价格提高后，给经营者以现金、股票奖励。支付报酬的方式和数量大小，有多种选择。例如，报酬过低，不足以激励经营者，股东不能获得最大利益；报酬过高，股东付出的激励成本过大，也不能实现自己的最大利益。因此，激励可以减少经营者违背股东意愿的行为，但也不能解决全部问题。

通常，股东同时采取监督和激励两种办法来协调自己和经营者的目标。尽管如此，仍不可能使经营者完全按股东的意愿行动，他们仍然可能采取一些对自己有利而不符合股东最大利益的决策，并由此给股东带来一定的损失。监督成本、激励成本和偏离股东目标的损失之间此消彼长，相互制约。股东要权衡轻重，力求找出能使三项之和最小的解决办法，它就是最佳的解决方案。

（二）股东和债权人财务目标的冲突与协调

企业第二个代理问题是股东与债权人之间存在的利益冲突，两者利益冲突的根源在于他们对企业现金流量的要求权不同。企业的债权人将资金贷放给企业时，要求企业承担按期支付利息和偿还本金的责任。债权人所取得的利息和收回的本金是固定数额，当企业获得的收益足以偿付债务后，剩余的收益均归属股东，所以股东常常要求企业经理利用借款来进行投资以增加其财富。股东为了自身利益而损害债权人利益，其方式一般有两种。

其一，股东通过企业管理层促使企业投资新的商业项目，而这类商业项目的风险比债权人预期得要大。如果高风险的计划侥幸成功，超额的利润归股东独吞。如果计划不幸失败，公司无力偿债，债权人将与股东共同承担由此造成的损失。

其二，股东为了提高公司的利润，不征得债权人同意而迫使管理当局发行新债，致使旧债务的价值下降，使旧债权人蒙受损失。这是因为企业增加新的债务，破产的可能性就会增加，减少了现在债务的破产保护。

债权人为了防止其利益被伤害，除寻求立法保护，如破产时优先接管，优先于股东分配剩余财产外，通常采取以下措施。

第一，在借款合同中加入限制性条款，如规定资金的用途，规定不得发行新债或限制发行新债的数额等。

第二，发现公司正在以损害债权人利益为代价增加股东财富时，拒绝与企业进一步合作，或者提前收回贷款，或者要求一个比正常收益率更高的利率以补偿这种可能造成损失的风险。

（三）企业目标与社会责任的冲突与协调

企业目标与社会目标在许多方面是一致的。企业在追求自己的目标时，自然会使社会受益。例如，企业为了生存，必须要生产出符合顾客需要的产品，以满足社会的要求。企业为了发展，要扩大规模，自然会增加职工人数，解决社会就业问题。企业为了获利，必须提高劳动生产率，改进产品质量，改善服务，从而提高社会生产效率和公众的生活质量。

企业目标与社会目标也有矛盾的一面。企业履行社会责任会导致企业在一定时期内经营成本的增加，减少企业当期的盈利，削弱企业的竞争能力，如履行政府环境保护的要求会发生环境投资，增加员工福利也会增加企业的成本。正因如此，从股东的角度考虑，成本的增加减少了股东享有的剩余收益，为降低成本，企业可能会采取逃避社会责任的行为。

股东只是社会的一部分人，他们在谋求自己利益的时候，不应当损害他人的利益。国家要保护所有公民的正当权益，为此，国家颁布了一系列保护公众利益的法律，如《中华人民共和国公司法》《中华人民共和国反不正当竞争法》《中华人民共和国环境保护法》《中华人民共和国合同法》《中华人民共和国消费者权益保护法》《中华人民共和国产品质量法》等，通过这些法律调节股东和社会公众的利益。

一般来说，企业只要遵守这些法规，在谋求自己利益的同时就会使公众受益。但是，法律不能解决所有问题，况且目前我国的法制尚不健全，企业有可能在合法的情况下从事不利于社会的事情。因此，企业还应受到商业道德的约束，要接受政府有关部门的行政监督，以及社会公众的舆论监督，以进一步协调企业和社会的矛盾。

第四节　财务管理的原则

财务管理原则，也称理财原则，是进行企业财务活动和处理财务关系所应遵循的指导性的理念或标准。理财原则产生于理财的实践，是为实践所证明了的并且为多数理财人员所接受的理财行为准则，是财务理论和理财决策的基础。理财原则只是提供理财活动共性的认识或规律，不意味着在任何情况下都绝对正确，理财原则的应用必须与应用的具体环境相结合。

关于如何概括理财原则，人们的认识不完全相同。道格拉斯·R. 爱默瑞和约翰·D. 芬尼特的观点较具代表性，他们将理财原则概括为三类，共12条。

一、有关竞争经济环境的原则

（一）自利行为原则：人们按照自己的财务利益行事

自利行为原则是指人们进行财务决策时按照自己的财务利益行事，在其他条件相同时，所有利益主体都会选择对自己经济利益最大的行为方法。

自利行为原则的依据是理性的经济人假设。该假设认为，人们对每一项交易的可能性都能衡量其代表的利益，并且会选择对自己最有利的方案来行动。自利行为原则假设企业决策人对企业目标具有合理的认识程度，并且对如何达到目标具有合理的理解。在这种假设情况下，企业会采取对自己最为有利的行动。自利行为原则并不认为钱是任何人生活中最重要的东西，或者说钱可以代表一切。问题在于人们从事商业活动的目的是获利，在商业交易过程中总是面临着如何使自己获利的选择，这是由人们从事商业活动的本性决定的，否则他们就不必从事商业交易。自利行为原则也并不认为钱以外的东西都是不重要的，而是说“在其他条件都相同时”，所有财务交易集团都会选择对自己经济利益最大的行动。

自利行为原则的一个重要应用是代理理论。在代理理论中，构成公司的各个利益主体是各种自利人的集合，他们各自追求自身经济利益的最大化，由于各自的目标函数不同，他们之间存在着利益上的矛盾。这种矛盾需要通过委托人和代理人之间的“契约”来进行协调。

委托人促使代理人采取与委托人利益相一致的行为方法，是对代理人进行激励与约束。代理理论是以自利行为原则为基础的。

自利行为原则的另一个应用是在决策中必须重视机会成本。自利行为原则要求有关财务决策必须使自己的经济利益达到最大，使决策方案最具竞争力。机会成本是采取某一个决策方案的同时放弃其他行动所损失的经济利益，也是一种行动的价值与最佳选择的价值之间的差异。机会成本能够表示出一种决策的相对重要性。当机会成本小时，做出错误选择的成本就小。同时，当机会成本大时，不能做出最佳选择的成本就大。

（二）双方交易原则：每一项财务交易都至少存在两方

双方交易原则是指每一项交易至少存在两方，在一方根据自己的经济利益决策时，另一方也会按照自己的经济利益行动，即交易的双方都在交易中试图赢得自己的经济利益，交易的双方同样聪明、勤奋和富有创造力，因此，在进行财务决策时要正确预见对方的反应。

大部分财务交易是零和博弈。零和博弈是这样一种情形，一个人获利只能建立在另一个人付出的基础上，总体上看双方收益等于零。在零和博弈情况下，一个高的价格使卖方获利而买方受损，一个低的价格使卖方受损而买方受益，实物商品交易与金融商品交易均如此。

双方交易原则要求在财务交易中不要低估竞争对手，在谋求自身利益的同时要注意对方的存在，以及对方也在遵循自利行为原则行事。过于傲慢和不尊重别人，往往会导致错误的决策。

大部分非零和博弈的财务交易来源于税收。例如，政府债券免征所得税，这使发行方能够以较低的利率发行债券，而投资方所获得的税后收益比同类需要将利息全额上税的税后收益要高，交易双方都能够受益。正因为政府税收的存在，交易双方可能都会寻求合法避税，从而双方受益，这在一定范围内改变了零和博弈的交易状况。但从整个社会范围观察，避税的结果使交易双方受益而其他纳税人可能会负担政府的大部分支出，零和博弈并未因此而改变。

（三）信号传递原则：行动可以传递信息

信号传递原则是指行动可以传递信息，并且比公司的声明更有说服力。

信号传递原则是自利的延伸。由于自利行为，一项资产买卖决策能暗示出这项资产的状况或有关决策者对未来预期或计划的信息，资产的买进意味着该项资产对于买方“物有所值”，暗示着买方具有利用该项资产赢得未来收益的预期；对于卖方，则暗示着资产的价值与资产目前的效用等值，卖方具有出售该项资产取得现实收益的意图。同样地，一个公司决定进入一个新的行业反映出管理者对公司实力和对未来前景充满信心。

信号传递原则要求根据公司的行为判断它未来收益的状况，行动传递的信息比声明或语言传递的信息更能够反映出真实的状况。例如，一个声称规模在扩充，需要大量资本因而连续数年采用股票股利政策的企业，可能是公司财务状况不佳、现金短缺的表现。再如，在信息不对称的状况下，公司内部控股股东和高层职员掌握的公司信息远远多于外部股东，外部股东可以根据内部股东买进或卖出本公司股票的情况，来判断公司未来的相关信息。当公司内部管理人员在大量买进本公司股票时，说明公司未来发展前景良好，公司有了对未来有利的内幕消息。反之，如果公司管理人员在大量抛售手中持有的本公司股票，则说明公司发展前景暗淡。所以，在进行财务决策时，我们获取支持财务决策的足够的信息，需要通过观察有关方面的行动来验证信息的实质，同时也必须考虑财务决策本身所传递的信息的准确性。

（四）引导原则：当所有的方法都失败时，寻找引导

引导原则是指当所有办法都失败时，寻找一个可以信赖的榜样作为自己行动的引导。所谓“所有办法都失败”，是指我们的理解力存在局限性，不知如何对自己更有利；或者寻找最准确答案的成本过高，以至于不值得把问题完全搞清楚。在这种情况下，不要继续坚持采用正式的决策分析程序，包括收集信息、建立备选方案、采用模型评价方案等，而是直接模仿成功榜样或大多数人的做法。

引导原则是信号传递原则的一种应用。引导原则的应用是依据可以信赖的榜样本身所传递的信号进行的，可以信赖的榜样传递的信号，是被公众认可的结果。当企业财务决策由于决策能力的限制或寻求最优答案代价过高时，就可以依据可信赖的榜样所传递的信号进行决策。引导原则不会帮你找到最好的方案，却可以使你避免最差的行动。引导原则是一个次优原则，它最好的结果就是得出近似的结论，最糟的情况是模仿了别人的错误，这是该原则的潜在不足。但这并不影响该原则在特殊情况下的有效应用。

引导原则的一个重要应用是行业标准概念。例如，企业资本结构的决策问题，理论上不能提供公司最优资本结构的实用化模型。合理的办法是观察同行业中成功企业的资本结构，以借鉴之，这就成为一种简便而有效的方法。

引导原则的另一个重要应用是“自由跟庄概念”。在自由跟庄状态下，一个“领头人”花费资源得出了一个最优行动方案，而“追随者”通过模仿就获得了好处而节约了信息成本，实质上领头人是在资助追随者。专利法和版权法的设立是为了保护所有者的知识产权不遭受模仿等自由跟庄现象的产生，但在财务领域中不存在这种限制。例如，快餐业投资中追随“麦当劳”的现象，企业债权人团队中的主要债权人发生监督成本获取债务人财务信息的真实情况，而他人则通过观察模仿主要债权人的行动而节约监督成本等。

二、有关创造价值和经济效率的原则

（一）有价值的创意原则：新创意能获得额外报酬

竞争理论认为，企业的竞争优势可以分为追求差异和成本领先两个方面。追求差异是指企业具有在行业内独一无二的特色，并且由于该差异所带来的产品溢价为消费者所接受且远远高于保持差异而附加的成本，企业就可以获取超过同行业平均收益水平的利润。企业差异来源于企业的创意与发明。

有价值的创意原则主要应用于直接投资项目。一个投资项目获取高于同行业水平的收益率或净现值，依赖于投资项目的新创意。重复过去投资项目或者别人已有的做法，最多只能取得平均的报酬率。由于市场的竞争推动及引导原则的应用，企业保持创新的优势是暂时的。企业只有不断创新才能通过保持差异而不断增加企业的价值。

（二）比较优势原则：专长能创造价值

市场经济是基于社会分工而产生的一种经济制度。而经济效率则依赖于在社会分工中每个人特长的发挥，每人做好一件事，即每个人去做最适合他的工作，每个企业生产最适合的产品，社会的经济效率才会提高，因此，具有比较优势即专长能够创造价值。不具备比较优势的人就很难赚取超过平均水平的收入，同样，没有比较优势的企业很难使企业增值。如果每个人都去做其擅长的工作，每类工作都能找到最称职的人，这就产生了经济效率：我们支

付给其他人报酬，让他们去做他们能比我们做得更好的事情；同时他们支付报酬给我们，让我们去做我们能够比他们做得更好的事情。

（三）期权原则：期权是有价值的

期权是从事某种事情不附带义务的权利。期权原则是指在进行财务估价时应考虑期权的价值。

期权概念最早产生于金融期权交易。在金融期权交易中，期权是指所有者（期权的购买者）能够要求出票人（期权的出售者）履行期权合同上载明的交易的权利，但是出票人不能要求所有者去做任何事情。在财务上，一个明确的期权合约通常是指按照预先设定的价格买卖一项资产的权利。购买的权利是一项买进期权，卖出的权利是一项卖出期权。保险赔偿是一种卖出期权，投保的资产因具有期权而比未投保的资产的价值要高。

广义的期权不限于财务合约，任何不附带义务的权利都属于期权。许多资产都存在隐含的期权，一项资产附带一个期权比资产本身更具有价值。在对资产估价时，必须要考虑资产的期权价值。

（四）净增效率原则：财务决策建立在净增效益的基础上

净增效益原则是指财务决策建立在净增效益的基础上，一项决策的价值取决于和替代方案相比所增加的净收益。净增效益是指采取某个特定的行动才会发生的收益与成本之差。例如，某公司欲增加广告费以增加商品的销量，净增效益就表现在由于广告净增销量带来的利润和广告成本的比较上，净增效益就成为广告决策的基础。

在许多财务决策中，净增效益表现为现金净流量。现金净流量是指一项决策的现金流入量与流出量的差量，它是相对于没有该项决策时的净增效益。

净增效益原则的另一个应用就是沉没成本概念。沉没成本是指过去已经发生、不会被以后的决策改变的成本。沉没成本不是决策项目预期付诸实施带来的成本，与决策方案无关，因此，在分析决策时应将其排除。

三、有关财务交易的原则

（一）风险与报酬权衡原则：风险和报酬是对等的

风险与报酬相权衡原则是风险与报酬之间存在一个对等关系，投资人必须对风险与报酬做出权衡，为获取高报酬而承担较高的风险，或者为降低风险而接受较低的报酬。风险越高要求的报酬应越高。高风险意味着为获取高报酬必须承担高损失发生的可能性，低风险意味着获取的收益低而发生的损失也低。

在财务交易中，假定当其他一切条件都相同时，人们倾向于高报酬和低风险。如果两个投资机会除了报酬不同外，其他条件都相同，人们会选择报酬较高的投资机会，这是由自利行为原则所决定的。如果两个投资机会的报酬相同，人们会选择风险较低的投资机会，这是由风险反感所决定的。所谓“风险反感”，是指人们对风险普遍存在反感心理，认为风险是不利的事情。肯定的 1 元钱的经济价值要大于不肯定的 1 元钱的经济价值，当其他条件都相同时，应尽可能避免风险。

如果人们都倾向于高报酬和低风险，而且他们都在按照自己的经济自利原则行事，那么竞争的结果就产生了风险报酬权衡。竞争迫使人们在他们的投资报酬和风险之间进行权衡，不可能冒低风险而获得高报酬，因为这是每个人都想得到的。假如投资者遇到这样的投资机会的话，其他投资人也会跟进，竞争的结果会使得报酬降低。因此，为了获得较高的预期报酬，就不得不冒更大的风险。现实生活中只存在高风险高报酬和低风险低报酬的投资机会。在市场中，如果想获得巨大的收益，就必须承担发生巨大损失的可能性，如果倾向于选择低风险的投资机会，就必须忍受低收益。因此，应在风险与报酬之间进行权衡。

（二）投资分散化原则：分散投资是有利的

投资分散化原则是指不要把全部财富都投资于一个公司或相同的投资项目，而要分散投资。

投资分散化原则的理论依据是投资组合理论。马可维茨的投资组合理论认为，若干种股票组成的投资组合，其收益是这些股票收益的加权平均数，但其风险要小于这些股票的加权平均风险，所以投资组合能够降低风险。

在集中投资于相同的投资项目时，一荣俱荣，一毁俱毁。由于风险意味着高收益与高损失的同在，企业不能为追求报酬而忽视风险，赌徒式的投资只会使企业承担更大的风险，一旦事情转化为不利的一面，则企业会满盘皆输。如果分散投资，损失的只是个别项目，其他项目仍然完好无损。因此，分散投资能够分散风险，比集中投资更有利。

（三）资本市场有效原则：资本市场能迅速反映所有的信息

资本市场是指证券买卖的市场。资本市场有效原则是指在资本市场上频繁交易的金融资产的市场价格反映了所有可获得的信息，而且对新信息能完全迅速地做出调整。

研究金融财务学的学者通常把市场效率即证券的价格对相关信息的反映程度，划分为三种类型。

（1）弱式市场效率假设。弱式市场效率是假设证券的价格反映了所有过去的信息。股票价格对过去的信息已经完全做出了相应的反应，因此，根据过去的股票价格的变动趋势判断明天的价格走势毫无意义。

（2）半强式市场效率假设。半强式市场效率是假设股票的价格已经反映了所有公开的信息。如果这种理论是正确的，则根据公开的信息投资于股票，不能够获得超额收益。

（3）强式市场效率假设。强式市场效率是假设股票的价格反映了所有相关的信息。在这种情况下，不论是公开的还是内幕的、无论是过去的还是未来的信息，股票价格都做出了反应，而且对新信息能完全迅速地做出调整。几乎没有人承认强式市场效率的存在，因为信息处于不对称状态中，公司经营者比外部股东总是掌握更多的信息。因此，现实中内幕消息的拥有者会根据未公开的内幕消息，如收购公司的报价、研究开发的重大突破等，从事非法交易而获取暴利。

资本市场效率原则对于理财人员意味着什么呢？首先，应相信市场。由于证券市场能够反映全部的公开市场信息，故大多数证券的价格是合理的，应该相信市场对于证券的定价。其次，没有财务幻觉。由于资本市场可以反映大多数公开的信息，资本市场就是企业经营状况的一面镜子，又是企业行为的矫正器，企业的价值取决于企业未来现金流量的获取能力，只要企业采取的行动没有提高企业的未来获利能力，市场对这种行为传递的信息就会做出正确的反应。因此，试图通过操纵信息、创造财务幻觉、粉饰公司的经营状况来提高股票价格的做法，是徒劳无益的。最后，如果资本市场是有效的话，在强式效率下，所有的相关信息都可以在证券价格上做出反应，投资者进行投资的必要报酬率等于其期望收益率（内部收益率)，所有证券投资的净现值也为零。与之相对应，公司作为从资本市场上取得资金的一方的净现值亦为零，不能提高公司价值。因此，公司应该努力通过提高公司的竞争能力，使公司在同等风险水平下，获取较高的投资收益来增加公司的价值。

（四）货币时间价值原则：货币具有时间价值

货币时间价值原则是指进行财务计量时要考虑货币时间因素。货币的时间价值是指假设不存在风险和通货膨胀的情况下，货币经过一定时间的投资与再投资所增加的价值。它是投资者放弃消费进行投资而获取的、市场给予的时间报酬，亦称无风险报酬。

货币时间价值原则的首要应用是现值概念。不同时点的货币具有不同的经济价值，现在的 1 元钱大于未来 1 元钱的经济价值。现值是指将来某一时点的货币折合为现在的价值，即将来的钱相当于（或者说是值）现在多少钱，因此，现值实际上计算的是资产的经济价值。

货币时间价值的另一重要应用是“早收晚付”观念。对于不附带利息的货币收支，与其晚收不如早收，与其早付不如晚付，这在经济上是有利的。

第五节　财务管理的环境

企业的财务管理环境又称理财环境，是指对企业财务活动产生影响的企业外部条件。财务管理环境是指企业财务决策难以改变的外部约束条件，企业财务决策更多的是适应它们的要求和变化。财务管理环境涉及的范围很广，其中最重要的是经济环境、金融市场环境和法律环境。

一、经济环境

这里所说的经济环境是指影响企业进行财务活动的宏观经济状况。财务管理作为一种微观经济管理活动，与其所处的宏观经济环境密切相关。这些宏观环境主要包括以下几个方面。

（一）经济运行周期

市场经济条件下，宏观经济的发展呈现出周期性的变化。宏观经济的周期性变化可通过反映宏观经济的有关统计指标表现出来，如国民生产总值（GNP）、消费总量、投资总量、失业率等，其中 GNP 是衡量宏观经济综合性最强的指标。因此，经济周期变化通常用 GNP 的系列统计指标表示。宏观经济周期一般要经过萧条、复苏、繁荣、衰退四个阶段。

宏观经济运行周期影响企业的经营及理财对策。在萧条阶段，经济明显萎缩降至低谷，百业不振，公司经营状况不佳影响到公司财务状况不佳，公司股票市场价格徘徊不前，投资者对公司的投资信心受挫。企业可采取的对策有：建立投资标准、尽力保持市场份额，放弃次要利益、削减管理费用、削减存货、裁减雇员、采取稳健的股利分配政策以储备现金存量等，尽力维持公司的生产经营能力。在复苏阶段，宏观经济从经济周期的谷底逐步回升，公司经营状况开始好转，业绩上升，投资者对公司投资的信心逐渐增强，企业财务状况趋于好转，资信能力有所提高。企业可采取的对策有：增加存货、劳动力，增加厂房设备等。在繁荣阶段，经济迅速增长达到周期的高峰，公司的经营业绩也在不断上升，财务状况良好，投资者的投资信心大为增强，证券价格大幅上扬。企业可采取的对策有：进一步扩充厂房设备投资，增加存货、提高销售价格，以增加公司未来的现金净流量。在衰退阶段，经济的发展从周期的顶峰逐步回落。企业可采取的措施有：停止扩张、出售多余设备、停产不利产品、停止长期采购、削减存货、停止增加雇员等。

经济周期影响企业负债的承受能力。一般而言，在经济萧条时期，企业对于负债的承受能力相对较弱，此时企业应削减债务的规模，防止企业因资产流动性的降低而导致财务危机。同时，资产流动性的降低可能会导致企业利用较多的流动负债，但不排除个别效率良好的企业基于投资时机的掌握，而举借大量的长期债务；经济复苏阶段的利率较低，为有效发挥负债的财务杠杆作用，此时是企业提高负债比率的良好时机。因此，长期债务的比例会有所升高。经济繁荣时期，企业积极扩张会出现债务与权益投资并重的情况。

经济周期影响证券市场价格。证券市场价格是宏观经济发展的"晴雨表"，随着宏观经济周期由萧条到复苏、繁荣、衰退等周而复始的变化，证券的市场价格也会经历徘徊、上升、大幅上扬、回落等阶段。把握经济周期对证券价格的影响，才能够制定正确的有价证券投资策略。

（二）宏观经济政策

当代市场经济中，为保证整个宏观经济良性运行，政府主要通过货币政策和财政政策来对经济进行宏观调控。根据宏观经济运行状况的不同，政府可采取扩张的或紧缩的货币政策和财政政策，以促使经济健康稳定的发展，保持价格总水平的稳定，实现充分就业。这些宏观经济政策的调整对企业财务管理的影响是直接的。在企业理财中，必须根据不同时期国家宏观经济的调整对企业理财的影响而采取相应的对策。

1. 货币政策的调整会直接、迅速地影响企业的筹资与投资

中央银行贯彻货币政策、调节信贷和货币供应量的手段主要有：①调整法定存款准备金；②再贴现政策；③公开市场业务。当国家为了刺激经济的发展，防止经济衰退而实行扩张性货币政策时，中央银行就会通过降低法定存款准备金率、降低中央银行再贴现率或在公开市场买入国债的方式来增加货币供应量，扩大社会的有效需求。当经济持续高涨、通货膨胀压力较重时，国家会采取相反的方式紧缩货币供应量，以实现社会需求与供给的平衡。

中央银行实行的货币政策对企业理财有以下几点影响：①利率的调整通过影响投资者要求的必要报酬率（资本成本）影响企业理财。利率提高时，投资者要求的报酬率提高，融资成本升高，股票价格下跌，企业价值相对下降，此时，企业对投资机会要求更高的报酬率；利率下降时，投资者要求的必要报酬下降，融资成本降低，股票价格上升，企业价值相对增长，是企业投资的良好时机。当企业预计到未来利率上升时，一般通过发行长期固定利率债券进行融资；当企业预计到未来利率下降时，一般发行短期债券进行融资，以降低企业的利息负担。②当货币供应量增加时，企业筹集资金相对容易，证券市场价格上扬，在货币供应量增加的初期，是企业进行短期证券投资的良好机会。反之，当货币供应量下降时，企业筹集资金相对困难，证券市场价格也下降。③中央银行在市场上公开买进证券时，对证券的需求增加，促进证券价格上涨。由于此时证券投资者的增加，是企业发行股票、债券等进行融资的良好时机。

2. 财政政策的调整对企业理财具有持久而较为缓慢的影响

财政政策是通过财政收入和财政支出的变动影响宏观经济活动水平的经济政策。财政政策的手段主要包括改变政府购买水平、改变政府转移支付水平和改变税率。当经济增长持续

放缓、失业增加时，政府要实行扩张性财政政策，增加财政性支出，提高政府购买水平，提高转移支付水平，降低税率，以增加总需求，解决衰退与失业问题。当经济增长强劲，通货膨胀严重时，政府要实行紧缩性财政政策，降低政府购买水平，降低转移支付水平，提高税率，以减少总需求，抑制通货膨胀。

当政府奉行扩张性财政政策时，财政支出增加，财政收入相对减少，政府购买水平提高，从而导致社会需求的增加；增加对道路、桥梁、港口等非竞争领域的投资，从而直接增加相关产业的投资，提高相关产业的需求，促进其他产业以乘数的方式发展；改变政府转移支付水平，如增加社会福利、增加为维持农产品价格对农民的拨款等，提高一部分人的收入水平，间接促进公司利润的增长；税率的调整直接影响公司的收益水平。扩张性的财政政策将导致公司的市场需求的扩大，现金流量的增加，创造公司的投资机会，公司的生产经营业绩上升，是企业增加企业价值的良好时机。紧缩性的财政政策对公司的影响正好与扩张性的财政政策的影响相反。

政府财政政策与货币政策的传导机制不同，财政政策是通过控制政府的财政收入与财政支出，经过企业的投入与产出来影响总需求的。这与通过调节信贷和货币供应量影响需求的货币政策具有明显的区别。财政政策传导过程比较长，因此，对企业财务管理具有缓慢而持久的影响。

3. 汇率政策的调整影响企业理财

汇率的高低影响资本的国际流动，还会影响本国的进出口贸易。汇率上升时，本币贬值，本国产品的竞争能力增强，出口型企业将受益，现金净流量将会增加，但进口企业将多支付本币，发生损失。汇率下跌的情形与此相反。

汇率的上升导致本币贬值，将导致资本流出本国，证券市场价格下降；反之，汇率下跌，则资本流入本国，本国的投资增加，证券的市场价格上升。

（三）通货膨胀

通货膨胀不仅对消费者不利，还会给企业理财带来很大困难。企业对通货膨胀本身无能为力，只有政府才能控制。企业为了实现期望报酬率，必须调整收入和成本，同时使用套期保值等办法减少损失，如提前购买设备和存货，买进现货卖出期货等，或者相反。

二、金融市场环境

金融市场是指资金供求双方交易的场所。广义的金融市场是指一切资本流动的场所，包括实物资本和货币资本的流动。广义金融市场的交易对象包括货币借贷、票据承兑和贴现、有价证券的买卖、黄金和外汇买卖、办理国内外保险、生产资料的产权交换等。狭义的金融市场一般是指有价证券市场，即股票和债券的发行和买卖市场。

金融市场对企业理财具有重要的意义。首先，金融市场是企业筹资的场所。企业在符合有关法律规定的条件下，经过批准以发行股票、债券的方式筹集资金，也可以将企业的资金投放于有价证券，或者进行与证券相关的其他财务交易。其次，企业通过金融市场实现长期资金与短期资金的相互转化。企业所持有的长期股票和债券投资，随时可以通过出售有价证券使其转化为短期资金；同理，企业的短期资金也可能通过购买股票、债券而转化为长期投资。长短期资金的相互转化，在理财上从属于企业资产收益性与流动性关系的有效处理，从属于企业经营发展战略。最后，金融市场传递的信息有助于企业进行财务管理决策。

（一）金融市场的分类和组成

1. 金融市场的分类

从不同角度对金融市场进行分类，金融市场的类别主要有以下几种。

（1）按交易的期限划分为短期资金市场和长期资金市场。短期资金市场是指期限不超过一年的资金交易市场，因短期有价证券易于变成货币或作为货币使用，所以也叫货币市场。长期资金市场是指期限在一年以上的股票和债券交易市场，因为发行股票和债券主要用于固定资产等资本货物的购置，所以也叫资本市场。

（2）按交割的时间划分为现货市场和期货市场。现货市场是指买卖双方成交后，当场或几天内买方付款、卖方交出证券的交易市场。期货市场是指买卖双方成交后，在双方约定的未来某一特定的时日才交割的交易市场。

（3）按交易的性质分为发行市场和流通市场。发行市场是指从事新证券等金融工具买卖的转让市场，也叫初级市场或一级市场。流通市场是指从事已上市的旧证券或票据等金融工具买卖的转让市场，也叫次级市场或二级市场。

（4）按交易的直接对象分为同业拆借市场、国债市场、企业债券市场、股票市场、金融期货市场等。

2. 金融市场的组成

金融市场由主体、客体和参加人组成。主体是指银行和非银行金融机构，它们是金融市场的中介机构，是连接筹资人和投资人的桥梁。客体是指金融市场上的买卖对象，如商业票据、政府债券、公司股票等各种信用工具。金融市场的参加人是指客体的供给者和需求者，如企业事业单位、政府部门和城乡居民。

（二）金融机构

我国金融机构按其地位和功能大致可分为：代表政府管理全国的金融机构和金融活动的中国人民银行；由政府设立，以贯彻国家产业政策、区域发展政策为目的，不以营利为目的的政策性银行（包括国家开发银行、中国农业发展银行及中国进出口银行）；以经营存款、放款，办理转账结算为主要业务，以营利为主要经营目标的商业银行；非银行金融机构（包括保险公司、城市和农村信用合作社、信托投资公司、证券交易所、证券公司、投资基金管理公司、财务公司、金融租赁公司等）。

（三）金融性资产的属性

金融性资产是指现金和有价证券等可以进入金融市场交易的资产，具有如下属性。

1. 流动性

流动性是指金融性资产能够在短期内不受损失地转变为现金的属性。流动性高的金融性资产的特征是容易兑现且市场价格波动较小。

2. 收益性

收益性是指金融性资产获取收益的能力属性。

3. 风险性

风险性是指不能恢复其原投资价格的可能性。金融性资产的风险主要有违约风险和市场风险。违约风险是证券的发行主体破产而导致的永远不能偿还的风险；市场风险是指由于投资的金融性资产的市场价格波动而产生的风险。

上述三种属性的关系是：资产的流动性与资产的收益性成反向变动，收益性与风险性相均衡，即流动性越强的资产，风险越小，其收益性就越低，反之亦然。

（四）金融市场上利率的决定因素

在金融市场上，利率是进行资产交易的价格。一般而言，金融市场上资产的购买价格可用下式表示：

$$利率=纯粹利率+\frac{通货膨胀}{附加率}+\frac{变现力}{附加率}+\frac{违约风险}{附加率}+\frac{到期风险}{附加率}$$

1. 纯粹利率

纯粹利率是在无风险、无通货膨胀情况下的平均利率，亦称为无风险报酬率。没有通货膨胀情况下的一年期国债利率可以作为纯粹利率。纯粹利率的高低主要受社会平均利润率、资金供求关系和国家宏观调控的影响。社会平均利润率是纯粹利率高低的一个基本因素，利息率的高低依附于社会平均利润率的高低；资金供过于求时，利率下降，资金供不应求时，利率上升；政府为抑制经济发展过热，有可能削减资金的供应，从而使利率上升；反之，为刺激经济发展，政府有可能增加货币供应，从而使利率下降。

2. 通货膨胀附加率

通货膨胀会造成货币贬值，投资者的真实报酬率下降。因此，为了补偿因通货膨胀所造成的货币贬值损失，投资者会对因承担通货损失而要求相应的、在纯粹利率基础上的一种附加报酬，即通货膨胀附加率。

3. 变现力附加率

资产的变现力是资产以合理的价格转化为现金的能力。不同证券的变现力是不同的。对于预期难以以合理的价格转化为现金的变现力风险，投资者要求相应的补偿，即变现力附加率。

4. 违约风险附加率

违约风险是投资者承担的债务人到期无法还本付息的可能性。违约风险越高，投资者要求的报酬率就越高。违约风险与债务人的经营与财务状况有关，经营不善导致企业财务状况不佳的债务人，到期不能清偿债务本金和利息的可能性就越大，违约风险就越高。根据债务人的经营与财务状况、由信用评定机构所确定的信用等级，代表了违约风险的高低。信用等级越低，违约风险就越高。

5. 到期风险附加率

到期风险是指因到期时间长短不同而形成的利率变动的风险。一般而言，到期时间越长，利率变化的可能性就越大，利率变动导致证券价格波动，从而使投资者蒙受损失的可能性增大。如果利率上升，长期债券的价值下降，投资者会遭受损失。到期风险附加率就是对投资者承担利率变动风险的一种补偿。

一般而言，因受到期风险的影响，长期利率会高于短期利率，但有时也会出现相反的情况，这是因为进行短期投资会承担再投资风险。再投资风险是指短期债券投资者在债券到期时，由于市场利率下降，难以找到当初相当于长期债券投资获利水平的投资机会，这种风险称为再投资风险。当再投资风险大于到期风险时，即预期市场利率持续下降，人们都在寻找长期投资机会，可能会出现短期利率高于长期利率的现象。

对于企业理财而言，准确地预测利率的变动趋势是非常必要的。在预期利率上升时，企业应使用长期资金，在预期利率下降时，企业应使用短期资金，以降低利息成本负担。由于利率趋势的预测较为困难，企业根据利率的变动使用资金的一种替代形式，就是合理确定长短期资金的结构，使企业在任何利率环境下，都不会遭受重大损失。

三、法律环境

财务管理的法律环境是指企业组织财务活动、处理企业与有关各方的经济关系所必须遵循的法律规范的总和。广义的法律规范包括各种法律、法规和制度。财务管理作为一种社会活动，其行为要受到法律的约束，企业合法的财务活动也相应受到法律的保护。企业从事筹资、投资、股利分配活动，必须要遵循有关法律的规定。影响企业财务管理的主要法规包括以下几方面。

（一）企业组织法规

企业组织必须依法成立。组建不同组织形式的企业，必须要遵循相关的法律规范，它们包括《中华人民共和国公司法》《中华人民共和国全民所有制企业工业企业法》《中华人民共和国外资企业法》《中华人民共和国中外合资经营企业法》《中华人民共和国合伙企业法》等。这些法律既是企业的组织法，也是企业的行为法，规定了企业组织的主要特征、设立条件、设立程序、组织机构、组织变更和终止的条件和程序等，涉及企业的资本组织形式、企业筹资渠道、筹资方式、筹资期限、筹资条件、利润分配等诸多理财内容的规范，也涉及不同的企业组织形式的理财特征，例如，合伙制与独资企业要承担无限债务偿还责任，而公司制企业承担有限责任。

（二）企业经营法规

企业经营法规是对企业经营行为制定的法律规范，包括《中华人民共和国反垄断法》《中华人民共和国环境保护法》《中华人民共和国产品质量法》等。这些法规不仅影响企业的各项经营政策，而且影响企业的财务决策及实施效果，对企业投资、经营成本、预期收益会产生重要的影响。

（三）税收法律制度

企业理财决策也受到税收法律制度的影响。因此，国家税收法律制度是企业理财的重要外部环境。税收是国家实现其职能，强制地、无偿地取得财政收入的一种手段。任何企业都具有纳税的法定义务。税收对财务管理的投资、筹资、股利分配决策都具有重要的影响。在投资决策中，税收是一个投资项目的现金流出量，计算项目各年的现金流量必须要扣减这种现金流出量，才能正确反映投资所产生的现金净流量，进而对投资项目进行估价；在筹资中，债务的利息具有抵减所得税的作用，确定企业资本结构也必须考虑税收的影响；股利分配比例和股利分配方式影响股东个人交纳的所得税的数额，进而可能对企业价值产生重要的影响。此外，税负是企业的一种费用，要增加企业的现金流出，企业无不希望减少税务负担，企业进行合法的税收筹划，也是理财工作的重要职责。

我国目前的主要税种有按收益额课征的所得税和按流转额课征的增值税、消费税等。

（四）证券法律制度

证券法律制度是确认和调整在证券管理、发行与交易过程中各主体的地位与权利、义务关系的法律规范。证券法律制度对企业以证券形式进行的筹资与投资、对上市公司信息的披露具有重要的影响。

练 习 题

一、单项选择题

1. 最适合作为财务管理目标的是（　　）。

A. 利润最大化　　B. 每股收益最大化
C. 股东财富最大化　　D. 企业价值最大化

2. 企业同其所有者之间的财务关系反映的是（　　）。

A. 经营权与所有权关系　　B. 债权债务关系
C. 投资与受资关系　　D. 债务债权关系

3. 反映企业同债权人之间财务关系的利益核心是（　　）。

A. 利息　　B. 股利　　C. 薪酬　　D. 纳税额

4. 某上市公司职业经理人在任职期间不断提高在职消费，损害股东利益。这一现象主要揭示公司制企业的缺点是（　　）。

A. 产权问题　　B. 激励问题　　C. 代理问题　　D. 责权分配问题

5. 按所交易金融工具的属性可以将金融市场分为（　　）。

A. 基础性金融市场和金融衍生品市场　　B. 资本市场、外汇市场和黄金市场
C. 发行市场和流通市场　　D. 货币市场和资本市场

6. 下列应对通货膨胀风险的各项策略中，不正确的是（　　）。

A. 进行长期投资　　B. 签订长期购货合同　　C. 取得长期借款　　D. 签订长期销货合同

7. 下列各项中，不属于财务管理经济环境构成要素的是（　　）。

A. 经济周期　　B. 通货膨胀水平　　C. 宏观经济政策　　D. 公司治理结构

8. 下列属于企业构建激励与约束机制关键环节的是（　　）。

A. 财务计划　　B. 财务决策　　C. 财务考核　　D. 财务控制

9. 企业所采用的财务管理战略在不同的经济周期中各有不同。在经济繁荣期，不应该选择的财务管理战略是（　　）。

A. 扩充厂房设备　　B. 继续建立存货　　C. 裁减雇员　　D. 提高产品价格

10. 下列不属于资本市场特点的是（　　）。

A. 主要目的是解决长期投资性资本的需要　　B. 资本借贷量大
C. 收益较高但风险较大　　D. 融资期限短

二、多项选择题

1. 利润最大化目标的缺点有（　　）。

A. 不能反映企业创造剩余产品的能力　　B. 不能反映企业创造利润与投入资本的关系
C. 不能反映企业所承受的风险程度　　D. 不能反映企业取得收益的时间价值因素

2. 通货膨胀对企业财务活动的影响是多方面的，主要表现在（　　）。

A. 增加企业的资金需求　　B. 造成企业资金由于利润分配而流失

C. 加大企业的权益资金成本　　D. 增加企业的筹资难度

3. 企业的财务活动包括（　　）。

A. 筹资活动　　B. 投资活动　　C. 营运活动　　D. 分配活动

E. 管理活动

4. 企业财务关系包括（　　）。

A. 与其所有者之间的财务关系　　B. 与其债权人之间的财务关系

C. 与其债务人之间的财务关系　　D. 与其被投资单位之间的财务关系

E. 与国家之间的财务关系

5. 在经济衰退阶段，企业应（　　）。

A. 缩小生产规模　　B. 增加投资　　C. 减少投资　　D. 降低存货

E. 减少劳动力

6. 以企业价值最大化作为企业财务管理目标的优点在于（　　）。

A. 考虑了自己的时间价值　　B. 考虑了风险与收益的均衡

C. 有利于企业的可持续发展　　D. 便于计算企业的价值

三、判断题

1. 就上市公司而言，将股东财富最大化作为财务管理目标的缺点之一是不容易被量化。（　　）

2. 在通货膨胀的初期，为了防范通货膨胀风险，公司应当签订固定价格的长期销售合同。（　　）

3. 从财务管理的角度来看，企业价值所体现的资产价值既不是其成本价值，也不是其现时的会计收益。（　　）

4. 利润最大化、股东财富最大化、企业价值最大化以及相关者利益最大化等各种财务管理目标，都以股东财富最大化为基础。（　　）

5. 相关者利益最大化目标是指保证股东、经营者、债权人三方面关系人的利益最大化。（　　）

6. 当存在控股股东时，企业的委托代理问题常常表现为中小股东与大股东之间的代理冲突。（　　）

7. 风险与报酬权衡，意味着高风险就有高收益。（　　）

8. 机会成本的应用体现了财务的自利行为原则。（　　）

9. 企业大部分的财务交易属于零和博弈，而税收属于非零和博弈。（　　）

10. 如果信息是对称的，则信号传递原则失效。（　　）

四、简答题

1. 简述财务管理的职能。

2. 简述财务总监的职能。

3. 简述钱是如何生钱的。

4. 简述股东与经营者之间的委托代理问题。

阅读材料

第二章　财务管理的价值基础

学习目标

本章主要讲授资金时间价值、风险报酬、利息率等内容。通过本章的学习，掌握资金时间价值的概念和实质，重点掌握资金时间价值的计算及运用；掌握风险报酬的概念及其种类，风险价值的计算，资本资产定价模型；了解利息率的概念与种类及利息率的构成；掌握债券和股票估价的方法。树立时间价值的观念和控制风险的意识。

货币具有时间价值，投资有风险，并且将要获得风险报酬。如何来定义和衡量时间价值和风险价值以及确定风险与收益之间的关系，对于资产评估中资本成本和报酬率的确定具有重要意义。其中货币的时间价值、复利现金流的计算及等值运算是财务管理的基本原理与方法。

第一节　资金时间价值

时间价值是客观存在的经济范畴，任何企业的财务活动都是在特定的时空中进行的。离开了时间价值因素，就无法正确计算不同时期的财务收支，也无法正确评价企业盈亏。时间价值原理正确地揭示了不同时点上资金之间的换算关系，是财务决策的基本依据。为此，财务人员必须了解时间价值的概念和计算方法。

一、资金时间价值的概念与实质

（一）资金时间价值的概念

对于任何人来说，今天的 1 元钱与明年今天的 1 元钱是不相同的。比如，将今天的 1 元钱不用，存入银行，年利率为 8%，则明年的今天将得到 1.08 元钱。0.08 元就是今天的 1 元钱到明年今天的时间价值。这种由于放弃现在使用资金的机会而换取的按放弃时间长短计算的报酬，就是资金的时间价值。

资金时间价值是指资金经历一定时间的投资和再投资所增加的价值，也称为货币时间价值。它是在生产经营过程中产生的，来源于劳动者在生产过程中创造的新的价值。资金时间价值以两种形式表现出来：①时间价值率，一般取没有风险和没有通货膨胀条件下的社会平均资金利润率或通货膨胀率很低时的政府债券利率；②时间价值额，即一定数额的资金与时间价值率的乘积。在下面的阐述中，如果没有特别说明，资金时间价值指的就是时间价值率。

从量的规定性来看，资金的时间价值是没有风险和没有通货膨胀条件下的社会平均资金利用率。由于竞争，市场经济中各部门投资的利润率趋于平均化。每个企业在投资某项目时，至少要取得社会平均的利润率，否则不如投资于另外的项目或另外的行业。因此，资金的时间价值成为评价投资方案的基本标准。财务管理对时间价值的研究，主要是从量上对资金的筹集、投放、使用和收回等进行分析，以便找出适用于分析方案的数学模型，改善财务决策质量。

（二）资金时间价值的实质

1. 西方经济学认为时间价值主要取决于流动偏好、消费倾向、边际效用等心理因素

（1）“时间利息论”者认为，时间价值产生于人们对现有货币的评价高于对未来货币的评价，它是价值时差的贴水。

（2）“流动偏好论”者认为，时间价值是放弃流动偏好的报酬。

（3）“节欲论”者认为，时间价值是货币所有者不将货币用于生活消费所得的报酬。货币时间价值就是对货币所有者推迟消费的耐心应给予的报酬，这种报酬应与推迟的时间成正比。

西方经济学家和财务管理学家的这些观点只说明了一些现象，并没有说明时间价值的实质。

2. 正确理解资金时间价值的实质

（1）要正确理解资金时间价值的产生原因。把货币放在保险柜里，无论多长的时间，它的数量是不会发生变化的。货币只有当作资本投入生产和流通后才能增值。时间价值是在生产经营活动中产生的，不作为资金投入生产经营过程的货币，是没有时间价值可言的。

（2）要正确认识资金时间价值的真正来源。时间价值不可能由“时间”创造，也不可能由“耐心”创造，而只能由工人的劳动创造，时间价值的真正来源是工人创造的剩余价值。

（3）要合理解决资金时间价值的计量原则。确定资金时间价值应以社会平均的资金利润率为基础。考虑到投资风险和通货膨胀的客观存在，资金利润率除包含时间价值以外，还包括风险报酬和通货膨胀贴水，在计算时间价值时，后两部分应予以扣除。资金时间价值的相对数（时间价值率）是扣除风险报酬和通货膨胀贴水后的社会平均资金利润率；其绝对数（时间价值额）是资金在生产经营中带来的增值额，即一定数额的资金与时间价值率的乘积。在利润不断资本化的条件下，计算资本的积累有必要用复利方法计算，资本将按几何级数增长。

二、资金时间价值的计算

（一）复利终值和复利现值的计算

1. 复利终值

资金的时间价值一般都是按复利方式计算的。所谓复利，是指不仅本金要计算利息，而且本期的利息从下期开始也要计算利息，即通常所说的“利滚利”。

终值是指若干期以后包括本金和利息在内的未来价值，又称复利值或本利和。

复利终值的一般计算公式为：

$$FV = PV\ (1+i)^n$$

式中，FV——复利终值；

PV——复利现值；

i——利息率；

n——计息期数。

$(1+i)^n$ 为复利终值系数，用 $FVIF_{i,n}$ 或（F/P，i，n）表示，故上式可以表示为：

$$FV = PV \times FVIF_{i,n} = PV \times (F/P, i, n)$$

例 2-1 某公司职员现在存入银行 2 000 元，年利率为 7%。问 5 年后的本利和为多少元？

$$FV = 2\,000 \times (1+7\%)^5 = 2\,000 \times 1.402\,6 = 2\,805.2\text{（元）}$$

为了简化和加速计算，可编制复利终值系数表，该表见书后附录一。该表的第一行是利率 i，第一列是计息期数 n，相应的 $(1+i)^n$ 值在其纵横相交处。

该表的作用不仅在于已知 i 和 n 时查找 $(1+i)^n$ 的值，而且可以在已知 $(1+i)^n$ 和 n 时查找 i，或已知 $(1+i)^n$ 和 i 时查找 n。

2. 复利现值

复利现值是复利终值的对称概念，指未来一定时间的特定资金按复利计算的现在价值，或者说是为取得将来一定本利和现在所需要的本金。可用倒求本金的方法计算。由终值求现值叫作贴现。在贴现时所用的利息率叫贴现率。

现值的计算可由终值的计算公式 $FV = PV(1+i)^n$ 导出，即：

$$PV = FV(1+i)^{-n}$$

上式可表示为：

$$PV = FV \times PVIF_{i,n} = FV \times (P/F, i, n)$$

为了简化计算，也可编制复利现值系数表（该表见书后附录二）。该表的使用方法与复利终值系数表的相同。

例 2-2 某项投资 4 年后可得收益 40 000 元。按年利率 6% 计算，现在投资不应超过多少元？

$$PV = 40\,000 \times (1+6\%)^{-4}$$
$$= 40\,000 \times 0.792\,1 = 31\,684\text{（元）}$$

由计算可知，现在投资不超过 31 684 元，投资才是可行的。

（二）年金终值和年金现值的计算

年金是指一定时期内每期相等金额的收付款项。例如，折旧、利息、租金、保险费等通常表现为年金的形式。年金按付款方式的不同可分为普通年金（也称后付年金）、预付年金（也称先付年金）、延期年金和永续年金。

1. 普通年金终值和现值的计算

普通年金是指每期期末等额的收付款项的年金。在现实经济生活中这种年金最为常见，所以称之为普通年金，如房屋按揭的还款额。

（1）普通年金终值的计算。它是一定时期内每期期末等额收付款项的复利终值之和。

假设：A——年金数额；

i——利息率；

n——计息期数；

FVA——普通年金终值；

PVA——普通年金现值。

则普通年金终值的计算如图 2-1 所示。

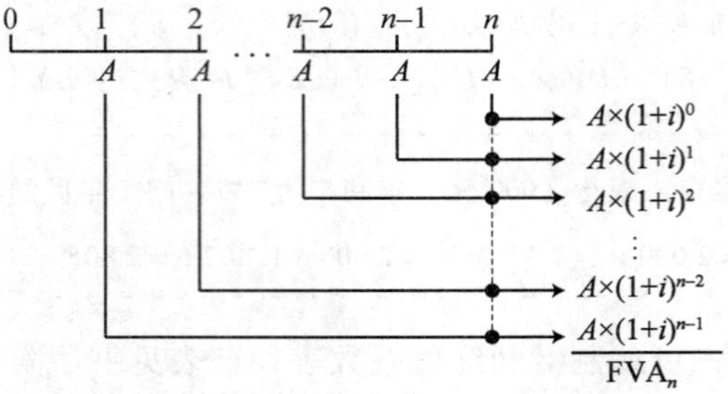

图 2-1　普通年金终值的计算示意图

由图 2-1 可知，普通年金终值的计算公式为：

$$FVA = A\times(1+i)^{n-1} + A\times(1+i)^{n-2} + A\times(1+i)^{n-3} + \cdots + A\times(1+i)^{1} + A\times(1+i)^{0}$$

$$= A\times\sum_{t=1}^{n}(1+i)^{t-1} = A\times\frac{(1+i)^{n}-1}{i}$$

上式中的 $\sum_{t=1}^{n}(1+i)^{t-1}$ 或 $\frac{(1+i)^{n}-1}{i}$ 称为普通年金终值系数，用 $FVIFA_{i,n}$ 或（F/A，i，n）表示。所以上式可以表示为：

$$FVA = A\times FVIFA_{i,n} = A\times(F/A,\ i,\ n)$$

普通年金终值系数表见书后附录三。其使用方法与复利终值系数表相同。

例 2-3　张先生连续 5 年每年年末存入银行 2 000 元，年利率为 7%，复利计息，则 5 年后本利和是多少元？

$$FVA = 2\,000\times FVIFA_{7\%,5} = 2\,000\times5.7507 = 11\,501.4\ (\text{元})$$

（2）偿债基金的计算。偿债基金是指为使年金终值达到既定金额每年应支付的年金数额，即已知终值而计算年金的问题。

例 2-4　某人拟在 5 年后还清 10 000 元债务，从现在起他每年等额存入银行一笔款项。假设银行存款利率为 10%，复利计息，则每年需要存入多少元？

由于有利息因素，不必每年存入 2 000 元（10 000 ÷ 5），而是存入比 2 000 元较少的金额，5 年后就可以达到 10 000 元，可用以清偿债务。

根据普通年金终值的计算公式 $FVA = A\times\frac{(1+i)^{n}-1}{i}$，可知：

$$A = FVA\times\frac{i}{(1+i)^{n}-1}$$

式中，$\frac{i}{(1+i)^{n}-1}$ 是年金终值系数的倒数，称为偿债基金系数，记作（A/F，i，n）。

将有关数据代入上式：

$$A = 10\,000\times10\%/[(1+10\%)^{5}-1]$$
$$= 10\,000\div6.1051$$
$$= 1\,637.97\ (\text{元})$$

因此，在银行利率为 10% 时，每年存入 1 637.97 元，5 年后就可以得到 10 000 元，用来还清债务。

(3) 普通年金现值的计算。普通年金现值是指一定期间内每期期末等额的系列收付款项的现值之和，用 PVA_n 表示。其计算情况如图 2-2 所示。

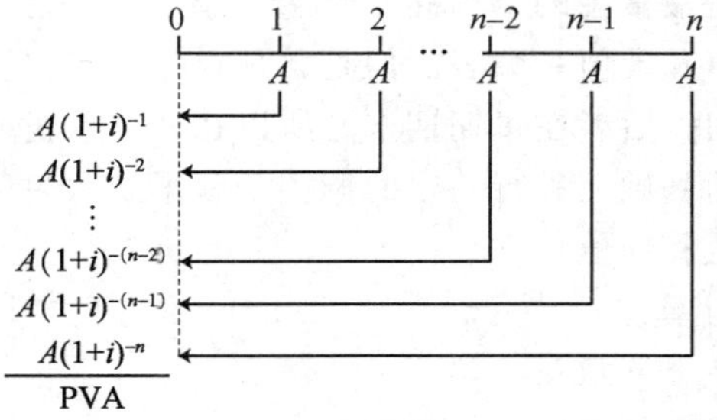

图 2-2 普通年金现值计算示意图

由图 2-2 可知，普通年金现值的计算公式为：

$$PVA = A\times(1+i)^{-1}+A\times(1+i)^{-2}+\cdots+A\times(1+i)^{-(n-1)}+A\times(1+i)^{-n}$$

$$=A\times\sum_{t=1}^{n}(1+i)^{-t}$$

$$=A\times\frac{1-(1+i)^{-n}}{i}$$

上式中的 $\sum_{t=1}^{n}(1+i)^{-t}$ 或 $\frac{1-(1+i)^{-n}}{i}$ 称为普通年金现值系数，用 $PVIFA_{i,n}$ 或 $(P/A, i, n)$ 表示。则普通年金现值的计算公式可写为：

$$PVA=A\times PVIFA_{i,n}=A\times(P/A, i, n)$$

为了简化计算，可以事先编制年金现值系数表（该表见书后附录四），其使用方法与复利终值系数表相同。

例 2-5 RD 投资项目于 2024 年年初动工，设当年投产，从投产之日起，每年的收益为 40 000 元，按年利率 6% 计算，则预期 10 年收益在 2024 年年初价值为：

$$PVA = 40\,000\times PVIFA_{6\%,10}=40\,000\times 7.360\,1=294\,404\text{（元）}$$

(4) 投资回收额的计算。投资回收额是指现在投入一定金额的资本，将来在约定的年限内每年等额收回的款项。投资回收额的计算是年金现值的逆运算，即已知 PVA，i，n，求 A。其计算公式如下：

$$A=PVA\times\frac{i}{1-(1+i)^{-n}}$$

式中，$\frac{i}{1-(1+i)^{-n}}$ 称为投资回收系数，是年金现值系数的倒数，用 $(A/P, i, n)$ 表示。

例 2-6 某企业投资 1 000 万元，若投资报酬率为 15%，则 10 年内每年收回多少万元才能收回全部投资额？

$$A=PVA\times(A/P, 15\%, 10)=1\,000\times 1/5.018\,8=199.25\text{（万元）}$$

2. 预付年金终值和现值的计算

预付年金是指在一定时期内每期期初等额的系列收付款项。银行业务中的零存整取就是预付年金。由于普通年金是最常用的，因此，年金终值和现值系数表是按普通年金编制的，而没有专门的预付年金终值和现值系数表。但是，预付年金与普通年金的区别仅在于付款时间的不同，前者在每期期初，后者在每期期末，所以在计算预付年金的终值和现值时，可在普通年金终值和现值系数的基础上进行一定的调整，就得到预付年金的终值和现值系数，从而可以计算预付年金的终值和现值。

（1）预付年金终值的计算。

假设：FVA'——预付年金终值；

PVA'——预付年金现值；

其他符号同前。

n 期预付年金终值与 n 期普通年金终值之间的关系如图 2-3 所示。

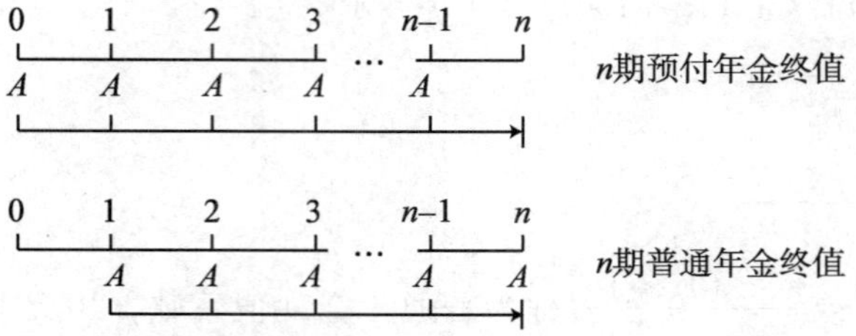

图 2-3　预付年金终值和普通年金终值关系图

由图 2-3 可知，n 期预付年金和 n 期普通年金的付款次数相同，但付款时间不同，前者在期初，后者在期末。所以预付年金终值的计算实际上比普通年金多计算一期利息，即预付年金终值系数应为 $FVIFA_{i}$，$n \times (1+i)$。

所以预付年金终值的计算公式为：

$$FVA' = A \times FVIFA_{i,n} \times (1+i)$$

此外，预付年金终值还有另外一种计算方法。根据 n 期预付年金终值和 $(n+1)$ 期普通年金终值的关系，还可推导出另一种计算公式。n 期预付年金与 $(n+1)$ 期普通年金比较，两者计息期数相同，但 n 期预付年金比 $(n+1)$ 期普通年金少一期不计利息的 A，两者的关系如图 2-4 所示。

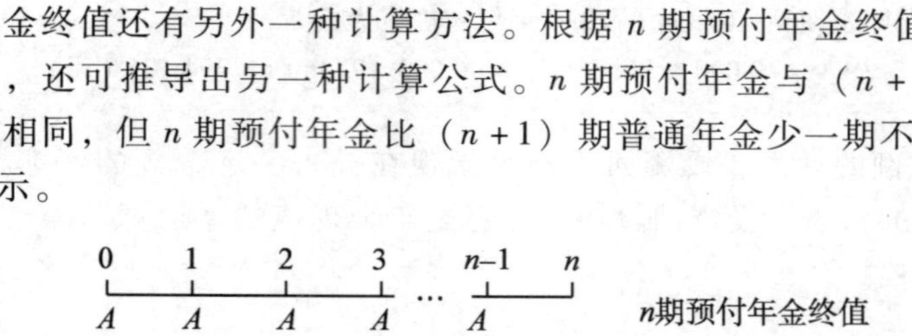

图 2-4　n 期预付年金终值和 $n+1$ 期普通年金终值关系图

由图 2-4 可知，只要将 $(n+1)$ 期普通年金的终值减去一期不计利息的 A，便可求出 n 期预付年金的终值。其计算公式为：

$$FVA' = A \times FVIFA_{i,n+1} - A$$
$$= A \times (FVIFA_{i,n+1} - 1)$$

例 2-7 张先生从现在起连续 5 年每年存入银行 20 000 元，年利率为 7%，复利计息，则 5 年后的本利和为：

$$FVA' = 20\,000 \times FVIFA_{7\%,5} \times (1 + 7\%)$$
$$= 20\,000 \times 5.750\,7 \times 1.07$$
$$= 123\,064.98 \text{（元）}$$

或

$$FVA' = 20\,000 \times FVIFA_{7\%,6} - 20\,000$$
$$= 20\,000 \times 7.153\,3 - 20\,000$$
$$= 123\,066 \text{（元）}$$

理论上两者的计算结果应完全一致，计算结果的差异是由于小数点后面位数的取舍所造成。

（2）预付年金现值的计算。预付年金现值的计算思路与预付年金终值相同，即根据预付年金现值与普通年金现值的关系，在普通年金现值系数的基础上进行一定的调整，得出预付年金的现值系数，从而计算预付年金的现值。

n 期预付年金现值和 n 期普通年金现值的关系如图 2-5 所示。

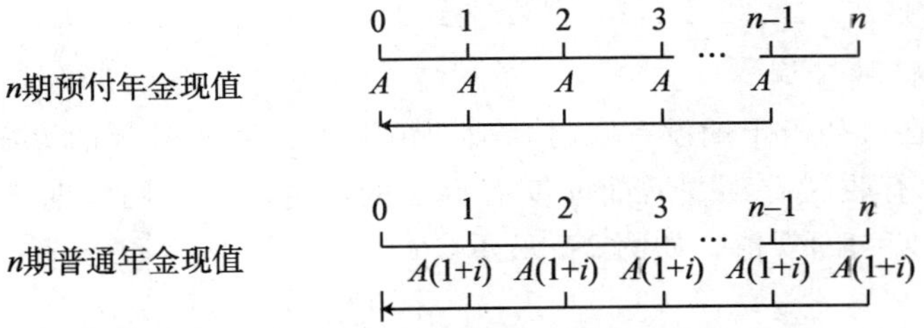

图 2-5　n 期预付年金现值和普通年金现值关系图

由图 2-5 可知，n 期预付年金现值和 n 期普通年金现值比较，两者付款期数相同，但 n 期预付年金现值比 n 期普通年金现值少贴现一期。所以，为了求得 n 期预付年金现值，可在求出 n 期普通年金现值后，再乘以 $(1+i)$ 便得。其计算公式如下：

$$PVA' = A \times PVIFA_{i,n} \times (1 + i)$$

此外，预付年金现值还有另外一种计算方法。根据 n 期预付年金现值和 $(n-1)$ 期普通年金现值的关系，可以推导出另外一种计算公式。n 期预付年金现值和 $(n-1)$ 期普通年金现值的关系如图（2-6）所示。

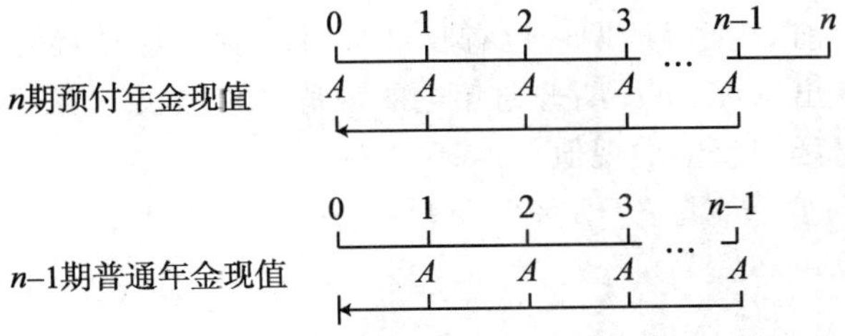

图 2-6　n 期预付年金现值与 $(n-1)$ 期普通年金现值关系图

由图2-6可知，n 期预付年金和（$n-1$）期普通年金相比，两者贴现期数相同，但 n 期预付年金比（$n-1$）期普通年金多一期不需贴现的 A。因此，为求得 n 期预付年金现值，可以在计算出（$n-1$）期普通年金现值后，再加上一期不需贴现的 A 即可得到 n 期预付年金的现值。所以，其计算公式如下：

$$PVA' = A \times PVIFA_{i,n-1} + A$$

例2-8 某公司租入设备一台，若每年年初支付租金4 000元，年利率为8%，租期为5年。假设现在公司自己购买该设备需要18万元，设备寿命为5年，设备到期无残值。问该公司是自己购买还是租赁？

租金现值计算如下：

$$PVA' = 4\,000 \times PVIFA_{8\%,5} \times (1+8\%)$$
$$= 4\,000 \times 3.992\,7 \times 1.08$$
$$= 17\,248.46\text{（元）}$$

或

$$PVA' = 4\,000 \times PVIFA_{8\%,4} + 4\,000$$
$$= 4\,000 \times 3.312\,1 + 4\,000$$
$$= 17\,248.4\text{（元）}$$

两者计算结果的差异是由于小数点后面位数的取舍所造成，从理论上两者结果应完全一致。

由于租金现值小于购买成本，所以应该租赁。

3. 延期年金现值的计算

延期年金是指在最初若干期没有收付款项的情况下，后面若干期等额的系列收付款项。假设最初有 m 期没有收付款项，后面 n 期有等额的收付款项，则延期年金的现值即为后 n 期年金贴现至 m 期期初的现值，如图2-7所示。

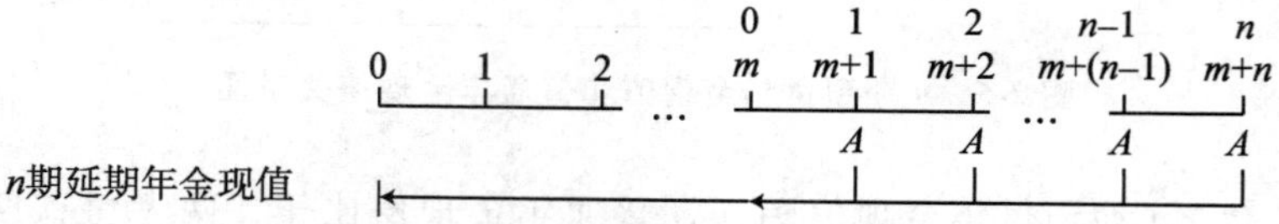

图2-7 延期年金现值的计算示意图

由图2-7可知，n 期延期年金现值计算可有两种方法。

第一种方法是将延期年金看作是从（$m+1$）到（$m+n$）期的 n 期普通年金，因此，可以先将这 n 期年金按普通年金的计算方法折到 n 期期初（即 m 期期末），再按复利现值计算方法将其折到前 m 期的最期初。即：

$$PVA_{m-n} = A \times PVIFA_{i,n} \times PVIF_{i,m}$$

第二种方法是假设前 m 期每期期末也有收（或付）款，这样就变成（$m+n$）期普通年金。因此，可以先计算出（$m+n$）期普通年金的现值，再减去 m 期没有收（或付）款的普通年金现值，从而求出延期年金的现值，即：

$$PVA_{m-n} = A \times PVIFA_{i,m+n} - A \times PVIFA_{i,m}$$

例 2-9 RD 项目于 2019 年动工，由于施工延期 5 年，于 2024 年年初投产，从投产之日起 10 年内每年得到收益 40 000 元。按每年利率 6% 计算，则 10 年收益于 2019 年年初的现值是多少？如果 2019 年需投资 20 万元，问是否可以进行投资？

$$PVA_{m-n} = 40\,000 \times PVIFA_{6\%,10} \times PVIF_{6\%,5}$$
$$= 40\,000 \times 7.360\,1 \times 0.747\,3$$
$$= 220\,008.10\text{（元）}$$

或

$$PVA_{m-n} = 40\,000 \times PVIFA_{6\%,15} - 40\,000 \times PVIFA_{6\%,5}$$
$$= 40\,000 \times 9.712\,2 - 40\,000 \times 4.212\,4$$
$$= 219\,992\text{（元）}$$

两者计算结果的差异也是由于小数点后面位数的取舍所造成，理论上两者结果应完全一致。

通过计算，由于收益现值大于投资额（200 000 元），故可以投资。

需要说明的是，延期年金终值的计算与普通年金终值的计算方法完全相同，所以在这里不再介绍延期年金终值的计算。

4. 永续年金现值的计算

永续年金是指无限期连续收入或支出的年金，也称为终身年金。现实中的存本取息、优先股股利、西方的无期限债券等都是永续年金的例子。另外，对于一些期限长、利率高的年金现值的计算，可按照永续年金现值的计算公式近似计算。

永续年金没有终止的时间，也就没有终值。永续年金现值的计算要视年金是发生在期初还是期末而分两种情况。

（1）年金发生在每期期末。当无限期在每期期末收入或支出相等金额的款项时，就属于该种情况。这时永续年金现值的计算公式可以由普通年金现值的公式 $PVA = A \times \frac{1-(1+i)^{-n}}{i}$ 导出。

由 $PVA = A \times \frac{1-(1+i)^{-n}}{i}$，当 $n \to \infty$ 时，$(1+i)^{-n}$ 的极限为零，故有：

$$PVA = \frac{A}{i}$$

例 2-10 某企业持有 A 公司的优先股 6 000 股，每年可获得优先股股利 1 200 元。若利息率为 8%，则该优先股历年股利现值为：

$$PVA = 1\,200/8\% = 15\,000\text{（元）}$$

例 2-11 某生物学会准备存入银行一笔基金，预期以后无限期地于每年年末取出利息 16 000 元，用以支付年度生物学奖金。若存款利息率为 8%，则该生物学会应于现在一次存入的款项为：

$$PVA = 16\,000/8\% = 200\,000\text{（元）}$$

这种情况是最常见的一种情况。为了理论的严密性，我们下面介绍另外一种情况。

（2）年金发生在每期期初。当无限期在每期期初收入或支出相等金额的款项时，就属于该种情况。这时永续年金现值的计算公式可以由预付年金现值的计算公式导出。

由 $PVA'=A\times\frac{1-(1+i)^{-n}}{i}\times(1+i)$ 可知，当 $n\to\infty$ 时，$(1+i)^{-n}$ 为零，故有：

$$PVA'=\frac{A}{i}+A$$

三、资金时间价值计算中的几个特殊问题

在实际生活中，资金时间价值的计算可能存在以下特殊情况。

（一）不等额系列现金流量终值和现值的计算

前面介绍了一次性收付款项及年金的终值和现值的计算。但在经济管理中，并不总是一次性收付款项，也并不总是每期收付款项都相等，而更多的情况是每次收入或付出的款项并不相等。在财务管理中，也经常需要计算这些不等额系列现金流量的现值或终值之和。

假设：A_0——第 0 年年末的收款或付款；

A_1——第 1 年年末的收款或付款；

A_2——第 2 年年末的收款或付款；

……

A_n——第 n 年年末的收款或付款。

1. 不等额系列现金流量终值的计算

根据上述假设及资金时间价值计算的基本原理，不等额系列现金流量终值的计算如图 2-8 所示。

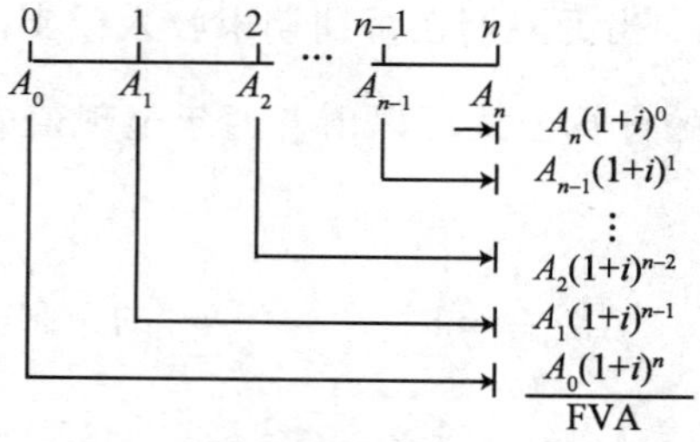

图 2-8　不等额系列现金流量终值的计算示意图

由图 2-8 可知，不等额系列现金流量终值的计算公式为：

$$\begin{aligned}FV&=A_n(1+i)^0+A_{n-1}(1+i)^1+\cdots+A_2(1+i)^{n-2}+A_1(1+i)^{n-1}+A_0(1+i)^n\\&=\sum_{t=0}^{n}A_t(1+i)^{n-t}\end{aligned}$$

例 2-12　王先生 5 年内每年年末存入银行的款项见表 2-1，假设利息率为 10%，则 5 年后他能从银行取出多少元？

表 2-1　　**王先生每年年末存款金额**

年（t）	1	2	3	4	5
现金流量/元	2 000	3 000	2 000	4 000	1 000

由 $FV = A_n (1+i)^0 + A_{n-1} (1+i)^1 + \cdots + A_2 (1+i)^{n-2} + A_1 (1+i)^{n-1} + A_0 (1+i)^n$ 可得：

$$FV = 1\,000 \times (1+10\%)^0 + 4\,000 \times (1+10\%)^1 + 2\,000 \times (1+10\%)^2 + 3\,000 \times (1+10\%)^3 + 2\,000 \times (1+10\%)^4$$
$$= 1\,000 + 4\,400 + 2\,420 + 3\,993 + 2\,928.2$$
$$= 14\,741.2\text{（元）}$$

所以，王先生在第 5 年年末可以从银行取出 14 741.2 元。

2. 不等额系列现金流量现值的计算

根据上述假设及资金时间价值计算的基本原理，不等额系列现金流量现值的计算如图 2-9 所示。

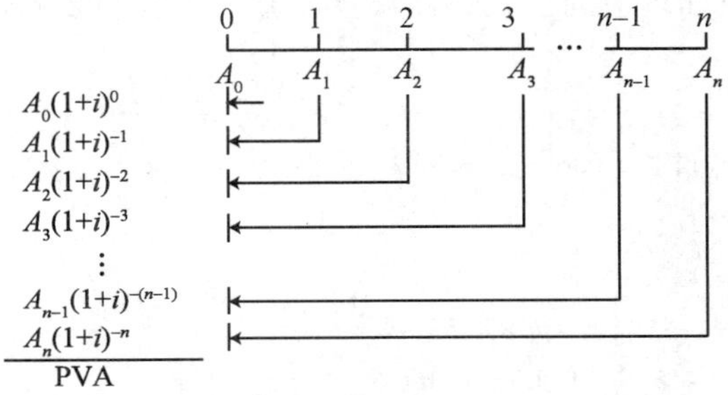

图 2-9　不等额系列现金流量现值的计算示意图

由图 2-9 可知，不等额系列现金流量现值的计算方式为：

$$PV = A_0 (1+i)^0 + A_1 (1+i)^{-1} + A_2 (1+i)^{-2} + \cdots + A_{n-1} (1+i)^{-(n-1)} + A_n (1+i)^{-n}$$
$$= \sum_{t=0}^{n} A_t (1+i)^{-t}$$

例 2-13　一笔现金流量见表 2-2，贴现率为 10%，求这笔不等额现金流量的现值。

表 2-2　1～5 年年末现金流量

年（t）	1	2	3	4	5
现金流量/元	1 000	2 000	3 000	2 000	1 000

由 $PV = A_0 (1+i)^0 + A_1 (1+i)^{-1} + A_2 (1+i)^{-2} + \cdots + A_{n-1} (1+i)^{-(n-1)} + A_n (1+i)^{-n}$ 可得：

$$PV = 1\,000 \times (1+10\%)^{-1} + 2\,000 \times (1+10\%)^{-2} + 3\,000 \times (1+10\%)^{-3} + 2\,000 \times (1+10\%)^{-4} + 1\,000 \times (1+10\%)^{-5}$$
$$= 6\,801\text{（元）}$$

（二）计息期短于 1 年的时间价值的计算

终值和现值通常是按年来计算的，但有时候也会遇到计息期短于 1 年的情况。例如，债券利息一般每半年支付一次，银行贷款利息每季度支付一次，这样就会出现以半年、一个季度、一个月甚至以天数为期间的计息期。

前面我们探讨的都是以年为单位的计息期，当计息期短于 1 年，而给出的利率又是年利率时，计息期数和计息率应按下列公式进行换算，以便计算时间价值。

假设：i——年利率；

r——期利率；

m——每年的计息次数；

t——换算后的计息期数；

n——年数；

其他符号同前。

所以，计息期短于1年时，复利终值和现值的计算公式变为：

$$FV = PV \times (1+r)^t = PV \times (1+i/m)^{mn}$$

$$PV = FV \div (1+r)^t = FV \div (1+i/m)^{mn}$$

注：有关年金的终值和现值的公式，其换算的基本思想和复利情况是一样的，只不过年金是特殊的复利形式。

例 2-14 北方公司向银行借款1 000元，年利率为16%。每季复利一次，则2年后应向银行偿付的本利和为多少？

每季复利一次，则 $m=4$。

$r = i \div m = 16\% \div 4 = 4\%$；$t = m \times n = 4 \times 2 = 8$

$FV = 1\,000 \times (1+4\%)^8 = 1\,000 \times 1.368\,6 = 1\,368.6$（元）

所以，2年后应向银行偿付的本利和为1 368.6元。

例 2-15 某基金会准备在第5年年底获得2 000元，年利率为12%，每季计息一次。则现在应存入银行多少款项？

每季计息一次，则 $m=4$。

$r = i \div m = 12\% \div 4 = 3\%$；$t = m \times n = 4 \times 5 = 20$

$PV = 2\,000 \times (1+3\%)^{-20} = 2\,000 \times 0.553\,7 = 1\,107.4$（元）

所以，现在应存入银行1 107.4元，才能保证在年利率为12%，每季计息一次的情况下，5年后获得2 000元。

（三）贴现率的计算

在前面计算现值和终值时，都假设利息率或贴现率是给定的。但在财务管理中，经常会遇到已知计息期数、终值和现值，而要求计算贴现率的问题。因此，下面分别以不同情况介绍贴现率的计算。

1. 一次性收付款情况下贴现率的计算

由 $FV = PV \times (1+i)^n$，可以推导出 $(1+i)^n = FV/PV$，既可以查复利终值系数表得到 i 值，也可以由上式继续推导出：

$$i = (FV/PV)^{1/n} - 1$$

2. 普通年金情况下贴现率的计算

（1）已知现值、年金、计息期数情况下，贴现率的计算。根据普通年金现值的计算公式 $PVA = A \times PVIFA_{i,n}$（这里 PVA 为普通年金现值，A 为普通年金，$PVIFA_{i,n}$ 为普通年金现值系数，i 为要求的贴现率，n 为计息期数）可以推导出 $PVIFA_{i,n}=PVA/A$，设 $PVIFA_{i,n}=PVA/A=\alpha$。另外我们知道年金现值系数与贴现率 i 呈反向变动关系，如图 2-10 所示。

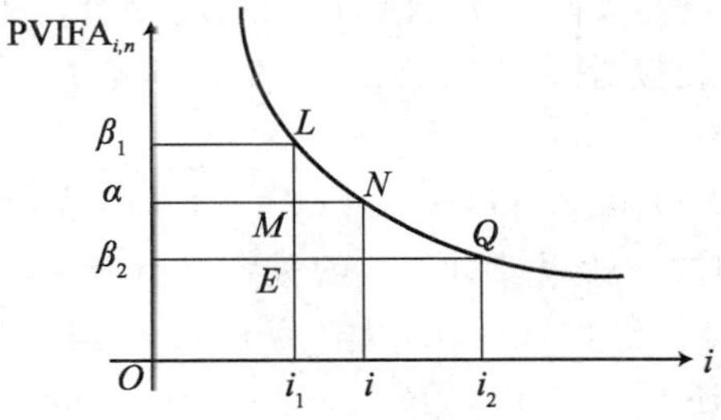

图 2-10　年金现值系数与贴现率 i 的关系图

图 2-10 反映的是年金现值系数与贴现率 i 的关系，横轴表示贴现率，纵轴表示年金现值系数。图中的 α 是根据已知条件计算所得，α 所对应的 i 值，就是我们要求的贴现率，i 的计算过程如下。

①首先在年金现值系数表中寻找，看是否有正好等于 α 的系数，如果有正好等于 α 的系数，则其所对应的贴现率就是要求的贴现率；否则进入下一步。

②在系数表中寻找两个最接近 α 的系数 β_1 和 β_2，其中 β_1 大于 α，对应的贴现率为 i_1；β_2 小于 α，对应的贴现率为 i_2。

③计算贴现率 i。由图 2-10 可知，$i=i_1+|i_1 i|$（$|i_1 i|$ 表示点 i_1 到 i 的距离），而 i_1 是 β_1 对应的贴现率，即为已知的，所以要计算 i 的关键是计算 $|i_1 i|$。从图 2-10 可以看出，图形 LMN 与图形 LEQ 相似，根据图形相似对应边成比例的原则可知，$|LM|/|LE|=|MN|/|EQ|$。从图 2-10 还可以看出，$|LM|=\beta_1-\alpha$，$|LE|=\beta_1-\beta_2$，$|MN|=|i_1 i|$，$|EQ|=i_2-i_1$，所以有 $(\beta_1-\alpha)/(\beta_1-\beta_2)=|i_1 i|/(i_2-i_1)$，从而推导出 $|i_1 i|=(\beta_1-\alpha)/(\beta_1-\beta_2)\times(i_2-i_1)$，这样便可以计算贴现率 i，即：

$$i=i_1+\frac{\beta_1-\alpha}{\beta_1-\beta_2}(i_2-i_1)$$

（2）已知终值、年金、计息期数情况下，贴现率的计算。根据普通年金终值的计算公式 $FVA=A\times FVIFA_{i,n}$（这里 FVA 为普通年金终值，A 为普通年金，$FVIFA_{i,n}$ 为普通年金终值系数，i 为要求的贴现率，n 为计息期数）可以推导出 $FVIFA_{i,n}=FVA/A$，设 $FVIFA_{i,n}=FVA/A=\alpha$。另外，我们知道年金终值系数与贴现率 i 呈正向变动关系，如图 2-11 所示。

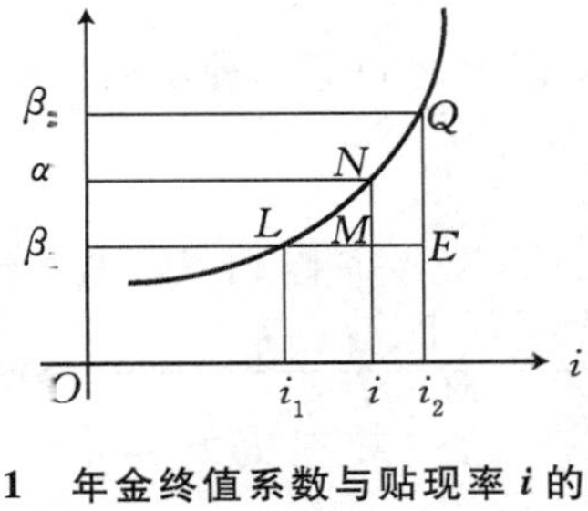

图 2-11　年金终值系数与贴现率 i 的关系图

图 2-11 反映的是年金终值系数与贴现率 i 的关系，横轴表示贴现率，纵轴表示年金终值系数。图中的 α 是根据已知条件计算所得，因此，α 所对应的 i 值，就是我们要求的贴现

率，因此 i 的计算过程如下。

①首先在年金终值系数表中寻找，看是否有正好等于 α 的系数，如果有正好等于 α 的系数，则其所对应的贴现率就是要求的贴现率 i；否则进入下一步。

②在系数表中寻找两个最接近 α 的系数 β_1 和 β_2，其中 β_1 小于 α，对应的贴现率为 i_1；β_2 大于 α，对应的贴现率为 i_2。

③计算贴现率 i。由图 2-11 可知，$i = i_1 + |i_1 i|$（$|i_1 i|$ 表示点 i_1 到 i 的距离），而 i_1 是 β_1 对应的贴现率，即为已知的，所以要计算 i 的关键是计算 $|i_1 i|$。而从图 2-11 可以看出，图形 LMN 与图形 LEQ 相似，根据图形相似对应边成比例的原则可知，$|LM| / |LE| = |MN| / |EQ|$。从图 2-11 还可以看出，$|LM| = |i_1 i|$，$|LE| = i_2 - i_1$，$|MN| = \alpha - \beta_1$，$|EQ| = \beta_2 - \beta_1$，所以有 $(\beta_1 - \alpha) / (\beta_1 - \beta_2) = |i_1 i| / (i_2 - i_1)$，从而推导出 $|i_1 i| = (\beta_1 - \alpha) / (\beta_1 - \beta_2) \times (i_2 - i_1)$，这样便可得出贴现率 i 的计算公式为：

$$i = i_1 + \frac{\beta_1 - \alpha}{\beta_1 - \beta_2} (i_2 - i_1)$$

3. 预付年金贴现率的计算

由 $PVA' = A \times PVIFA_{i,n-1} + A$ 可推导出 $PVIFA_{i,n-1} = PVA'/A - 1$。令 $PVA'/A - 1 = \alpha$，然后用与上述同样的方法即可求得 i。

4. 永续年金贴现率的计算

由 $V_0 = A/i$ 可以推导出：

$$i = A/PVA$$

对于延期年金来说，如果是已知终值、期限和年金而求贴现率，则可以用与普通年金一样的方法，否则适用下面一种情况。

5. 各年现金流量不相等情况下，贴现率的计算

在投资决策中，经常要计算某个投资项目的实际报酬率（或叫内部报酬率 IRR，内部报酬率指的是净现值为 0 时的贴现率），而且各年的现金流量不相等，这时就不能利用有关系数来计算，但仍然可以用插值法。其基本原理是利用净现值与贴现率的关系来计算。现在假定某项目各年的现金流量为 A_0，A_1，A_2，…，A_n，这里 A_0 为初始现金流量，一般表现为现金流出量，$A_1 \sim A_n$ 是第 1 年到第 n 年每年年末的净现金流量。由此可以推导出项目净现值 NPV：

$$NPV = \sum_{j=1}^{n} A_j (1+i)^{-j} - A_0$$

从上式可以看出，净现值与贴现率之间是一种反向变动关系，其关系如图 2-12 所示。

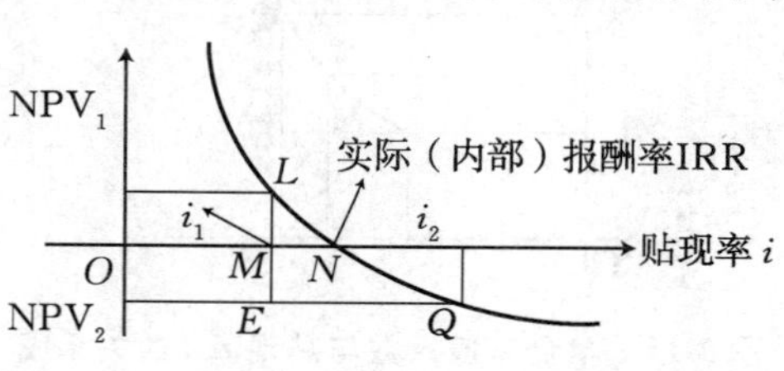

图 2-12　净现值与贴现率 i 的关系图

计算某项目的实际报酬率（或叫内部报酬率 IRR）的内插法可以用图 2-12 解释。其计

算步骤如下：

（1）先估计一个贴现率，用以计算项目的净现值。如果净现值为0，则这个贴现率即为要求的内部报酬率；如果净现值大于0，则说明所估计的贴现率低于内部报酬率，应提高贴现率，再次计算净现值；如果净现值小于0，则说明估计的贴现率大于内部报酬率，应降低贴现率，再次计算净现值，如此反复试算。

（2）通过上一步的试算，找到一个大于且接近于0的净现值 NPV_1，其对应的贴现率为 i_1，再找到一个小于且接近于0的净现值 NPV_2，其对应的贴现率为 i_2。

（3）用内插法计算项目的实际报酬率（或叫内部报酬率 IRR）。由图2-12可知，要求得 IRR，关键是计算 $|MN|$，即 $IRR = i_1 + |MN|$。而从图2-12可以看出，图形 LMN 与 LEQ 图形相似，根据图形相似对应边成比例的原理可知：$|LM| / |LE| = |MN| / |EQ|$，又由于 $|LM| = NPV_1 - 0$，$|LE| = NPV_1 - NPV_2$，$|EQ| = i_2 - i_1$，所以 $|MN| = (NPV_1 - 0)/(NPV_1 - NPV_2) \times (i_2 - i_1)$，从而推导出：

$$IRR = i_1 + \frac{NPV_1}{NPV_1 - NPV_2}(i_2 - i_1)$$

这里介绍的是净现值 NPV 等于0时贴现率的计算，这也是最常见的情况。为了理论的严密性，如果要求计算净现值 NPV 不等于0时的贴现率，其基本原理和方法与净现值 NPV 等于0时是一样的，这里不再赘述。

四、Excel中的时间价值函数

利用Excel表中的财务函数 *FV*，*PV*，*PMT*，*NPER*，*RATE* 可以计算终值、现值、每期等额现金流、期数和折现率，见表2-3。

表2-3　Excel时间价值函数表

求解变量	输入函数
计算终值：*FV*	=FV（Rate，Nper，Pmt，PV，Type）
计算现值：*PV*	=PV（Rate，Nper，Pmt，FV，Type）
计算每期等额现金流量：*PMT*	=PMT（Rate，Nper，PV，FV，Type）
计算期数：*n*	=NPER（Rate，Pmt，PV，FV，Type）
计算利率或折现率：*r*	=RATE（Nper，Pmt，PV，FV，Type）
计算内含报酬率：*IRR*	=*IRR*（Values，Guess）

这些函数的具体应用我们可详见Excel表中该函数的帮助。

第二节　风险与报酬

风险是一种客观存在，也是一个非常重要的财务概念。风险在财务活动中是一种普遍存在，任何冒险行为都期望获得与所承担风险对等的额外报酬，这种额外报酬就是风险报酬，这种风险与报酬的对称关系被称为风险与收益的均衡。当然，这里的收益是投资者在投资决策前的预期收益，是投资者根据风险大小确定的必要投资报酬率，风险越大要求的必要报酬率越高。它能解决财务估值时如何确定折现率的问题。

一、风险的含义与种类

（一）风险的含义

风险是预期结果的不确定性。通常指在一定条件下和一定时期内可能发生的各种结果的变动程度，变动程度越大则说明风险越大，反之越小。风险是事件本身的不确定性，既有客观性。对于特定的投资，风险的大小是客观的，不能更改的；而是否愿意去承担风险，承担多大风险则是可以选择的，是由投资者主观决定的。

由于人们对损失比对收益更加敏感，所以往往把风险和损失联系在一起，认为风险就是发生损失的可能性。但是，对于一个未发生的事件，其结果可能是好的，也可能是不好的。因此风险不仅包括负面效应的不确定性，也包括正面效应的不确定性。它既可能带来超出预期的损失，也可能带来超出预期的报酬。

（二）风险的种类

1. 系统风险和非系统风险

系统风险（又称市场分析、不可分散风险）指由政治、经济及社会环境等公司外部因素不确定性产生的风险，如国家宏观经济政策变化、经济周期性波动、利率变动、通货膨胀、汇率变化等。系统风险的诱因多发生在企业等经济实体外部，企业等经济实体作为市场参与者，能够发挥一定作用，但由于受多种因素的影响，本身又无法完全控制它，其带来的波动面一般都比较大，有时也表现出一定的周期性。此类系统风险是不可分散的（cannot be diversified）。

非系统风险（又称公司特有风险、可分散风险）指由公司内部因素不确定性产生的风险，如新产品开发、劳资纠纷等。这些因素只对某个或某些资产的收益造成影响，而与其他资产的收益无关。这些风险可以通过多元化投资分散掉。

系统风险是影响整个市场的风险因素所引起的，非系统风险是特定企业或特定行业所特有的；非系统风险是当组合中资产的个数足够大时这部分风险可以被完全消除。

系统风险与非系统风险的关系如图2－13所示。

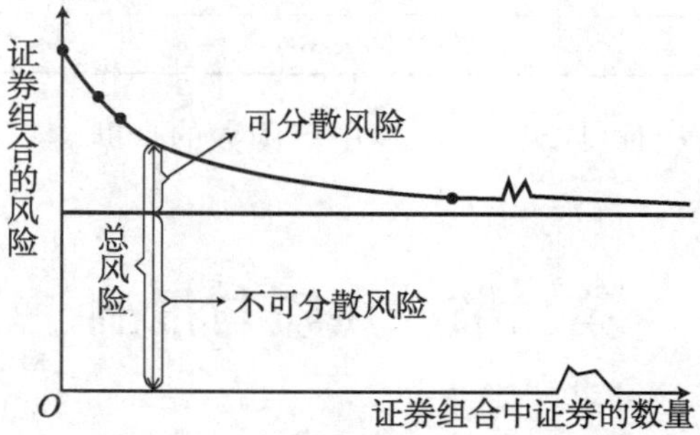

图2-13　证券组合风险构成图

2. 经营风险和财务风险

经营风险指企业经营行为（生产经营活动和投资活动）给企业收益带来的不确定性。这种风险是公司商业活动中固有的风险，主要来自客观经济环境的不确定性以及公司自身技术装备、产品结构、成本水平、研发能力以及管理水平。一般来讲，经营风险的大小跟企业所制定的经营战略是有关系的。

财务风险一般指举债经营给股东收益带来的不确定性。这种风险主要来源于利率、汇率变化的不确定性以及公司负债比重。一般来说，如果在企业资本结构当中，债务资本所占的比例越高，表明这个企业的财务风险就越大。

二、单项投资的风险与报酬

对于投资活动而言，风险是与投资报酬的可能性相联系的。风险的衡量，要从投资报酬的可能性入手，应用概率论和统计方法解决。

（一）确定预期投资报酬的概率分布

概率是指事件的某种结果可能发生的机会。例如，一个企业的利润有 60% 的机会增加，有 40% 的机会减少，那么就可以说利润增加的概率是 60%，利润减少的概率是 40%。如果把某一事件所有可能的结果都列示出来，每一结果对应一个概率，便可构成这一事件的概率分布。

例 2-16 A 公司和 B 公司股票的报酬率及其概率分布情况见表 2-4。

表 2-4　A 公司和 B 公司股票报酬率的概率分布表

经济情况	概率（P_i）	报酬率（随机变量 K_i）	
		A 公司	B 公司
繁荣	$P_1=0.20$	$K_1=40\%$	$K_1=70\%$
一般	$P_2=0.60$	$K_2=20\%$	$K_2=20\%$
较差	$P_3=0.20$	$K_3=0\%$	$K_3=-30\%$

概率以 P_i 表示，概率分布必须符合以下两个要求：

（1）概率 P_i 应在 0 和 1 之间，即 $0\leq P_i\leq 1$；

（2）概率之和应等于 1，即 $\sum_{i=1}^{n}P_i=1$，这里 n 为可能出现的结果个数。

（二）计算期望报酬率

期望报酬率是各种可能的报酬率按其概率进行加权平均得到的报酬率，它是反映集中趋势的一种量度。期望报酬率可按下列公式计算：

$$\overline{K}=\sum_{i=1}^{n}K_iP_i$$

式中，$\overline{K}$—— 期望报酬率；

K_i—— 第 i 种可能结果的报酬率；

P_i—— 第 i 种可能结果的概率；

n—— 可能结果的个数。

根据表2-4的数据，计算A公司和B公司的期望报酬率。

根据期望报酬率公式分别计算A公司和B公司的期望报酬率如下：

$$\begin{aligned} K_A &= \sum K_i P_i \\ &= 40\% \times 0.20 + 20\% \times 0.60 + 0 \times 0.20 \\ &= 20\% \end{aligned}$$

$$\begin{aligned} K_B &= \sum K_i P_i \\ &= 70\% \times 0.20 + 20\% \times 0.60 + (-30\%) \times 0.20 \\ &= 20\% \end{aligned}$$

从计算结果可以看出，两家公司股票的期望报酬率相等，都是20%。但A公司各种情况下的报酬率比较集中，而B公司却比较分散，如图2-14所示，所以A公司的风险相对较小。

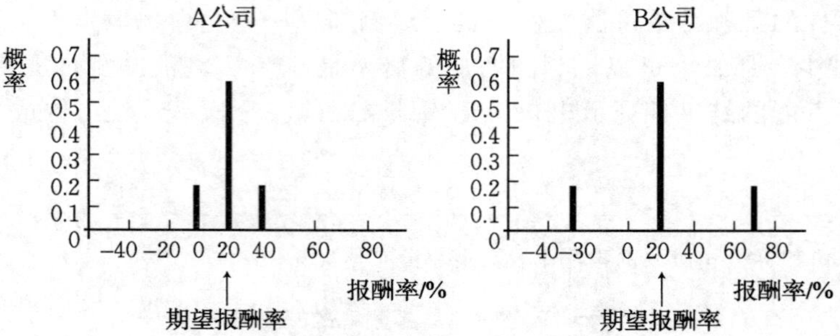

图2-14 A公司和B公司的期望报酬率的概率分布图

上述是非连续式概率分布，即概率分布在几个特定的随机变量点上，概率分布图形成几条个别直线，只反映经济情况的繁荣、一般、衰退三种特殊情况。而在实践中，经济情况在极度繁荣和极度衰退之间可能发生多种可能的结果，有着多个概率。如果对每一种可能的结果给出相当的概率（概率总和等于1），并对每一种情况测算一个报酬率，就可以在直角坐标系中绘制连续的概率分布图，即连续式概率分布（连续式概率分布是指概率分布在一定区间的连续各点上，概率分布图形成由一条曲线覆盖的平面）。

以例2-16资料为依据加以展开，当经济情况很多时，可绘制出反映A公司和B公司报酬率的概率分布图，如图2-15所示。

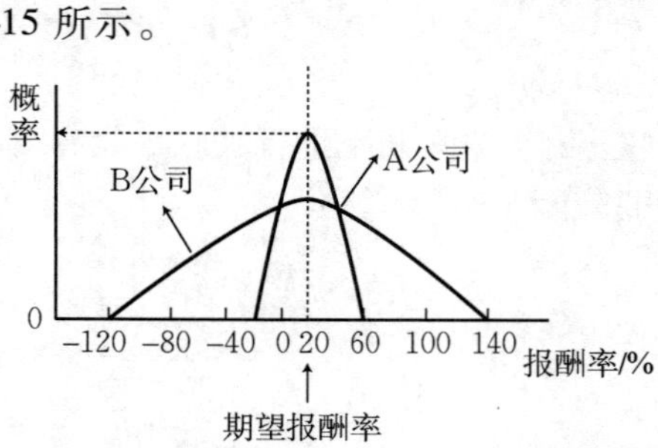

图2-15 A公司和B公司报酬率的连续概率分布图

（三）计算标准离差

标准离差是指随机变量偏离期望值的综合差异，是反映离散程度的指标。

假设：δ——期望报酬率的标准离差；

$\overline{K}$——期望报酬率；

K_i——第 i 种可能结果的报酬率；

P_i——第 i 种可能结果的概率；

n——可能结果的个数。

所以，标准离差的计算公式为：

$$\delta = \sqrt{\sum_{i=1}^{n} (K_i - \overline{K})^2 \times P_i}$$

将例 2-16 中的数据代入上述公式，可以计算出 A 公司和 B 公司的标准离差：

$$\delta_A = \sqrt{(40\% - 20\%)^2 \times 0.20 + (20\% - 20\%)^2 \times 0.60 + (40\% - 20\%)^2 \times 0.20}$$
$$= 12.65\%$$

$$\delta_B = \sqrt{(70\% - 20\%)^2 \times 0.20 + (20\% - 20\%)^2 \times 0.60 + (-30\% - 20\%)^2 \times 0.20}$$
$$= 31.62\%$$

标准离差越小，说明离散程度越小，风险也就越小。由此可见，B 公司的风险大于 A 公司的风险。

（四）计算标准离差率

上述计算的标准离差是反映随机变量离散程度的一个指标。但只能用来比较期望报酬率相同的各项投资项目的风险程度，而不能用来比较期望报酬率不同的投资项目的风险程度，要对比期望报酬率不同的投资项目的风险程度，应该用标准离差同期望报酬率的比值，即标准离差率，来比较期望报酬率不同的投资项目的风险程度。标准离差率的计算公式为：

$$V = \frac{\delta}{\overline{K}}$$

式中，V——标准离差率；其他符号同前。

这样，将例 2-16 中的数据代入上式，便可计算出 A 公司和 B 公司的标准离差率分别为：

$$V_A = \delta_A / K_A \times 100\% = 12.65\% / 20\% = 0.63$$

$$V_B = \delta_B / K_B \times 100\% = 31.62\% / 20\% = 1.58$$

通过计算可以说明，在上述假设条件下，B 公司股票的风险要大于 A 公司股票的风险。

（五）计算风险报酬率

标准离差率虽然能正确评价投资风险程度的大小，但这还不是风险报酬率。要计算风险报酬率，还必须借助风险报酬系数。风险报酬率、风险报酬系数和标准离差率之间的关系可用公式表示为：

$$R_R = bV$$

式中，R_R——风险报酬率；

b——风险报酬系数；

V——标准离差率。

通过这些分析与计算，就可以推导出投资总报酬率为：

$$K = R_F + R_R = R_F + bV$$

式中，K——投资总报酬率；

R_F——无风险报酬率。

无风险报酬率就是加上通货膨胀贴水后的货币时间价值，西方国家一般把投资于国库券的报酬率视为无风险报酬率。

风险报酬系数是将标准离差率转化为风险报酬率的一种系数。

假设 $b_A = 5\%$，$b_B = 8\%$，则 A 公司和 B 公司的风险报酬率分别为：

$R_{RA} = 5\% \times 0.63 = 3.1\%$

$R_{RB} = 8\% \times 1.58 = 12.64\%$

如果无风险报酬率为 10%，则 A 公司和 B 公司的投资报酬率应分别为：

$K_A = 10\% + 3.16\% = 13.16\%$

$K_B = 10\% + 12.65\% = 22.65\%$

从以上公式可以看出，要计算 K，关键要确定 R_R，而要确定 R_R，关键要确定 b。确定 b 的具体方法有以下几种：

（1）根据以往同类项目的有关数据确定。风险报酬系数 b，可以参照以往投资项目的历史资料，运用前述有关公式来确定。假设以往同类项目的 K、R_F、V 已知，则可推导出风险报酬系数为：

$$b = (K - R_F)/V$$

（2）由企业领导或有关专家确定。上述方法必须在历史资料比较充分的情况下才能采用。如果缺乏历史资料，就无法采用。此时可以由企业决策者，如总经理、财务经理、总会计师、财务主管等根据经验加以确定，也可以由企业决策者组织有关专家确定。这时，风险报酬系数的确定，在很大程度上取决于决策者或专家对风险的态度。风险偏好者，往往把 b 值定得低些；风险厌恶者，则把 b 值定得高些。

（3）由国家有关部门组织专家确定。国家有关部门如财政部、中央银行等组织专家，根据各行业的条件和有关因素，确定各行业的风险报酬系数并定期公布，作为参数供投资者参考。

（六）风险与收益的比较

按照上述程序计算出来的风险报酬率是在现有分享程度下要求的必要风险报酬率。为了判断某一投资方案是否实现了风险与收益的均衡，需要将预计的风险报酬率与不要风险报酬率进行比较，只有当前者大于等于或者，我们才认为该项目实现了风险与收益的均衡，该项目才是可行的。

预测的风险报酬率 = 项目的期望报酬率 − 无风险收益率

投资于 A 公司股票的预期风险报酬率 $= 20\% - 10\% = 10\%$，大于必要风险报酬率 $R_{RA} = 3.1\%$，所以从风险的角度看，A 公司的股票是值得投资的。而投资于 B 公司股票的预期风险报酬率 $= 20\% - 10\% = 10\%$，小于必要风险报酬率 $R_{RB} = 12.64\%$，所以从风险的角度看，B 公司的股票是值得投资的。

三、投资组合的风险与报酬

前文讨论了单项投资的风险与报酬。事实上，投资者很少把所有的资本都投入到一种资产或一个项目中，他们总是会同时持有多种资产。凡是由两种或两种以上资产所构成的集合称为投资组合。投资组合会减少投资风险。

（一）投资组合的预期报酬

投资组合的期望报酬是组合中单项资产期望报酬的加权算术平均值，权重为组合中各项资产的投资占总投资的比重。

$$K_p = \sum_{j=1}^{n} k_j w_j$$

式中，K_w 表示投资组合的期望报酬率；

k_j 表示第 j 项资产的期望报酬率；

w_j 表示第 j 项资产的投资比重；

n 表示组合中所包含资产的数量。

（二）投资组合的风险

投资组合的风险，通常用预期收益率的方差来表示，它不是组合中所有单项资产预期收益率方差的加权平均数，它需要考虑资产与资产之间的相互影响。它们之间的共同变动程度用协方差来衡量。

$$\sigma_p^2 = \sum \sum w_i w_j \sigma_{ij} = \sum \sum w_i w_j r_{ij} \sigma_i \sigma_j$$

$$r_{ij} = \frac{\sigma_{ij}^2}{\sigma_i \sigma_j}$$

式中，σ_p^2 表示组合的方差；

σ_{ij} 表示第 i 种和第 j 种之间的协方差；

w_i, w_j 表示第 i 种和第 j 种资产的比重。

r_{ij} 表示第 i 种资产和第 j 种资产的相关关系及相关程度，其取值为 -1 至 +1。符号为负，表示一种资产的报酬率增长而另一种资产的报酬率下降，呈负相关，如果为 -1，则表示一种资产的报酬率增长与另一种资产的报酬率下降成比例，呈完全负相关；符号为正，表示一种资产的报酬率增长而另一种资产的报酬率也增长，呈正相关，如果为 +1，则表示一种资产的报酬率增长与另一种资产的报酬率增长成比例，呈完全正相关；为 0，则表示不相关。

每种资产的报酬率的变动与其他资产报酬率的变动无关，它们彼此独立。由于市场上多数资产的相关系数不会正好等于 1，因此投资组合预期收益率的方差会小于组合中各项资产预期收益率方差的加权平均数。

例 2-17 假设 A 证券的期望报酬率为 10%，标准差是 12%。B 证券的期望报酬率为 18%，标准差 20%。假设投资者等比例投资于这两种证券，即各占 50%。

则该组合的期望报酬率为：

$$K_p = \sum_{j=1}^{2} k_j w_j = 10\% \times 0.5 + 18\% \times 0.5 = 14\%$$

如果两种证券预期报酬率的相关系数等于 1，没有任何抵消作用，在等比例投资的情况下该组合的标准差等于两种证券各自标准差的简单算数平均数，即 16%。

$$\sigma_p = \sqrt{0.5 \times 0.5 \times 0.12^2 + 2 \times 0.5 \times 0.5 \times 1 \times 0.12 \times 0.2 + 0.5 \times 0.5 \times 0.2^2} = 16\%$$

如果两种证券预期报酬率的相关系数等于0.2，组合的标准差会小于各自标准差的加权平均数，其标准差是：

$$\sigma_p = \sqrt{0.5 \times 0.5 \times 0.12^2 + 2 \times 0.5 \times 0.5 \times 0.2 \times 0.12 \times 0.2 + 0.5 \times 0.5 \times 0.2^2} = 12.65\%$$

如果两种证券预期报酬率的相关系数等于-0.2，组合的标准差会小于各自标准差的加权平均数，其标准差是：

$$\sigma_p = \sqrt{0.5 \times 0.5 \times 0.12^2 + 2 \times 0.5 \times 0.5 \times (-0.2) \times 0.12 \times 0.2 + 0.5 \times 0.5 \times 0.2^2} = 10.58\%$$

四、资本资产定价模型

在马科维茨1959年提出投资组合理论后，夏普、林特纳、特雷诺和莫桑等于1964年在其理论基础上进一步提出了资本资产定价模型（*CAPM*），重研究资产收益与风险之间的数量关系，即投资者应当获得多少的收益才能补偿其所承担的风险。资本资产定价模型，是财务学形成和发展过程中最重要的里程碑，它第一次使人们可以量化市场的风险程度，并且能够对风险进行具体定价。

资本资产定价模型的研究对象，是充分组合情况下风险与必要报酬率之间的均衡关系。资本资产定价模型可用于回答如下不容回避的问题：为了补偿某一特定程度的风险，投资者应该获得多大的报酬率？在前面的讨论中，我们将风险定义为期望报酬率的不确定性；然后根据投资理论将风险区分为系统风险和非系统风险，知道了在高度分散化的资本市场里只有系统风险，并且会得到相应的回报。

（一）假设条件

资本资产定价模型建立在如下基本假设之上：

（1）所有投资者均追求单期财富的期望效用最大化，并以各备选组合的期望收益和标准差为基础进行组合选择。

（2）所有投资者均可以无风险报酬率无限制地借入或贷出资金。

（3）所有投资者拥有同样预期，即对所有资产报酬的均值、方差和协方差等，投资者均有完全相同的主观估计。

（4）所有的资产均可被完全细分，拥有充分的流动性且没有交易成本。

（5）没有税金。

（6）所有投资者均为价格接受者。

（7）所有资产的数量是给定的和固定不变的。

（二）贝塔（β）系数

按照CAPM，β系数是用以度量一项资产系统风险的指标，是用来衡量一种证券或一个投资组合相对总体市场的波动性（volatility）的一种风险评估工具。

$$\beta_J = \frac{COV(K_J, K_M)}{\sigma_M^2} = r_{JM}\left(\frac{\sigma_J}{\sigma_M}\right)$$

其中，$COV(K_J, K_M)$是第J种证券的报酬率与市场组合M报酬率之间的协方差。它等于该证券标准差与市场组合标准差的比及两者相关系数的乘积。

从市场组合的角度看，可以视单项资产的系统风险是对市场组合变动的反映程度，用贝塔系数度量。β表示的是相对于市场收益率变动、个别资产收益率同时发生变动的程度，是一个标准化的度量单项资产对市场组合方差贡献的指标。

也就是说，如果一个股票的价格和市场的价格波动性是一致的，那么这个股票的β值就是1。如果一个股票的β是1.5，就意味着当市场上升10%时，该股票价格则上升15%；而市场下降10%时，股票的价格亦会下降15%。

投资组合的β值等于组合中各种证券β值得加权算术平均数：

$$\beta_p = \sum_{i=1}^{n} w_i \beta_i$$

β系数是通过统计分析同一时期市场每天的收益情况以及单个股票每天的价格收益来计算得出的。其计算方法有两种，一种是直线回归法，另一种是定义法。直线回归法是根据线性回归原理，使用同一时期的某股票的报酬率和市场组合的报酬率的历史数据，使用线性回归方程预测得到。该回归方程的回归系数就是该股票的β系数。定义法就是根据同一时期的某股票的报酬率和市场组合的报酬率的历史数据计算它们的标准差和相关系数，然后代入定义公式中得到。市场组合的数据使用股票市场指数的数据。

（三）计算方法

当资本市场达到均衡时，风险的边际价格是不变的，任何改变市场组合的投资所带来的边际效果是相同的，即增加一个单位的风险所得到的补偿是相同的。按照β的定义，在均衡资本市场条件下，得到资本资产定价模型：

$$R_j = R_f + \beta_j (R_m - R_f)$$

其中：R_j是资产j的预期回报率；

R_f是无风险利率；

β_j，即资产j的系统性风险；

R_m是市场m的预期市场回报率；

$(R_m - R_f)$是市场风险溢价（market risk premium），即预期市场回报率与无风险回报率之差。

资本资产定价模型的说明如下：①单个证券的期望收益率由两个部分组成，无风险利率以及对所承担风险的补偿——风险溢价；②风险溢价的大小取决于β值的大小。β值越高，表明单个证券的风险越高，所得到的补偿也就越高；③β度量的是单个证券的系统风险，非系统性风险没有风险补偿。

例 2-18 大华公司股票的β系数为2.0，无风险利率为5%，市场上所有股票的平均报酬率为10%，那么大华公司股票的报酬率至少应为多少时投资者才愿意投资？

$$K_i = R_F + \beta_i (R_m - R_F)$$
$$= 5\% + 2.0 \times (10\% - 5\%)$$
$$= 15\%$$

例 2-19 大华公司持有由甲、乙、丙三种股票构成的证券组合，它们的 β 系数分别为 2.0、1.0 和 0.5，它们在证券组合中的比重分别为 60%、30% 和 10%，股票的市场报酬率为 14%，无风险报酬率为 10%。试确定这种证券组合的风险报酬率及必要报酬率。

（1）确定该证券组合的 β 系数。

$$\beta_P = 60\% \times 2.0 + 30\% \times 1.0 + 10\% \times 0.5 = 1.55$$

（2）计算该证券组合的风险报酬率。

$$R_P = \beta_P (K_m - R_F) = 1.55 \times (14\% - 10\%) = 6.2\%$$

（3）计算该证券组合的必要报酬率如下。

$$K_P = R_F + R_P = 10\% + 6.2\% = 16.2\%$$

在资本资产定价模型中，必要报酬率 K 与不可分散风险 β 系数之间的关系如图 2-16 所示。

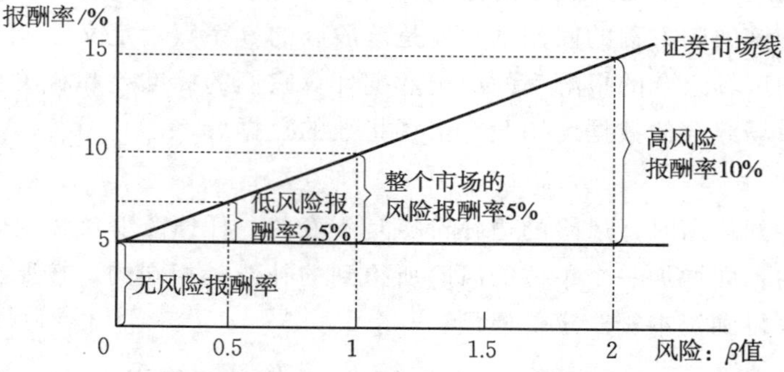

图 2-16 必要报酬率与不可分散风险的关系图

从图 2-16 可以看出，无风险报酬率为 5%，市场平均报酬率为 10%。在这种情况下，β 系数不同的股票有不同的风险报酬率，当 $\beta = 0.5$ 时，风险报酬率为 2.5%，是整个市场风险报酬率的一半；当 $\beta = 1.0$ 时，风险报酬率为 5%，等于整个市场的风险报酬率；当 $\beta = 2.0$ 时，风险报酬率为 10%，是整个市场风险报酬率的 2 倍。可以看出，β 值越高，要求的风险报酬率也越高，在无风险报酬率不变的情况下，必要报酬率也越高。对于特定的公司，有其特定的 β 值，所以可以在证券市场线上找到其特定的位置。

上述内容假定证券市场线不变，但在实际经济情况中，由于有关因素的变化，将会导致证券市场线的位置变化。有关因素对证券市场线位置的影响分别介绍如下。

（1）通货膨胀率。现在市场上无风险报酬率由两方面构成：①无通货膨胀的报酬率即纯利率或真实报酬率（K_0），这是真正的时间价值部分；②通货膨胀贴水（IP），它等于预期的通货膨胀率。这样无风险报酬率 $R_F = K_0 + IP$。在图 2-17 中，假设包括 4% 的真实报酬率和 1% 的通货膨胀贴水，则：

$$R_F = K_0 + IP = 4\% + 1\% = 5\%$$

如果预期通货膨胀率上升到 4%，这将使 R_F 上升到 8%。R_F 的增加也会引起市场上所有股票预期报酬率的增加，如图 2-17 所示。

从图 2-17 可以看出，在其他因素不变的情况下，由于通货膨胀率的变化，会使证券市

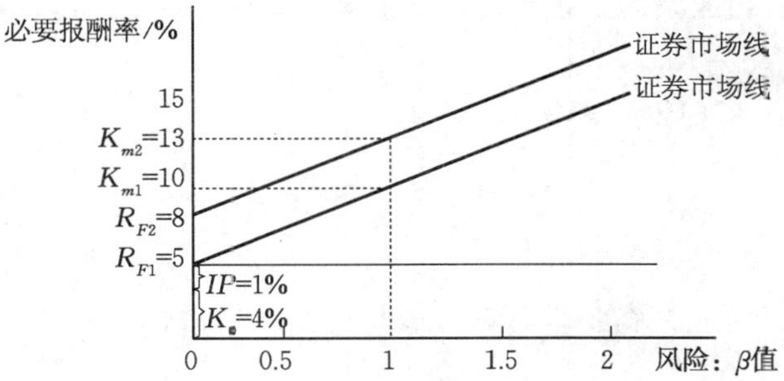

图 2-17 通货膨胀对证券市场线的影响

场线平行上移（通货膨胀率增加）或平行下移（通货膨胀率下降）。

（2）风险回避程度的变化。证券市场线的斜率反映了投资者回避风险的程度。斜率越大（直线越陡），反映出投资者越回避风险；反之亦然。极端地讲，如果投资者不回避风险，证券投资的必要报酬率就等于无风险报酬率。这样，证券市场线将是水平的。当风险回避增加时，风险报酬率也增加，证券市场线的斜率也增加，反之亦然，如图 2-18 所示。

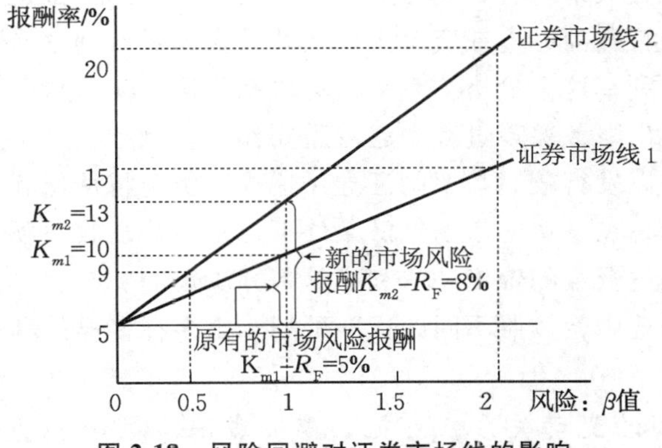

图 2-18 风险回避对证券市场线的影响

图 2-18 说明了风险回避增加的情况，市场风险报酬率从 5% 上升到 8%，在其他因素不变的情况下，K_m 也从 10% 上升到 13%。值得注意的是，风险回避的程度对风险较大的证券的影响更为明显。例如，一个 $\beta=0.5$ 的股票的必要报酬率增加 1.5 个百分点，即从 7.5% 上升到 9%，而一个 $\beta=2.0$ 的股票的必要报酬率却增加了 6 个百分点，即从 15% 上升到 21%。

此外，随着时间的推移，β 系数也在不断变化，其变化可能会随着一个企业的资产组合、负债结构等因素的变化而改变。当然 β 系数也会因为市场竞争的加剧、专利权的期满等情况而改变。β 系数的变化会使公司股票的风险报酬率发生变化，从而导致必要报酬率发生变化。

假设大华公司股票的 β 系数从 2.0 降为 1.5，那么，其必要报酬率为：

$$K=R_F+\beta\ (K_m-R_F)$$
$$=5\%+1.5\times(10\%-5\%)$$
$$=12.5\%$$

反之，如果大华公司股票的β系数从2.0上升到2.5，那么，其必要报酬率为：

$$K = R_F + \beta\ (K_m - R_F)$$
$$= 5\% + 2.5 \times (10\% - 5\%)$$
$$= 17.5\%$$

第三节 利　息　率

企业的财务活动与利息率有密切的联系，离开了利息率因素就无法正确做出筹资决策和投资决策。因此，利息率是进行财务决策的基本依据，利息率原理是财务管理中的一项基本原理。

一、利息率的概念与种类

利息率简称利率，是衡量资金增值量的基本单位，也就是资金的增值同投入资金的价值之比。从资金流通的借贷关系来看，利率是一个特定时期运用资金这一资源的交易价格。也就是说，资金作为一种特殊商品，在资金市场上的买卖，是以利率作为价格标准的，资金的融通实质上是资源通过利率这个价格体系在市场机制作用下实行再分配。因此，利率在资金的分配及个人和企业做出财务决策过程中起着重要作用。例如，一个企业拥有投资利润率很高的投资机会，它就可以发行较高利率的证券，这样，资金将从低利的投资项目不断向高利的投资项目转移。因此，在发达的市场经济条件下，资金从高收益项目到低收益项目的依次分配，是由市场机制通过资金的价格——利率的差异决定的。

在利率这个大的系统中，按照不同的标准可划分出多种多样的利率类别，下面介绍几种主要的利率类别。

（一）按利率之间的变动关系，可把利率分成基准利率和套算利率

1. 基准利率

基准利率又称基本利率，是指在多种利率并存的条件下起决定作用的利率。所谓起决定作用的意思是：这种利率变动，其他利率也相应变动。因而，了解了这种关键性利率水平的变化趋势，也就可以了解全部利率体系的变化趋势。一般情况下，各国把银行间的拆借利率作为基准利率。世界上最著名的基准利率有伦敦同业拆借利率和美国联邦基准利率。在我国，它是指中国人民银行对商业银行的存贷款利率。

2. 套算利率

套算利率是指基准利率确定后，各金融机构根据基准利率和借贷款项的特点而换算出的利率。例如，某银行规定，贷款给*AAA*级、*AA*级、*A*级企业的利率应分别在基准利率的基础上加1%、1.5%和2%，若基准利率是7%，则*AAA*级、*AA*级和*A*级企业的贷款利率应分别是8%、8.5%和9%，这便是套算利率。

（二）按债权人取得的报酬情况，可把利率分成实际利率和名义利率

1. 实际利率

实际利率是指在物价不变从而货币购买力不变的情况下的利率，或是指在物价有变化时，扣除通货膨胀补偿以后的利率。

2. 名义利率

名义利率是指包含对通货膨胀补偿的利率。因为物价上涨是一种普遍的趋势，所以，名义利率一般都高于实际利率，二者之间的关系是：

$$K = K_P + IP$$

式中，K——名义利率；

K_P——实际利率；

IP——预计的通货膨胀率。

在通货膨胀条件下，市场上各种利率都是名义利率，而实际利率却不易直接观察到，通常是利用上述公式，根据名义利率和通货膨胀率推算出实际利率。关于名义利率的测算在本节后面部分详述。

（三）根据在借贷期内是否不断调整，可把利率分成固定利率与浮动利率

1. 固定利率

固定利率是指在借贷期内固定不变的利率。过去，利率都是指固定利率，因为这种利率对借贷双方确定成本和收益十分方便，但近几年来，世界各国都存在不同程度的通货膨胀，实行固定利率会使债权人利益受到损害。

2. 浮动利率

浮动利率是指在借贷期内可以调整的利率。根据借贷双方的协定，由一方在规定的时间依据某种市场利率进行调整。采用浮动利率可为债权人减少损失，但这种利率的计算手续复杂，工作量比较大。

（四）根据利率变动与市场的关系，可把利率分成市场利率和官定利率

1. 市场利率

市场利率是指根据资金市场上的供求关系，随市场规律而自由变动的利率。

2. 官定利率

由政府金融管理部门或者中央银行确定的利率，通常叫官定利率或法定利率。官定利率是国家进行宏观调控的一种手段。

我国的利率属于官定利率，由国务院统一管理。发达的市场经济国家以市场利率为主，同时有官定利率，但一般官定利率与市场利率无显著脱节现象。

二、影响利率高低的基本因素

正如商品的价格受供给与需求两方面的影响一样，资金作为一种特殊商品，其价格——利率，也会受资金供求的影响。

供给与需求对利率的影响如图 2-19 所示。

在图 2-19 中，纵坐标代表利率或投资报酬率，横坐标代表企业在不同利率水平下的投资规模，即对资金的需求量。图中的曲线代表投资机会的报酬率。企业在选择投资机会时，总是先选择报酬率高的投资项目，随后再选择报酬率较低的投资项目，这样，随着投资项目的增多，平均的投资报酬率就会呈下降趋势。当利率处于 K_1 水平时，企业便会筹集资金去

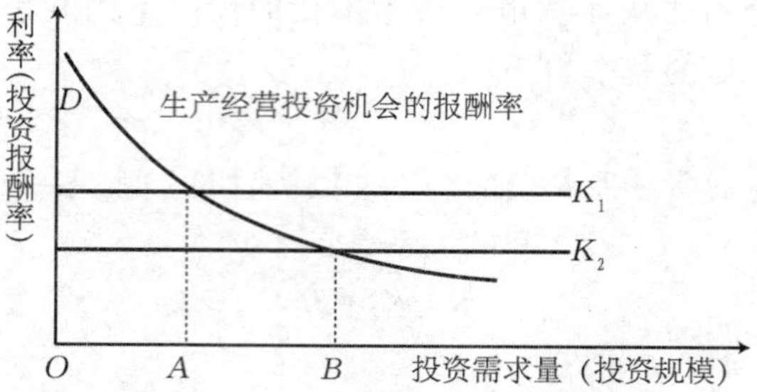

图 2-19　资金需求与利率的关系

投资经营 A 点以内的投资项目，但不可能对 A 点以外的项目进行投资，因此所需资金较少。但当利率处于 K_2 水平时，从 A 点到 B 点之间的项目便成为可投资项目，也就是说，随着利率的降低，企业的投资规模会扩大，则资金需求量也增加了。可见，利率水平同资金需求量有十分密切的关系。

资金供应量同利率水平的关系如图 2-20 所示。在利率水平为 K_2 时，资金供应量位于 A′点，当利率水平提高到 K_1 时，资金供应量扩大到 B′点。因此，利率水平同资金供应量也有十分密切的关系。

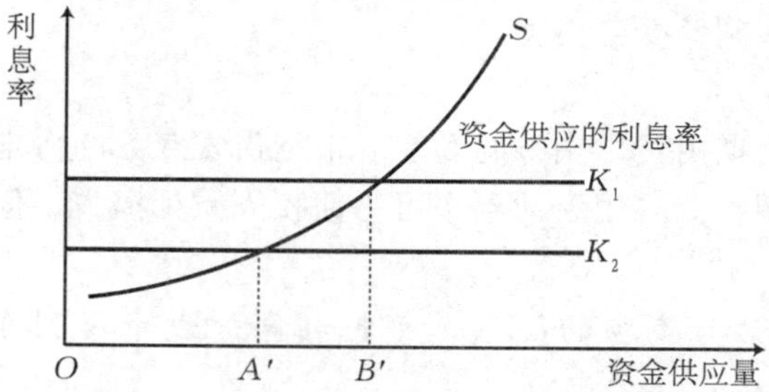

图 2-20　资金供给与利率的关系

将上述两种关系放到同一个直角坐标系中来考察，就会发现利率水平同一般商品价格一样，是由资金需求和资金供给在供求竞争规律支配下，相互交叉平衡而予以确定的，如图 2-21 所示。

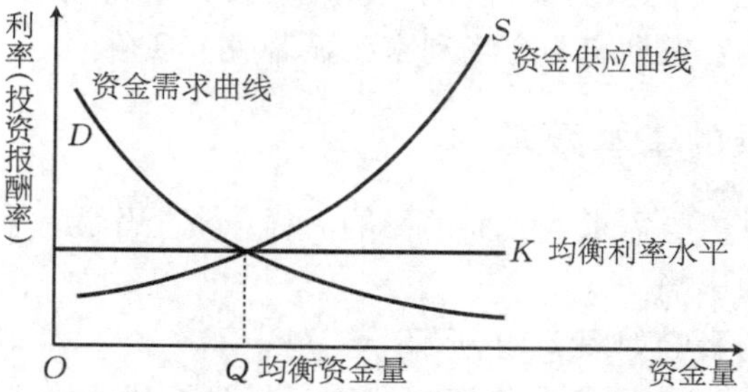

图 2-21　资金需求与利率的关系

图 2-21 表示资金供给、需求和利率在某一时点的平衡关系，随着资金供应量和需求量的变化，利率和均衡资金量也会随之变化，如图 2-22 所示。

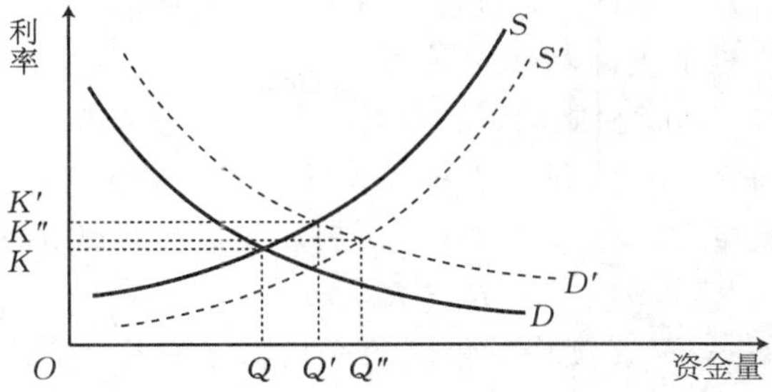

图 2-22　资金需求与利率的关系

在图 2-22 中，假设利率在 K 水平、资金量在 Q 点时供求达到平衡。如果此时资金需求量增加，则需求曲线由 D 变为 D'。假设资金供应量没有明显变化，则利率会上升到 K'，而均衡资金量也由 Q 变成 Q'；这时，假定资金供应量增加，则供给曲线由 S 变为 S'，利率将降至 K''，均衡资金量将变成 Q''。这样，随资金供应与需求的不断变化，原来的平衡被打破，新的平衡出现，如此循环不已，这就构成了利率水平运动的规律。

上面所分析的资金的供应和需求是影响利率的最基本因素。除这两个因素外，经济周期、通货膨胀、货币政策、财政政策、国际经济政治关系、国家利率管制程度等，对利率的变动均有不同程度的影响。当然，这些因素有些也是通过影响资金的供应和需求而影响利率的，因此，在市场经济条件下，资金的供应和需求是影响利率的两个最重要因素。

三、未来利率水平的测算

上述利率水平的运动规律，只是从理论上解释利率为什么会发生变动。那么，究竟应该怎样测算特定条件下未来的利率水平呢？这必须分析利率的构成。一般而言，资金的利率由三部分构成：①纯利率；②通货膨胀补偿；③风险报酬。其中风险报酬又分为违约风险报酬、流动性风险报酬和期限风险报酬三部分。这样，利率的一般计算公式就变为：

$$K = K_0 + IP + DP + LP + MP$$

式中，K——利率（指名义利率）；

K_0——纯利率；

IP——通货膨胀补偿（或称通货膨胀贴水）；

DP——违约风险报酬；

LP——流动性风险报酬；

MP——期限风险报酬。

现将上述构成利率的五个方面分述如下。

（一）纯利率

纯利率是指没有风险和没有通货膨胀情况下的均衡点利率。影响纯利率的基本因素是前面讲到的资金供应量和需求量，因而，纯利率不是一成不变的，它随资金供求的变化而不断变化。精确地测定纯利率是非常困难的，在实际工作中，通常以无通货膨胀情况下的无风险证券的利率来代表纯利率。

（二）通货膨胀补偿

通货膨胀已成为世界上大多数国家经济发展过程中难以医治的病症。持续的通货膨胀会不断降低货币的实际购买力，同时，对投资项目的投资报酬率也会产生影响。资金的供应者在通货膨胀情况下，必然要求提高利率水平以补偿其购买力损失，所以，无风险证券的利率，除纯利率之外还应加上通货膨胀因素，以补偿通货膨胀所遭受的损失。例如，政府发行的短期无风险证券（如国库券）的利率就是由这两部分内容组成的：

$$短期无风险证券利率 = 纯利率 + 通货膨胀补偿$$

即，

$$R_F = K_0 + IP$$

例如，假设纯利率 $K_0 = 3\%$，预计下年度的通货膨胀率是 7%，则 1 年期无风险证券的利率应为 10%。计入利率的通货膨胀率不是过去实际达到的通货膨胀水平，而是对未来通货膨胀的预期，当然，这是未来时期内的平均数。计算这一平均数的方法有算术平均法和几何平均法两种。

（1）算术平均法。算术平均法是用各年通货膨胀率之和与年数之比来计算平均通货膨胀率的一种方法。其计算公式为：

$$IP = \frac{x_1 + x_2 + x_3 + \cdots + x_n}{n} = \frac{\sum_{i=1}^{n} x_i}{n}$$

式中，x_i——第 i 年度的通货膨胀率；

n——年数；

IP——平均的通货膨胀率。

例如，假定 2023 年年末，$K_0 = 3\%$，而 2024 年、2025 年、2026 年各年的通货膨胀率预计为 2%、6%、10%，试计算各年期国库券的利率（这里暂不考虑期限性风险报酬）。

首先，计算平均的预期通货膨胀率 IP_t，见表 2-5。

表 2-5　平均预期通货膨胀率计算表

年　份	预期通货膨胀率	平均预期通货膨胀率
2024	2%	2%/1 = 2%
2025	6%	（2% + 6%）/2 = 4%
2026	10%	（2% + 6% + 10%）/3 = 6%

其次，计算各年期国库券的利率，见表 2-6。

表 2-6　不同期限国库券利率计算表

国库券种类	纯利率 K_0 （1）	平均通货膨胀率 IP_t （2）	国库券利率（K_t） （3）=（1）+（2）
1 年期国库券	3%	2%	5%
2 年期国库券	3%	4%	7%
3 年期国库券	3%	6%	9%

（2）几何平均法。几何平均法是利用统计学中的几何平均原理来计算平均通货膨胀率的一种方法。其计算公式为：

$$IP = \sqrt[n]{(1 + x_1)(1 + x_2)(1 + x_3)\cdots(1 + x_n)} - 1$$

例如，在上例中的第一种情况下，3 年期的平均通货膨胀率为：

$$IP = \sqrt[3]{(1 + 2\%) \times (1 + 6\%) \times (1 + 10\%)} - 1 = 5.95\%$$

则 3 年期国库券利息率应为：

$$K = K_0 + IP = 3\% + 5.95\% = 8.95\%$$

当然，利率的变化与通货膨胀率的变化并不是完全同步的，一般而言，利率变化会滞后于通货膨胀率。另外，无风险利率的计算也不一定完全像上述计算公式中那样精确，但随着通货膨胀率的提高，利率有上升的趋势，这一点是肯定的。

（三）违约风险报酬

违约风险是指借款人无法按时支付利息或偿还本金而给投资人带来的风险。违约风险反映借款人按期支付本金、利息的信用程度。借款人如经常不能按期支付本利，说明这个借款人的违约风险高。为了弥补违约风险，必须提高利率，否则，借款人就无法借到资金，投资人也不会进行投资。国库券等证券由政府发行，可以看作是没有违约风险，其利率一般较低。企业债券的违约风险则要根据企业信用程度来定，企业的信用程度可分若干等级，等级越高，信用越好，违约风险越低，利率水平也越低；信誉不好，违约风险高，利率水平自然也高。

（四）流动性风险报酬

流动性是指某项资产迅速转化为现金的可能性。如果一项资产能迅速转化为现金，说明其变现能力强，流动性好，流动性风险小；反之，则说明其变现能力弱，流动性不好，流动性风险大。政府债券、大公司的股票与债券，由于信用好，变现能力强，所以流动性风险小，而一些不知名的中小企业发行的证券，流动性风险则较大。一般而言，在其他因素均相同的情况下，流动性风险小与流动性风险大的证券利率差距介于 1% ~2%，这就是所谓的流动性风险报酬。

（五）期限风险报酬

一项负债到期日越长，债权人承受的不确定因素就越多，承担的风险也就越大。为弥补这种风险而增加的利率水平，就叫期限风险报酬。例如，同时发行的国债，5 年期的利率就比 3 年期的利率高，银行存贷款利率也一样。因此，长期利率一般要高于短期利率，这便是期限风险报酬。当然，在利率剧烈波动的情况下，也会出现短期利率高于长期利率的情况，但这种偶然情况并不影响上述结论。

综上所述，我们看到，影响某一特定借款或投资的利率主要有以上五大因素，只要能合理地预测上述因素，便能比较合理地预测利率水平。

练习题

阅读材料

一、单项选择题

1. 将 10 000 元存入银行，利息率为 6%，计算 3 年后的本利和应用（　　）来计算。

A. 复利终值系数　　B. 复利现值系数

C. 年金终值系数　　D. 年金现值系数

2. 某人去银行办理零存整取业务，每月存入银行 1 000 元，计算银行的本利和应用（　　）来计算。

A. 复利终值系数　　B. 复利现值系数
C. 年金终值系数　　D. 年金现值系数

3. 普通年金也被称为（　　）。
A. 先付年金　　B. 后付年金
C. 延期年金　　D. 永续年金

4. 用投资项目收益率期望值的（　　）来衡量投资项目的风险。
A. 标准差　　B. 方差
C. 风险系数　　D. 标准差率

5. 已知某证券的$\beta=1$，则该证券（　　）。
A. 无风险　　B. 与金融市场所有证券的平均风险一致
C. 大于金融市场所有证券的平均风险　　D. 小于金融市场所有证券的平均风险

6. 下列关于证券投资组合的说法中，正确的是（　　）。
A. 证券组合投资要求补偿的只是系统风险，而不要求对非系统风险的补偿
B. 证券组合投资要求补偿的只是可分散风险，而不要求对系统风险的补偿
C. 证券组合投资要求补偿全部的系统风险和非系统风险
D. 证券组合投资只要求补偿部分的系统风险和非系统风险

7. 货币时间价值等于（　　）。
A. 无风险报酬率　　B. 通货膨胀补偿率
C. 无风险报酬率与通货膨胀补偿率之和　　D. 无风险报酬率与通货膨胀补偿率之差

8. 关于递延年金下列说法中不正确的是（　　）。
A. 无终值只有现值　　B. 终值大小与递延期无关
C. 第一次支付发生在若干期以后　　D. 终值计算与普通年金终值计算方法相同

9. 下列各项年金中只有现值而没有终值的年金是（　　）。
A. 普通年金　　B. 即付年金
C. 永续年金　　D. 先付年金

10. 投资者由于冒风险进行投资而获得的超过资金时间价值的额外收益，称为投资的（　　）。
A. 时间价值率　　B. 期望报酬率
C. 风险报酬率　　D. 必要报酬率

11. 企业某新产品开发成功的概率为80%，成功后的投资报酬率为40%；开发失败的概率为20%，失败后的投资报酬率为－100%，则该产品开发方案的预期投资报酬率为（　　）。
A. 18%　　B. 20%　　C. 12%　　D. 40%

12. 表示资金时间价值的利息率是（　　）。
A. 银行同期贷款利率
B. 银行同期存款利率
C. 加权资本成本率
D. 没有风险和没有通货膨胀条件下社会资金平均利润率

二、多项选择题

1. 下列关于时间价值的说法中正确的有（　　）。
A. 并不是所有的货币都有时间价值，只有作为资本的货币才能产生时间价值
B. 货币的时间价值是由于时间差产生的
C. 时间价值是在生产经营中产生的
D. 时间价值是货币投入生产经营过程所获得的价值增加
E. 相当于没有风险和没有通货膨胀情况下的社会平均资金利润率
2. 设年金为 A，计息期为 n，利息率为 i，下列有关年金的说法中正确的有（　　）。
A. 先付年金 A 相当于后付年金 $A(1+i)$
B. 递延期为 m 的 n 期延期年金终值与 n 期普通年金终值相等
C. 计算现值时先付年金比后付年金少折现一期，而计算终值则是要多复利一期
D. 先付年金 A 相当于后付年金 A 乘以 i
E. 永续年金既无终值也无现值
3. 下列关于风险的说法正确的有（　　）。
A. 利用预期投资报酬的概率分布情况，可以对投资风险进行衡量
B. 预期投资报酬的概率分布越集中，则该投资的风险越大
C. 预期投资报酬的概率分布越集中，则该投资的风险越小
D. 预期投资报酬的概率分布越集中，标准差率越大，则该投资的风险越大
E. 预期投资报酬的概率分布越集中，标准差率越小，则该投资的风险越小
4. 下列关于利息率的说法正确的有（　　）。
A. 利息率由时间价值、风险价值及通货膨胀贴补率构成
B. 利息率是资金所有者要求的报酬率
C. 利息率是资金使用者的资本成本
D. 银行存款利息率是无风险的，应与时间价值相同
E. 银行存款利息率是有风险的，应与时间价值不相同
5. 设年金为 A，计息期为 n，利息率为 i，普通年金终值的计算公式为（　　）。

A. $FVA=A\dfrac{(1+i)^n-1}{i}$　　B. $FVA=A\times FVIFA_{i,n}$

C. $FVA=A\times FVIFA_{i,n}(1+i)$　　D. $FVA=A\sum_{t=1}^{n}(1+i)^t$

E. $FVA=A\sum_{t=0}^{n-1}(1+i)^t$

6. 设年金为 A，计息期为 n，利息率为 i，普通年金现值的计算公式为（　　）。

A. $PVA=A\dfrac{1-(1+i)^{-n}}{i}$　　B. $PVA=A\times PVIFA_{i,n}$

C. $PVA=A\times PVIFA_{i,n}(1+i)$　　D. $PVA=A\sum_{t=1}^{n}(1+i)^{-t}$

E. $PVA=A\sum_{t=0}^{n}(1+i)^{-t}$

7. 设年金为 A，计息期为 n，利息率为 i，先付年金终值的计算公式为（　　）。

A. $FVA = A\frac{(1+i)^{n+1}-1}{i}$　　B. $FVA = A \times FVIFA_{i,n}$

C. $FVA = A \times FVIFA_{i,n}(1+i)$　　D. $FVA = A\sum_{t=1}^{n}(1+i)^{t}$

E. $FVA = A\sum_{t=0}^{n-1}(1+i)^{t}$

8. 设年金为 A，计息期为 n，利息率为 i，先付年金现值的计算公式为（　　）。

A. $PVA = A\left[1+\frac{1-(1+i)^{-(n-1)}}{i}\right]$　　B. $PVA = A \times FVIFA_{i,n}$

C. $PVA = A \times PVIFA_{i,n}(1+i)$　　D. $PVA = A\sum_{t=1}^{n}(1+i)^{-t}$

E. $PVA = A\sum_{t=0}^{n-1}(1+i)^{-t}$

9. 下列关于 β 系数的说法中正确的有（　　）。

A. β 系数用来度量某股票相对于市场中平均股票的波动程度

B. 当 $\beta=1$，说明该股票的股价波动程度与市场平均波动程度一样

C. 当 $\beta=2$，说明该股票的股价波动程度是市场平均波动程度的2倍

D. 当 $\beta=0.5$，说明该股票的股价波动程度是市场平均波动程度的一半

E. β 系数一般由一些投资服务机构定期计算并公布，投资者可直接使用

10. 下列各项中属于不可分散风险的有（　　）。

A. 利率变化　　B. 汇率变化　　C. 产品滞销

D. 公司员工罢工　　E. 通货膨胀

三、判断题

1. 资金的时间价值原理，解决了财务决策中不同时点上资金的可比性问题。（　　）
2. 资金在贴现时使用的贴现率既可以是报酬率也可以是资本成本。（　　）
3. 我们可以用没有通货膨胀的一年期国债利率来表示时间价值。（　　）
4. 优先股股利可以视为永续年金。（　　）
5. 延期年金终值与普通年金终值的计算方法相同。（　　）
6. 组合投资既可以分散系统风险也可以分散非系统风险。（　　）
7. 如果两个项目收益的标准差相同，则它们的风险相同。（　　）
8. 在相同期间内，本金相同，计息次数越多，复利终值越大。（　　）
9. 同期限的先付年金终值要大于普通年金终值，而其现值小于普通年金现值。（　　）
10. 永续年金无终值，但有现值。（　　）

四、解答题

1. 假设企业有一笔4年后到期的借款，到期值为200万元。若存款年复利率为10%，则为偿还该借款应建立的偿债基金为多少？

2. 李某计划在3年后从银行取得10 000元，利息率为5%，现在应存入银行的款项为多少？

3. 王某以零存整取的方式于每年年底存入银行 5 000 元，存款利率为 4%，则第 5 年年底年金终值为多少？

4. 某公司向银行借入 1 000 万元，约定在 8 年内按年利率 10% 均匀偿还，则每年还本付息的金额为多少？

5. 某投资者准备购买一套办公用房，有 3 个付款方案可供选择：

(1) 甲方案：从现在起每年年初付款 24 万元，连续支付 5 年，共计 120 万元；

(2) 乙方案：从第 3 年起，每年年初付款 26 万元，连续支付 5 年，共计 130 万元；

(3) 丙方案：从现在起每年年末付款 25 万元，连续支付 5 年，共计 125 万元。

假定该公司要求的投资报酬率为 10%，通过计算说明应选择哪个方案。

5. 企业于年初向银行借款 50 万元购买设备，第 1 年年末开始还款，每年还款一次，等额偿还，分 5 年还清，银行借款利率为 10%。请计算每年应还款多少。

7. 无风险证券的收益率为 6%，市场投资组合的收益率为 12%。

要求：

(1) 计算市场风险溢价；

(2) 如果某一股票的 β 系数为 0.8，计算该股票的预期收益率；

(3) 如果某股票的必要收益率是 9%，计算其 β 系数。

8. 某公司持有由 3 种股票构成的证券组合，其 β 系数分别为 2、1.5、0.6，它们在证券组合中所占的比重分别为 60%、30% 和 10%，已知股票的市场收益率为 15%，无风险利率为 10%。请计算该证券组合的预期收益率。

9. A 公司和 B 公司股票的报酬率及其概率分布见表 2-7。

表 2-7　A 公司和 B 公司股票的报酬率及其概率分布表

经济情况	概率 (P_i)	报酬率（随机变量 K_i）	
		A 公司	B 公司
繁荣	$P_1=0.20$	$K_1=40\%$	$K_1=60\%$
一般	$P_2=0.70$	$K_2=20\%$	$K_2=20\%$
衰退	$P_3=0.10$	$K_3=0\%$	$K_3=-10\%$

如果国库券利率为 10%，A 公司的风险报酬系数为 5%，B 公司的风险报酬系数为 8%。则投资 A 公司股票还是 B 公司股票更合适？

10. 某公司拟用 180 万元投资一个生产项目，根据市场预测，预计可获得的年收益及其概率的资料见表 2－8：

表 2－8　项目收益及概率情况预测表

市场情况	预计年收益（万元）	概率
好	40	0.3
中	20	0.5
差	10	0.2

如果该项目的风险价值系数确定为 8%，要求计算风险价值率，并评价该投资项目的可行性。（设计划年度无风险利率为 7%）

第三章　证 券 估 值

学习目标

通过本章的学习，了解不同价值的概念；理解证券估值就是确定证券内在价值；掌握不同类型债券的估值方法；掌握股票估值的折现模型及收益倍数模型。培养价值投资的理念。

前面我们讨论了货币的时间价值，并探索了复利的奥秘。在本章我们将运用这些知识来确定各种证券的价值。当企业缺少资金时发行金融证券来筹集资金，而当企业现金充裕或为实现其他投资目的也可以购入金融证券。无论是筹资还是投资，都需要对证券进行估值，决定以何种价格发行或买入证券比较合理。证券估值是财务管理中一个十分重要的理论问题。债券和股票是两种最基本的金融证券，本章我们主要讨论债券和股票的估值。

第一节　不同价值概念

一、清算价值与持续经营价值

清算价值是指一项资产或一组资产从正在营运的组织中分离出来单独出售所能获得的货币值。它与公司持续经营价值是相对的概念。它是处于被迫出售、快速变现或其他非正常市场条件为依据判断的资产价值估计数额。

持续经营价值是指企业作为一个持续经营条件下的组织整体出售所能获得的货币值。持续经营价值是假设现有资产将被用于产生未来现金流并且不会被出卖。

本章所讨论的证券估值模型通常都假设所论及的公司是持续经营的，能够为投资者提供正的现金流。在假设不成立时，证券价值主要由公司的清算价值决定。

二、账面价值与市场价值

账面价值是指按照会计核算的原理和方法反映计量的企业价值，即资产的入账价值。是企业资产负债表上体现的企业全部资产（扣除折旧、损耗和摊销）与企业全部负债和优先股之间的差额，与账面资产、净值和股东权益是同义的。因为账面价值主要以历史成本作为基础，因此它与一项资产或一家公司的市场价值关系不大。

市场价值是指一项资产在公开市场上的交易价格，它是自愿买方和自愿卖方在各自理性行事且未受任何强迫的情况下竞价后产生的双方都能接受的价格。

根据我们对市场价值的定义，正确的市场价值就是证券的市场价格。

三、内在价值

内在价值是企业自身所具有的价值，它是一种客观存在，是由企业内在的品质所决定的。它是对资产、收益、预期和管理等影响价值的因素做出适当评估后得出的价值。为一家企业在其余下的寿命之中可以产生现金的折现值。内在价值的计算并不如此简单，正如我们定义的那样，内在价值是估计值，而不是精确值，而且它还是在利率变化或者对未来现金流的预测修正下必须改变的估计值。内在价值是一个非常重要的概念，它为评估投资和企业价值提供了唯一的逻辑手段。

企业的内在价值是决定企业市场价值的重要因素，但二者经常表现的不一致。一方面，企业的内在价值制约并影响市场价值；另一方面，市场价值对内在价值也会产生影响。如果市场是有效率的，信息是完全的，则市场价值应围绕内在价值上下波动。

本章所采用的估值方法是一种确定证券内在价值的方法，即根据各种强有力的证据得出证券价值的方法。该价值是投资者获得的现金流按照适当的报酬率折现后的现值。

第二节 债券的估值

一、债券概述

（一）债券的概念

债券是一种金融契约，是政府、金融机构、工商企业为筹措资金按照法定程序向投资者发行、同时承诺按一定利率支付利息并按约定条件偿还本金的有价凭证。

债券购买者或投资者与发行者之间是一种债权债务关系，债券发行人即债务人，投资者（债券购买者）即债权人。

（二）债券的基本要素

1. 债券面值

债券面值是债券的票面金额，也称为本金。它代表发行人承诺于未来某一特定日期偿付给债券持有人的金额，也是按期向债券持有人支付利息的计算依据。债券的面值与债券实际的发行价格并不一定是一致的，发行价格大于面值称为溢价发行，小于面值称为折价发行，等价发行称为平价发行。

2. 票面利率

票面利率是指债券发行人预计 1 年内向投资者支付的利息占票面金额的比率。是发行人承诺以后一定时期支付给债券持有人报酬的计算标准。债券票面利率的确定主要受到银行利率、发行者的资信状况、偿还期限和利息计算方法以及当时资金市场上资金供求情况等因素的影响。

3. 债券期限和到期日

债券期限是指企业债券上载明的偿还债券本金的期限，即债券发行日至到期日之间的时间间隔。公司要结合自身资金周转状况及外部资本市场的各种影响因素来确定公司债券的偿还期。

债券的到期日指还本金的日期。债券一般都规定有到期日，也有的没有到期日，这类债券称为永续债券。

4. 债券付息期

债券付息期是指企业发行债券后的利息支付的时间。它可以是到期一次支付，或1年、半年或者3个月支付一次。在考虑货币时间价值和通货膨胀因素的情况下，付息期对债券投资者的实际收益有很大影响。到期一次付息的债券，其利息通常是按单利计算的；而年内分期付息的债券，其利息是按复利计算的。也有的债券贴现发行，在存续期内不支付利息。

5. 发行人名称

发行人名称指明债券的债务主体，为债权人到期追回本金和利息提供依据。

上述要素是债券票面的基本要素，但在发行时并不一定全部在票面印制出来，例如，在很多情况下，债券发行者以公告或条例形式向社会公布债券的期限和利率。

（三）债券的分类

1. 按发行主体分类

按发行主体不同可分为政府债券、金融债券和公司债券。

政府债券是政府为筹集资金而发行的债券。主要包括国债、地方政府债券等，其中最主要的是国债。国债因其信誉好、利率优、风险小而又被称为“金边债券”。

金融债券是由银行和非银行金融机构发行的债券。在我国金融债券主要由国家开发银行、进出口银行等政策性银行发行。金融机构一般有雄厚的资金实力，信用度较高，因此金融债券往往有良好的信誉。

公司（企业）债券指企业发行的债券。公司债券存在违约风险，不同公司债券的违约风险有很大的差别。

2. 按是否记名分类

按债券上是否记有持券人的姓名或名称，分为记名债券和无记名债券。在公司债券上记载持券人姓名或名称的为记名公司债券；反之为无记名公司债券。无记名债券便于流通。

3. 按财产担保分类

按债券有无特定的担保，分为抵押债券和信用债券。

抵押债券是以企业财产作为担保的债券，按抵押品的不同又可以分为一般抵押债券、不动产抵押债券、动产抵押债券和证券信托抵押债券。

信用债券是不以任何公司财产作为担保，完全凭信用发行的债券。

4. 按债券形态分类

按债券形态分为实物债券（无记名债券）、凭证式债券和记账式债券。

实物债券是一种按照标准格式印制的实物券面的债券。在其券面上，一般印制了债券面额、债券利率、债券期限、债券发行人全称、还本付息方式等各种债券票面要素。其不记名，不挂失，可上市流通。实物债券是一般意义上的债券，很多国家通过法律或者法规对实物债券的格式予以明确规定。实物债券由于其发行成本较高，被逐步取消。

凭证式国债是指采取不印刷实物券，而用填制收款凭证的方式发行的债券。我国从1994年开始发行凭证式国债。从购买之日起计息，可记名、可挂失，但不能上市流通。

记账式债券指没有实物形态的票券，以电脑记账方式记录债权，通过证券交易所的交易系统发行和交易。如果投资者进行记账式债券的买卖，就必须在证券交易所设立账户。所以，记账式债券又称无纸化债券。

5. 按是否可转换分类

按债券是否可转换划分为可转换债券和不可转换债券。

可转换债券是指在特定时期内可以按某一固定的比例转换成普通股的债券，它具有债务与权益双重属性，属于一种混合性筹资方式。由于可转换债券赋予债券持有人将来成为公司股东的权利，因此其利率通常低于不可转换债券。若将来转换成功，在转换前发行企业达到了低成本筹资的目的，转换后又可节省股票的发行成本。

不可转换债券是指不能转换为普通股的债券，又称为普通债券。由于其没有赋予债券持有人将来成为公司股东的权利，所以其利率一般高于可转换债券。

6. 按能否提前偿还分类

按债券是否能够提前偿还，债券可以分为可赎回债券和不可赎回债券。

可赎回债券是指在债券到期前，发行人可以以事先约定的赎回价格收回的债券。公司发行可赎回债券主要是考虑到公司未来的投资机会和回避利率风险等问题，以增加公司资本结构调整的灵活性。发行可赎回债券最关键的问题是赎回期限和赎回价格的制定。

不可赎回债券是指不能在债券到期前收回的债券。

7. 按能否上市分类

按债券能否上市，分为上市债券和非上市债券。可在证券交易所挂牌交易的债券为上市债券；反之为非上市债券。上市债券信用度高，价值高，且变现速度快，故而容易吸引投资者，但上市需要符合上市条件，并要承担上市费用。

债券还可以按其他的标准来进行分类，如偿还方式、计息方式、募集方式等。

二、债券的估值方法

（一）分期计息债券估值模型

一般情况下的债券估值模型是指对分期付息，到期还本的债券进行估值的模型，其一般估值模型为：

$$V = \sum_{t=1}^{n} \frac{i \cdot F}{(1+r)^t} + \frac{F}{(1+r)^n}$$

$$V = \sum_{t=1}^{n} \frac{I}{(1+r)^t} + \frac{F}{(1+r)^n}$$

$$= I \cdot PVIFA_{r,n} + F \cdot PVIF_{r,n}$$

式中，V——债券的价值；

i——债券的票面利息率；

F——债券面值；

I——每期利息；

r——市场利率或投资人预期收益率；

n——付息总期数。

例 3-1 某债券面值为 1 000 元，票面利率为 10%，期限为 5 年，某企业拟对此债券进行投资，当前的市场利率为 12%。请问该债券价格为多少时，企业才能购买？

根据上述公式计算可知：

$$\begin{aligned} V &= 1\,000 \times 10\% \times \mathrm{PVIFA}_{12\%,5} + 1\,000 \times \mathrm{PVIF}_{12\%,5} \\ &= 100 \times 3.6048 + 1\,000 \times 0.5674 \\ &= 927.88\ (\text{元}) \end{aligned}$$

即这种债券的价格必须低于 927.88 元时，企业才能购买。

（二）一次还本付息且不计复利的债券估值模型

我国很多债券属于到期一次还本付息且不计复利的债券，其估值模型为：

$$V = \frac{F + F \cdot i \cdot n}{(1+r)^n} = (F + F \cdot i \cdot n) \cdot PVIF_{r,n}$$

公式中符号含义同前。

例 3-2 某企业拟购买另一家企业发行的利随本清的企业债券，该债券面值为 1 000 元，期限为 5 年，票面利率为 10%，不计复利，当前的市场利率为 8%。问该债券发行价格为多少时，企业才能购买？

由上述公式计算可知：

$$V = \frac{1\,000 + 1\,000 \times 10\% \times 5}{(1+8\%)^5} = 1\,020\ (\text{元})$$

即债券价格必须低于 1 020 元时，企业才能购买。

（三）一次还本付息且按复利计息的债券估值模型

当债券属于到期一次还本付息且按复利计息，则其估值模型为：

$$V = \frac{F(1+i)^n}{(1+r)^n} = F \cdot FVIF_{i,n} \cdot PVIF_{r,n}$$

公式中符号含义同前。

例 3-3 将例 3-2 中不计复利改为复利，则该债券的价格应为：

$$V = \frac{1\,000(1+10\%)^5}{(1+8\%)^5} = 1\,096\ (\text{元})$$

（四）零息债券的估值模型

有些债券以贴现方式发行，没有票面利率，到期按面值偿还。这些债券称为零息债券，其估值模型为：

$$V = \frac{F}{(1+r)^n} = F \cdot (PVIF_{r,n})$$

公式中的符号含义同前。

例 3-4 某债券面值为 1 000 元，期限为 5 年，以贴现方式发行，期内不计利息，按到期值偿还，当时市场利率为 8%，其价格为多少时，企业才能购买？

由上述公式计算可知：

$$V = 1\,000 \times (PVIF_{8\%,5})$$
$$= 1\,000 \times 0.6806$$
$$= 680.6\ (\text{元})$$

该债券的价格只有低于 680.6 元时，企业才能购买。

（五）永续债券估值模型

永续债券是一种没有到期日而需要每期支付固定利息的特殊债券，这种债券很少见，如英国的统一公债。其估值模型为：

$$V = \frac{I}{(1+r)} + \frac{I}{(1+r)^2} + \cdots + \frac{I}{(1+r)^\infty} = \frac{I}{r}$$

假定投资者购买一种永续债券，该债券每年向投资者支付 50 元利息，投资者预期收益率为 10%，则该债券的价值为：

$$V = \frac{50}{10\%} = 500\ (\text{元})$$

这就是投资者愿意为该债券支付的最高金额。

三、债券的期望报酬率

人们投资债券时，最关心的就是债券收益有多少。为了精确衡量债券收益，一般使用债券收益率这个指标。债券收益率是债券收益与其投入本金的比率，通常用年率表示。债券收益不同于债券利息。债券利息仅指债券票面利率与债券面值的乘积。但由于人们在债券持有期内，还可以在债券市场进行买卖，赚取价差，因此，债券收益除利息收入外，还包括买卖盈亏差价。

决定债券收益率的主要因素，有债券的票面利率、期限、面值和购买价格。由于债券持有人可能在债券偿还期内转让债券，因此，债券的收益率还可以分为持有期收益率和到期收益率。在复利条件下，它们都是使未来现金流入量的现值和等于债券购买价格的贴现率。

（一）持有期收益率的计算

1. 持有期不超过 1 年

$$k = \frac{P_1 - P_0 + I}{P_0} \times \frac{360}{\text{持有天数}} \times 100\%$$

其中，P_1 为卖出价，P_0 为买入价，I 为持有期内收到的利息。

2. 持有期长于 1 年

$$P_0 = I \times PVIFA_{k,n} + P_1 \times PVIF_{k,n}$$

求解公式中的 k，即得到持有期收益率。其中，P_1 为卖出价，P_0 为买入价，I 为持有期内收到的利息，n 为持有年限。

（二）到期收益率

用购买价格 P_0 替代前面 5 个估值模型中的 V，求解贴现率 r，即得到到期收益率。例 3－1

中，在发行时，我们用927.88元购买该债券，则持有至到期的年收益率为12%。计算方法如下：

$$927.88 = 1\,000 \times 10\% \times PVIFA_{k,5} + 1\,000 \times PVIF_{k,5}$$

用内插法我们可求得 $k = 12\%$。

第三节　股票的估值

确定股票价值时，是以未来的预计现金股利为基础估算的。因为现金股利是发行公司支付给股票持有人的全部报酬。由此可知，普通股定价的基础一定是股利。这里的股利应包括股票持有人的全部现金流量，既包括现金股利，也包括股票被回购时支付给持有人的款项。

在这里，很自然地引起我们思考的另一个问题是：当公司发行股票而又不支付股利时，为什么它还会有正的价值，并且这个正的价值常常还是相当高的？答案就在于投资者预计未来该股票的卖价会高于买价。其他投资者的报酬是股利加上期末值，而这些投资者的报酬与此不同，他们仅依赖于期末值，而期末值是以该期末时点上市场的预期为基础的。投资者最终的预期是发行公司最终会支付股利，不论是正常支付还是清算支付，自己最终会从公司获得股利形式的现金回报。在没有支付股利的期间，投资者则以能在随后的期间内卖出股票而自足。

股票价值决策就是通过计算股票内在价值，然后将其与股票市价进行比较决定是否投资。其决策的基本标准是：若股票价格小于或等于股票内在价值，则该股票可以投资；若股票价格大于股票内在价值，则拒绝投资。

同进行债券投资一样，企业进行股票投资也必须知道股票价格的计算方法，现介绍几种最常见的股票估价模型。

一、贴现模型

（一）股利贴现模型

股利贴现模型是一个用于计算普通股每股内在价值的模型。该模型假设未来的股利增长模式是可预计的，还假设事先确定了贴现率。则未来股利的贴现模型为：

$$V = \frac{D_1}{(1+r)^1} + \frac{D_2}{(1+r)^2} + \frac{D_3}{(1+r)^3} + \cdots + \frac{D_n}{(1+r)^n} = \sum_{t=1}^{n} \frac{D_t}{(1+r)^t}$$

式中，V——股票内在价值；

r——投资人预期收益率；

D_t——第 t 期的预期股利；

n——预计持有股票的期数。

上述公式是股票评价的一般模式。它在实际应用时，面临的主要问题是如何预计未来每年的股利，以及如何确定贴现率。

股利的多少取决于每股盈利和股利支付率两个因素。对其估计的方法是历史资料的统计分析，例如，回归分析、时间序列的趋势分析等。股票评价的基本模型要求无限期地预计各年的股利（d_t），但实际上不可能做到。因此，应用的模型都是各种简化办法，如每年股利相同或固定比率增长等。

贴现率的主要作用是把所有未来不同时间的现金流入折算为现在的价值。折算现值的比率应当是投资者所要求的收益率。那么，投资者要求的收益率应当是多少呢？一种方法是根据股票历史上长期的平均收益率来确定。有人计算过，美国普通股股票在历史上长期的收益率为8%~9%。这种方法的缺点是过去的情况未必符合将来的发展，历史上不同时期的收益率高低不同，不好判断哪一个更适用。另一种方法是参照债券的收益率，加上一定的风险报酬率来确定。还有一种更常见的方法是直接使用市场利率，因为投资者要求的收益率一般不低于市场利率，市场利率是投资于股票的机会成本，所以市场利率可以作为贴现率。

1. 股利不变股票估价模型

若持股人准备长期持有购买的股票，且每年股利稳定不变，则股票估价模型可简化为：

$$V=\frac{D}{r}$$

式中，V——股票的内在价值；

D——每年固定股利；

r——投资人预期收益率。

例 3-5 某公司购买的甲种股票，预计每年每股股利为0.8元，且稳定不变，若投资者要求得到的收益率为10%，则该普通股的内在价值为：

$$V=\frac{0.8}{10\%}=8（元）$$

如果企业要求投资于这种股票的预期收益率不低于10%，股票的购入价值就不得高于8元，否则就不宜进行这项投资。

2. 股利固定增长模型

公司的股利是经常波动的，但如果预计股利会以固定的增长率增长，那么基本的股票估价方法又是怎么样的呢？假设股利的固定增长率为g，则上述公式变为股票的内在价值也是未来股利按投资者所期望的收益率折成现值的总额。则该公式可简化为：

$$V=\frac{D_0(1+g)}{r-g}=\frac{D_1}{r-g} \qquad (g<r)$$

变形后，可以把投资者的预期收益率表述为：

$$r=\frac{D_1}{V}+g$$

式中，V——股票的内在价值；

r——投资人预期收益率；

D_0——当期股利；

D_1——预计第一年的股利；

g——预计股利增长率。

这类股票的估价有两个假设条件：股利按固定的年增长率增长，该增长率用 g 表示；股利增长率总是低于企业（投资者）预期收益率。

例 3-6 东方公司准备投资购买西部信托投资股份有限公司的股票，该股票上年每股股利为2元，预计以后每年以4%的增长率增长，东方公司经分析后，认为购买西部信托投资股份有限公司的股票必须得到10%的报酬率，则西部信托投资股份有限公司股票价格为多少元时，东方公司才会购买？

$$V=\frac{2\times(1+4\%)}{10\%-4\%}=34.67\text{（元）}$$

即西部信托投资股份有限公司的股票价格在34.67元以下时，东方公司才会购买。

3. 阶段性增长模型

假定公司先以超常增长率 g_1 增长若干年（g 可能会大于 r），然后增长率稳定在 g_2 并将永远增长下去，则：

$$V=\sum_{t=1}^{n}\frac{D_0(1+g_1)^t}{(1+r)^t}+\frac{1}{(1+r)^n}\times\frac{D_n(1+g_2)}{r-g_2}$$

例 3-7 东方公司股利预计按15%增长3年，而后以5%的增长率固定增长，上一期股利2元/股。投资者要求的报酬率为10%。东方公司股票价值是多少？

$$V=\sum_{t=1}^{3}\frac{2(1+15\%)^t}{(1+10\%)^t}+\frac{1}{(1+10\%)^3}\times\frac{2(1+15\%)^3(1+5\%)}{10\%-5\%}=6.35+48=54.35\text{(元)}$$

从超常的股利增长率向正常的股利增长率的转变要经过的阶段可能远远多于上述的两个阶段。但是，没有哪个公司能以超常速度永远增长下去。

（二）自由现金流量贴现模型

在股利贴现模型中，假设股利是投资者收到的唯一现金流。事实上，有的公司并不总是按盈利水平来支付现金股利、支付股票股利或进行股票回购，甚至不支付任何形式的股利，投资者仅可通过买卖来获得资本利得。这种情况下股权自由现金流或公司自有现金流就成为公司收益相对准确的替代指标。

1. 股权自由现金流量贴现模型

在股权自由现金流量模型下，股票的价值是预期股权自由现金流量的现值。该模型的基本形式如下：

$$\text{股权价值}=\sum_{t=1}^{n}\frac{\text{股权自由现金流量}_t}{(1+\text{股权资本成本})^t}$$

其中，股权自由现金流量＝税后经营利润＋折旧与摊销－经营营运资本增加－资本支出－债权人现金流

债权人自由现金流量＝税后利息支出＋偿还债务本金－新增债务

2. 公司自由现金流量（FCFF，free cash flow of firm）贴现模型

公司自由现金流量模型评估的是公司的整体价值下，股票的价值是预期股权自由现金流量的现值。该模型的基本形式如下：

$$公司价值 = \sum_{t=1}^{n} \frac{公司自由现金流量 FCFF_t}{(1 + 加权平均资本成本 r_w)^t}$$

公司自由现金流量 = 股权自由现金流 + 债权人自由现金流量 + 优先股股东现金流量

优先股股东现金流量 = 优先股股利

同样，利用自由现金流量模型，也可以根据自由现金流量增长率的特点，采用零增长模型、固定增长模型、阶段性增长模型。

二、价格乘数法

价格乘数法又称作相对估价法，通过拟估价公司的某一变量乘以价格乘数来进行价值评估。确定适当的变量和乘数是应用这样方法的关键。在实务中，乘数是指股价与财务报表上某一指标的比值。常用的报表指标有每股收益、销售收入、账面价值等，利用它们可以分别得到市盈率（P/E ratio）、销售收入乘数（P/S ratio）、账面价值乘数（P/B ratio）。只要估价变量与公司价值相对长期稳定的关系，就可以作为价格乘数的备选变量。这些比率或乘数直接采用了财务报表中的信息，计算方法简单易用，在实务中应用比较广泛。

（一）市盈率法

市盈率是股票价格相对于当前会计收益的比值。它自 20 世纪 20 年代出现于华尔街，经 Benjamin Graham 于 1934 年出版的《证券分析》得以流传，目前市盈率模型已成为股票价值评估最常用的类比估价模型。市盈率的数学意义为每 1 元税后利润对应的股票价格；经济学意义为购买公司 1 元税后利润支付的价格，或者按市场价格购买公司股票回收投资需要的年数，因此又称为本益比。采用市盈率（P/E）进行估价的一般公式为：

$$V = EPS_1 \times P/E$$

在固定股利增长率下，我们也可以从股利估值模型推导出市盈率。假定公司每年留存收益比率为 b，则股利支付率为 $(1-b)$，股利固定增长模型可以改写为：

$$V = \frac{D_1}{r-g} = \frac{EPS_1(1-b)}{r-g}$$

等式两边同时除以 EPS_1 可以得到，

$$\frac{V}{EPS_1} = \frac{1-b}{r-g}$$

等式的左边即市盈率，公式表明，市盈率受留存收益比率、股利增长率和股权资本成本的影响。应用市盈率法得关键是确定市盈率。除了上述方法计算得到外，我们也可以使用可比公司市盈率来替代。市盈率法简单易懂，计算方便，在实务中应用较多。

（二）市净率法

市净率（P/B）也称市场价值与账面价值比率，是当前股票价格相对于每股净资产的比值。采用市净率（P/B）进行估价的一般公式为：

$$V = 每股净资产 \times P/B$$

当每股收益为负或者每股收益不稳定的时候，市净率法不失为一种可行的估值方法。

从理论上说，运用上述各种估值模型预测和分析股票价值一般都可以得到正确的结果，但其前提是估值所采用的各种参数是准确的。

练　习　题

一、单项选择题

1. 股票投资的收益包括股利和（　　）。

A. 利息　　B. 资本利得　　C. 本金　　D. 每股收益

2. （　　）用来评定债券风险大小。

A. 债券信用等级　　B. β 值　　C. 标准差率　　D. 普通股编类排列

3. 光明公司对外流通的优先股每年支付股利 2.4 元，无风险报酬率为 8%，风险报酬率为 4%，则该公司优先股的每股价值是（　　）元。

A. 20　　B. 30　　C. 60　　D. 24

4. 某公司对外流通的普通股上年支付股利 2.4 元，预计未来将每年增长 6%，其必要报酬率为 10%，则该公司股票的每股价值是（　　）元。

A. 24　　B. 63.6　　C. 60　　D. 40

5. 某企业现发行的 15 年期债券，面值 1 000 元，票面利率 6%，每年支付利息，现时市场利率为 8%，投资者愿意购买的价格将（　　）1 000 元。

A. 高于　　B. 等于　　C. 低于　　D. 不一定

二、多项选择题

1. 可供投资的证券品种主要有（　　）。

A. 政府债券　　B. 企业债券　　C. 股票　　D. 证券投资基金

E. 期货

2. 证券投资的目的主要有（　　）。

A. 获取收益　　B. 取得控制权　　C. 分散风险　　D. 稳定客户关系

E. 提高资产的流动性

3. 影响股票投资的因素有（　　）。

A. 经济形势　　B. 利率变化　　C. 行业生命周期　　D. 公司盈利前景

E. 公司现在的盈利水平

4. 影响债券价格的因素主要有（　　）。

A. 债券面值　　B. 债券的期限　　C. 债券的票面利率　　D. 付息方式

E. 市场利率

5. 影响股票价格的因素主要有（　　）。

A. 股票风险的高低　　B. 资本市场的有效性　　C. 公司的成长性　　D. 每股现金股利

E. 市场利率

6. 债券投资的优点在于（　　）。

A. 本金安全性高　　B. 收益稳定　　C. 投资风险小　　D. 购买力风险小

E. 投资收益高

7. 股票投资的优点在于（　　）。
A. 本金安全性高　　B. 收益稳定　　C. 投资风险小　　D. 购买力风险小
E. 投资收益高

8. 证券组合投资的优势主要有（　　）。
A. 降低风险　　B. 提高收益的稳定性C. 提高收益　　D. 提高本金安全性
E. 减少决策失误

三、判断题

1. 一般来说，长期投资的风险要大于短期投资的风险。（　　）
2. 一般来说，非证券投资的流动性要大于证券投资。（　　）
3. 一般而言，银行利率下降，证券价格下降；银行利率上升，证券价格上升。（　　）
4. 在计算长期证券投资的收益率时应考虑资金时间价值。（　　）
5. 无论何种证券，都会存在利率风险。（　　）
6. 购买股票比购买债券能更好地避免购买力风险。（　　）
7. 投资基金的风险低于股票投资，但高于债券投资。（　　）
8. 投资基金无法获得很高的投资收益。（　　）

四、解答题

1. 2024 年 7 月 1 日某人打算购买大兴公司 2021 年 1 月 1 日以 960 元价格折价发行的、每张面值为1 000 元的债券，票面利率为 10%，期限为 4 年，单利计息，到期一次还本付息。

要求：

（1）假定 2024 年 7 月 1 日大兴公司债券的市价为 1 350 元，此人购买后准备持有至债券到期日，计算到期收益率；

（2）若此人在 2023 年 1 月 1 日以 1 100 元的价格购买该债券，于 2024 年 1 月 1 日以 1 300 元的价格将该债券出售，计算持有债券期间的收益率；

（3）假若此人在 2021 年 1 月 1 日购得此债券，并持有至债券到期日，计算实际收益率。

2. 某公司发行票面金额为 1 000 元、票面利率为 8% 的 3 年期债券，该债券每年计息一次，到期归还本金，当时的市场利率为 10%。

要求：

（1）计算该债券的理论价值；

（2）假定投资者甲以 940 元的市场价格购入该债券，准备一直持有至期满，若不考虑各种税费的影响，计算到期收益率。

3. A 公司准备购买 B 公司流通在外的普通股股票，已知 B 公司的股利政策为上年每股普通股的年现金股利为 1.5 元，股利支付率为 50%，且保持不变，预测该股票的股利会稳定增长，增长率为 5%。A 公司一旦购入该股票，即将进行长期投资，其预期投资收益率大于股利增长率。B 公司目前的股价为 40 元。

要求：

（1）在预期收益率分别为 6%，8%，10% 的情况下，分别采用股利估值模型和市盈率模型计算该股票的内在价值，并判断 A 公司是否应该购买该股票；

（2）A公司的预期收益符合什么条件时不应该购买该股票？

4. 投资者准备购买A公司普通股股票，该股票上年股利为每股2元。假设A公司采用稳定增长的股利政策，股利年增长率为5%，投资者预期的必要收益率为15%。

要求：

（1）计算该股票的内在价值；

（2）若目前该股票的每股市场价格为18元，为投资者做出是否购买该股票的决策；

（3）若该股票的每股市场价格为22元，计算投资者购买该股票的收益率。

第四章　财务分析

学习目标

通过本章的学习，要求了解企业财务分析的作用、目的、基础、种类和方法；掌握财务比率分析法，并能对企业的偿债能力、营运能力和盈利能力进行分析；掌握企业财务状况的趋势分析和综合分析方法。

不同的财务信息需求者对财务分析的目的和要求也不一样。从财务管理角度解读财务报表，计算和分析财务指标，将有助于了解公司财务状况，合理安排筹资与投资计划，同时也是进行短期财务规划与长期价值管理的基础。

第一节　财务分析概述

一、财务分析的内涵与作用

财务分析是指按照一定的程序，运用一定的技术方法，对企业各种财务信息资料进行加工，计算出一系列的指标，据以评价企业财务状况和经营成果的经济管理活动。财务分析是财务管理的重要方法之一，它为企业的财务预测和财务决策提供全面系统的信息支持。因此，财务分析在企业的财务管理工作中具有重要作用。具体表现在以下几个方面：

(1) 通过财务分析，可以评价企业在一定时期的财务状况，揭示企业生产经营活动中存在的问题，总结财务管理工作的经验教训，为企业生产经营决策和财务决策提供重要依据。

(2) 通过财务分析，可以检查企业内部各职能部门和单位完成财务计划指标的情况，考核各部门和单位的工作业绩，以便揭示管理中存在的问题，总结经验教训，提高管理水平。

(3) 通过财务分析，可以为投资者、债权人和其他有关部门及人员提供系统的、完整的财务分析资料，便于他们更加深入地了解企业的财务状况、经营成果和现金流量情况，为他们做出经济决策提供依据；同时可以检查公司对财务法规制度的执行情况，促使企业正确处理各方面的财务关系，维护各方面的合法权益。

二、财务分析的目的与内容

财务分析的目的取决于财务分析信息使用者的目的。虽然不同的使用者具有一定的共性，但是他们都有其特殊的环境和目的。为了更好地掌握财务分析，必须了解使用者和他们的目的。同时，财务分析也取决于财务报告上的数字。记录、复式记账法和分类都是会计的有机组成部分。我们必须了解财务报告以便深入进行财务分析。但是，会计信息也有其局限性，甚至会干扰我们的分析。必须认识到这些局限性，并使我们的分析适应这些局限性。财务经济分析的使用者主要有外部使用者和内部使用者。外部使用者主要有投资者、债权人、客户和政府等；企业内部使用者有经营者和职工等。

投资者的收益源于资本收益和股利收益。资本收益是资本市场上企业资本价格上扬的结果，股利收益则是企业将获取的利润按一定的比例分给投资者的现金或实物资产。这种利益决定投资者分析的目的与企业的盈利能力、风险水平、经营效率和发展潜力相关。

债权人的收益源于持有债权的安全完整性和利息收益。债权的安全完整性主要取决于债务人的经营状况和信誉程度，而利息收益则直接与企业的盈利能力相关。

政府的收益源于企业缴纳的各种税金，这些税金包括与收入相关的流转税、与盈利相关的所得税、与财产金额相关的财产税等。可见国家的利益直接与企业的资产规模、收入水平和盈利能力相关。

客户的收益源于企业良好的信用和持续发展。供应商可以从及时收回货款和持续的销售合同中获益；购货方可以通过购进质优价廉的产品受益。而这一切又与企业的盈利能力、偿债能力和营运能力相关。

经营者的收益来源与完成受托责任的好坏相关。而受托责任往往表现为具体的财务指标，如资本增值额、投资报酬率、销售利润率等。

职工收益源于企业支付的工资、奖金和福利。虽然这些利益不完全与企业经济效益有关，但仍部分地受企业经济效益的影响，如奖金、福利等。

不同的财务分析群体所关心的侧重点不同，因此，财务分析的目的各不相同，这就决定财务分析的内容也不同。企业经营管理者必须全面了解企业的生产经营状况和财务状况，他们进行的财务分析是全面的财务分析；企业投资者的利益与企业的盈利情况密切相关，他们更关心企业的盈利能力、企业生产经营的前景和风险状况；企业的债权人则主要关心企业能否按期支付本息，他们一般侧重分析企业的偿债能力。虽然不同的分析者有不同的目的，从而决定其不同的分析内容，但概括起来其分析的基本内容主要有以下几种：

（一）企业偿债能力分析

通过对企业的财务报告及其他会计资料进行分析，可以了解企业资产的流动性、负债水平以及偿还债务的能力，从而评价企业的财务状况和经营风险，为企业经营管理者、投资者和债权人提供对决策有用的财务信息。

（二）企业资产营运能力分析

企业的生产经营过程就是利用资产获取收益的过程。资产是企业生产经营活动的经济资源，资产的营运管理水平直接影响到企业的收益，它体现了企业的整体素质。进行财务分析可以了解到企业资产的保值和增值情况，分析企业资产的营运能力。企业营运能力包括资产的管理水平、资产周转状况及现金流量情况等。通过对这些方面的分析可为企业提高资产营运能力提供依据。

（三）企业盈利能力分析

企业生产经营以盈利为目的，盈利多少可以反映出一个企业的整体素质。企业要生存和发展必须争取获得较高的利润，这样才能在竞争中立于不败之地。投资者和债权人都十分关心企业的盈利能力。获取利润的能力强可以提高企业偿还债务的能力和企业的信誉。对企业盈利能力的分析不仅要看获取利润的绝对数，还要看获取利润的相对能力。

（四）企业发展能力分析

无论是企业的经营管理者，还是投资者、债权人，都十分关注企业的发展能力，这关系到他们长远的、切身的利益。通过对企业进行财务分析可以判断企业的发展趋势，预测企业的经营前景，从而为企业经营管理者进行经营决策、为投资者和债权人进行投资决策提供重要的依据，避免决策失误带来重大的经济损失。

（五）企业财务状况综合分析

不仅要对企业偿债能力、营运能力以及盈利能力和发展能力进行分析，而且还应对企业的综合财务状况进行分析。因为企业作为一个整体，其能否持续发展，关键取决于企业的营运能力、偿债能力和盈利能力及发展能力的协调程度，不能片面地强调任何一种能力。如果片面强调偿债能力，就需要增加易变现资产的占用，这将影响企业的营运能力和盈利能力；如果片面强调营运能力，就可能片面地重视企业一定时期内获取的销售收入，相应增大应收账款上的资金占用，而忽视企业资产的流动性和短期偿债能力；如果片面强调盈利能力，有可能增大不易变现资产的占用，而忽视资产的流动性，将影响企业的偿债能力。因此，一个企业要想持续发展，必须保证各种能力的协调，即寻求整体的持续发展。分析者需要对企业财务状况进行综合分析，才能了解企业整体状况。

三、财务分析的基础

财务分析所依据的资料主要是企业的财务报表，也包括来自于其他方面的相关信息。

（一）财务报表

财务报表是企业根据日常会计核算资料编制而成的一个完整的报告体系，用于反映企业财务状况、经营成果及现金流量的信息。企业的财务报表主要有资产负债表、利润表和现金流量表。

1. 资产负债表

资产负债表是反映企业在某一特定时期财务状况的报表。它依据“资产 = 负债 + 所有者权益”这一会计恒等式，按照一定的分类标准和次序，把企业在一定时期的资产、负债和所有者权益项目予以适当编排而形成。资产负债表反映了企业的资产结构、资产流动性、资金来源状况等财务信息。通过对资产负债表的分析，可以了解企业的偿债能力、资金营运情况等财务状况，为经营者、债权人和投资者提供决策依据。为后面举例方便，现列示 A 公司资产负债表见表 4-1。

表 4-1 资产负债表

编制单位：A 公司 2023 年 12 月 31 日 单位：元

资　　产	年末余额	年初余额	负债及所有者权益	年末余额	年初余额
流动资产：			流动负债：		
货币资金	2 165 544	1 406 300	短期借款	300 000	300 000

续表

资　　产	年末余额	年初余额	负债及所有者权益	年末余额	年初余额
以公允价值计量且其变动计入当期损益的金融资产		15 000	以公允价值计量且其变动计入当期损益的金融负债		
应收票据	146 000	246 000	应付票据	100 000	200 000
应收账款	797 600	299 100	应付账款	953 800	953 800
其他应收款	5 000	5 000	预收账款		
预付账款	100 000	100 000	应付职工薪酬	180 000	110 000
应收股利			应交税费	371 944	36 600
存货	2 074 700	2 580 000	应付股利	322 577	
待摊费用		100 000	应付利息		1 000
一年内到期的非流动资产			其他应付款	50 000	50 000
其他流动资产			一年内到期的长期负债		1 000 000
流动资产合计	5 288 844	4 751 400	其他流动负债		
非流动资产：			流动负债合计	2 278 321	2 651 400
可供出售金融资产			非流动负债：		
持有至到期投资			长期借款	750 000	600 000
长期应收款			应付债券		
长期股权投资	250 000	250 000	长期应付款		
投资性房地产			专项应付款		
固定资产	3 231 000	1 100 000	预计负债		
在建工程	578 000	1 500 000	递延所得税负债		
工程物资	150 000		其他非流动负债		
固定资产清理			非流动负债合计	750 000	600 000
生产性生物资产			负债合计	3 028 321	3 251 400
油气资产			股东权益：		
无形资产	540 000	600 000	股本	5 000 000	5 000 000
开发支出			资本公积		
商誉			减：库存股		
长期待摊费用	200 000	200 000	盈余公积	457 315	100 000
递延所得税资产			未分配利润	1 752 208	50 000
其他非流动资产					
非流动资产合计	4 949 000	3 650 000	股东权益合计	7 209 523	5 150 000
资产合计	10 237 844	8 401 400	负债和股东权益合计	10 237 844	8 401 400

注：坏账准备按应收账款的0.3%计提。

2. 利润表

利润表也称损益表，是反映企业在一定期间生产经营成果的财务报表。利润表是以“利润＝收入－费用”这一等式为依据编制的。通过利润表可以考核企业利润计划的完成情况，分析企业的获利能力以及利润增减变化的原因，预测企业利润的发展趋势。结合资产负债表，可以分析企业资产的营运状况，为投资者及企业管理者等提供财务信息。在利润表中，通常按照利润的构成项目来分别列示。以 A 公司为例列示其结构与内容，见表 4-2。

表 4-2 利润表

编制单位：A 公司　　2023 年度　　单位：元

项　目	本年累计数	上年数（略）
一、营业收入	12 500 000	
减：营业成本	7 500 000	
税金及附加	20 000	
营业费用	200 000	
管理费用	1 577 600	
财务费用	415 000	
资产减值损失	2 400	
加：公允价值变动收益（损失以“－”号填列）		
投资收益（损失以“－”号填列）	315 000	
其中：对联营企业和合营企业的投资收益		
二、营业利润（亏损以“－”号填列）	3 100 000	
加：营业外收入	500 000	
减：营业外支出	197 000	
其中：非流动资产处置损失		
三、利润总额（亏损以“－”号填列）	3 403 000	
减：所得税	1 020 900	
四、净利润	2 382 100	
五、每股收益		
（一）基本每股收益		
（二）稀释每股收益		

3. 现金流量表

现金流量表是以现金为基础编制的财务状况变动表。它提供了企业资金来源与运用的信息，便于分析企业资金来源与运用的合理性，判断企业的营运情况和效果，评价企业的经营业绩。此外，现金流量表提供了企业现金增减变动原因的信息，特别是通过揭示经营活动现金流量、投资活动现金流量和筹资活动现金流量状况，可分析企业现金增减变动的具体原因，明确企业当期现金增减的合理性，为改善企业资金管理指明了方向。现金流量表结合资产负债表和利润表，可分析研究企业的总体经营与财务状况。以 A 公司为例，现金流量表的结构与内容见表 4-3。

表4-3　　现金流量表

编制单位：A公司　　2023年度　　单位：元

项　　目	本期金额	上期金额
一、经营活动产生的现金流量：		
销售商品、提供劳务收到的现金	13 023 799	
收到的税费返还		
收到的其他与经营活动有关的现金		
现金流入小计	13 023 799	
购买商品、接受劳务支付的现金	7 094 700	
支付给职工以及为职工支付的现金	300 000	
支付的各项税费	3 090 655	
支付的其他与经营活动有关的现金	700 000	
现金流出小计	11 185 355	
经营活动产生的现金流量净额	1 838 444	
二、投资活动产生的现金流量：		
收回投资所收到的现金	16 500	
取得投资收益收到的现金	30 000	
处置固定资产、无形资产和其他长期资产所收到的现金净额	300 300	
处置子公司及其他营业单位收到的现金净额		
收到的其他与投资活动有关的现金		
现金流入小计	346 800	
购建固定资产、无形资产及其他长期资产所支付的现金	451 000	
投资所支付的现金		
取得子公司及其他营业单位支付的现金净额		
支付的其他与投资活动有关的现金		
现金流出小计	451 000	
投资活动产生的现金流量净额	－104 200	
三、筹资活动产生的现金流量：		
吸收投资所收到的现金		
借款所收到的现金	400 000	
收到的其他与筹资活动有关的现金		
现金流入小计	400 000	
偿还债务所支付的现金	1 250 000	
偿还利息所支付的现金	125 000	
分配股利、利润		
支付的其他与筹资活动有关的现金		
现金流出小计	1 375 000	
筹资活动产生的现金流量净额	－975 000	
四、汇率变动对现金的影响		
五、现金及现金等价物净增加额	759 244	

（二）其他相关信息

除了财务报表外，对企业财务状况的分析评价，离不开其他未在报表中反映但对企业财务状况有较大影响的相关信息。从企业内部来看，财务分析依据的信息除会计报表外，还包括管理会计信息、统计信息、计划及预算信息。从企业外部来看，企业进行财务分析应包括国家的宏观经济信息与法规信息、综合部门发布的信息、证券市场信息、中介机构信息、报纸杂志信息、企业间交换的信息和国外的有关信息等。国家的宏观经济信息主要指与企业财务活动密切相关的信息，如物价上涨率或通货膨胀率、银行利率和各种税率等；有关法规包括会计法、税法、会计准则、审计准则、财务会计制度等。综合部门发布的信息包括国家统计局定期公布的统计报告和统计分析。证券市场信息包括各证券市场和资金市场的有关股价、债券利息等方面的信息以及财务分析师的预测信息等。中介机构信息主要有会计师事务所、资产评估事务所等提供的企业资产评估报告和审计报告等。报纸杂志信息指各种经济著作、报纸及杂志的科研成果、调查报告、经济分析中所提供的与企业财务分析有关的信息。企业间交换的信息指企业与同行业其他企业或有业务往来的企业间相互交换的报表及业务信息等。国外的有关信息是指从国外取得的各种经济信息，获取渠道有出国考察访问、购买国外经济信息数据、国际会议交流等。

四、财务分析的种类

财务分析可以按照不同的标准进行分类。

（一）按财务分析的主体不同，可分为内部分析和外部分析

1. 内部分析

内部分析是企业内部管理部门对本企业的生产经营过程、财务状况所进行的分析。这种财务分析，不仅要利用财务会计所提供的会计资料，也要利用管理会计和其他方面所提供的经济资料，是对整个生产经营活动的全面分析。通过这种分析，可以了解企业的财务状况是否良好，生产经营活动是否有效率，存在什么问题，从而为今后的生产经营提供决策依据。

2. 外部分析

外部分析是企业外部的利益者根据各自的要求对企业进行的财务分析。这种分析，因各自目的不同，分析的范围也不同。它可以是对企业某一方面进行局部财务分析，也可以是对整个企业的各方面进行全面的财务分析。例如，债权人常常关心的是贷款的风险，这样就需要对企业的偿债能力进行分析；投资者在购买企业股票时，要对企业的获利能力和投资风险等进行分析；而要与企业进行合资经营的人，则要对企业的各方面进行全面的财务分析。

（二）按财务分析的对象不同，可分为资产负债表分析、利润表分析和现金流量表分析

1. 资产负债表分析

资产负债表分析是以资产负债表为对象所进行的财务分析。从财务分析的历史看，最早的财务分析都是以资产负债表为中心进行的。通过资产负债表可以分析企业资产的流动状况、负债水平、偿还债务能力、企业经营的风险等财务状况。

2. 利润表分析

利润表分析是以利润表为对象进行的财务分析。在分析企业的盈利状况和经营成果时，必须要从利润表中获取财务资料。而且，即使分析企业偿债能力，也应结合利润表，因为一

个企业的偿债能力同其获利能力密切相关。一般而言，获利能力强，偿还债务的能力也强。因此，现代财务分析的中心正逐渐由资产负债表转向利润表。

3. 现金流量表分析

现金流量表分析是以现金流量表为对象进行的财务分析。现金流量表是资产负债表与利润表的中介，也是这两张报表的补充。通过对现金流量表的分析，可以了解到企业现金的流动状况，在一定时期内，有多少现金流入，是从何而来的，又有多少现金流出，都流向何处。这种分析可以了解到企业财务状况变动的全貌，可以有效地评价企业的偿付能力。

（三）按财务分析的方法不同，可分为比率分析法和比较分析法

1. 比率分析法

比率分析法是将企业同一时期的财务报表中的相关项目进行对比，得出一系列财务比率，以此来揭示企业财务状况的分析方法。通常财务比率主要包括三大类：①构成比率。其又称结构比率，是反映某项经济指标的各个组成部分与总体之间关系的财务比率，如流动资产与总资产的比率；②效率比率。其是反映某项经济活动投入与产出之间关系的财务比率，如资产报酬率、销售净利率等，利用效率比率可以考察经济活动的经济效益，揭示企业的获利能力；③相关比率。其是反映经济活动中某两个或两个以上相关项目比值的财务比率，如流动比率、速动比率等，利用相关比率可以考察各项经济活动之间的相互关系，从而揭示企业的财务状况。

2. 比较分析法

比较分析法是将同一企业不同时期的财务状况或不同企业之间的财务状况进行比较，从而揭示企业财务状况存在差异的分析方法。比较分析法可分为纵向比较分析法和横向比较分析法两种。纵向比较分析法，又称趋势分析法，是将同一企业连续若干期的财务状况进行比较，确定其增减变动的方向、数额和幅度，以此来揭示企业财务状况的发展变化趋势的分析方法，如比较财务报表法、比较财务比率法等。横向比较分析法是将本企业的财务状况与其他企业的同期财务状况进行比较，确定其存在的差异及其程度，以此来揭示企业财务状况中所存在的问题的分析方法。

（四）按财务分析的目的不同，可分为偿债能力分析、盈利能力分析、营运能力分析、发展能力分析和综合分析等

有关这几种分析，本章将分节详细说明。

五、财务分析的方法

（一）比较分析法

比较分析法是将同一企业不同时期的财务状况或不同企业之间的财务状况进行比较，从而揭示企业财务状况存在的问题及与其他企业的差异的分析方法。比较分析法的作用在于揭示财务指标客观存在的差距以及形成这种差距的原因，帮助分析者发现问题，改进工作。根据分析内容的不同，比较分析法可以单独使用，也可以与其他分析方法结合使用。比较分析法又分为横向比较分析法和纵向比较分析法。

横向比较分析法是将本企业的财务状况与其他企业的同期财务状况进行比较，确定其存在的差异及其程度，以此来揭示企业财务状况中所存在的问题的分析方法。

纵向比较分析法，又称趋势分析法，是将同一企业连续若干期的财务状况进行比较，确定其增减变动的方向、数额和幅度，以此来揭示企业财务状况的发展变化趋势的分析方法。

选择适当的评价标准是比较分析法的重要一环。在比较分析法中常用的评价标准有经验标准、行业标准、预算标准和历史标准。绝对标准是被普遍接受和公认的标准，无论哪个企业，无论财务分析的目的是什么，它都是适用的；行业标准是以企业所在行业的特定指标作为财务分析对比的标准，如同行业公认的标准指标、同行业先进指标、同行业平均指标等；目标标准即财务管理的目标；历史标准是企业以前年度的数据，如上期指标标准、历史最高水平、历史平均水平。

此外，采用比较分析法进行财务分析时，应注意财务指标与标准的可比性问题。也就是说，实际财务指标与对比指标的计算口径必须一致，即实际财务指标和对比指标在内容、范围、时间跨度、计算方法等方面必须一致。

（二）比率分析法

比率分析法是将企业同一时期的财务报表中的相关项目进行对比，得出一系列财务比率，以此来揭示企业的财务状况的分析方法。比率分析法与比较分析法相比更具有科学性、可比性，它可适用于不同经营规模企业之间的对比。

财务比率通常包括结构比率、效率比率和相关比率 3 种类型。

结构比率，又称构成比率，是反映某项经济指标的各个组成部分与总体之间关系的财务比率，如流动资产与总资产的比率、长期负债与总负债的比率等。通过构成比率指标可以考察总体中部分的形成与安排是否合理，从而协调各项财务活动，加强管理。

效率比率是反映某项经济活动投入与产出之间关系的财务比率，如资产报酬率、销售净利率等。利用效率比率指标可以进行得失比较，从而考察经营成果，评价经济效益。

相关比率是反映经济活动中某两个或两个以上相关项目比值的财务比率，如流动比率等。利用相关比率可以考察各项经济活动之间的相互关系，从而揭示企业的财务状况。

在财务分析中，比率分析法往往与比较分析法结合起来使用，从而能够更加全面、深入地揭示企业的财务状况、经营成果及其变动趋势。

（三）趋势分析法

趋势分析法是将连续数期的相同财务指标或比率进行对比，求出它们增减变动的方向、数额和幅度的一种方法。采用该方法可以从企业的财务状况和经营成果的发展变化中寻求其变动的原因、性质，并由此预测企业未来的发展前景。

（四）因素分析法

因素分析法是依据分析指标与其驱动因素的关系，从数量上确定各因素对分析指标影响方向和影响程度的一种方法。采用这种方法的出发点在于，当有若干因素对分析指标发生影响作用时，假设其他各个因素都无变化，顺序确定每一个因素单独变化所产生的影响。

因素分析法具体有以下两种。

1. 连环替代法

连环替代法是将分析指标分解为各个可以计量的因素，并根据各个因素之间的依存关系，顺次用各因素的比较值（通常即实际值）替代基准值（通常即标准值或计划值），据以测定各因素对分析指标的影响。

例 4－1 某企业2024年3月的某种原材料费用的实际数是6 720元，而其计划数是5 400元。实际比计划增加1 320元。由于原材料费用是由产品产量、单位产品材料消耗用量和材料单价3个因素的乘积构成的。因此，就可以把原材料费用这一总指标分解为3个因素，然后逐个来分析其对材料费用总额的影响程度。现假设这3个因素的数值见表4-4。

表4-4　　材料费用表

项　　目	单　　位	计划数	实际数	差　　异
产品产量	件	120	140	20
材料单耗	千克/件	9	8	－1
材料单价	元/千克	5	6	1
材料费用	元	5 400	6 720	1 320

根据表4-4中资料，材料费用总额实际数较计划数增加1 320元，这是分析对象，运用连环替代法，可以计算各因素变动对材料费用总额的影响程度如下：

计划指标：120×9×5＝5 400（元）　　①

第一次替代：140×9×5＝6 300（元）　　②

第二次替代：140×8×5＝5 600（元）　　③

第三次替代：140×8×6＝6 720（元）　　④

（实际指标）

②－①＝6 300－5 400＝900（元）　　产量增加的影响

③－②＝5 600－6 300＝－700（元）　　材料节约的影响

④－③＝6 720－5 600＝1 120（元）　　价格提高的影响

900＋（－700）＋1 120＝1 320（元）　　全部因素的影响

2. 差额分析法

差额分析法是连环替代法的一种简化形式，它是利用各个因素的实际值与基准值之间的差额，来计算各因素对分析指标的影响。

仍以表4－4所列数据为例，可采用差额分析法计算确定各因素变动对材料费用的影响。

由于产量增加对材料费用的影响为：

（140－120）×9×5＝900（元）

由于材料消耗节约对材料费用的影响为：

（8－9）×140×5＝－700（元）

由于价格提高对材料费用的影响为：

（6－5）×140×8＝1 120（元）

因素分析法的优点是既可以全面分析各因素对某一经济指标的影响，又可以单独分析某个因素对某一经济指标的影响，在财务分析中应用颇为广泛。但在采用时，应注意以下问题：

（1）因素分解的关联性。确定构成经济指标的因素必须是客观上存在因果关系，要能够反映形成该指标差异的内在构成原因，否则就失去了其存在的价值。

（2）因素替代的顺序性。替代因素时，必须按照各因素的依存关系，排列成一定的顺序并以此替代，不可随意加以颠倒，否则就会得出不同的计算结果。一般而言，确定正确排列因素替代程序的原则是按分析对象的性质，从诸因素相互依存关系出发，并使分析结果有助于分清责任。

(3) 顺序替代的连环性。因素分析法在计算每一个因素变动的影响时，都是在前一次计算基础上进行，并采用连环比较的方法确定因素变化影响结果。因为只有保持计算程序上的连环性，才能使各个因素影响之和等于分析指标变动的差异，才能全面说明分析指标变动的原因。

(4) 计算结果的假定性。由于因素分析法计算的各因素变动的影响数，会因替代计算的顺序的不同而有差别，因而计算结果不免带有假定性，即它不可能使每个因素计算的结果都达到绝对的准确。它只是在某种假定前提下的影响结果，离开了这种假定前提条件，也就不会是这种影响结果。为此，分析时应力求使这种假定是合乎逻辑的假定，是具有实际经济意义的假定。这样，计算结果的假定性才不至于妨碍分析的有效性。

六、财务分析的程序

企业经营管理者、投资者、债权人及其他利害关系人在做出经济决策前，都必须进行充分的财务分析。为了保证财务分析的有效进行，必须遵循科学的程序。财务分析的程序就是进行财务分析的步骤，一般包括以下几个步骤。

(一) 确定财务分析的目的与范围，搜集有关资料

财务分析的范围取决于财务分析的目的，它可以是企业经营活动的某一方面，也可以是企业经营活动的全过程。如债权人可能主要关心企业偿还债务的能力，这样他就不必对企业经营活动的全过程进行分析。而企业的经营管理者则需要了解企业经营活动的全过程，所以必须进行全面的财务分析。而财务分析的范围决定了所要收集的经济资料的数量，范围小，所需资料少，范围大，则需要较多、较全面的资料。

(二) 选择适当方法进行分析比较

在确定了财务分析的目的和范围后，应选择与之相适应的分析方法。常用的分析方法有比较分析法、比率分析法以及趋势分析法等，这些方法各有特点，在进行财务分析时可以结合使用。利用这些分析方法比较分析企业的有关财务数据、财务指标，对企业的财务状况及经营成果做出评价。

(三) 进行因素分析

通过财务分析可以找出影响企业经营活动和财务状况的各种因素。在这些因素中，有的是外部因素；有的是内部因素；有的是有利因素；有的是不利因素。在进行因素分析时，必须抓住影响企业生产经营活动和财务状况的主要因素，然后才能有的放矢，提出相应的改进办法，做出正确决策。

(四) 针对问题提出各种建议

通过上述分析，找出问题所在，就可提出各种方案，权衡各种方案的利弊得失，从中选出最佳方案，做出经济决策。这个过程也是一个信息反馈过程，决策者可以通过财务分析总结经验，吸取教训，以改进工作。

第二节　企业偿债能力分析

偿债能力是指企业偿还各种到期债务的能力。通过偿债能力分析可以揭示企业的财务风险。企业债权人、企业财务管理人员以及投资者都十分重视企业的偿债能力分析。偿债能力分析主要分为短期偿债能力分析和长期偿债能力分析。

一、短期偿债能力分析

短期偿债能力是指企业以其流动资产支付在一年内即将到期的流动负债的能力。通俗地讲，短期偿债能力是指偿还流动负债的能力。流动负债是指将在一年内到期或超过一年的一个营业周期内需要偿付的债务。这部分负债对企业的财务风险影响较大，如果不能及时偿还就可能使企业面临财务危机。一般来说，流动负债需要以流动资产来偿付，特别是通常它需要以现金来直接偿还。因此，在对企业短期偿债能力的分析中，常用的指标有流动比率、速动比率、现金比率、现金流量比率等。

（一）流动比率

流动比率是流动资产与流动负债的比率。流动比率是评价企业用流动资产偿还流动负债能力的指标，说明企业每1元流动负债有多少流动资产可以作为支付保证。

流动资产主要包括货币资金、短期投资、应收及预付款项、存货、待摊费用和一年内到期的非流动资产等，一般用资产负债表中的期末流动资产总额表示；流动负债主要包括短期借款、应付及预收款项、各种应交款项、一年内到期的长期负债等，通常用资产负债表中的期末流动负债总额表示。流动比率的计算公式为：

$$流动比率=\frac{流动资产}{流动负债}$$

根据表4-1中A公司的流动资产与流动负债的年末数，可以计算出该公司2023年年末的流动比率为：

$$流动比率=\frac{5\ 288\ 844}{2\ 278\ 321}=2.32$$

计算结果表明，A公司每1元的流动负债，就有2.32元的流动资产做保障。该比率越高，说明企业短期偿债能力越强，流动负债得到清偿的保障越大。但该比率不宜过高，若过高则说明企业资源未得到充分利用，可能会影响企业的获利能力。

根据西方的经验，一般制造业企业该比率保持在2左右最为适宜。A公司的流动比率为2.32，稍微偏高，可能有部分资产未得到充分利用，但这不是绝对的。在实际中，对流动比率的分析应结合不同的行业特点、企业流动资产的结构及各项流动资产的实际变现能力等因素。但是，单凭这种经验判断也并非总是可靠，有时流动比率很高，但其短期偿债能力也未必很强，因为可能是存货积压或滞销的结果。而且，企业也很容易伪造这个比率，以掩饰其偿债能力。所以，在分析和评价一个企业的流动比率时，应注意以下问题：

（1）由于外部的融资环境对流动比率产生着影响，并且不同行业的流动比率也有差异，应结合行业对流动比率进行分析和评价。

(2) 企业债务结构不同，不同时间的流动比率也有差异。

(3) 一般而言，企业可以在期末采用增加长期负债或募集权益资本等方式来增加当期的流动资产，而不会影响当期的流动负债水平，从而使流动比率保持在适当水平上，造成一种虚假的合理现象。

(二) 速动比率

从前面的分析可知，流动比率在评价企业短期偿债能力时，存在一定的局限性。在流动资产中，有些资产的变现性较差，如存货、待摊费用、预付货款等。这导致有时虽然流动比率较高，但如果存货滞销、待摊费用较多的话，企业的短期偿债能力仍然不强。因此，在进一步分析企业短期偿债能力时，将存货、待摊费用、预付货款等变现较差的流动资产从流动资产总额中扣除，余下的流动资产即为速动资产，可用速动资产与流动负债的比率即速动比率，进一步分析企业的短期偿债能力。速动比率也称酸性实验，其计算公式为：

$$速动比率=\frac{速动资产}{流动负债}$$

速动比率是评价企业流动资产中可以很快变现用于偿付流动负债的能力的指标，是衡量企业现实偿债能力强弱的重要财务指标，说明企业在一定时期内每 1 元流动负债有多少速动资产作为支付保证。该比率越高，说明企业短期偿债能力越强。但该比率不宜过高，若过高，说明企业资源未得到充分利用，可能会影响企业的获利能力。根据表 4-1 中的有关数据，A 公司 2023 年年末的速动比率为：

$$速动比率=\frac{5\ 288\ 844-2\ 074\ 700-100\ 000}{2\ 278\ 321}=1.37$$

根据西方经验，一般制造业企业该比率保持在 1 左右比较适宜。A 公司的速动比率为 1.37，偏高。但在实际分析时，应该根据企业性质和其他因素来综合判断，不可一概而论。通常在用速动比率评价一个企业的短期偿债能力时，应注意以下问题：

(1) 不同行业的速动比率略有差异。

(2) 企业债务结构上的差异，导致企业不同时期在债务偿还规模上存在较大差异，从而导致速动比率在不同时期的差异。

(3) 速动比率过大或过小，都有其负面影响。

(4) 外部融资环境对速动比率的影响。如权益性资本融资和长期负债融资存在困难时，企业的流动负债一般会呈大幅度增长，从而使速动比率下降。

(5) 如果企业速动比率过低，则可以在期末采用推迟进货或大量赊销等方式来减少当期的存货（增加应收账款）余额，从而使速动比率保持在适当水平。这时速动比率看似合理，但却是一种虚假现象。

(三) 现金比率

现金比率又称即付比率，是指企业现金类资产（现金及现金等价物）与流动负债之间的比率。其计算公式为：

$$现金比率=\frac{现金+现金等价物}{流动负债}$$

现金比率用于评价企业以现金、银行存款和短期有价证券偿付流动负债的能力，是对流动比率和速动比率的进一步分析。它较前两个指标更为严格，因为现金资产是企业偿还债务的最终手段。

根据表4-1中A公司的有关数据（假定该公司以公允价值计量且变动计入当期损益的金融资产均为现金等价物），该公司2023年年末的现金比率为：

$$流动比率=\frac{2\ 165\ 544+0}{2\ 278\ 321}=0.95$$

一般认为，现金比率在0.2以上较好，但不宜过高，且应和前面的流动比率和速动比率两个指标结合使用。

使用现金比率评价企业短期偿债能力时，应注意以下问题：

（1）现金等价物的确认。按现行财会制度规定，现金等价物必须具备期限短、流动性强、易于变现和价值变动风险小四个条件。

（2）企业可以在期末通过增加长期债务和权益资本等方式增大现金比率，也可以通过突击进货或将长期债务转短期债务来降低现金比率。因此，分析者应特别注意企业是否存在上述行为。

（四）现金流量比率

现金流量比率是指企业一定期间经营活动的现金净流量与流动负债的比率。其计算公式为：

$$现金流量比率=\frac{经营活动现金净流量}{流动负债}$$

现金流量比率反映企业在经营活动中获得现金偿还短期债务的能力。只有这一比率大于或等于1时，债权人的全部流动负债才有现金保障。

根据表4-1和表4-3的有关数据，A公司2023年的现金流量比率为：

$$现金流量比率=\frac{1\ 838\ 444}{2\ 278\ 321}=0.81$$

需要说明的是，现金流量比率的分子、分母属于不同的会计期间，这个指标是建立在以过去一年的现金流量来估计未来一年现金流量的假设基础之上的。因此使用该指标时，需要考虑未来一个会计年度影响经营活动的现金流量的变动因素。

二、长期偿债能力分析

长期偿债能力是指企业以其资产或劳务支付长期债务的能力。对于企业的长期债权人、经营管理者以及投资者来说，不仅要关心企业短期偿债能力，更要关心企业长期偿债能力。因此，在对企业进行短期偿债能力分析的同时，还需分析企业的长期偿债能力，以便于全面了解企业的偿债能力和财务风险。反映企业长期偿债能力的指标主要有资产负债率、权益乘数、负债股权比率、有形净值债务率、现金流量偿债保障比率、利息保障倍数、现金利息保障倍数等。

（一）资产负债率

资产负债率是企业负债总额与资产总额的比率，也称为负债比率或举债经营程度。它反映企业的资产总额中有多少是通过举债而得到的。其计算公式为：

$$资产负债率=\frac{负债总额}{资产总额}\times 100\%$$

资产负债率反映企业偿还债务的综合能力。一般来说，这个比率越高，企业偿还债务的能力越差；反之，偿还债务的能力越强。根据表 4-1 的有关数据，A 公司 2023 年年末的资产负债率为：

$$资产负债率 = \frac{3\ 028\ 321}{10\ 237\ 844} \times 100\% = 30\%$$

这表明 A 公司的资产有 30% 是来源于举债，或者说 A 公司每 30 元的债务，就有 100 元的资产作为偿还保障。

用资产负债率评价企业的长期偿债能力时，应注意以下问题：

（1）不同的评价主体，对资产负债率的认识不同。债权人关心资金的安全性，希望该比率越低越好；投资者关心投资收益的高低，只要负债利率低于资产报酬率，则该比率越高越好；经营者既关心企业的盈利，也关心企业所承担的风险，所以要求保持适度的资产负债率。

（2）负债比率过高，对于所有者、债权人和经营者都意味着风险。一般认为资产负债率保持在 50% 较为适宜，但不同的行业考虑的标准应是不同的。

（二）股东权益比率与权益乘数

1. 股东权益比率

股东权益比率是股东权益总额与资产总额的比率，该比率反映资产总额中有多大比例是所有者投入的。其计算公式为：

$$股东权益比率 = \frac{股东权益总额}{资产总额} \times 100\%$$

根据表 4-1 的有关数据，A 公司 2023 年年末的股东权益比率为：

$$股东权益比率 = \frac{7\ 209\ 523}{10\ 237\ 844} \times 100\% = 70\%$$

它与资产负债率之和等于 1。即，资产负债率 + 股东权益比率 = 1。

2. 权益乘数

权益乘数是资产总额与股东权益比值。该乘数越大，说明股东投入的资本在资产中所占比重越小。其计算公式为：

$$权益乘数 = \frac{资产总额}{股东权益总额}$$

根据表 4-1 的有关数据，A 公司 2023 年年末的权益乘数为：

$$权益乘数 = \frac{10\ 237\ 844}{7\ 209\ 523} = 1.42$$

平均权益乘数可用平均资产总额除以平均股东权益总额计算得出。A 公司 2023 年的平均权益乘数为：

$$平均权益乘数 = \frac{平均资产总额}{平均股东权益总额} = \frac{(8\ 401\ 400 + 10\ 237\ 844)/2}{(5\ 150\ 000 + 7\ 209\ 523)/2} = 1.51$$

（三）产权比率与有形净值债务率

1. 产权比率

产权比率是负债总额与股东权益总额的比率，其计算公式为：

$$产权比率 = \frac{负债总额}{股东权益总额}$$

产权比率是从股东权益对长期债权的保障程度的角度来评价企业长期偿债能力的。该比率越小，说明所有者权益对债权的保障程度越高，企业财务风险越小；反之，该比率越大，则说明所有者权益对债权的保障程度越低，企业财务风险越大。根据表4-1的有关数据，A公司2023年年末的产权比率为：

$$产权比率=\frac{3\ 028\ 321}{7\ 209\ 523}=0.42$$

2. 有形净值债务率

为了进一步分析股东权益对负债的保障程度，可以保守地认为无形资产、研发支出、商誉不宜用来偿还债务，故将其从上式分母中扣除，这样计算的比率即为有形净值债务率。其计算公式为：

$$有形净值债务率=\frac{负债总额}{股东权益-无形资产等}$$

有形净值债务率更加保守地反映了在企业清算时债权人投入的资本受到股东权益的保障程度。该比率越低，说明企业的财务风险越小。根据表4-1的有关数据，A公司2023年年末的有形净值债务率为：

$$有形净值债务率=\frac{3\ 028\ 321}{7\ 209\ 523-540\ 000}=0.45$$

（四）现金流量偿债保障比率

现金流量偿债保障比率是负债总额与经营活动现金净流量的比率。其计算公式为：

$$现金流量偿债保障比率=\frac{负债总额}{经营活动现金净流量}$$

现金流量偿债保障比率反映用企业经营活动产生的现金净流量偿还全部债务所用的时间，所以该比率也被称为债务偿还期。现金流量偿债保障比率可以衡量企业通过经营活动所获得的现金偿还债务的能力。该比率越低，企业偿还债务的能力越强。

根据表4-1和表4-3的有关数据，A公司2023年的现金流量偿债保障比率为：

$$现金流量偿债保障比率=\frac{3\ 028\ 321}{1\ 838\ 444}=1.65$$

（五）利息保障倍数与现金利息保障倍数

1. 利息保障倍数

利息保障倍数，也称利息所得倍数，是税（所得税）前利润加利息费用（财务费用中的利息费用+资本化的利息）之和与利息费用（同前）的比率。其计算公式为：

$$利息保障倍数=\frac{税前利润+利息费用}{利息费用}$$

利息保障倍数反映企业用经营所得支付债务利息的能力。如该比率太低，说明企业难以保证用经营所得来按时支付债务利息，这会引起债权人的担心。该指标至少应大于1。根据表4-2的有关数据（假定该公司的财务费用都是利息费用，并且固定资产成本中不含资本化利息），A公司2023年的利息保障倍数为：

$$利息保障倍数=\frac{3\ 403\ 000+415\ 000}{415\ 000}=9.2（倍）$$

利息保障倍数存在的缺陷是：由于会计核算采用权责发生制，所以存在本期的利息费用不等于本期实际支付的利息的可能；同时，本期的利息税前利润也并非本期的经营活动所获得的现金。这样，利用该指标衡量经营所得支付债务利息的能力就存在一定的片面性，不能清楚地反映实际支付利息的能力。故需要用下一指标作进一步分析。

2. 现金利息保障倍数

现金利息保障倍数是企业一定时期经营活动所取得的现金与支付的利息的比率，它更明确地反映了企业实际支付利息的能力。其计算公式为：

$$\text{现金利息保障倍数}=\frac{\text{经营活动现金净流量}+\text{付现所得税}+\text{利息现金支出}}{\text{现金利息支出}}$$

根据表4-3的有关数据，假设支付的税款中有820 900元为所得税，则A公司2023年的现金利息保障倍数为：

$$\text{现金利息保障倍数}=\frac{1\ 838\ 444+820\ 900+125\ 000}{125\ 000}=22.27\ (\text{倍})$$

以上两个指标究竟是多少时才说明企业偿付利息的能力强，并没有一个确定的判断标准，要根据历年的经验和行业特点来判断。

三、影响企业偿债能力的其他因素

上述的财务比率是分析企业偿债能力的主要指标，分析者可以通过比较最近几年的有关财务比率来判断企业偿债能力的变化趋势，也可以比较某一企业与同行业其他企业的财务比率，来判断该企业偿债能力的强弱。但是，在分析企业偿债能力时，除了使用上述指标以外，也不应忽视以下因素对企业偿债能力的影响。

（一）或有负债

或有负债是企业在经营活动中可能会发生的债务。根据我国《企业会计准则》的规定，除了已贴现未到期的商业承兑汇票在资产负债表的附注中列示外，其他的均未在会计报表中反映。如已销售产品可能会发生质量事故赔偿，经济纠纷和诉讼案件可能败诉并需要赔偿等。这些或有负债在资产负债表编制日还不能确定未来的结果如何，一旦将来成为企业现实的负债，则会对企业的财务状况产生重大影响，尤其是金额巨大的或有负债项目。因此，在进行财务分析时不能忽视这一因素的影响。

（二）担保责任

在经济活动中，企业可能会发生以本企业的资产为其他企业提供法律担保的情况，如为其他企业的银行借款担保、为其他企业履行有关经济合同提供法律担保等。这种担保责任，一旦被担保人没有履行责任，就有可能成为企业的负债，增加企业的债务负担，需要企业偿付。但是，这种担保责任在会计报表中未得到反映，因此，在进行财务分析时，必须要考虑企业是否存在巨额的法律担保责任。

（三）经营租赁活动

通常，租赁包括融资租赁和经营租赁两种形式。采用融资租赁方式租入的固定资产作为企业的固定资产入账，租赁费用作为企业的长期负债入账，这在前面计算有关财务比率中都已经包括在内。而经营租赁的租赁费用没有包括在企业的负债当中，如果经营租赁的业务量大、期限长或具有经常性，则其租金虽不包括在负债中，但需要企业支付，因此会对企业的偿债能力产生较大影响。所以，在进行财务分析时，也应考虑这一因素。

（四）可动用的银行贷款指标

可动用的银行贷款指标是指银行已经批准而企业尚未办理贷款手续的银行贷款限额。这种贷款指标可以随时使用，能增加企业的现金，提高企业的支付能力，缓解财务困难。

第三节 企业营运能力分析

营运能力是指企业对其有限资源的配置和利用能力，从价值的角度看，就是企业资金的利用效果。企业的营运能力反映了企业的资金周转状况。对其进行分析可以了解企业营业状况及经营管理水平。企业在资源配置上是否有效，直接影响到企业资产结构状况、资产周转状况以及资产运用状况，而这些从不同的方面反映了企业的财务状况。由于企业的营运能力最终是通过资产的运作体现出来的，因此，评价营运能力通常用的财务比率有流动资产周转率、应收账款周转率、存货周转率、固定资产周转率、总资产周转率等。

一、流动资产周转率

流动资产周转率是指企业流动资产在一定时期内所完成的周转额与流动资产平均占用额之间的比率，反映流动资产在一定时期内的周转速度和营运能力。这里的流动资产周转额通常用销售收入近似代替。其计算公式为：

$$流动资产周转率=\frac{营业收入}{流动资产平均余额}$$

$$流动资产平均余额=\frac{期初流动资产余额+期末流动资产余额}{2}$$

流动资产周转率表明在一个会计年度内企业流动资产周转的次数，它反映了流动资产周转的速度。在其他条件不变的情况下，如果流动资产周转速度快，说明企业经营管理水平高，资源利用效率高，流动资产所带来的经营效益高。根据表4-1和表4-2的有关数据，A公司2023年的流动资产周转率为：

$$流动资产平均余额=\frac{4\ 751\ 400+5\ 288\ 844}{2}=5\ 020\ 122$$

$$流动资产周转率=\frac{12\ 500\ 000}{5\ 020\ 122}=2.49$$

流动资产周转率是分析流动资产周转情况的一个综合指标，流动资产周转快，可以节约流动资金，提高资金的利用效果。但是，究竟流动资产周转率为多少才算好，并没有一个确定的标准。通常分析流动资产周转率应比较企业历年的数据并结合行业特点。

二、应收账款周转率

应收账款周转率是指企业在一定时期内的赊销收入净额与应收账款平均余额之间的比率。它反映了企业应收账款的周转速度。其计算公式为：

$$应收账款周转率=\frac{赊销收入净额}{应收账款平均余额}$$

$$应收账款平均余额 = \frac{期初应收账款余额 + 期末应收账款余额}{2}$$

公式中的赊销收入净额是指扣除了销货退回、销货折扣及折让后的赊销净额。由于赊销收入净额一般难以取得，可以用营业收入来替代。假设 A 公司的销售都是赊销，根据表 4-1 和表 4-2 的有关数据，A 公司 2023 年的应收账款周转率为：

$$应收账款平均余额 = \frac{(299\ 100 + 797\ 600)\ /0.997}{2} = 550\ 000$$

$$应收账款周转率 = \frac{12\ 500\ 000}{550\ 000} = 22.72$$

应收账款周转率是评价企业应收账款的变现能力和管理效率的财务比率。用应收账款周转次数来反映应收账款的周转情况是比较常见的，如上面计算的 A 公司应收账款周转率为 22.72，表明该公司一年内应收账款周转次数为 22.72 次。另外，可以用应收账款平均收账期来反映应收账款的周转情况，表示应收账款周转一次所需天数。其计算公式为：

$$应收账款平均收账期 = \frac{360}{应收账款周转率}$$

应收账款周转次数越多、天数越少，说明企业组织收回应收账款的速度越快，造成坏账损失的风险越小，短期偿债能力越强。根据 A 公司的应收账款周转率，计算出的应收账款平均收账期为：

$$应收账款平均收账期 = \frac{360}{22.72} = 16\ (天)$$

A 公司的平均收账期为 16 天，说明 A 公司从销售产品到收回账款的平均天数为 16 天。应收账款平均收账期与应收账款周转率成反比例变化，对该指标的分析是制定企业信用政策的一个重要依据。同时，也应用此数据与信用期比较。使用此指标，因为外部使用者很难获得赊销的数据，对于现销业务较多的企业，计算出来的指标并不能真实反映应收账款的周转情况。

三、存货周转率

存货周转率，也称存货利用率，是指企业一定时期内的销售成本与平均存货之间的比率，用来反映存货周转速度。其计算公式为：

$$存货周转率 = \frac{营业成本}{平均存货}$$

$$平均存货 = \frac{期初存货余额 + 期末存货余额}{2}$$

公式中的销售成本可从利润表中得知，平均存货通常是期初存货余额与期末存货余额的平均数，可以根据资产负债表计算得出。但企业生产经营活动具有很强的季节性或经营不稳定，则年度内各季度的销售成本与存货都会有较大幅度的波动。因此，平均存货应该按季度或月份余额来计算，先计算出各月份或各季度的平均存货，然后再计算全年的平均存货。根据表 4-1 和表 4-2 的有关数据，假设 A 公司经营稳定，不存在季节性，则 A 公司 2023 年的存货周转率为：

$$平均存货 = \frac{2\ 580\ 000 + 2\ 074\ 700}{2} = 2\ 327\ 350$$

$$存货周转率 = \frac{7\ 500\ 000}{2\ 327\ 350} = 3.22$$

存货周转率是从存货变现速度的角度评价企业的销售能力及存货适量程度的。该比率越高，反映存货变现速度越快，说明企业销售能力越强，存货占用营运资金的量越少。但是存货周转率过高，也可能说明企业管理方面存在一些问题，如存货水平太低，甚至经常缺货，或者采购过于频繁，批量太小等。存货周转率过低常常是库存管理不力，销售状况不好，造成存货积压，说明企业在产品销售方面存在一定的问题，应当采取积极的销售策略，但也可能是企业调整了经营方针，因某种原因增大库存的结果。因此，对存货周转率的分析，要深入调查企业库存的构成，结合实际情况作出判断。

存货周转状况也可以用存货周转天数来表示。其计算公式为：

$$存货周转天数 = \frac{360}{存货周转率}$$

存货周转天数表示存货周转一次所需要的时间，天数越短，说明存货周转得越快。前面计算的存货周转率为3.22，表明一年内存货周转3.22次，因此，存货周转天数为：

$$存货周转天数 = \frac{360}{3.22} = 112（天）$$

存货周转率，也可以按照营业收入来计算。

四、固定资产周转率

固定资产周转率，也称固定资产利用率，是企业销售收入与固定资产平均净值的比率。其计算公式为：

$$固定资产周转率 = \frac{营业收入}{固定资产平均净值}$$

$$固定资产平均净值 = \frac{期初固定资产净值 + 期末固定资产净值}{2}$$

该比率主要用于分析厂房、设备等固定资产的利用效率。该比率越高，说明固定资产的利用效率越高，管理水平越好。如果固定资产周转率与同行相比偏低，说明企业的生产效率较低，可能会影响企业的获利能力。根据表4-1和表4-2的有关数据，A公司2023年的固定资产周转率为：

$$固定资产平均净值 = \frac{1\ 100\ 000 + 3\ 231\ 000}{2} = 2\ 165\ 500$$

$$固定资产周转率 = \frac{12\ 500\ 000}{2\ 165\ 500} = 5.77$$

五、总资产周转率

总资产周转率，也称总资产利用率，是企业销售收入与资产平均总额的比率，其计算公式为：

$$总资产周转率 = \frac{营业收入}{资产平均总额}$$

$$资产平均总额 = \frac{期初资产总额 + 期末资产总额}{2}$$

公式中的销售收入一般用销售收入净额来表示，即扣除销售退回、销售折扣和折让后的净额。总资产周转率可用来分析企业全部资产的使用效率。该比率越高，说明企业利用其资产进行经营的效率越高；反之亦然。根据表 4-1 和表 4-2 的有关数据，A 公司 2023 年的总资产周转率为：

$$资产平均总额=\frac{8\ 401\ 400+10\ 237\ 844}{2}=9\ 319\ 622$$

$$总资产周转率=\frac{12\ 500\ 000}{9\ 319\ 622}=1.34$$

第四节　企业盈利能力分析

盈利能力是指企业获取利润的能力。盈利能力的大小是一个相对的概念，即利润是相对于一定的资源投入、一定的收入而言的，即要用利润率来衡量。利润率越高，说明盈利能力越强；利润率越低，说明盈利能力越差。盈利是企业的主要经营目标，是企业生存和发展的物质基础，它不仅关系到企业所有者的利益，也是企业偿还债务的一个重要来源。因此，企业的债权人、所有者以及经营管理者都十分关心企业的盈利能力。盈利能力分析是企业财务分析的重要组成部分，也是评价企业经营管理水平的重要依据。企业的各项经营活动都会影响到企业的盈利。但是对企业盈利能力进行分析，一般只分析企业正常的经营活动的盈利能力，不涉及非正常的经营活动。这是因为一些非正常的、特殊的经营活动，虽然也会给企业带来收益，但它不是经常的和持久的，不能将其作为企业的一种盈利能力加以评价。

分析企业盈利能力的财务比率主要有资产报酬率与资产现金流量回报率、股东权益报酬率、销售毛利率、销售净利率等。对于股份公司，还应分析每股利润、每股现金流量、每股股利、每股净资产、市盈率等。

一、产品盈利能力分析指标

（一）销售毛利率

销售毛利率，也叫营业毛利率或毛利率，是企业的销售毛利额与销售收入净额的比率。其计算公式为：

$$销售毛利率=\frac{营业毛利额}{营业收入净额}\times100\%$$

公式中的销售毛利额是企业营业收入净额与营业成本的差额，营业收入净额是指营业收入扣除销售退回、销售折扣与折让后的净额。销售毛利率反映了企业的营业成本与营业收入净额的比例关系。该比率越高，说明在营业收入净额中营业成本所占比重越小，企业通过营业获取利润的能力越强。

根据表 4-2 中的有关数据，A 公司 2023 年的销售毛利率为：

$$销售毛利率=\frac{12\ 500\ 000-7\ 500\ 000}{12\ 500\ 000}\times100\%=40\%$$

计算结果显示，A公司2023年产品的销售毛利率为40%，表明每100元的营业收入可以为公司带来40元的毛利。

（二）销售净利率

销售净利率是企业净利润与营业收入净额的比率。其计算公式为：

$$销售净利率 = \frac{净利润}{营业收入净额} \times 100\%$$

销售净利率反映企业通过营业实现的净利润水平。该比率越高，说明企业获取收益的能力越强。根据表4-2的有关数据，A公司2023年的销售净利率为：

$$销售净利率 = \frac{2\ 382\ 100}{12\ 500\ 000} \times 100\% = 19.06\%$$

计算结果显示，A公司2023年的销售净利率为19.06%，说明每100元的营业收入可给公司带来19.06元的净利润。由于销售净利率受行业特点影响较大，所以在评价企业的销售净利率时，应结合不同行业的具体情况进行分析。

前面介绍的资产净利率计算公式，可以分解为：

$$资产净利率 = 总资产周转率 \times 销售净利率$$

由此可见，资产净利率主要取决于总资产周转率和销售净利率两个因素。企业的销售净利率越大，资产周转速度越快，则资产净利率就越高。因此，提高资产净利率有两种途径：一是加强资产管理，提高资产利用率；二是加强销售管理，增加销售收入，节约成本，提高利润水平。

二、资产盈利能力分析指标

（一）总资产报酬率

总资产报酬率，也叫总投资报酬率，是企业一定时期的息税前利润与平均资产总额之间的比率。其计算公式为：

$$总资产报酬率 = \frac{息税前利润}{平均资产总额} \times 100\%$$

根据表4-1和表4-2的有关数据，A公司2023年的总资产报酬率为：

$$总资产报酬率 = \frac{3\ 403\ 000 + 415\ 000}{(8\ 401\ 400 + 10\ 237\ 844)/2} \times 100\% = 41\%$$

总资产报酬率反映企业一定时期的平均资产总额创造利润的能力，表明企业资产利用的综合经济效益。该比率越高，说明企业的盈利能力越强。

在市场经济条件下，资本通过市场竞争会流向利润率较高的行业，这样会使各行业的资产报酬率趋于平稳化。但这并不否定个别企业因其先进的技术、良好的商业信誉而获得高于同行业平均水平的资产报酬率。因此，在分析企业的资产报酬率时，通常要与该企业前期、与同行业平均水平和先进水平进行比较，才能判断企业资产报酬率的变动趋势以及在同行业中所处的地位，从而可以了解企业的资产利用效率，发现其经营管理中存在的问题，以便采取措施，加强经营管理。

（二）总资产净利率

总资产净利率反映的是企业的盈利能力。其计算公式为：

$$总资产净利率=\frac{净利润}{平均资产总额}$$

该比率越高，表明单位资产所获得的净利润越多。

（三）资产现金流量回报率

在用总资产报酬率分析企业的盈利能力和资产利用效率的同时，也可用资产现金流量回报率来进一步评价企业的资产利用效率。其计算公式为：

$$资产现金流量回报率=\frac{经营活动现金净流量+付现所得税}{资产平均总额}\times 100\%$$

该比率可以客观地反映企业在利用资产进行经营活动过程中获得现金的能力，因而更进一步反映了资产利用效率。该比率越高，说明企业的经营活动越有效率。

根据A公司的有关数据，可以计算出该公司2023年的资产现金流量回报率为：

$$资产现金流量回报率=\frac{1\ 838\ 444+1\ 020\ 900}{(8\ 401\ 400+10\ 237\ 844)/2}\times 100\%=30\%$$

三、净资产收益率

净资产收益率，又叫股东权益报酬率、净值报酬率或所有者权益报酬率，是一定时期企业净利润与股东权益平均总额的比率。其计算公式为：

$$净资产收益率=\frac{净利润}{股东权益平均总额}\times 100\%$$

$$股东权益平均总额=\frac{期初股东权益+期末股东权益}{2}$$

根据表4-1和表4-2的有关数据，A公司2023年的股东权益报酬率为：

$$股东权益平均总额=\frac{5\ 150\ 000+7\ 209\ 523}{2}=6\ 179\ 761.5$$

$$净资产收益率=\frac{2\ 382\ 100}{6\ 179\ 761.5}\times 100\%=39\%$$

净资产收益率反映企业股东获取投资报酬的高低。该比率越高，说明企业的盈利能力越强。净资产收益率是一个综合性很强的评价指标，也可用下面公式表示：

$$\begin{aligned}净资产收益率&=总资产净利率\times 平均权益乘数\\&=销售净利率\times 总资产周转率\times 权益乘数\end{aligned}$$

由此可见，产品盈利能力、资产管理效率及资本结构将对企业净资产收益率产生影响。

四、其他与盈利相关的分析指标

（一）每股收益

每股收益，也叫每股利润或每股盈余，是分析股份公司税后利润的一个重要指标，主要是针对普通股而言的。每股盈余是税后利润扣除优先股股利后的余额，再除以发行在外的普通股股数。其计算公式为：

$$每股收益=\frac{净利润-优先股股利}{发行在外的普通股股数}$$

每股收益是股份公司发行在外的普通股每股所取得的利润，它可以反映股份公司的获利能力的大小。每股收益越高，说明公司获利能力越强。根据表 4-2 的有关数据，假定 A 公司发行在外的普通股股数为 500 万股，并且没有优先股，则 A 公司 2023 年的普通股每股收益为：

$$每股收益=\frac{2\ 382\ 100}{5\ 000\ 000}=0.48$$

此外，在分析每股收益时，还应结合流通在外的股数及股东权益报酬率来分析公司的盈利能力，同时，分析者还应注意到每股股价的高低。

（二）每股现金流量

注重股利分配的投资者，不仅要分析每股收益，更应分析每股现金流量。虽然股利分配与每股收益有密切关系，但是，它不是决定股利分配的唯一因素。现金股利能否分配及分配多少还取决于公司现金的多寡。因此，分析者在对每股收益分析的基础上，还有必要分析公司的每股现金流量。每股现金流量越高，说明公司越有能力支付现金股利。每股现金流量是经营活动现金净流量扣除现金利息支出及优先股股利后的余额，再除以发行在外的普通股股数。其计算公式为：

$$每股现金流量=\frac{经营活动现金净流量-现金利息支出-优先股股利}{发行在外的普通股股数}$$

A 公司发行在外的股数为 500 万股，无优先股，根据表 4-3 的有关数据，可以计算出 A 公司 2023 年的每股现金流量为：

$$每股现金流量=\frac{1\ 838\ 444-125\ 000}{5\ 000\ 000}=0.34$$

在计算每股收益和每股现金流量时，公式中的分母为公司发行在外的普通股股数。如果年度内普通股股数未变化，则为年末普通股总数；如果年度内普通股股数发生变化，则可按月加权平均计算发行在外的普通股股数。其计算公式为：

$$\begin{array}{l}加权平均发行在\\外的普通股股数\end{array}=\frac{\sum（发行在外的普通股股数\times发行在外月份数）}{12}$$

（三）每股股利

每股股利是普通股分配的现金股利总额除以发行在外的普通股股数，它反映了普通股获得的现金股利的多少。其计算公式为：

$$每股股利=\frac{现金股利总额-优先股股利}{发行在外的普通股股数}$$

每股股利的高低取决于公司获利能力的强弱、公司股利政策及现金是否充裕。倾向于分配现金股利的投资者，应当比较分析公司历年的每股股利，从而了解公司的股利政策。

（四）每股净资产

每股净资产，也叫每股账面价值，是股东权益总额除以发行在外的股票股数。其计算公式为：

$$每股净资产=\frac{股东权益总额}{发行在外的股票数}$$

投资者可以分析企业历年的每股净资产的变动趋势，来了解公司的发展趋势和获利能力。根据表 4-1 的有关数据，A 公司 2023 年年末的每股净资产为：

$$每股净资产=\frac{7\ 209\ 523}{5\ 000\ 000}=1.44$$

（五）市盈率

市盈率，也称价格盈余比率或价格与收益比率，是指普通股每股市价与每股收益的比率。其计算公式为：

$$市盈率 = \frac{每股市价}{每股收益}$$

市盈率是反映股份公司获利能力的一个重要财务比率，是投资者进行投资决策的重要参考因素之一。该比率高，说明投资者看好该股票，但过高意味着投资风险较高。

假定2023年年末，A公司的股票价格为每股6元，则其市盈率为：

$$市盈率 = \frac{6}{0.48} = 12.5 倍$$

（六）市净率

它是每股股价与每股净资产的比率。

第五节　企业发展趋势分析

企业财务状况的趋势分析主要是通过比较企业连续几个会计期间的财务报表或财务比率来了解企业财务状况变化的趋势，并以此来预测企业未来财务状况，判断企业的发展前景。进行企业发展的趋势分析主要应用比较财务报表、共同比财务报表、比较财务比率等方法。

一、比较财务报表

比较财务报表是比较企业连续几期财务报表的数据，分析其增减变化的幅度及其变化原因，来判断企业财务状况的发展趋势。这种方法选择的期数越多，分析结果的准确性越高。但是，在进行比较分析时，必须注意各期数据的可比性，要排除不可比因素。表4-5和表4-6为A公司2021—2023年连续3年的资产负债表比较和利润表比较。

表4-5　A公司2021—2023年资产负债表比较

报告日日期	2021年末	2022年末	2023年末	2022年环比增长量（元）	2023年环比增长量（元）	2022年环比增长率（%）	2023年环比增长率（%）
流动资产：							
货币资金	1 229 140	1 406 300	2 165 544	177 160	759 244	14.41	53.99
以公允价值计量且其变动计入当期损益的金融资产	20 000	15 000		-5 000	-15 000	-25.00	-100.00
应收票据	180 000	246 000	146 000	66 000	-100 000	36.67	-40.65
应收账款	279 160	299 100	797 600	19 940	498 500	7.14	166.67
其他应收款	4 000	5 000	5 000	1 000		25.00	
预付款项	150 000	100 000	100 000	-50 000		-33.33	
应收股利							

续表

报告日日期	2021年末	2022年末	2023年末	2022年环比增长量（元）	2023年环比增长量（元）	2022年环比增长率（%）	2023年环比增长率（%）
存货	2 380 000	2 580 000	2 074 700	200 000	－505 300	8.40	－19.59
待摊费用		100 000		100 000	－100 000		－100.00
一年内到期的非流动资产							
其他流动资产							
流动资产合计	4 242 300	4 751 400	5 288 844	509 100	537 444	12.00	11.31
非流动资产：							
可供出售金融资产							
持有至到期投资							
长期应收款							
长期股权投资	250 000	250 000	250 000				
投资性房地产							
固定资产	900 000	1 100 000	3 231 000	200 000	2 131 000	22.22	193.73
在建工程	1 400 000	1 500 000	578 000	100 000	－922 000	7.14	－61.47
工程物资			150 000		150 000		
固定资产清理							
生产性生物资产							
油气资产							
无形资产		600 000	540 000	600 000	－60 000		－10.00
开发支出							
商誉							
长期待摊费用	200 000	200 000	200 000				
递延所得税资产							
其他非流动资产							
非流动资产合计	2 750 000	3 650 000	4 949 000	900 000	1 299 000	32.73	35.59
资产合计	6 992 300	8 401 400	10 237 844	1 409 100	1 836 444	20.15	21.86
负债及所有者权益							
流动负债：							
短期借款	100 000	300 000	300 000	200 000		200.00	
以公允价值计量且其变动计入当期损益的金融负债							
应付票据	250 000	200 000	100 000	－50 000	－100 000	－20.00	－50.00
应付账款	994 800	953 800	953 800	－41 000		－4.12	
预收款项							
应付职工薪酬	88 000	110 000	180 000	22 000	70 000	25.00	63.64
应交税费	54 300	36 600	371 944	－17 700	335 344	－32.60	916.24

续表

报告日日期	2021年末	2022年末	2023年末	2022年环比增长量（元）	2023年环比增长量（元）	2022年环比增长率（%）	2023年环比增长率（%）
应付股利			322 577		322 577		
应付利息		1 000		1 000	-1 000		-100.00
其他应付款	60 000	50 000	50 000	-10 000		-16.67	
一年内到期的长期负债		1 000 000		1 000 000	-1 000 000		-100.00
其他流动负债							
流动负债合计	1 547 100	2 651 400	2 278 321	1 104 300	-373 079	71.38	-14.07
非流动负债：							
长期借款	320 000	600 000	750 000	280 000	150 000	87.50	25.00
应付债券							
长期应付款							
专项应付款							
预计负债							
递延所得税负债							
其他非流动负债							
非流动负债合计	300 000	600 000	750 000	300 000	150 000	100.00	25.00
负债合计	1 867 100	3 251 400	3 028 321	1 384 300	-223 079	74.14	-6.86
所有者权益（或股东权益）：							
实收资本（或股本）	5 000 000	5 000 000	5 000 000				
资本公积							
减：库存股							
盈余公积	100 000	100 000	457 315		357 315		357.32
未分配利润	45 200	50 000	1 752 208	4 800	1 702 208	10.62	3 404.42
所有者权益合计	5 145 200	5 150 000	7 209 523	4 800	2 059 523	0.09	39.99
负债和所有者权益总计	6 992 300	8 401 400	10 237 844	1 409 100	1 836 444	20.15	21.86

表 4-6　　A 公司 2021—2023 年利润表比较

报告日日期	2021年末	2022年末	2023年末	2022年环比增长量（元）	2023年环比增长量（元）	2022年环比增长率（%）	2023年环比增长率（%）
一、营业收入	9 500 000	9 800 000	12 500 000	300 000	2 700 000	3.16	27.55
减：营业成本	5 700 000	5 880 000	7 500 000	180 000	1 620 000	3.16	27.55
税金及附加	14 500	15 000	20 000	500	5 000	3.45	33.33
销售费用	135 000	150 000	200 000	15 000	50 000	11.11	33.33
管理费用	1 255 160	1 299 100	1 577 600	43 940	278 500	3.50	21.44
财务费用	350 000	380 000	415 000	30 000	35 000	8.57	9.21

续表

报告日日期	2021年末	2022年末	2023年末	2022年环比增长量（元）	2023年环比增长量（元）	2022年环比增长率（%）	2023年环比增长率（%）
资产减值损失	840	900	2 400	60	1 500	7.14	166.67
二、其他经营收益：							
公允价值变动净收益							
投资净收益	295 000	300 000	315 000	5 000	15 000	1.69	5.00
其中：对联营企业和合营企业的投资收益							
三、营业利润：							
营业利润	2 339 500	2 375 000	3 100 000	35 500	725 000	1.52	30.53
加：营业外收入	250 000	200 000	500 000	－50 000	300 000	－20.00	150.00
减：营业外支出	150 000	100 000	197 000	－50 000	97 000	－33.33	97.00
其中：非流动资产处置净损失							
四、利润总额：							
利润总额	2 439 500	2 475 000	3 403 000	35 500	928 000	1.46	37.49
减：所得税	772 035	783 750	1 020 900	11 715	237 150	1.52	30.26
五、净利润：							
净利润	1 667 465	1 691 250	2 382 100	23 785	690 850	1.43	40.85

（一）对A公司2021—2023年年末的资产负债表比较分析

1. 资产方面

2022年年末的资产总额为8 401 400元，比2021年增加了1 409 100元，增长20.15%。2022年年末与2021年年末相比，总资产增长的原因是：流动资产从2021年年末的4 242 300元增加到2022年年末的4 751 400元，增加了509 100元，增长12%；固定资产及在建工程从2021年年末的2 300 000元增长到2022年年末的2 600 000元，增加了300 000元，增长13%；无形资产及其他长期资产从2021年年末的200 000元增加到2022年年末的800 000元，增加了600 000元，增长了3倍。

2023年年末的资产总额为10 237 844元，比2022年增加了1 836 444元，增长21.86%。2023年年末与2022年年末相比，总资产增长的原因是：流动资产从2022年年末的4 751 400元增加到2023年年末的5 288 844元，增加了537 444元，增长11.31%；固定资产从2022年年末的1 100 000元增长到2023年年末的3 231 000元，增加了2 131 000元，增长193.73%。

从分析结果可知，A公司资产增长的速度较快。

2. 负债方面

2022年年末的负债总额为3 251 400元，比2021年年末增加了1 384 300元，增长74.14%，这主要是因为流动负债增加了1 104 300元，长期负债增加了280 000元；2023年年末的负债总额为3 028 321元，比2022年年末下降了223 079元，下降7%，这主要是因为虽然长期负债增加了150 000元，而流动负债却下降了373 079元。

从分析可知，A 公司 2022 年负债有大幅度增长，2023 年却略有下降。

3. 股东权益方面

2022 年年末的股东权益总额为 5 150 000 元，比 2021 年增加了 4 800 元，增长 0.09%。2023 年年末股东权益总额为 7 209 523 元，比 2022 年增加了 2 059 523 元，增长 40%。A 公司2022 年与 2021 年相比，股东权益增长甚微，而 2023 年与 2022 年相比则有大幅度增长，其增长主要来自于内源融资。

（二）对 A 公司 2021—2023 年度的利润表比较分析

A 公司的营业收入 2022 年为 9 300 000 元，比 2021 年增加了 300 000 元，增长 3.16%，2023 年为 12 500 000 元，比 2022 年增加了 2 700 000 元，增长 27.55%；其营业利润 2022 年为2 375 000元，比 2021 年增加了 35 500 元，增长 1.52%，2023 年为 3 100 000 元，比 2022 年增加了 725 000 元，增长 30.53%；利润总额 2022 年为 2 475 000 元，比 2021 年增加了 35 500 元，增长 1.46%，2023 年为 3 403 000 元，比 2022 年增加了 928 000 元，增长 37.49%；净利润 2022 年为 1 691 250 元，比 2021 年增加了 23 785 元，增长 1.43%，2023 年为 2 382 100 元，比 2022 年增加了 690 850 元，增长 40.85%。可见，A 公司 2021—2023 年的所有利润指标都表现为增长趋势，只是 2022 年比 2021 年增长甚微，而 2023 年比 2022 年有较大幅度的增长。

二、共同比财务报表

共同比财务报表是在比较财务报表的基础上发展而来的。共同比财务报表是将财务报表中的数据用百分比来表示。共同比财务报表是比较各项目百分比的变化，以此来判断企业财务状况的发展趋势。这种方法比前一种方法更加直观地反映了企业的发展趋势。这种方法既可以用于同一企业不同时期财务状况的纵向比较，也可以用于不同企业之间或与同行业平均数之间的横向比较。表 4-7 和表 4-8 为 A 公司简化的共同比资产负债表和共同比利润表。

表 4-7　A 公司 2021—2023 年年度简化的共同比资产负债表　单位:%

项　目	年　份		
	2021	2022	2023
流动资产	60.67	56.55	51.66
非流动资产	39.33	43.45	48.34
资产总额	100	100	100
流动负债	22.13	31.56	22.25
长期负债	4.29	7.14	7.33
负债总额	26.42	38.70	29.58
股东权益	73.58	61.30	70.42
负债及股东权益总额	100	100	100

表 4-8　　A公司2021—2023年年度简化的共同比利润表　　单位：%

项　　目	年　　份		
	2021	2022	2023
一、营业收入	100	100	100
减：营业成本	60	60	60
税金及附加	0.15	0.15	0.16
营业费用	1.42	1.53	1.60
管理费用	13.21	13.26	12.62
财务费用	3.68	3.88	3.32
资产减值损失	0.01	0.01	0.02
加：公允价值变动收益（损失以“－”号填列）			
投资收益（损失以“－”号填列）	3.11	3.06	2.52
二、营业利润	24.63	24.23	24.8
营业外收入	2.63	2.04	4
减：营业外支出	1.58	1.02	1.58
三、利润总额	25.68	25.26	27.22
减：所得税	8.13	7.80	8.17
四、净利润	17.55	17.26	19.06

从A公司的共同比资产负债表可以看到：A公司的流动资产在总资产中的比重有下降的趋势，而非流动资产的比重则有上升的趋势；负债在资金来源中的比重相对较小，2022年比2021年有所增加，但2023年又下降到2021年的水平；而股东权益在资金来源中占较大比例，2022年比2021年下降12.28个百分点，而2023年比2022年又上升了将近7个百分点，这主要是由于A公司销售增加带来的利润增加的原因。可见A公司负债不足，在今后的发展中可以适当增加负债筹资。

从A公司的共同比利润表可以看到：A公司的各项利润指标都比较稳定，2022年比2021年略有下降，而2023年比2022年又有所上升，但总体上表现为稳中有增的趋势。

三、比较财务比率

比较财务比率是将企业连续几个会计期间的财务比率进行对比，从而分析企业财务状况的发展趋势。这种方法实际是比率分析法与比较分析法的结合。与前面两种方法相比，该方法更加直观地反映了企业各方面财务状况的变动趋势。仍以A公司为例，在表4-9中列示出了A公司2021—2023年年度的几种主要财务比率，并进行比较。

表 4-9　　A公司2021—2023 年年度财务指标比较

项　　目	年　　份		
	2021	2022	2023
流动比率	2.74	1.79	2.32

续表

项目	年份		
	2021	2022	2023
速动比率	1.11	0.74	1.37
资产负债率/%	26.42	38.70	30.00
应收账款周转率/次	33.81	33.79	22.72
存货周转率/次	2.28	2.37	3.22
总资产周转率/次	1.35	1.27	1.34
资产报酬率/%	39.89	33.98	41.00
股东权益报酬率/%	32.41	32.84	39.00
营业净利率/%	17.55	17.26	19.06

从表4-9中可以看出，A公司的流动比率和速动比率2022年与2021年相比出现下降情况，而2023年又有了上升趋势，且超过正常水平；资产负债率从2021年的26.42%上升到2022年的38.70%，2023年又下降到30%，可见企业的负债水平较低，这说明A公司的偿债能力较强。应收账款周转率近3年呈现下降趋势，但仍然较高，而存货周转率呈现上升趋势，这就使得总资产周转率基本趋于稳定，根据数据判断A公司的营运能力较强。该公司的三项利润指标在2022年有所下降，但在2023年又在上升，且总体水平较高。

第六节　企业财务综合分析

一、财务综合分析的概念

前面已经介绍了企业偿债能力、营运能力和盈利能力等各种财务分析指标，但单独分析任何一项财务指标都难以全面评价企业的经营与财务状况。要做全面的分析，必须采取适当的方法对企业财务进行综合分析与评价。所谓财务综合分析就是将企业营运能力、偿债能力和盈利能力等方面的分析纳入一个有机的分析系统中，全面地对企业财务状况、经营状况进行解剖和分析，从而对企业经济效益做出较为准确的评价与判断。

二、财务综合分析的基本要求

一个健全有效的财务综合指标体系必须具备以下几点。

（一）评价指标要全面

在进行财务综合分析时，所设置的评价指标要尽可能涵盖偿债能力、营运能力和盈利能力等各方面的考核要求。

（二）主辅指标功能要匹配

在财务综合分析中要做到两点：一是要明确企业分析指标的主辅地位；二是要能从不同

侧面、不同层次反映企业财务状况，揭示企业经营业绩。

（三）满足各方面经济需求

在进行分析时，所设置的指标评价体系既要能满足企业内部管理者决策的需要，也要能满足外部投资者和政府管理机构决策及实施宏观调控的要求。

三、财务综合分析的方法

财务综合分析的方法主要有两种：杜邦分析法和沃尔比重评分法。

（一）杜邦分析法

杜邦分析法由美国杜邦公司的经理创立并首先在杜邦公司成功运用，因此也称之为杜邦系统。它是利用财务指标间的内在联系，对企业综合经营理财能力及经济效益进行系统的分析评价的方法。根据表4-1和表4-2的有关资料，A公司杜邦财务分析基本结构如图4-1所示。

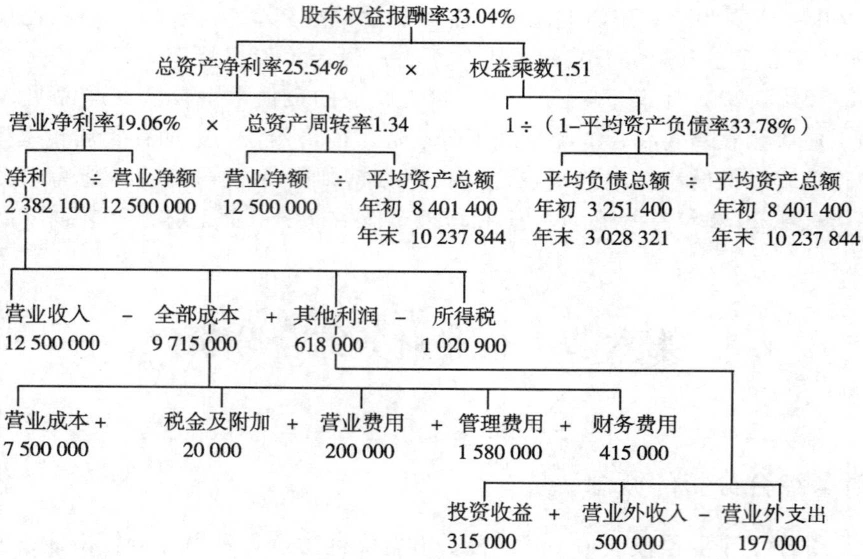

图4-1　A公司杜邦财务分析基本结构图

在杜邦财务分析图中，股东权益报酬率（也称净资产收益率）反映所有者投入资本的获利能力，反映企业筹资、投资、资产运营等活动的效率。它是一个综合性最强、最具代表性的指标，是杜邦系统的核心，该指标的高低取决于总资产净利率与权益乘数。总资产净利率是净利润与总资产平均余额之比，它等于销售净利率与总资产周转率之积。权益乘数是平均资产与平均权益之比，等于（1－资产负债率）的倒数，用公式表示为：

$$权益乘数=1\div（1-资产负债率）$$

式中，资产负债率是指全年平均资产负债率，它是企业全年平均负债总额与全年平均资产总额之比。

权益乘数主要受资产负债率的影响。负债比率大，权益乘数就高，说明企业有较高的负债程度，能给企业带来了较多的杠杆利益，同时也给企业带来了较多的风险。企业既要充分有效地利用全部资产，提高资产利用效率，又要妥善安排资金结构。销售净利率是净利润与销售收入之比，它是反映企业盈利能力的重要指标。提高这一比率的途径有扩大销售收入和降低成本费用等。资产周转率是销售收入与资产平均总额之比，是反映企业运用资产以产生销售收入能力的指标。对资产周转率的分析，除了对资产构成部分从总占有量上是否合理进行分析外，还可通过流动资产周转率、存货周转率、应收账款周转率等有关资产使用效率的分析，以判明影响资产周转的主要问题所在。

杜邦财务指标体系的作用在于解释指标变动的原因和变动趋势。通过自上而下的分析、对指标的层层分解来揭示出企业各项指标间的结构关系，查明各主要指标的影响因素，为决策者优化经营理财状况，提高企业经营效率提供思路。

（二）沃尔比重评分法

沃尔比重评分法就是把若干个财务比率用线性关系结合起来，对选中的财务比率给定其在总评价中的比重（比重总和为100），然后确定标准比率，并与实际比率相比较，评出每项指标的得分，最后得出总评分，据此评价企业的综合财务状况的财务综合分析方法。

采用沃尔比重评分法进行企业财务状况的综合分析，一般步骤如下：

（1）选定评价企业财务状况的财务比率。在选择财务比率时，要满足三个要求：①具有全面性，要求反映企业的偿债能力、营运能力和盈利能力的三大类财务比率都应当包括在内；②具有代表性，即要选择能够说明问题的财务比率；③具有变化方向的一致性，即当财务比率增大时，表示财务状况的改善；反之，财务比率减少时，表示财务状况的恶化。

（2）根据各项财务比率的重要程度，确定其标准评分值，即重要性系数。各项财务比率的标准评分值之和应等于100分。各项财务比率评分值的确定是沃尔比率分析法的一个重要问题，它直接影响到对企业财务状况的评分多少。对各项财务比率的重要程度，不同的分析者可能会有截然不同的态度，但是，一般来说，重要性系数即评分值的大小取决于企业经营活动性质、生产经营规模、市场形象和分析者的分析目的等因素。

（3）确定各项财务比率评分值的上限和下限，即最高评分值和最低评分值。这主要为避免个别财务比率的异常给总分带来的不合理的影响。

（4）确定各项财务比率的标准值。财务比率的标准值是指各项财务比率在本企业现时条件下最理想的数值，亦即最优值。财务比率的标准值通常通过参照同行业的平均水平，并进行调整后确定。

（5）计算企业在一定时期各项财务比率的实际值。

（6）计算出各项财务比率的实际值与标准值的比率，即关系比率。关系比率等于财务比率的实际值除以标准值。

（7）计算出各项财务比率的实际得分。各项财务比率的实际得分是关系比率与标准评分值的乘积，每项财务比率的得分都不得超过上限和下限，各项财务比率实际得分的合计数就是企业财务状况的综合得分。企业财务状况的综合得分就反映了企业综合财务状况的好坏。如果综合得分等于或接近于100分，说明企业财务状况良好；如果综合得分大于100分很多，说明企业财务状况很理想；如果综合得分小于100分很多，就说明企业财务状况很差。

下面采用沃尔比重评分法对A公司2023年的财务状况进行综合评价，见表4-10。

表 4-10　　　　　　　　　　**A 公司 2023 年财务状况**

财务比率	评分值(1)	上/下限(2)	标准值(3)	实际值(4)	关系比率(5) [(5)=(4)/(3)]	实际得分(6) [(6)=(1)×(5)]
流动比率	8	20/5	2.1	2.32	1.11	8.88
速动比率	7	20/5	1.2	1.37	1.14	7.98
自有资本比率/%	12	20/5	60	70	1.17	14.04
存货周转率/次	10	20/5	4.50	3.22	0.72	7.2
应收账款周转率/次	8	20/4	20	22.72	1.14	9.12
总资产周转率/次	10	20/5	1.5	1.34	0.89	8.9
总资产报酬率/%	15	30/7	35	41	1.17	17.55
股权报酬率/%	15	30/7	45	39	0.87	13.05
销售净利率/%	15	20/5	18	19.06	1.06	15.9
合计	100					102.62

根据表 4-10 的综合分析，A 公司财务状况的综合得分为 102.62 分，略大于 100 分，说明该公司的财务状况良好。

练　习　题

阅读材料

一、单项选择题

1. 财务分析的数据主要是（　　）。

A. 会计数据　　B. 统计数据　　C. 财务数据　　D. 市场数据

2. 财务分析的目的主要是为（　　）提供依据。

A. 编制财务计划　　B. 财务决策　　C. 财务评价　　D. 财务控制

3. 下列指标中最具有综合性的是（　　）。

A. 资产负债率　　B. 净资产收益率　　C. 销售净利率　　D. 总资产周转率

4. 用速动比率来衡量公司的短期偿债能力相对于流动比率（　　）。

A. 保守　　B. 稳健　　C. 激进　　D. 没有区别

5. 每股现金流量相对于每股收益，更能反映公司盈利的（　　）。

A. 水平　　B. 质量　　C. 数量　　D. 潜力

6. 某公司 2023 年年末资产总额为 1 650 000 元，负债总额为 1 023 000 元，计算产权比率为（　　）。

A. 0.62　　B. 0.61　　C. 0.38　　D. 1.63

7. 当流动比率大于 1 时，用银行存款归还银行长期借款后，会使流动比率（　　）。

A. 上升　　B. 下降　　C. 不变　　D. 无法确定

8. 销售毛利率加（　　）等于 1。

A. 变动成本率　　B. 销售成本率　　C. 成本费用率　　D. 销售利润率

9. 评价收益质量的指标是（　　）。

A. 资产净利率　　B. 市盈率　　C. 营运指数　　D. 经营现金流入流出比

10. 在企业处于高速成长阶段，投资活动现金流量往往是（ ）。
A. 流入量大于流出量
B. 流出量大于流入量
C. 流入量等于流出量
D. 不一定

二、多项选择题

1. 下列指标中，属于反映公司偿债能力的指标有（ ）。
A. 资产负债率 B. 权益比率 C. 流动比率 D. 权益乘数
E. 市盈率
2. 下列指标中，属于反映公司营运能力的指标有（ ）。
A. 速动比率 B. 应收账款周转率 C. 存货周转率
D. 应收账款收款天数
E. 总资产周转率
3. 下列指标中，属于反映公司盈利能力的指标有（ ）。
A. 每股股利 B. 每股收益 C. 毛利率 D. 净资产收益率
E. 销售利润率
4. 下列指标中，属于反映公司发展能力的指标有（ ）。
A. 销售利润率 B. 销售收入增长率 C. 总资产增长率 D. 净资产增长率
E. 市盈率
5. 财务分析与经济活动分析的区别在于（ ）。
A. 分析对象与内容不同
B. 分析资料依据不同
C. 分析方法不同
D. 分析主体不同
E. 分析形式不同
6. 下列经济事项中，不影响现金流量变化的有（ ）。
A. 出售固定资产
B. 企业从银行提取现金
C. 投资人投入现金
D. 将库存现金送存银行
E. 发放股利
7. 财务报表分析具有广泛的用途，一般包括（ ）。
A. 评价公司管理业绩和企业决策
B 判断投资、筹资和经营活动的成效
C. 预测企业未来的经营成果
D. 寻找投资对象和兼并对象
E. 预测企业未来的财务状况
8. 财务报表分析的主体有（ ）。
A. 职工和工会 B. 投资人 C. 债权人 D. 经理人员
E. 审计师
9. 影响基本每股收益的因素包括（ ）。
A. 优先股股数 B. 可转换债券的数量 C. 净利润 D. 优先股股利
E. 普通股股数
10. 导致企业的市盈率发生变动的因素有（ ）。
A. 企业财务状况的变动
B. 同期银行存款利率
C. 流通股数量的变化
D. 行业发展
E. 股票市场的价格波动

三、判断题

1. 每股净资产即股票的账面价值，它与公司股票的市场价格无关。（ ）
2. 由于速动资产易于变现，因此其等同于企业的现时支付能力。（ ）
3. 每股收益越高，则每股股利越高。（ ）
4. 会计政策的变更会对企业利润产生影响，但不影响企业的现金流量。（ ）
5. 应收账款的账龄越长发生坏账的可能性就越大。（ ）
6. 存货周转时间越长，说明存货管理水平越差。（ ）
7. 企业偿债能力不仅与企业债务结构有关，而且与企业未来盈利能力相关。（ ）
8. 稀释每股收益与基本每股收益的计算方法相同。（ ）
9. 总资产报酬率是反映企业全部资金的盈利水平指标，报酬中应包括利息。（ ）
10. 杜邦分析法的核心指标是净利润。（ ）

四、简答题

1. 如果你是某银行信贷部门的经理，在给企业发放贷款时，应考虑哪些因素？
2. 企业资产负债率的高低对债权人、股东和经营者会产生什么影响？
3. 企业应收账款周转率偏低，可能的原因是什么？会给企业带来什么影响？
4. 企业可以通过哪些途径来提高其运营能力？
5. 通过提高权益乘数是可以提高ROE的，但是它会带来什么影响？
6. 从巨潮资讯（http：//www.cninfo.com.cn）下载并阅读北京探路者户外用品股份有限公司（股票代码：300005）2022年和2023年的财务报告，分析其ROE和EPS增长的原因。另外，公司两个年度中的财务费用均为负数，这是为什么？这和公司的资产结构和资本结构有关吗？为什么？
7. 某公司及同行业有关财务指标数据见表4-11：

表4-11　某公司及同行业有关财务指标数据表

财务比率	行业均值	年初数	年末数或全年数
流动比率	2	1.8	1.67
速动比率	1.2	1.15	1.28
资产负债率/%	42	66.15	73
应收账款周转率/次	16		14.11
存货周转率/次	8.5		18.24
总资产周转率/次	2.65		3.54
资产净利率/%	19.88		31.39
销售净利率/%	7.5		8.86
净资产收益率/%	34.21		104.89

请对该公司的财务状况进行评价，并用杜邦分析法分析说明公司净资产收益率高于同业的原因。

第五章　投 资 管 理

学习目标

本章主要讲授投资的基本概念，投资决策的基本方法及其在固定资产投资决策中的应用。通过本章的学习，应当深入理解影响公司投资决策的财务因素，熟练掌握投资决策的基本方法，灵活运用于各种项目投资的可行性分析。

投资是为了获得不确定的未来价值而付出的确定的现金流出。投资活动是通过各个投资项目进行的，而内部长期投资活动是生产经营型企业的主要投资活动，它形成企业生产能力，代表企业生产力水平，决定着企业的前景。进行正确有效的投资决策以便为企业创造更多的财富是投资管理的主要内容。

第一节　投资管理概述

一、投资的概念

投资是指投入财力，以期望在未来获取收益的一种经济行为。在市场经济条件下，企业能否把筹集到的资金投放到收益高、回收快、风险小的项目上，对企业的生存和发展是十分重要的。财务管理中所讲的投资与会计中所讲的投资并不完全一致，通常，会计上所讲的投资是指对外投资，而财务管理中所讲的投资既包括对外投资，也包括对内投资。

本章所讨论的投资是指对公司具有长远意义的经济行为，即资本性投资，也称为资本预算或项目投资。

二、投资的分类

为了加强投资管理，提高投资效益，必须分清投资的性质，对投资进行科学的分类。企业投资按照不同的标准分类如下。

（一）直接投资和间接投资

按投资活动与企业本身的生产经营活动的关系，企业投资可划分为直接投资和间接投资。

直接投资是将资金直接投放于形成生产经营能力的实体性资产，直接谋取经营利润的企业投资。企业通过直接投资购买并配置劳动力、劳动资料和劳动对象等具体生产要素，开展生产经营活动。

间接投资是将资金投放于股票、债券等金融性资产的企业投资。之所以称为间接投资，是因为股票、债券的发行方在筹集到资金后，再把这些资金投放于形成生产经营能力的实体性资产，获取经营利润。而间接投资方不直接介入具体生产经营过程，而是通过股票、债券上所约定的权利分配收益，获取股利或利息收入，分享直接投资的经营利润。

（二）实体投资与金融投资

按投资对象的存在形态和性质，企业投资可以划分为实体投资和金融投资。企业可以通过投资购买具有实质内涵的经营资产，包括有形资产和无形资产，形成具体的生产经营能力，开展实质性的生产经营活动，谋取经营利润。这种投资称为实体投资，即购置属于具体生产要素的实体性经营资产的企业投资。实体投资所购置的是劳动力、劳动资料和劳动对象等具体生产要素，因此，实体投资也就是直接投资。

企业可以通过投资购买具有权益性的金融资产，通过金融资产上所赋予的权利，间接控制被投资企业的生产经营活动，获取投资收益。这种投资称为金融投资，即购买属于综合生产要素的权益性资产的企业投资。

金融资产是以经济契约为基本内容、以凭证票据等书面文件为存在形式的权利资产。金融资产的凭证票据等书面文件就是一种经济合约或合同，代表契约性的权利，凭借契约性权利，持有金融资产能获取投资收益。如债券投资代表的是未来按契约规定收取债息和收回本金的权利；股票投资代表的是对发行股票企业的经营控制权、财务控制权、收益分配权、剩余财产追索权等股东权利。

金融投资所购买的金融资产代表着综合生产要素，并不直接从事具体生产经营过程，因此，金融投资也就是间接投资。

直接投资与间接投资、实体投资与金融投资，两种投资分类方式的内涵和范围是一致的，只是分类角度不同。直接投资与间接投资强调的是投资的方式，实体投资和金融投资强调的是投资的方向。资本预算管理主要是针对直接投资和实体投资而言的，因为它们涉及生产要素合理配置和资金分项分阶段投放的问题。

（三）发展性投资与维持性投资

按投资活动对企业未来生产经营前景的影响，企业投资可以划分为发展性投资和维持性投资。

发展性投资是指对企业未来的生产经营发展全局有重大影响的企业投资。发展性投资也可以称为战略性投资，如企业间兼并合并、转入新行业和开发新产品、大幅度扩大生产规模等。发展性投资项目实施后，往往可以改变企业的经营方向和经营领域，或者明显地扩大企业的生产经营能力，或者实现企业的战略重组。

维持性投资是为了维持企业现有的生产经营正常顺利进行，不会改变企业未来生产经营发展全局的企业投资。维持性投资也可以称为战术性投资，如更新替换旧设备的投资、租入、购置设备的投资、配套流动资金投资、生产技术革新的投资等。维持性投资项目所需要的资金不多，对企业生产经营的前景影响不大，投资风险也较小。

（四）对内投资与对外投资

按投资活动资金投出的方向，企业投资可以划分为对内投资和对外投资。

对内投资是指在本企业范围内部的资金投放，用于购买和配置各种生产经营所需的经营性资产。

对外投资是指向本企业范围以外的其他单位的资金投放。对外投资以现金、有形资产、无形资产等资产形式，通过联合投资、合作经营、换取股权、购买金融资产等投资方式，向企业外部其他单位投放资金。

对内投资都是直接投资，对外投资主要是间接投资，也可能是直接投资，特别是企业间的横向经济联合中的联营投资。

（五）独立投资与互斥投资

按投资项目之间的相互关联关系，企业投资可以划分为独立投资和互斥投资。

独立投资是相容性投资，各个投资项目之间互不关联、互不影响，可以同时并存。例如，建造一个饮料厂和建造一个纺织厂，它们之间并不冲突，可以同时进行。对于一个独立投资项目，其他投资项目是否被采纳或放弃，对本项目的决策并无显著影响。因此，独立投资项目决策考虑的是方案本身是否满足某种决策标准。例如，可以规定凡提交决策的投资方案，其预期投资报酬率都要求达到20%才能被采纳。这里，预期投资报酬率达到20%，就是一种预期的决策标准。

互斥投资是非相容性投资，各个投资项目之间相互关联、相互替代，不能同时并存。如前述建造饮料厂和纺织厂的情况，如果所能筹集的资金有限，只能投资于一个项目，它们就变成了互斥投资项目。一个互斥投资项目，其他投资项目是否被采纳或放弃，直接影响本项目的决策，其他项目被采纳，本项目就不能被采纳。因此，互斥投资项目决策考虑的是各方案之间的排斥性，也许每个方案都是可行方案，只是互斥决策需要从中选择最优方案。

三、企业投资管理的基本原则

企业投资的根本目的是谋求利润，增加企业的价值。企业能否实现这一目标，关键在于企业能否在不断变化的市场环境下，抓住有利时机，做出合理的投资决策。因此，企业在投资时必须坚持以下原则。

（一）可行性分析原则

投资项目的金额大，资金占用时间长，一旦投资后具有不可逆转性，对企业的财务状况和经营前景影响重大。因此，项目在资本预算时，必须建立严密的投资决策程序，进行科学的投资可行性分析。

投资可行性分析是投资决策的重要组成部分，其主要任务是对投资项目实施的可能性进行科学的论证，主要包括技术上的可行性和经济上的效益性。项目可行性分析将对项目实施后未来的运行和发展前景进行预测，通过定性分析和定量分析比较项目的优劣，为投资决策提供参考。

财务可行性分析是投资项目可行性分析的主要内容，因为投资项目的根本目的是经济效益，技术上可行性的落脚点也是经济上的效益性。项目实施后的业绩绝大部分表现在价值化的财务指标上。

财务可行性分析的主要内容包括：收入、费用和利润等经营成果指标的预测和分析，资产、负债、所有者权益等财务状况指标的预测和分析，资金投入、配置、流转和回收等资金运行过程的预测和分析，项目现金流量、净现值、内含报酬率等项目效益指标的预测和分析，项目收益与风险平衡关系的预测和分析。

（二）结构平衡原则

投资是一个综合性的项目，不仅涉及固定资产等生产能力和生产条件的购建，还涉及使生产能力和生产条件正常发挥作用所需要的流动资产的配置。同时，受资金来源的限制，投资也常常会遇到资金需求超过资金供应的矛盾。如何合理配置资源，使有限的资金发挥最大的效用，是资本预算管理中资金投放所面临的重要问题。

可以说，一个投资项目就是一个生产经营综合体。资金既要投放于主要生产设备，又要投放于辅助设备；资金既要满足长期资产的需要，又要满足流动资产的需要。投资项目在资金投放时，要遵循结构平衡的原则，合理分布资金，包括固定资金与流动资金的配套关系、生产能力与经营规模的平衡关系、资金来源与资金运用的匹配关系、投资进度和资金供应的协调关系、流动资产内部的资产结构关系、发展性投资与维持性投资的配合关系、对内投资与对外投资的顺序关系、直接投资与间接投资的分布关系等。

投资项目在实施后，资金较长期地固化在具体项目上，退出和转向不太容易。只有遵循结构平衡的原则，投资项目实施后才能正常顺利地运行，才能避免资源的闲置和浪费。

（三）动态监控原则

资本预算的动态监控是指对投资项目实施过程的进程进行控制。特别是对于那些工程量大、工期长的建造项目，需要按工程预算实施有效的动态投资控制。

投资项目的工程预算是对总投资中各工程项目以及所包含的分步工程和单位工程造价规划的财务计划。建设性投资项目应当按工程进度，对分项工程、分步工程、单位工程的完成情况，逐步进行资金拨付和资金结算，控制工程的资金耗费，防止资金浪费。在项目建设完工后，通过工程决算，全面清点所建造的资产数额和种类，分析工程造价的合理性，合理确定工程资产的账面价值。

对于间接投资或金融投资而言，投资前首先要认真分析投资对象的投资价值，根据风险与收益均衡的原则合理选择投资对象。在持有金融资产过程中，要广泛收集投资对象和资本市场的相关信息，全面了解被投资单位的财务状况和经营成果，保护自身的投资权益。有价证券类的金融资产投资，其投资价值不仅由被投资对象的经营业绩决定，还要受资本市场的制约。这就需要分析资本市场上资本的供求关系状况，预计市场利率的波动和变化趋势，动态地估算投资价值，寻找转让证券资产和收回投资的最佳时机。

第二节　现金流量的估算

由一项长期投资方案所引起的在未来一定期间所发生的现金收支，叫作现金流量（cash flow）。其中，现金收入称为现金流入量，现金支出称为现金流出量，现金流入量与现金流出量相抵后的余额，称为现金净流量（net cash flow，简称 NCF）。

在一般情况下，投资决策中的现金流量通常指现金净流量。这里，所谓的现金既指库存现金、支票、银行存款等货币性资产，也可以指投资方案需要投入或收回的相关非货币性资产（如原材料、设备等）的重置成本或变现价值。

一、现金流量是投资项目的决策依据

对于投资项目的决策来说，其决策依据是投资方案的现金流量而不是期间利润。只有投资方案的现金流入量大于现金流出量，该方案才是可行的投资方案，有如下原因。

（一）投资决策要求以收付实现制为记账基础

尽管期间利润代表了方案的盈利水平，但期间利润是当期收入与当期费用配比的结果，是权责发生制的产物。当期收入可能是实际现金收入也可能是应收项目，当期费用可能是实际现金支出也可能是应付项目；同样，本期的实际现金收入或现金支出也可能不作为本期的收入或本期的费用予以配比。因此，权责发生制是以应收和应付作为收入实现与费用发生的标志的，并没有考虑现金收支的实际时间。从长期来看，收入真正实现的标志是现金流入而不是应收项目，费用真正发生的标志是现金流出而不是应付项目。收付实现制也便于计算资金的时间价值。

（二）投资项目的现金状况比盈亏状况更为重要

一个投资项目能否进行，取决于有无实际现金进行支付，而不是取决于在一定期间内有无利润。企业当期利润很大，并不一定有足够的现金进行支付。例如，假设某企业本期现金收入为 100 万元，成本费用只有折旧费一项，如果按加速法折旧，本期折旧费用为 80 万元，利润为 20 万元；如果按直线法折旧，本期折旧费用可能只有 10 万元，利润为 90 万元。两种情况下，后者利润比前者增加了 70 万元，但现金流量并没有增加，两种情况本期现金余额均为 100 万元。

进一步来看，长期投资项目的回收期较长，若以没有实际收到现金的收入作为利润组成部分，那么这种利润往往是靠不住的，具有较大的风险。而且以未实际收到现金的收入来计算利润，人为地高估了投资项目的投资收益。因为，现金一旦被支付后，即使没有作为本期的成本费用，也不能用于别的目的。只有当现金真正收回后，才能用于其他用途。因此，在长期投资决策中并不采用不稳健的期间利润作为决策依据，而是重视现金流量的取得。

（三）期间利润的计算具有较强的主观性

期间利润是收入与费用配比的结果，而收入和费用的确认和计量并没有统一客观的标准。如销售收入受确认时间的影响，有些时候应收账款确认为收入，而预收账款又不作为收入；有些时候收到现金不作为收入，而未收到现金又作为收入等；同样，费用也受存货计价、间接费用分摊、折旧计算等会计方法的影响。因此，收入和费用的确认标准和计量方法具有较大的主观随意性，在不同会计人员、不同业务场合、不同会计方法下，同一项目计量的收入与费用数额并不一定相等。而现金流量以现金实际收到或支付作为确认标准，只是在计量上要受购买力损益的影响。只要在长期项目现金流量的测算比较中充分考虑货币的时间价值和投资的风险价值，就能在一定程度上避免购买力损益的影响。所以，现金流量作为长期项目的决策依据比较客观，不受人为选择的影响。

二、现金流量的项目内容

任何一项投资方案的现金流量，通常都包括现金流出量和现金流入量两大部分，两大部分的差额，构成现金净流量。

（一）现金流出量

企业对外投资和对内投资都会发生现金流量。企业对外投资的现金流量项目比较简单，对外投资的现金流出量包括：证券投资形式中购买股票、债券的实际付款额，其他联营投资形式中投资入股的现金或原材料、设备等非现金资产的现金流量。企业对内投资的现金流量比较复杂，其中现金流出是为该投资项目而实际发生的相关现金支出，具体如下：

（1）在固定资产上的投资。它包括在固定资产的建造、购入、运输、安装、试运行等方面所需的现金支出，如购置成本、运输费、安装费等。对于投资实施后导致固定资产性能改进而发生的改良支出，也属于固定资产的后期投资。

（2）垫支的营运资金。它是指投资项目形成了生产能力后，在流动资产上的追加投资。由于扩大了企业生产能力，原材料、在产品、产成品等流动资产规模也随之扩大，需要追加投入日常营运资金。同时，企业营业规模扩充后，应付账款等结算性流动负债也随之增加，自动补充了一部分日常营运资金的需要。因此，为该投资垫支的营运资金是追加的流动资产扩大量与结算性流动负债扩大量的净差额。

（3）固定资产项目的大修维护费用。为了保持固定资产的正常运转使用，在资产正常运转年限内要对其进行必要的修理，以恢复资产的原有性能。日常维护和经营性修理费用已构成了企业的日常营运成本，减少了企业的期间营业利润，而大修理费用次数少、金额大，应单独作为现金流出量项目予以考虑。

（4）经营成本。它是指企业生产产品和提供劳务的过程中所发生的各项付现成本。财务成本分为付现成本和非付现成本。非付现成本是指计入当期销售成本但本期没有支付现金的项目，如固定资产折旧费、递延资产摊销费、大修理长期待摊费用等，它们都是对前期投资的收回。投资中的现金流出只包括其付现成本部分。

（5）税费的支出。它是指投资过程中所发生的各项税费的支出。

（二）现金流入量

对外投资的现金流入量包括：在债券等债权性投资上的利息收入，在股票、其他股权性投资上的股利收入，债权性、股权性投资到期或中途转让所得的价款。

对内投资的现金流入量是该投资项目实施后所获得的相关现金收入，具体如下：

（1）营业收入。它是指由于投资方案实施后每期销售产品、提供劳务所增加的销售收入。

（2）固定资产清理时的残值净收入。它是指固定资产出售或报废时残值变价收入扣除清理费用后的净收入。

（3）垫支营运资金的收回。伴随着固定资产的出售或报废，投资项目的经济寿命结束，企业将与该项目相关的存货出售，应收账款收回，应付账款也随之偿付。营运资金恢复到原有水平，项目开始垫支的营运资金在项目结束时得到回收。

三、现金流量的测算

在进行投资决策之前，要对每个备选方案实施后可能产生的现金流出和现金流入进行估计测算，才能据以做出正确的决策。现金流量的测算内容包括：初始现金流量、营业现金流量和终结现金流量的测算。

(一) 初始现金流量的测算

初始现金流量是指与投资方案相关并于投资开始时发生的现金流量，有时也称初始投资。其包括以下几种方式：

(1) 建设投资测算。固定资产投资是所有类型的项目在建设期必然会发生的现金流出量，应按项目规模和投资计划所确定的各项建筑工程费用、设备购置费用、安装工程费用和其他费用来估算。无形资产投资和其他资产投资，应根据需要逐项按有关资产的评估方法和计价标准进行估算。

(2) 营运资金投资测算。在项目投资决策中，营运资金是指在营运期内长期占用并周转使用的资金。它是由于项目投入生产而发生的购置原材料、在产品等流动资产的现金流出。其计算公式为：

$$\text{某年营运资金投资额（垫支数）}=\text{本年营运资金需用数}-\text{截至上年营运资金投资额}$$

或

$$\text{某年营运资金投资额（垫支数）}=\text{本年营运资金需用数}-\text{上年营运资金需用数}$$

(3) 机会成本的测算。机会成本是指某些原有资产用于该项目投资而不能作其他用途而失去的收入，应以相对减少的现金收入作为现金流出的测算金额。

(4) 其他投资费用的测算。其按与项目有关的预计筹建费用、职工培训费用、谈判费用、注册费来估算。

(5) 原有固定资产的变价收入测算。其按固定资产更新时变卖原有固定资产所得的现金收入及变价收入对所得税影响进行估算。

(二) 营业现金流量的测算

营业现金流量是指项目投入生产后，在寿命期间，从正常生产经营活动中取得的现金流量，既包括现金流入量，也包括现金流出量。一般以年为单位进行测算。现金流入量主要是营运各年营业收入，现金流出量主要是营运各年付现营运成本及所得税。在正常营业阶段，由于营运各年的营业收入和付现营运成本数额比较稳定，因此，营业阶段各年现金流量的一般计算公式为：

$$\begin{aligned}\text{营业现金净流量}&=\text{营业现金流入量}-\text{营业现金流出量}\\&=\text{营业收入}-\text{经营成本}-\text{所得税}\\&=(\text{营业收入}-\text{经营成本})\times(1-\text{所得税税率})+\text{非付现营业成本}\\&=\text{净利润}+\text{非付现营业成本}\\&=(\text{营业收入}-\text{经营成本})\times(1-\text{所得税税率})+\text{非付现成本}\times\text{所得税税率}\end{aligned}$$

式中，经营成本是指付现成本，非付现成本主要是固定资产年折旧费用及无形资产摊销等。如果有其他数额较大的跨年摊销费用，如跨年摊销的大修理摊销费用、改良工程折旧摊销费用，也作为非付现成本予以考虑。

(三) 终结现金流量的测算

终结的现金流量主要是现金流入量，包括固定资产变价净收入和垫支营运资金的收回。其中，固定资产变价净收入是指固定资产出售价款或残值收入扣除清理费用及应交所得税后的净额。

（四）现金流量测算应注意的问题

在测算各时点现金流量的数额时，必须确定应考虑的现金流量的范围。其基本原则是：应考虑的现金流量是该项目的相关现金流量。所谓相关现金流量，是指接受或拒绝该投资方案后，企业的现金总流量会因此而发生变动。为了正确测算投资项目的相关现金流量，需要正确判断哪些收支会引起企业现金总流量的变动，哪些收支不会引起企业现金总流量的变动。所以，测算现金流量的具体数额时，必须注意如下问题：

（1）应当剔除沉没成本。沉没成本是过去已经发生并支付过款项的支出，这些支出是目前的决策无法改变的，并不影响目前投资方案的取舍，在分析时不能将它作为相关现金流量。如决策现有旧设备是否更新时，旧设备原价尽管是一种投资，但它是过去的投资额，目前已无法改变，不能作为相关现金流量。

（2）应当考虑现金当量。现金当量是一年内能够变现的流动资产和需要用现金支付的流动负债。在长期投资中，有些投资是以原材料、现有设备等非货币资产形式投入的，尽管没有实际支付现金，但这些非货币资产已被限制在该投资项目内，视同企业投入了现金，应作为相关现金流出量。同样，有些收入尽管没有收到现金，也应作为相关现金流入量，如设备报废的残料收入、垫支营运资金收回时的应收账款等。

（3）不能忽视机会成本。在投资决策中，如果选取一个投资方案，就会放弃投资于其他项目的机会收益，这种机会收益应作为该投资方案的机会成本。例如，某旧设备目前账面价值为50 000元，变现价值（现行市价）为40 000元，现准备以旧换新购置新设备，则旧设备原账面价值50 000元是沉没成本，不予考虑，但其变现价值40 000元是机会成本，应当考虑，可以将40 000元变现价值作为购置新设备方案的相关现金流入量处理，也可以作为继续使用旧设备方案的相关现金流出量处理。

在实务中，对某一投资项目在不同时点上现金流量数额的测算，通常通过编制“投资项目现金流量表”进行。通过该表能测算出投资项目相关现金流量的时间和数额，以便进一步进行投资项目的可行性分析。

现举例说明投资项目现金流量的测算。

例 5-1　大华公司准备购入一设备扩充生产能力。现有A、B两个方案可供选择。A方案：需投资1 000万元，使用寿命为5年，采用直线法计提折旧，5年后设备无残值。5年中每年的销售收入为600万元，每年付现成本为200万元。B方案：需投资1 200万元，采用直线法计提折旧，使用寿命为5年，5年后设备有残值收入200万元。5年中每年的销售收入为800万元，付现成本第1年为300万元，以后随着设备陈旧，逐年将增加修理费40万元，另需垫支营运资金300万元，所得税率为40%。公司的资本成本为10%。试计算A、B两个方案的现金流量。

为计算现金流量，必须先计算A、B两个方案每年的折旧额：

A方案年折旧额＝1 000/5＝200（万元）

B方案年折旧额＝（1 200－200）/5＝200（万元）

下面先计算A、B两个方案的营业现金流量（见表5-1），然后再结合初始现金流量和终结现金流量编制A、B两个方案的全部现金流量（见表5-2），最后编制现金流量表（见表5-3）。

表 5-1　　投资项目的营业现金流量计算表　　单位：万元

年　　份	1	2	3	4	5
A 方案 销售收入（1）	600	600	600	600	600
付现成本（2）	200	200	200	200	200
折旧（3）	200	200	200	200	200
营业利润（4） ［（4）＝（1）－（2）－（3）］	200	200	200	200	200
所得税（5）［（5）＝（4）×40%］	80	80	80	80	80
净利润（6）［（6）＝（4）－（5）］	120	120	120	120	120
现金流量（7） ［（7）＝（1）－（2）－（5） ＝（3）＋（6）］	320	320	320	320	320
B 方案 销售收入（1）	800	800	800	800	800
付现成本（2）	300	340	380	420	460
折旧（3）	200	200	200	200	200
营业利润（4） ［（4）＝（1）－（2）－（3）］	300	260	220	180	140
所得税（5）［（5）＝（4）×40%］	120	104	88	72	56
净利润（6）［（6）＝（4）－（5）］	180	156	132	108	84
现金流量（7） ［（7）＝（1）－（2）－（5） ＝（3）＋（6）］	380	356	332	308	284

表 5-2　　投资项目的全部现金流量计算表　　单位：万元

年　　份	0	1	2	3	4	5
A 方案： 固定资产投资	－1 000					
营业现金流量		320	320	320	320	320
现金流量合计	－1 000	320	320	320	320	320
B 方案： 固定资产投资	－1 200					
营运资金垫支	－300					
营业现金流量		380	356	332	308	284
固定资产残值						200
营运资金回收						300
现金流量合计	－1 500	380	356	332	308	784

表 5-3　　现金流量表　　单位：万元

年　　份	0	1	2	3	4	5
A 方案现金净流量	－1 000	320	320	320	320	320
B 方案现金净流量	－1 500	380	356	332	308	784

第三节 投资评价的基本方法

投资项目评价指标可分为两类：一类是非贴现指标，即不考虑时间价值因素的指标，主要包括静态投资回收期、投资报酬率等；另一类是贴现指标，即考虑时间价值因素的指标，主要包括动态投资回收期、净现值、现值指数、内含报酬率等。根据分析指标的类别，投资项目评价分析的方法也被分为非贴现的静态分析方法和贴现的动态分析方法两种。

一、投资回收期法

投资回收期法是最早使用的投资评价方法，它是根据收回初始投资额所需时间的长短来评价和选择投资方案的一种方法。它又分为不考虑时间价值的静态投资回收期和考虑时间价值的动态投资回收期。

（一）静态投资回收期

静态投资回收期的计算与投资项目现金流量的特点有关。如果项目的投资是一次性支出，且每年的现金净流量相等，则投资回收期可按下列公式计算：

$$投资回收期=\frac{初始投资额}{年现金净流量}$$

如果每年的现金净流量不相等，或项目投资是分期投入的，则需逐年累计各年的现金净流量，直至等于项目的原始投资额，所经历的时间就是投资回收期。其计算公式为：

$$投资回收期=(T-1)+\frac{|第(T-1)年的累计现金净流量|}{第T年的现金净流量}$$

$$=T-\frac{第T年的累计现金流量}{第T年的现金净流量}$$

式中，T——累计现金净流量首次为正数的年份。

应用投资回收期法评估投资项目时，企业必须事先确定一个标准或期望回收期，然后再将项目的回收期与之进行比较。如果项目的回收期短于期望回收期，投资项目可行；反之，则投资项目不可行。而如果是多个方案的互斥决策，则选择投资回收期最短的方案。

例5-2 沿用例5-1表5-3的相关数据，用静态投资回收期法为大华公司做出投资决策。

A方案每年的现金净流量相等，因此：

A方案的投资回收期＝1 000÷320＝3.125（年）

而B方案每年的现金净流量不等，所以采用逐年累计现金净流量的办法来计算其投资回收期，如表5-4所示。

表5-4 **B方案累计现金净流量** 单位：万元

年　份	0	1	2	3	4	5
现金净流量	－1 500	380	356	332	308	784
累计现金净流量	－1 500	－1 120	－764	－432	－124	660

B 方案的投资回收期 = (5 - 1) + $\frac{|-124|}{784}$ = 4.2(年)

或:

B 方案的投资回收期 = 5 - $\frac{660}{784}$ = 4.2(年)

从计算结果看,公司应选择投资回收期较短的 A 方案。

(二)动态投资回收期

动态投资回收期需要将投资引起的未来现金净流量进行贴现,以未来现金净流量的现值等于原始投资额现值时所经历的时间为回收期。

1. 每年现金净流量相等时

在这种年金形式下,假定投资项目所取得的未来现金净流量的年金现值系数为($PVIFA_{i,n}$),则:

$$(PVIFA_{i,n}) = \text{原始投资额现值/年现金净流量}$$

计算出年金现值系数后,通过查年金现值系数表,即可推算出回收期 n。

例 5-2 中的 A 方案,假定资本成本率为 10%,查表得知当 $i=10\%$ 时,第 3 年年金现值系数为 2.486 9,第 4 年年金现值系数为 3.169 9。这样,由于 A 方案年金现值系数为 3.125 $\left(\frac{1\,000}{320}\right)$,运用插值法计算,得出 A 方案的投资回收期 n 为 3.934 年。

2. 每年现金净流量不相等时

在这种情况下,应把每年的现金净流量逐一贴现并加总,根据累计现金流量现值来确定回收期。例 5-2 中的 B 方案,假设资本成本率为 10%,则可计算出 B 方案累计现金净流量,见表 5-5。

表 5-5　B 方案累计现金净流量　　单位:万元

年　份	0	1	2	3	4	5
B 方案现金净流量	-1 500	380	356	332	308	784
B 方案现金净流量现值	-1 500	345.5	294.2	249.4	210.4	486.8
B 方案累计现金净流量现值	-1 500	-1 154.5	-860.3	-610.9	-400.5	86.3

根据表 5-5 的相关数据,B 方案的贴现回收期为:

B 方案动态回收期 = 4 + $\frac{|-400.5|}{486.8}$ = 4.9(年)

考虑资金的时间后,A 方案的回收期小于 B 方案的回收期,故应选择 A 方案。

回收期法的优点是计算简便,易于理解。这种方法是以回收期的长短来衡量方案的优劣,收回投资的时间越短,面临的风险就越小。但是没有考虑回收期以后的现金流量状况,容易导致决策者优先考虑急功近利的项目,而放弃长期成功的项目。因此,它只是一种辅助评估方法,主要用来测定方案的流动性而非盈利性。

二、投资报酬率法

投资报酬率法,也称会计收益率法,是通过计算和比较投资项目的年均报酬与初始投资额的比值来评估投资优劣的一种方法。其计算公式为：

$$投资报酬率=\frac{年均利润}{初始投资额}\times 100\%$$

应用投资报酬率法进行投资决策，应事先确定一个要求达到的投资报酬率，或称必要报酬率。如果项目的投资报酬率高于必要报酬率，投资项目可行；反之，则投资项目不可行。而如果是多个方案的互斥决策，则选择报酬率最高的方案。

根据表5-1的相关数据，可得：

$$A方案投资报酬率=\frac{200}{1\,000}\times 100\%=20\%$$

$$B方案的投资报酬率=\frac{(300+260+220+180+140)/5}{1\,200}\times 100\%$$

$$=18.3\%$$

结果显示，大华公司应选择投资报酬率较高的A方案。

投资报酬率法考虑了投资项目在其寿命周期内的全部现金流量和收益状况，从这一点上讲优于投资回收期法。但是，投资报酬率法没有考虑资金的时间价值，因而无法反映投资的真实效益，因此在实际工作中，也只是作为辅助方法，配合其他决策方法使用。

三、净现值法

净现值法是根据净现值来评价投资方案的一种决策方法。所谓净现值（net present value，简称 *NPV*），是指投资项目未来现金净流量，按企业预定贴现率折算成现值，减去投资额总现值后的余额。其计算公式为：

净现值（*NPV*）＝未来现金净流量的总现值－投资额的总现值

如果投资在项目开始时一次投入，则：

$$NPV=\sum_{t=1}^{n}\frac{NCF_t}{(1+k)^t}-C$$

式中，*NPV*——净现值；

NCF_t——项目实施第 t 年的现金净流量；

n——项目预计使用年限；

k——预定贴现率；

C——初始投资额；

t——期数，项目现金流量产生的时间。

净现值还有另外一种表达方法，即净现值是从投资开始至项目寿命终结时所有一切现金流量（包括现金流出和流入）的现值之和。这种方法无论投资是否一次性发生都可以使用。其计算公式为：

$$NPV=\sum_{t=0}^{n}\frac{CFAT_t}{(1+k)^t}$$

式中，$CFAT_t$——第 t 年的现金流量；

n——开始投资至项目寿命结束时的年数；

其他字母含义同前。

净现值法是根据项目的净现值是正数还是负数来判定项目是否可行的，其决策规则是：如果项目的净现值≥0，则表明项目贴现后的现金流入大于或等于现金流出，项目的投资报酬率大于或等于预定的贴现率，项目可行；如果计算所得的净现值<0，则表明项目贴现后的现金流入小于现金流出，项目的投资报酬率小于预定的贴现率，项目不可行；对于多个项目的互斥决策，则选择净现值最大的项目，因为净现值越大，投资的现值报酬越多。

这里隐含的一个假设就是，如果各项目的投资额不相等，项目投资以外的资金将获得贴现率的报酬。

根据表 5-3 的相关数据可知，A 方案每年的现金净流量相等，所以可用年金贴现，即：

$$NPV_A = NCF \times PVIFA_{k,n} - C$$
$$= 320 \times 3.791 - 1\,000$$
$$= 213.12 \text{（万元）}$$

B 方案每年的 NCF 不相等，需分别折现再相加而获得净现值总额，根据表 5-5 的相关数据可得：

$$NPV_B = 86.3 \text{（万元）}$$

计算结果表明，A、B 两个方案的净现值均为正数，表明两个方案的报酬率均高于设定的贴现率，因此均为可接纳方案。但由于 A 方案的净现值大，因此，A 方案优于 B 方案。

净现值法简便易行，其主要的优点如下：

第一，适用性强，能基本满足年限相同的互斥投资方案的决策。所谓互斥投资方案，是指两个以上投资项目不能同时并存，必然相互排斥。如生产某一产品可使用机器甲或乙，但使用甲就不能使用乙，不能同时使用。如有 C、D 两个项目，资本成本率为 10%，C 项目投资 50 000 元可获净现值 10 000 元，D 项目投资 20 000 元可获净现值 8 000 元。尽管 C 项目投资额大，但计算净现值时已经考虑了实施该项目所承担的还本付息负担，因此净现值大的 C 项目优于 D 项目。

第二，能灵活地考虑投资风险。净现值法只要在所采用的贴现率中包括要求的投资风险报酬率，就能有效地考虑投资风险。例如，某投资项目期限 15 年，资本成本率 18%，由于投资项目时间长，风险也较大，所以投资者认定，在投资项目的有效使用期限 15 年中第一个 5 年期内以 18% 折现，第二个 5 年期内以 20% 折现，第三个 5 年期内以 25% 折现，以此来体现投资风险。

净现值法也具有明显的缺陷，主要表现在以下几个方面：

第一，不能说明方案本身报酬率的大小。

第二，所采用的贴现率不明确。如果两个方案采用不同的贴现率贴现，采用净现值法不能比较。同一方案中，如果要考虑投资风险，要求的风险报酬率不易确定。

第三，在独立投资方案决策时，如果各方案的原始投资额不相等，有时无法做出正确决策。所谓独立投资方案，是指两个以上投资项目互不依赖，可以同时并存。如对外投资购买甲股票或购买乙股票，它们之间并不冲突。在独立投资方案中，尽管某项目净现值大于其他项目，但所需投资额大，获利能力可能低于其他项目，而该项目与其他项目又是非互斥的，因此只凭净现值大小无法决策。

第四，净现值法不能对寿命期不同的独立投资方案和互斥投资方案进行直接决策。某项目尽管净现值小，但其寿命期短；另一项目尽管净现值大，但它是较长的寿命期内取得的。

两个项目由于寿命期不同，因而净现值是不可比的。采用净现值法对寿命期不同的投资方案进行决策，可行方案之一是比较年平均现金净流量，年平均现金净流量，也称为年金净流量（Annual NCF）。年金净流量的计算公式为：

$$年金净流量=\frac{项目的净现值（NPV）}{年金现值系数}$$

年金净流量的结果大于零，说明每年平均的现金流入能抵补现金流出，投资项目的净现值（或净终值）大于零，方案的报酬率大于所要求的报酬率，方案可行。在两个以上寿命期不同的投资方案进行比较时，年金净流量越大，方案越好。

仍以前述资料为例，可计算出A、B两个方案年金净流量为：

$$A方案年金净流量=\frac{A方案的净现值}{年金现值系数}=\frac{NPV_A}{PVIFA_{10\%,5}}=\frac{213.12}{3.791}=56.2（万元）$$

$$B方案年金净流量=\frac{B方案的净现值}{年金现值系数}=\frac{NPV_B}{PVIFA_{10\%,5}}=\frac{86.3}{3.791}=22.8（万元）$$

A方案的年金净流量大于B方案的年金净流量，因此，A方案优于B方案。

年金净流量法是净现值法的辅助方法，在各方案寿命期相同时，实质上就是净现值法。因此它特别适用于期限不同的投资方案决策。但同时，它也具有与净现值法同样的缺点，不便于对原始投资额不相等的独立投资方案进行决策。

四、现值指数法

现值指数法是运用现值指数来评价投资方案优劣的一种决策分析方法。所谓现值指数（profitability index，简称PI），是投资方案未来现金净流量的总现值与初始投资额现值的比率，也叫现值比率、获利指数等。其计算公式为：

$$现值指数=\frac{未来现金净流量的总现值}{初始投资额现值}$$

如果投资在项目开始时一次性投入，则：

$$PI=\sum_{t=1}^{n}\frac{NCF_t}{(1+k)^t}\div C$$

公式中字母的含义同前。

现值指数法是根据项目的现值指数是否大于1来评价投资项目的。其决策规则是：如果计算所得的现值指数大于1，则表明投资项目的收益高于成本，投资报酬率高于预定贴现率，项目可行；如果计算所得的现值指数小于1，则表明投资项目的收益低于成本，投资报酬率小于预定贴现率，项目不可行；而如果是多个项目的互斥决策，则现值指数越大，投资效益越好。

例5-3 根据表5-3中的相关数据，计算A、B两个方案的现值指数如下：

$$\begin{aligned}PI_A&=NCF\times PVIFA_{k,n}\div C\\&=320\times3.791\div1\,000\\&=1.21\end{aligned}$$

$PI_B =（1\ 500 + 86.3）\div 1\ 500$

$= 1.06$

A方案和B方案的获利指数均大于1，说明两个方案的实际报酬率均大于预定的贴现率，而A方案的获利指数大于B方案，说明A方案的报酬率高于B方案，所以大华公司应选择A方案。

现值指数法的优点是考虑了资金的时间价值，能够真实反映投资项目的盈亏程度，而且由于采用了相对数形式，从而克服了不同投资规模的方案间的净现值缺乏可比性的问题。缺点是仍然无法反映投资项目本身可能达到的报酬水平。现值指数法通常应与净现值指标结合使用，以便对投资方案的评价更为全面正确。

五、内含报酬率法

内含报酬率法是根据投资项目本身的内含报酬率来评价方案优劣的一种决策方法。所谓内含报酬率（internal rate of return，简称IRR），是使项目的预期现金流入量现值等于现金流出量现值的贴现率，亦即使项目的净现值等于零的贴现率。其计算公式为：

$$NPV = \sum_{t=0}^{n} \frac{CFAT_t}{(1 + IRR)^t} = 0$$

公式中相关字母的含义同前。

内含报酬率的计算比较复杂，应根据投资项目相关现金流量的发生情况分别运用不同的计算方法。

（一）投资是一次性的且未来各年现金流量相等

在投资是一次性的且未来各年现金流量相等的情况下，其计算公式为：

$$NCF \sum_{t=1}^{n} (1 + IRR)^{-t} - C = 0$$

此时计算IRR的步骤如下：

第一，计算年金现值系数 α，计算公式为：

$$\text{年金现值系数 } \alpha = \frac{\text{初始投资额}}{\text{年现金净流量}} = \frac{C}{NCF}$$

第二，查阅年金现值系数表，在既定的相同年限内，找出与上述年金现值系数相等的系数，则该系数所对应的 i 就是要求的 IRR。如果无法找到正好等于 α 的系数，就转至第三步。

第三，沿着 n 所在的行找出与年金现值系数 α 相邻近的两个系数 β_1 和 β_2，进而，可以找到 β_1 和 β_2 所对应的两个贴现率 i_1 和 i_2。

第四，采用插值法计算出 IRR。

根据表5-3的相关数据，计算A方案内含报酬率：

$$320 \sum_{t=1}^{5} (1 + IRR)^{-t} - 1\ 000 = 0$$

$$320 \cdot PVIFA_{IRR,5} = 1\ 000$$

得：$PVIFA_{IRR,5} = 3.125$

通过查询书后附录四可得 $PVIFA_{18\%,5} = 3.127$，$PVIFA_{20\%,5} = 2.991$，利用插值法，计算可得IRR = 18.03%。

（二）未来各年现金流量不相等

此种情况应采用试错法计算 *IRR*，其步骤为：

首先，预估一个贴现率 i，并按此计算净现值。若计算出的净现值为正数，说明预估的贴现率小于项目的实际内含报酬率，应提高贴现率后再试；若计算出的净现值为负数，说明预估的贴现率大于项目的实际内含报酬率，应降低贴现率后再试。经过如此反复测试，最后找到 $NPV_1 > 0$，$NPV_2 < 0$，且均接近于0，对应的贴现率分别为 i_1 和 i_2。

然后，采用插值法计算出内含报酬率 *IRR*。其计算公式为：

$$IRR = i_1 + \frac{NPV_1}{NPV_1 - NPV_2}(i_2 - i_1)$$

上述两种情况下，采用的插值法的基本原理与本书第二章介绍的完全相同，在这里不再赘述。

内含报酬率法是根据项目的内含报酬率的高低来评价投资方案的，其决策规则是：如果计算所得的内含报酬率大于企业的必要报酬率，则项目可行；反之，如果计算所得的内含报酬率小于企业的必要报酬率，则项目不可行；而如果是多个项目的互斥决策，则内含报酬率越高，投资效益越好。

例 5-4 根据表 5-3 的相关数据，计算 B 方案的内含报酬率。

由于 B 方案未来各年的现金流量不等，所以应运用试错法，经过反复测试得知：

当 $i_1 = 10\%$ 时，

$NPV_1 = 86.3$（万元）

当 $i_2 = 12\%$ 时，

$NPV_2 = 0.0016$（万元）

根据公式 $IRR = i_1 + (NPV_1 - 0) \div (NPV_1 - NPV_2) \times (i_2 - i_1)$ 可得：

$IRR_B = 12\%$

假设大华公司的必要报酬率为 10%，则 *A*、*B* 两个方案的内含报酬率均高于必要报酬率，两者都可行。但相互比较，*A* 方案的内含报酬率高于 *B* 方案，故大华公司应选择 *A* 方案。

内含报酬率法的优点是考虑了资金时间价值，能够反映投资项目的真实报酬率，概念易于理解，容易被人接受。缺点是计算过程复杂，而且在现金流量呈不规则变化时，有时出现多个或没有一个内含报酬率的问题，不利于投资决策。

在多数情况下，运用净现值法、现值指数法和内含报酬率法所得出的结论是相同的。但在本节中，有时会发生差异：①初始投资不一致；②现金流入的时间不一样。此时应以净现值法的结论为准，因为净现值越大，企业的收益也越大，符合企业的财务目标。

六、考虑投资风险的评价方法

前面在讨论投资决策时，假定现金流量是确定的，避开了投资风险问题。但实际上，投资活动充满了不确定性。如果这种不确定性较小，则可以忽略其影响，把决策视为确定条件下的决策。如果这种不确定性和风险较大时，则应对其进行计量并在决策时加以考虑。项目投资风险分析常用的方法有两种，即风险调整贴现率法和肯定当量法。

（一）风险调整贴现率法

风险调整贴现率法是根据项目的风险程度调整贴现率，然后根据调整后的贴现率计算项目的净现值并判断项目是否可行的一种决策分析方法。其计算公式为：

$$风险调整后净现值 = \sum_{t=0}^{n} \frac{预期现金流量}{(1 + 风险调整贴现率)^t}$$

风险调整贴现率法应用的主要问题是如何根据项目的风险程度来确定风险调整贴现率。风险调整贴现率就是无风险报酬率加上项目的风险报酬率，其常用的确定方法有风险报酬模型和资本资产定价模型。在本书第二章中已经对这两种方法进行了详细介绍，在这里不再赘述。

按风险程度对贴现率调整后，具体的评价方法与无风险时基本相同。这种方法对风险大的项目采用较高的贴现率，对风险小的项目采用较低的贴现率，简单明了，易于理解，因而被广泛采用。但它把时间价值和风险价值混在一起，人为地假定风险一年比一年大，这并不符合实际。

（二）肯定当量法

为了克服风险调整贴现率法的缺点，人们提出了肯定当量法。这种方法的基本思路是先用一个系数（称为肯定当量系数）把有风险的现金流量调整为与之相当的无风险的现金流量，然后以无风险报酬率作为贴现率来计算项目净现值并判断项目优劣。其计算公式为：

$$风险调整后净现值 = \sum_{t=0}^{n} \frac{\alpha_t \times 预期现金流量}{(1 + 无风险报酬率)^t}$$

式中，α_t 为第 t 年现金流量的肯定当量系数，它是肯定的现金流量对与之相当的、不肯定的现金流量的比值。在进行评价时，可根据各年现金流量风险的大小，选用不同的肯定当量系数。

肯定当量系数的选取，一般由有经验的分析人员主观判断确定，敢于冒险的分析者会选用较高的当量系数，而不愿冒险的分析者则会选择较低的系数。为了防止因决策者偏好或主观判断不同而造成决策失误，很多企业根据标准离差率来确定肯定当量系数，因为标准离差率是衡量现金流量不确定性的一个有效指标。标准离差率与肯定当量系数的经验对照关系见表 5-6。

表 5-6　　标准离差率与肯定当量系数对照表

标准离差率	肯定当量系数	标准离差率	肯定当量系数
0.00 ~ 0.07	1	0.33 ~ 0.42	0.6
0.08 ~ 0.15	0.9	0.43 ~ 0.54	0.5
0.16 ~ 0.23	0.8	0.55 ~ 0.70	0.4
0.24 ~ 0.32	0.7	…	…

通过肯定当量系数对有风险的现金流量调整后，具体的评价方法也与无风险时基本相同。

例 5-5 某公司准备进行一项投资，其各年的净现金流量和分析人员确定的肯定当量系数见表5-7，无风险贴现率为 10%，试判断此项目是否可行。

表 5-7 各年现金流量及其肯定当量系数 单位：元

项目	0	1	2	3	4
NCF_t	-20 000	8 000	8 000	8 000	8 000
α_t	1.0	0.95	0.90	0.80	0.80

根据上述资料，采用净现值法进行分析。

$$\begin{aligned}NPV &= 0.95\times 8\,000\times PVIF_{10\%,1}+0.9\times 8\,000\times PVIF_{10\%,2}+0.8\times 8\,000\times PVIF_{10\%,3}+0.8\times 8\,000\times PVIF_{10\%,4}-1.0\times 20\,000\\ &=7\,600\times 0.909+7\,200\times 0.826+6\,400\times 0.751+6\,400\times 0.683-20\,000\\ &=2\,033\ (元)\end{aligned}$$

由于按风险程度对现金流量进行调整后，计算所得的净现值为正数，所以项目可行，公司可以进行投资。

肯定当量法通过调整现金流量而不是贴现率来评估风险投资项目，克服了风险调整贴现率法人为夸大远期风险的缺点，且易于计算。从理论上讲，它优于风险调整贴现率法，但是，这一方法在操作上存在一定困难，即如何合理、准确地估计肯定当量系数。

第四节 投资决策实例

一、固定资产更新决策

随着科学技术的快速发展，固定资产的更新也在加快。这是因为，当出现生产效率更高，原材料、动力消耗更低的高效能的新设备时，旧设备就暴露出其消耗大、维修费用高的缺点。因此，尽管旧设备还可以继续使用，但企业也会对固定资产进行更新。固定资产更新决策已经成为企业长期投资决策的一项重要内容。

（一）新旧设备使用寿命相同的情况

如果新旧固定资产有效使用期相同，除了直接比较净现值外，通常还会采用差额分析法来计算两个方案（出售旧设备购置新设备和继续使用旧设备）的现金流量差量以及净现值差量。站在新设备的角度，如果净现值差量大于0，则购置新设备；反之，则继续使用旧设备。

例 5-6 北方公司考虑用一台新的、效率高的设备来代替旧设备，以减少成本，增加收益。旧设备原购置成本为 40 000 元，已使用 5 年，估计还可使用 5 年，已计提折旧 20 000 元。假定使用期满后无残值，如果现在销售可得价款 20 000 元，使用该设备每年可获收入 50 000 元，每年的付现成本为 30 000 元。该公司现准备用一台新设备来代替原有旧设备，新设备的购置成本为 60 000 元，估计可使用 5 年，期满有残值 10 000 元。使用新设备后，每年收入可达 80 000 元，每年付现成本为 40 000 元。假设公司的资本成本为 10%，所得税税率为 40%，新旧设备均采用直线法计提折旧。试问该公司是否需要做出设备更新的决策。

本例中两个方案的期限相同，所以可以使用差量分析法，即计算一个方案（出售旧设备购置新设备）比另一个方案（继续使用旧设备）增减的现金流量，增减额用“Δ”表示。下面从新设备的角度计算两个方案的差量现金流量。

（1）分别计算初始投资与折旧的差量。

Δ初始投资 = 60 000 − 20 000 = 40 000（元）

Δ年折旧额 = 10 000 − 4 000 = 6 000（元）

（2）计算各年营业现金流量的差量（见表 5-8）。

表 5-8　　各年营业现金流量的差量　　单位：元

项　　目	第 1 ~ 5 年
Δ销售收入（1）	30 000
Δ付现成本（2）	10 000
Δ折旧额（3）	6 000
Δ利润（4）［（4）=（1）−（2）−（3）］	14 000
Δ所得税（5）［（5）=（4）×40%］	5 600
Δ净利润（6）［（6）=（4）−（5）］	8 400
Δ营业净现金流量（7）［（7）=（6）+（3）］	14 400

（3）计算两个方案现金流量的差量（见表 5-9）。

表 5-9　　两个方案现金流量的差量　　单位：元

项　　目	0	1	2	3	4	5
Δ初始投资	−40 000					
Δ营业净现金流量		14 400	14 400	14 400	14 400	14 400
Δ终结现金流量						10 000
Δ现金净流量	−40 000	14 400	14 400	14 400	14 400	24 400

（4）计算净现值的差量。

$$\begin{aligned}\Delta NPV &= 14\,400 \times PVIFA_{10\%,4} + 24\,400 \times PVIF_{10\%,5} - 40\,000 \\ &= 14\,400 \times 3.170 + 24\,400 \times 0.621 - 40\,000 \\ &= 20\,800.40\text{（元）}\end{aligned}$$

从计算结果可知，投资项目更新后可增加净现值 20 800.40 元，故应进行更新。

在本例中，旧设备的变现价值等于其账面价值，不会对企业的所得税总额产生影响，因此，不必考虑所得税问题，如果变现价值不等于账面价值，则需要考虑所得税对现金流量的影响。若变现价值为10 000 元，则税收影响的机会成本为 4 000 元，继续使用旧设备的投资额应为 14 000 元。若变现价值为 30 000 元，则税收影响的机会成本为 −4 000 元，继续使用旧设备的投资额应为 26 000 元。

（二）新旧设备使用寿命不同的情况

例5-6中，新旧设备尚可使用的年限相同，但多数情况下，新设备的使用年限要长于旧设备，此时的固定资产更新问题就演变成两个寿命期不同的投资项目决策问题，需要采用最小公倍寿命法和年均净现值法来解决，这两种方法将在稍后介绍。

如果当设备更新不改变生产能力，也就是不改变相关营业现金流入时，只需考虑现金流出量的影响，则可以采用年平均成本法来解决此类问题。年平均成本的计算公式为：

$$年平均成本=\frac{现金流出量的现值和}{年金现值系数}$$

$$=\frac{投资额-残值\times现值系数+\sum(年运行成本\times现值系数)}{年金现值系数}$$

当年运行成本相等时，则：

$$年平均成本=\frac{投资额-残值}{年金现值系数}+残值\times贴现率+年运行成本$$

例5-7 北方公司现有一台设备，工程技术人员提出更新要求，有关数据见表5-10。假设销售收入不变，企业最低报酬率为15%，则企业应如何决策？

表5-10 新旧设备的有关数据

项　　目	旧设备	新设备
原值/万元	55	60
预计使用年限/年	10	10
已使用年限/年	4	0
预计残值/万元	5	7.5
变现价值/万元	15	60
年运行成本/万元	17.5	10

根据上述资料，计算新旧设备的年平均成本：

$$旧设备的年平均成本=\frac{15+17.5\times PVIFA_{15\%,6}-5\times PVIF_{15\%,6}}{PVIFA_{15\%,6}}$$

$$=20.9（万元）$$

$$新设备的年平均成本=\frac{60+10\times PVIFA_{15\%,10}-7.5\times PVIF_{15\%,10}}{PVIFA_{15\%,10}}$$

$$=21.6（万元）$$

计算结果显示使用旧设备的年平均成本低于使用新设备的年平均成本，所以不应该更新设备，而应该继续使用旧设备。

二、资本限量决策

资本限量是指企业资金有一定的限度，不能投资于所有可接受的项目。资本限量决策是指在企业投资资金已定的情况下所进行的投资决策，也就是说，尽管存在很多有利可图的投资项目，但由于无法筹集到足够的资金，只能在已有资金的限制下进行决策。

在资金有限量的情况下，决策的基本原则是使企业获得最大的利益，即将有限的资金投放于一组能使净现值最大的项目组合。这样的项目组合可通过以下两种方法获取：

（一）现值指数法

现值指数法是以各投资项目获利指数的大小进行项目排队，以已获投资资金为最高限额，并以加权平均获利指数为判断标准的最优化决策方法。其具体步骤如下：

（1）计算出所有投资项目的现值指数，并列出每一个项目的初始投资。

（2）接受所有现值指数大于或等于1的项目，并按现值指数的大小进行项目排队。如果已有资金可满足所有现值指数大于或等于1的项目，则此过程结束，否则进入下一步。

（3）如果已有资金不能满足所有现值指数大于或等于1的项目需求，则应对所有项目在资本限量内进行各种可能的组合，并计算各种组合的加权平均现值指数。

（4）选择加权平均现值指数最大的投资组合为最优组合。

（二）净现值法

净现值法是以已获投资资金为最高限额，并以净现值总额最大为判断标准的最优化决策方法。其具体步骤如下：

（1）计算所有项目的净现值，并列出每一项目的初始投资。

（2）接受所有净现值大于0的项目，如果已有资金能满足所有净现值大于0的项目，则此过程结束，否则进入下一步。

（3）如果已有资金不能满足所有净现值大于0的项目，则应对所有的项目在已获投资资金限量内进行各种可能的组合，并计算各种组合的净现值总额。

（4）选择净现值总额最大的投资组合为最优组合。

需要注意的是，在使用上述两种方法时，必须满足以下两个条件：

第一，投资组合所需资金总额不得超过已获投资资金的限额，否则组合无效；

第二，有效投资组合应当是最大投资组合，凡包含在其他投资组合中的投资组合均不会成为最优投资组合。

例 5-8 M公司有A、B、C、D、E 5个可供选择的投资项目，其中B和C，D和E为互斥项目，M公司已获得投资资金的最大限量为88万元。各投资项目有关资料见表5-11。

表 5-11 各投资项目有关资料

投资项目	初始投资/万元	现值指数 PI	净现值 NPV/万元
A	24	1.35	8.4
B	18	1.42	7.56
C	25	1.61	15.25
D	42.5	1.40	17
E	23	1.14	3.22

为了选出最优项目组合，必须列出在资本限量内的各种可能的项目组合，并计算出所有可能的项目组合的加权平均现值指数和净现值总额见表5-12。

表 5-12　　各项目组合有关数据

项目组合	初始投资/万元	加权平均 PI	NPV 总额/万元
ABD	84.5	1.3745	32.96
ACD	91.5	1.50	40.65
ABE	65	1.218	19.18
ACE	72	1.305	26.87
AB	42	1.18	15.96
AC	49	1.269	23.65
AD	66.5	1.2886	25.4
AE	47	1.132	11.62
BE	41	1.1225	10.78
CE	48	1.21	18.47

由表 5-12 可知，企业应当选择 A、B、D 三者构成的投资组合，它给企业带来的净现值最大。

在这里需要注意加权平均现值指数的计算。当最大组合有剩余资金时，假设剩余资金可投资于有价证券，其现值指数为 1。如 ABD 组合有 3.5 万元（88 - 84.5）没有用完，故其现值指数的计算方法为：

$$PI_{ABD} = 24/88 \times 1.35 + 18/88 \times 1.42 + 42.5/88 \times 1.40 + 3.5/88 \times 1.00$$
$$= 1.3745$$

其他投资组合的现值指数计算方法相同。

三、投资开发时机决策

自然资源是有限的，由于不断开发，价格将随储量的下降而上升。在这种情况下，由于价格不断上升，早开发的收入少，而晚开发的收入多；但另一方面，越早的现金流量越值钱，因此要研究开发时机问题。

在进行此类决策时，其基本决策规则也是寻求净现值最大的方案。但需要注意的是，必须把两种方案的净现值计算到同一个时点，才能进行比较。

例 5-9　大发公司拥有一稀有矿藏，这种矿产品的价格在不断上升。根据预测，6 年后价格将一次性上升 30%，因此，公司要研究现在开发还是 6 年后开发的问题。不论现在开发还是 6 年后开发，初始投资均相等，建设期均为 1 年，从第 2 年开始投产，投产后 5 年就把矿藏开采完。两种方案的有关资料见表 5-13。

表 5-13　　两种方案的有关资料

投资与回收		收入与成本	
固定资产投资	800 万元	年产销量	20 000 吨
营运资金垫支	100 万元	现投资开发每吨售价	0.1 万元
固定资产残值	0 万元	6 年后投资开发每吨售价	0.13 万元
资本成本	10%	付现成本	600 万元
		所得税税率	40%

（1）计算现在投资开发的净现值。

①计算现在开发的营业现金流量，见表5-14。

表 5-14　　现在开发的营业现金流量　　单位：万元

项　　目	第1~5年
销售收入（1）	2 000
付现成本（2）	600
折旧额（3）	160
税前利润（4）[（4）=（1）-（2）-（3）]	1 240
所得税（5）[（5）=（4）×40%]	496
税后利润（6）[（6）=（4）-（5）]	744
营业现金流量（7）[（7）=（6）+（3）]	904

②根据营业现金流量、初始投资和终结现金流量编制现金流量表，见表5-15。

表 5-15　　投资项目现金流量表　　单位：万元

项　　目	第0年	第1年	第2~5年	第6年
固定资产投资	-800			
营运资金垫支		-100		
营业现金流量		0	904	904
营运资金回收				100
现金流量合计	-800	-100	904	1 004

③计算现在开发的净现值。

$$NPV = 904 \times PVIFA_{10\%,4} \times PVIF_{10\%,1} + 1\,004 \times PVIF_{10\%,6} - 800 - 100 \times PVIF_{10\%,1}$$
$$= 904 \times 3.170 \times 0.909 + 1\,004 \times 0.564 - 800 - 100 \times PVIF_{10\%,1}$$
$$= 2\,280\text{（万元）}$$

（2）计算6年后投资开发的净现值。

①计算6年后开发的营业现金流量，见表5-16。

表 5-16　　6年后开发的营业现金流量　　单位：万元

项　　目	第1~5年
销售收入（1）	2 600
付现成本（2）	600
折旧额（3）	160
税前利润（4）[（4）=（1）-（2）-（3）]	1 840
所得税（5）[（5）=（4）×40%]	736
税后利润（6）[（6）=（4）-（5）]	1 104
营业现金流量（7）[（7）=（6）+（3）]	1 264

②计算6年后开发的现金流量，见表5-17。

表5-17　　6年后开发投资项目的现金流量表　　单位：万元

项　目	第0年	第1年	第2~5年	第6年
固定资产投资	-800			
营运资金垫支		-100		
营业现金流量		0	1 264	1 264
营运资金回收				100
现金流量合计	-800	-100	1 264	1 364

③计算6年后开发所得现金流量到开发年度初的净现值。

$$\begin{aligned}NPV &= 1\ 264 \times PVIFA_{10\%,4} \times PVIF_{10\%,1} + 1\ 364 \times PVIF_{10\%,6} - 800 - 100 \times PVIF_{10\%,1}\\ &= 1\ 264 \times 3.170 \times 0.909 + 1\ 364 \times 0.564 - 800 - 100 \times PVIF_{10\%,1}\\ &= 3\ 520\text{（万元）}\end{aligned}$$

④将6年后开发的净现值折算为立即开发时的现值。

6年后开发的净现值的现值 $= 3\ 520 \times PVIF_{10\%,6} = 1\ 987$（万元）

所得结论为：早开发的净现值为2 280万元，6年后开发的净现值为1 987万元，因此，应立即开发。

四、项目寿命期不等的投资决策

大部分固定资产投资都会涉及寿命不同的投资项目间的选择问题。由于项目的寿命不同，因而就不能对它们的净现值和现值指数进行直接比较。为了使投资项目的各项指标具有可比性，可使用最小公倍寿命法和年均净现值法。现举例说明如下：

例5-10　大华公司要在A、B两个投资项目中选取一个。半自动化的A项目需要160 000元的初始投资，每年产生80 000元的净现金流量，项目的使用寿命为3年，3年后必须更新且无残值；全自动化的B项目需要初始投资210 000万元，使用寿命为6年，每年产生64 000元的净现金流量，6年后必须更新且无残值。企业的资本成本为16%，那么，大华公司该选用哪个项目呢？

两个项目的净现值计算如下：

$$\begin{aligned}NPV_A &= 80\ 000 \times PVIFA_{16\%,3} - 160\ 000\\ &= 80\ 000 \times 2.246 - 160\ 000\\ &= 19\ 680\text{（元）}\end{aligned}$$

$$\begin{aligned}NPV_B &= 64\ 000 \times PVIFA_{16\%,6} - 210\ 000\\ &= 64\ 000 \times 3.685 - 210\ 000\\ &= 25\ 840\text{（元）}\end{aligned}$$

计算结果表明，B项目的净现值大于A项目的净现值，应选择B项目。但这种分析是不完全的，因为没有考虑两个项目的寿命是不同的。如果采用A项目，在3年以后还要进行相同的投资，才能与B项目的寿命相同。

为了使指标的对比更合理，必须考虑对相同年度内的两个项目的净现值进行比较，或者是对两个项目的年均净现值进行比较，这就是上面提到的最小公倍寿命法和年均净现值法。

（一）最小公倍寿命法

最小公倍寿命法是使投资项目的寿命周期相等的方法，也就是说，求出两个项目使用年限的最小公倍数并假设它们可以无限次重复投资。例 5-10 中 A、B 项目的最小公倍寿命为 6 年。由于 B 项目原来就是 6 年，所以无须调整。对于 A 项目，必须计算一个新的、假设项目要在第 0 年和第 3 年进行相同投资的净现值，具体情况见表 5-18。

表 5-18　A 投资项目的现金流量表　单位：元

项　目	0	1	2	3	4	5	6
第 0 年投资的现金流量	－160 000	80 000	80 000	80 000			
第 3 年投资的现金流量				－160 000	80 000	80 000	80 000
再次投资合并的现金流量	－160 000	80 000	80 000	－80 000	80 000	80 000	80 000

现在计算两个项目的净现值：

$$NPV_A = 80\,000 \times PVIFA_{16\%,3} - 160\,000 + (80\,000 \times PVIFA_{16\%,3} - 160\,000) \times PVIF_{16\%,3}$$
$$= 32\,288\ (元)$$

这时，我们对两个项目进行比较，A 项目的净现值为 32 288 元，而 B 项目的净现值为 25 840元，因此，大华公司应选择半自动化的 A 项目。

在本例中，两个项目的最小公倍寿命为 6 年，所以计算比较简单。但在有些情况下，计算两个项目的最小公倍寿命是很麻烦的。例如，一个项目寿命期为 8 年，另一个为 11 年，则最小公倍寿命为 88 年。这时再使用最小公倍寿命法，工作量就非常大，所以不适宜用该方法。

（二）年均净现值法

年均净现值法是把项目总的净现值转化为项目每年的平均净现值，并据此比较项目优劣的方法。

年均净现值的计算公式为：

$$ANPV = \frac{NPV}{PVIFA_{k,n}}$$

式中，ANPV——年均净现值；

NPV——净现值；

$PVIFA_{k,n}$——年金现值系数；

k——公司资本成本；

n——项目寿命周期。

根据例 5-10 中大华公司的 A、B 两个项目的资料，计算 A、B 两个项目的年均净现值为：

$$ANPV_A = \frac{19\,680}{PVIFA_{16\%,3}} = 8\,762.24\ (元)$$

$$ANPV_B = \frac{25\,840}{PVIFA_{16\%,6}} = 7\,012.21\ (元)$$

从上面计算可以看出，A 项目的年均净现值比 B 项目高，故大华公司应选 A 项目。把这一决策结果与最小公倍寿命法决策结果相比较，显然两者的结论是一致的。

五、无形资产投资决策

与有形资产相比，无形资产投资则更加复杂，原因如下：

第一，无形资产投资有多种形式。有的需要企业自己投资开发研制，有的可以直接从外部购入，有的可以与其他单位合作开发，等等。每种情况都需要进行具体分析。

第二，无形资产投资期及取得超额收益的时间很难准确预测。例如，发明和申报一项专利，可能需要 3 年，也可能需要 5 年。专利权取得后，究竟能在多长时间内给企业带来超额收益也很难确定。

第三，无形资产所增加的超额收益也存在不确定性。例如，一项专有技术可能给企业带来巨额收益，但如果有更先进合理的技术出现，这种巨额收益可能会随之消失。

现举例说明无形资产投资决策问题。

例 5-11 大华公司拟投资购买一项专利，此专利的初始投资为 180 万元，预计可使用 5 年，5 年中每年的现金流量估计为 60 万元。但公司主要领导都认为每年 60 万元的现金流量存在较大的不确定性，拟用肯定当量法对现金流量进行调整。公司有关领导所选用的肯定当量系数及权数见表 5-19。该公司的资本成本为 10%，试分析此项投资是否可行。

表 5-19　　公司有关领导所选用的肯定当量系数及权数

公司领导成员	肯定当量系数	权　数
董事长	0.90	0.30
总经理	0.80	0.20
财务副总经理	0.85	0.20
总工程师	0.70	0.20
销售处长	0.80	0.10

首先，根据以上资料，计算加权平均的肯定当量系数为：

$$\alpha_t = 0.90 \times 0.30 + 0.80 \times 0.20 + 0.85 \times 0.20 + 0.70 \times 0.20 + 0.80 \times 0.10 = 0.82$$

然后，利用计算出的肯定当量系数对每年 60 万元的现金净流量进行调整：

$60 \times 0.82 = 49.2$（万元）

最后，计算该项无形资产投资的净现值为：

$$NPV = 49.2 \times PVIFA_{10\%,5} - 180 = 49.2 \times 3.791 - 180 = 6.52 \text{（万元）}$$

该项无形资产投资项目的净现值为 6.52 万元，所以可以进行投资。

练　习　题

一、单项选择题

1. 按照企业投资的分类，下列各项中，不属于发展性投资的有（　　）。

A. 开发新产品的投资　　B. 更新替换旧设备的投资

C. 企业间兼并收购的投资　　D. 大幅度扩大生产规模的投资

2. 某公司拟建造一新的生产线，预计建设期 2 年，使用寿命 15 年，则该项目的项目计算期为（　　）年。

A. 17　　B. 15　　C. 2　　D. 13

3. 在不考虑所得税情况下，以“利润 + 折旧”估计经营期净现金流量时，“利润”是指（　　）。

A. 净利润　　B. 营业利润　　C. 息税前利润　　D. 利润总额

4. 某投资项目需在开始时一次性投资 50 000 元，其中固定资产投资 45 000 元，营运资金垫支 5 000 元，没有建设期。各年营业现金净流量分别为 10 000 元、12 000 元、16 000 元、20 000 元、20 000 元、15 000 元，则该项目的静态投资回收期是（　　）年。

A. 3. 35　　B. 3. 40　　C. 3. 60　　D. 4. 00

5. 某公司的必要投资报酬率为 12%，其某一投资方案的预计净现值为 21 200 元，则该方案现值指数（　　）。

A. 大于 1　　B. 小于 1　　C. 等于 1　　D. 不能确定

6. 某公司的必要投资报酬率为 12%，其某一投资方案的预计净现值为 21 200 元，则该方案的内含报酬率为（　　）。

A. 大于 12%　　B. 小于 12%　　C. 等于 12%　　D. 不能确定

7. 某公司现有一设备原值 40 万元，预计使用年限 10 年，无残值。现已使用 5 年，公司拟考虑用先进设备进行替换，该旧设备现在变卖价值为 10 万元，公司适用税率 20%。则继续使用该设备的投资额为（　　）万元。

A. 20　　B. 10　　C. 12　　D. 8

8. 初始投资额中不包括（　　）。

A. 固定资产投资　　B. 营运资金投资　　C. 资本化利息　　D. 开办费投资

9. 投资项目的现金流出量不包括（　　）。

A. 经营成本　　B. 折旧费用　　C. 固定资产投资　　D. 流动资产投资

10. 某公司新建一条生产线，预计投产后第一年、第二年流动资产需用额分别为 40 万元和 50 万元，对应的自发性流动负债分别为 15 万元和 20 万元，则第二年需新增的流动资金投入额是（　　）。

A. 5 万元　　B. 15 万元　　C. 20 万元　　D. 30 万元

11. 在进行投资项目风险分析时，易夸大远期现金流量风险的方法是（　　）。

A. 调整现金流量法　　B. 风险调整折现率法

C. 净现值法　　D. 内含报酬率法

12. 下列属于非折现评价方法的指标是（　　）。

A. 现值指数法　　B. 内含报酬率法

C. 静态投资回收期法　　D. 动态投资回收期法

二、多项选择题

1. 下列说法中正确的有（　　）。

A. 内含报酬率是能够使未来现金流入量现值等于未来现金流出量现值的贴现率

B. 内含报酬率是方案本身的投资报酬率

C. 内含报酬率是使方案净现值等于零的贴现率

D. 内含报酬率是使方案获利指数等于零的贴现率

2. 采用固定资产平均年成本法进行设备更新决策是主要因为（　　）。

A. 使用新旧设备给企业带来年收入不同

B. 使用新旧设备给企业带来年成本不同

C. 新旧设备使用年限不同

D. 使用新旧设备给企业带来的年收入相同

3. 下列属于贴现评价方法的指标有（　　）。

A. 现值指数法　　B. 内含报酬率法

C. 静态投资回收期法　　D. 动态投资回收期法

4. 现金流量包括（　　）。

A. 库存现金　　B. 现金净流量　　C. 现金流入量　　D. 现金流出量

5. 下列项目中属于现金流入项目的有（　　）。

A. 营业收入　　B. 建设投资　　C. 回收流动资金　　D. 经营成本节约额

6. 在全投资假设下按照某年总成本为基础计算该年经营成本时应予以扣减的项目包括（　　）。

A. 该年折旧　　B. 该年利息支出　　C. 该年的设备买价　　D. 该年的无形资产摊销

7. 当新建项目的建设期不为0时，建设期内各年的净现金流量可能（　　）。

A. 小于0　　B. 大于0　　C. 等于0　　D. 大于1

8. 在长期投资中属于建设期现金流出项目的有（　　）。

A. 固定资产投资　　B. 开办费投资　　C. 无形资产投资　　D. 经营成本节约额

9. 投资回收期指标的主要缺点有（　　）。

A. 不能衡量企业的投资风险　　B. 没有考虑资金的时间价值

C. 没有考虑回收期后的现金流量　　D. 不能衡量投资报酬率的高低

10. 已知甲乙两方案原始投资额相同，如果决策结论是“无论从什么角度看甲方案均优于乙方案”，则必然存在的关系有（　　）。

A. 甲的净现值大于乙　　B. 甲的净现值率大于乙

C. 甲的投资回收期小于乙　　D. 差额内部收益率大于设定折现率

11. 采用净现值法评价投资项目可行性时，所采用的折现率通常有（　　）。

A. 投资项目的资金成本率　　B. 投资的机会成本率

C. 行业平均资金收益率　　　　　　　　D. 投资项目的内部报酬率

三、判断题

1. 投资项目的付现成本不应包括运营期间固定资产折旧费、无形资产摊销费和财务费用。（　　）

2. 当投资方案净现值为0时，其获利指数为1。（　　）

3. 静态投资回收期法能测度项目的流动性而不能测度项目的盈利性。（　　）

4. 当各项目投资额不等时，用净现值法能确定独立投资方案的优劣。（　　）

5. 付现成本包括计提的折旧。（　　）

6. 投资项目的静态回收期法忽略了资金时间价值。（　　）

7. 在无资本限量的情况下利用净现值法在所有的投资评价中都能作出正确的决策。（　　）

8. 在互斥选择决策中净现值法有时会作出错误的决策而内部报酬率法则一般会得出正确的结论。（　　）

9. 在投资项目决策中只要投资方案的投资报酬率大于零，该方案就是可行方案。（　　）

10. 在全投资假设下，经营期计入财务费用的利息费用不属于现金流出量的内容，但在计算固定资产投资额时必须考虑建设期资本化利息。（　　）

11. 比较任何两个投资方案时内部收益率较高的方案较优。（　　）

12. 两个方案中净现值比较大的方案内部收益率也一定较高。（　　）

四、解答题

1. 某企业拟建造一项生产设备，设备当年建设，当年投产，所需原始投资200万元于建设起点一次投入。该设备预计使用寿命为5年，使用期满报废清理时无残值。该设备折旧方法采用直线法，该设备投产后每年增加净利润60万元，假定适用的行业基准折现率为10%，企业适用所得税税率为25%。

要求：

（1）计算项目计算期内各年净现金流量。

（2）计算项目净现值、获利指数、内含报酬率，并评价其财务可行性。

2. EQ公司是一家机械制作企业，适用的企业所得税税率为25%，该公司要求的最低收益率为12%，为了节约成本支出，提升运营效率和盈利水平，拟对正在使用的一台旧设备予以更新。新旧设备数据资料见表5-20。

表5-20　　EQ公司新旧设备有关资料　　金额单位：万元

项　目	使用旧设备	购置新设备
原值	4 500	4 800
预计使用年限（年）	10	6
已用年限（年）	4	0
尚可使用年限（年）	6	6

续表

项　　目	使用旧设备	购置新设备
税法残值	500	600
最终报废残值	400	600
目前变现价值	1 900	4 800
年折旧	400	700
年付现成本	2 000	1 500
年营业收入	2 800	2 800

要求：

（1）测算继续使用旧设备和投资新设备的现金流量。

（2）用净现值法做出固定资产是否更新的决策，并说明理由。

3. 某企业进行一项投资活动，有甲、乙两个方案可供选择。甲方案原始投资 120 万元（其中固定资产投资 100 万元，流动资金投资 20 万元），该项目经营期 5 年，预计残值 5 万元，当年投产，预计投产后年营业收入 90 万元，年总成本 60 万元。乙方案原始投资 180 万元（其中固定资产投资 100 万元，无形资产 25 万元，流动资金投资 55 万元），固定资产和无形资产于建设起点一次投入，流动资金于建设完工时投入，固定资产投资所需资金从银行借入，年利率 8%，期限 7 年，单利计息，年末付息。该项目建设期 2 年，经营期 5 年，预计残值16 万元。项目投产后，预计年营业收入 160 万元，年经营成本 80 万元（未包括借款利息）。该企业按照直线法计提折旧，全部流动资金于终点一次收回，所得税税率为 25%，企业要求的最低投资报酬率为 10%。要求计算甲、乙两方案的净现值，并采用年均净现值法为企业做出决策。

阅读材料

第六章　营运资本管理

学习目标

本章主要讲授营运资本的管理。通过本章的学习，了解营运资本管理的基本策略，明确各类流动资产的管理特性，熟练掌握现金、应收账款和存货的日常管理方法。

营运资本管理是对企业流动资产及流动负债的管理。一个企业要维持正常的运转就必须要拥有适量的营运资金，因此，营运资本管理是企业财务管理的重要组成部分。从财务角度看营运资本应该是流动资产与流动负债关系的总和，在这里“总和”不是数额的加总，而是两者关系的反映，这就要求对营运资本的管理要注意流动资产与流动负债这两个方面的问题。关于流动负债将在第七章中介绍。

第一节　营运资本概述

一、营运资本的概念

营运资本有两个主要概念：净营运资本与总营运资本。

（一）净营运资本

净营运资本是指流动资产与流动负债之差。它主要起到以下两个作用：

1. 作为偿债能力的指标

如果流动资产大于流动负债，则净营运资本为正数，与它相对应的“净流动资产”要以长期负债或股东权益中的一定份额作为其资金来源。如果净营运资本为负数，则意味着需要出售长期资产才能保证短期债务的偿还，说明其短期偿债能力很差。因此，要对净营运资本进行有效的管理，保证企业有充足的偿债能力。企业的偿债能力一般根据其履行到期债务的能力来衡量，流动比率、速动比率和净营运资本是衡量企业短期偿债能力的三个基本指标。其中，前两个指标比较适用于不同企业之间偿债能力的比较分析；如果企业的资产和财务结构在各期间内保持不变，则净营运资本这个指标更适用于同一企业不同时期的偿债能力的比较，而不适用于不同企业之间的比较。

2. 作为计量财务风险的指标

一个企业的净营运资本状况，不仅对企业内部管理非常重要，而且也是一个被广泛用于计量企业财务风险的指标，财务风险在这里是指企业陷入无力偿还到期债务等财务困境的可能性。在其他因素相同的情况下，一个企业的净营运资本越多，它越能履行到期债务责任。

由于净营运资本是一个重要的财务风险计量指标，因此，一个企业的净营运资本状况还会影响其负债筹资的能力。商业银行以及其他金融机构的许多贷款协议都含有要求企业保持某一最低净营运资本水平的限制性条款，同样，债务契约也经常包括类似的条款。

（二）总营运资本

总营运资本是指公司所有的流动资产（如现金和可变现证券、应收账款、存货等）。对财务分析人员来说，当他们谈到营运资本的时候，是指流动资产，因此，他们关注的是总营运资本。对财务经理来说，在任何时候为企业提供适当数量的流动资产都至关重要。

作为总营运资本的流动资产按时间划分，可分为永久性营运资本和临时性营运资本。

1. 永久性营运资本

永久性营运资本是指满足企业长期稳定发展最低需求的那部分流动资产。永久性营运资本与固定资产既有相似的地方，也有不同的地方。永久性营运资本在如下两个方面与固定资产相似：第一，虽然永久性营运资本表现为流动资产形态，但其金额占用是长期的；第二，对一家处于成长过程的企业来说，所需的永久性营运资本水平也会随时间而增长，正如固定资产水平也会随时间而增长一样。然而，永久性营运资本区别于固定资产的一个重要地方就是其实物在不断变化，它并不是指永久性地停留在特定流动资产，而是其中的具体物件不断轮换的永久性流动资产投资水平。

2. 临时性营运资本

临时性营运资本是指随季节性或周期性需求而变化的流动资产。例如，产品销售高峰期比年内其他时期要求对应收账款和存货作更多的投资。如同永久性营运资本一样，临时性营运资本也由形式不断变化的流动资产组成。但是，由于在企业的总流动资产中，这部分流动资产的需求是季节性的，我们可以从其本身就是季节性的或临时性的来源融通这部分流动资产。

二、营运资本的特点

为了有效地管理企业的营运资本，必须研究营运资本的特点，以便有针对性地进行管理。营运资本一般具有如下特点：

1. 周期短期性

企业占用在流动资产上的资金，周转一次所需时间较短，通常会在1年或一个营业周期内收回，对企业影响的时间比较短。根据这一特点，营运资本可以用商业信用、短期借款等短期筹资方式加以解决。

2. 资产易变现性

短期投资、应收账款、存货等流动资产一般具有较强的变现能力。如果遇到意外情况，企业出现资金周转不灵、现金短缺时，便可迅速变卖这些资产，以获取现金。这对财务上应付临时性资金需求具有重要意义。

3. 数量波动性

流动资产的数量会随企业内外条件的变化而变化，时高时低，波动很大。季节性企业如此，非季节性企业也如此。随着流动资产数量的变动，流动负债的数量也会相应发生变动。

4. 实物形态的多变化性

企业营运资本的实物形态是经常变化的，一般在现金、材料、在产品、产成品、应收账款、现金之间按顺序转化。企业筹集的资金，一般都以现金的形式存在；为了保证生产经营的正常进行，必须拿出一部分现金去采购材料，这样，有一部分现金转化为材料；材料投入生产后，当产品尚未最后完工脱离加工过程以前，便形成在产品和自制半成品；当产品进一步加工完成后，就成为准备出售的产成品；产成品经过出售，有的可直接获得现金，有的则因赊销而形成应收账款；经过一定时期以后，应收账款通过收现又转化为现金。总之，流动资金每次循环都要经过采购、生产、销售过程，并表现为现金、材料、在产品、产成品、应收账款等具体形态。为此，在进行流动资产管理时，必须在各项流动资产上合理配置资金数额，以促进资金周转顺利进行。

5. 资金来源多样性

企业筹集长期资金的方式一般比较少，只有吸收直接投资、发行股票、发行债券、长期借款等方式；而企业筹集营运资本的方式却较为灵活多样，通常有短期借款、短期融资券、商业信用、应交税费、应交利润、应付职工薪酬、应付费用、预收货款、票据贴现等。

三、营运资本管理的重要性及基本原则

（一）营运资本管理的重要性

第一，企业流动资产及流动负债在总资产中占的比例大，而且具有易变性。随着企业经营中采购、生产、销售的进行，通过流动负债筹集的短期资金用于原材料的购买，变成在制品、产成品等存货，形成应收账款，直至货款的收回。每一个循环中营运资本在现金和实物间转换，而且数量很大，这就构成了财务管理人员大量的日常工作，财务管理人员的大部分活动是营运资本的管理。

第二，随着销售和经营规模的扩大，应收账款、存货和应付账款也同步增加，这就需筹集资金来应付。企业通过长短期资金的有机配合，流动资产和流动负债的期限匹配，以及用好因销售扩大而形成的自发性短期融资（主要指商业信用），可大大提高营运资本的经营效率。企业管理人员要花费较大的精力才能把筹资问题解决好。

第三，营运资本中的非现金资产如应收账款和存货具有较强的变现能力，同时又占用了企业的资金。应收账款和存货的维持水平反映了企业流动资产运用的效率。管理人员为保持低的存货和应收账款水平，又能满足企业临时性的资金需求，需付出很大努力。

第四，营运资本管理对小企业尤为重要。小企业流动资产在总资产中占的比例高，而且小企业在长期资本市场上筹资比大企业困难，因此，短期负债在总资本中占的比例较大。管好流动资产和流动负债对小企业的生存和发展具有重要的意义。

（二）营运资本管理的基本原则

首先，认真分析生产经营状况，合理确定营运资本的需要量。企业营运资本的需要量与企业生产经营活动有直接关系，随着企业经营活动的变化，营运资本的数量和结构比例也会发生变化。当企业产销旺季时，流动资产会不断增加，流动负债也会相应增加；而当企业产销淡季时，流动资产和流动负债也会相应减少。因此，企业财务人员应认真分析生产经营状况，采用一定的方法预测营运资本需要量，以便合理使用营运资本。

其次，在保证生产经营需要的前提下，节约使用资金。在营运资金管理中，必须正确处理保证生产经营需要和节约合理使用资金两者之间的关系。要在保证生产经营需要的前提

下，遵守勤俭节约的原则，挖掘资金潜力，精打细算地使用资金。

最后，加速营运资本周转，提高利用效率。在其他因素不变的情况下，加速营运资本的周转，也就相应地提高了资金的利用效果。因此，企业要千方百计地加速存货、应收账款等流动资产的周转，以便最有效地使用资金，取得最优的经济效益。

四、流动资产投资策略考虑因素

（一）流动资产的投资规模

在决定流动资产投资的最佳数量水平时，可以根据企业管理当局的管理风格和风险承受能力，分别采用“保守型”“稳健型”与“进取型”的流动资产投资策略。为了说明这三种类型的流动资产投资策略，假定一家企业在现有固定资产投资水平不变的情况下，其年生产能力最多为100万件产品；再假定该企业在所考察期间内的生产经营能持续进行，并在考察期间内有一个特定的产出水平。对于每一个产出水平，企业都可以有许多不同的流动资产投资水平。先假定该企业在流动资产投资水平上有三种不同的方案，这些方案的产出和流动资产投资水平的关系如图6-1所示。从图6-1中可以看到，产量越大，为支持这一产量所需进行的流动资产投资水平也就越高。但它们之间并非是线性关系，流动资产投资水平以递减的比率随产量而增加。出现这一非线性关系的原因主要是规模经济的作用。

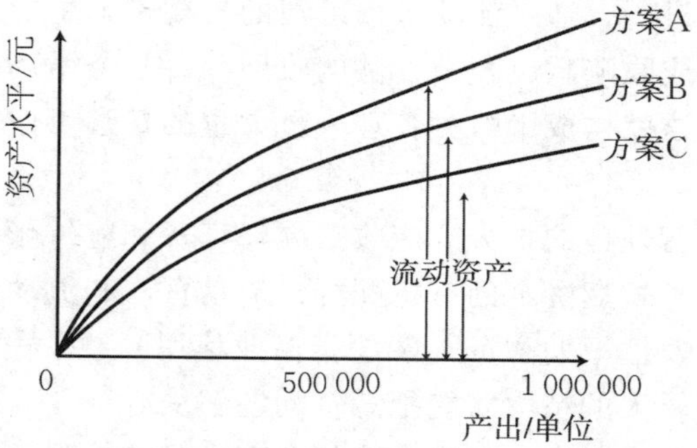

图6-1　三种流动资产投资策略

在图6-1中，方案A的流动资产投资水平要高于其他两个方案。在净利润一定的情况下，由于方案A的流动资产水平最高，风险最小，但其总资产回报率的分母最大，其总资产回报率最低，这是一种保守型的流动资产投资策略。相反，方案C是三种方案中最激进的，其流动资产投资水平最低，风险最高，但其总资产回报率的分母最小，其总资产回报率最高，它显然属于进取型的流动资产投资策略。相比之下，方案B是一种稳健型的流动资产投资策略，其流动性、获利能力和风险性均介于方案A和方案C之间。

（二）流动资产的内部结构

企业在流动资产的内部结构安排上，必须遵循时间上的依次继起和空间上的同时并存，只有这样才能确保企业正常的生产经营活动得以继续。

在流动资产的构成内容中，应收账款是企业在一定生产经营规模下的必然结果，此外，应收账款的数额大小还取决于企业所采用的信用政策，而信用政策的调整在相当大的程度上会影响企业产品销售的市场份额。因此，现金、短期有价证券和存货是流动资产结构调整的主体。在实际工作中，保守的流动资产投资策略往往预留较多的现金储备或以有价证券的方式储备，也可能预留较多存货作安全储备；而激进的流动资产投资策略在流动资产的各项目中往往保持最低的储备量，以便将节省下来的资本投资到收益能力更高的固定资产或其他长期投资方面。

在流动资产的各项目中，短期有价证券的存在主要是基于现金的替代品功能。事实上，短期有价证券的投资收益很难超过企业正常的生产经营收益，也很难超过企业的资本成本。因此，过多地持有短期有价证券如同过多地持有现金一样，从效益上讲是不经济的。如果企业未来的现金流量能够相当准确地加以预计，并且未来的现金流入能够满足生产经营和偿债需要，企业就不应该持有短期有价证券。只有在有理由表明企业应该建立一定规模的现金储备时，才可用暂时多余的现金购买有价证券，以赚取一定量的投资收益。

存货也是流动资产中一个具有较大伸缩幅度的项目。保守的流动资产投资策略可能会较多地储备存货，以免在生产经营中出现存货短缺；而激进的流动资产投资策略可能会将存货限制在一个较低的水平上，以免形成较大的资本占用。极端的做法是精益生产，这种生产模式认为存货是万恶之源，存货余额应接近于零。因此，企业应该根据自己的生产经营情况、外部环境情况、管理水平和对待风险的态度，对存货储备水平做出决策。

（三）流动资产投资的风险与收益

流动资产投资的目的是为了资本收益最大化。但是，就企业流动资产的投资管理而言，其重点应是资本收益与财务风险的权衡问题。

企业流动资产的总体规模及其内部结构安排，隐含了企业管理当局对于资本收益和财务风险的选择与搭配。较大规模的流动资产总额以及流动资产内部较大比例的速动资产，特别是较大比例的现金和短期有价证券，其资产的流动性自然很强，应付债务还本付息的能力自然很高，相应地，技术性无力偿债的风险也较小；但是，与固定资产等长期资产相比，流动资产的收益性较差，而且，现金等流动资产越多，收益能力越小。反之，较小规模的流动资产总额以及流动资产内部较小比例的速动资产，特别是较小比例的现金和短期有价证券，其资产的流动性自然很差，应付债务还本付息的能力自然很低，相应地，技术性无力偿债的风险也较大；但是，由于可以将节约的资金用于固定资产等长期资产，其资产的收益能力较强。当然，激进的流动资产投资策略也可能招致相反的结果。当流动资产持有水平低于一定限度时便会带来一系列的问题，包括缺乏足够的现金偿债而使未来的筹资和购货更加困难或成本增加，降低应收账款持有水平更会招致销售额的大幅度下降，存货供应不足也可能使企业丧失已有的或未来市场份额，甚至引起企业的生产经营停顿，最终会降低企业的收益能力和水平。因此，无论是从流动资产的总体规模来看，还是从流动资产的项目构成来看，企业都应寻求一个合理的甚至是最佳的持有额度。

五、流动资产的融资策略

流动资产的融资策略是营运资本管理的重点。研究流动资产的融资策略，同样需要考虑财务风险与获利能力之间的权衡关系。与流动资产的投资策略对应，流动资产的融资策略包括“稳健型”“进取型”和“保守型”三种类型。

（一）稳健型融资策略

稳健型融资策略也称为配合型融资策略。其特点是：对于临时性流动资产，应用流动负债筹资来满足其资金需要，即利用自然性融资和协议性短期融资；对于永久性流动资产和固定资产，则应用长期负债和权益资本筹资来满足其资金需要。稳健型融资策略如图6-2所示。

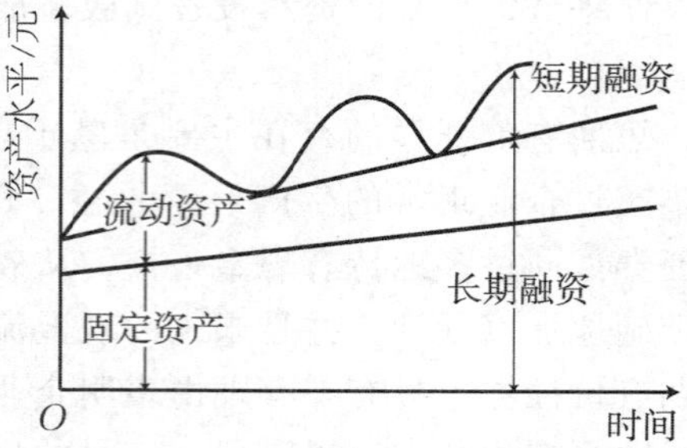

图 6-2 稳健型融资策略

稳健型融资策略要求企业的临时性融资计划严密，实现现金流动与预期安排一致。在季节性低谷的时候没有流动负债；只有在临时性流动资产的需求高峰期，企业才举借各种流动负债。

例如，某企业在生产经营的淡季，需占用300万元的流动资产和500万元的固定资产；在生产经营的高峰期，会额外增加200万元的季节性存货需求。稳健型融资策略的做法是：企业只在生产经营的高峰期才借入200万元的短期借款。不论何时，800万元永久性资产（即300万元永久性流动资产和500万元固定资产之和）均由长期负债、自发性负债和权益资本来满足其资金需要。

这种融资策略的基本思想是将资产与负债的期间相配合，以降低企业不能偿还到期债务的风险和尽可能降低债务的资本成本。但事实上，由于资产使用寿命的不确定性，往往达不到资产与负债的完全配合。如一旦企业生产经营高峰期内的销售不理想，未能取得销售现金收入，便会发生偿还临时性负债的困难。因此，稳健型融资策略是一种理想的、对企业有着较高资金使用要求的营运资金筹集政策。

（二）进取型融资策略

进取型融资策略也称激进型融资策略。其特点是：流动负债不但融通临时性流动资产的资金需要，而且还要解决部分永久性资产的资金需要。该融资策略如图6-3所示。

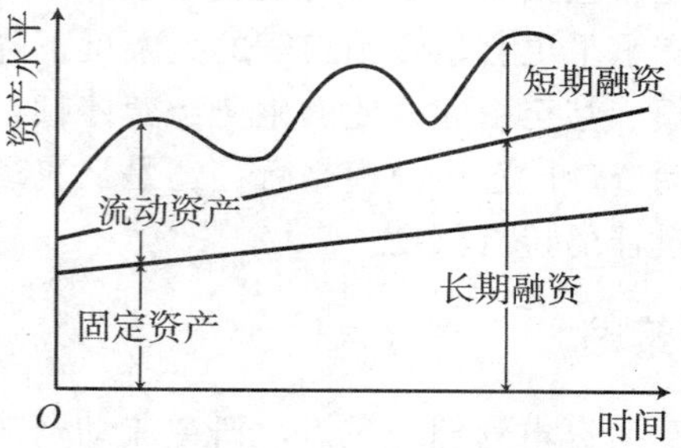

图 6-3 进取型融资策略

在进取型融资策略下，流动负债在企业全部资金来源中所占比重大于稳健型融资策略。在现实生活中，较小的企业通常被迫用流动负债融通一部分永久性资产，因为它们很难吸收长期负债融资，其权益性资本远远不能满足其发展需要。在这种情况下，企业必须在这些债务到期时进行再融资，这就包含了不能按计划融资和由于流动负债利率变动而增加企业资本成本的风险。但是，由于流动负债的资本成本低于长期负债和权益资本成本，而进取型融资策略下的流动负债所占比重较大，所以该融资策略下的资本成本较低，其总资产的投资回报率较高。因此，我们说进取型融资策略是一种风险性与获利性均较高的流动资产融资策略。

例如，某企业生产经营淡季占用300万元的流动资产和500万元的固定资产，在生产经营的高峰期，额外增加200万元的季节性存货需求。如果企业的权益资本、长期负债和自发性负债的筹资额低于800万元（即低于正常经营期的流动资产占用与固定资产占用之和），比如只有700万元甚至更少，那么就会有100万元或者更多的永久性资产和200万元的临时性流动资产（在经营高峰期内）由临时性负债（如短期银行借款）来解决。

（三）保守型融资策略

保守型融资策略的特点是：流动负债只融通一部分临时性流动资产的资金需要，另一部分临时性流动资产和永久性流动资产均由长期负债和权益性资本作为其资金来源。保守型融资策略如图6-4所示。

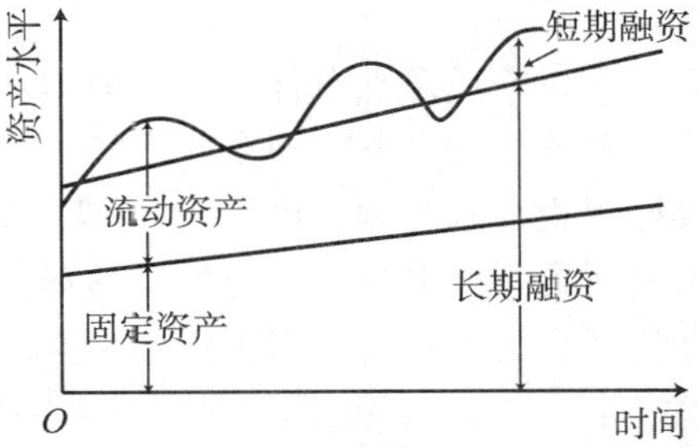

图6-4　保守型融资策略

例如，某企业在生产经营旺季需借入的200万元资金中，通过流动负债满足其中的一部分，如100万元，而另外的100万元则通过长期负债、自发性负债和权益资本来满足。在生产经营的淡季，企业则将闲置的资金（100万元）投资于短期有价证券。

保守型融资策略克服了企业临时性资金计划的不严密性，给流动负债提供了一个行之有效的安全边际。考虑到安全边际，管理当局需要对临时性流动资产投资的流动负债融资和长期负债与权益性融资的比例进行决策。但是，采用这一策略，企业将在季节性低谷为多余的债务融资支付利息，故其总资产的投资回报率一般较低。

第二节　现金和有价证券管理

现金是流动性最强的资产，具有普遍可接受性，是企业最重要的支付手段，可以满足企业生产经营的各种开支需要，也是履行纳税义务和偿还债务的保证。属于现金内容的项目包括：企业的库存现金、各种形式的银行存款和银行本票、银行汇票等。

有价证券是企业现金的一种转换形式。有价证券变现能力强，可以随时兑换成现金。企业有多余现金时，常将现金兑换成有价证券；现金流出量大于流入量需要补充现金时，再出让有价证券换回现金。因此，这里将有价证券视为现金的替代品。

一、现金管理的目标

（一）企业持有现金的动机

企业置存现金的动机主要是满足交易性需要、预防性需要和投机性需要。

1. 交易动机

交易动机是指持有现金以便满足日常支付的需要。企业为了组织日常生产经营活动，必须保持一定数额的现金以用于购买材料、支付工资、缴纳税款、偿付到期债务、派发现金股利等。尽管企业每天都会有一定的现金收入和现金支出，但收入和支出很少同时发生，而且即使同时发生，收支数额也难以相等。因此，企业保留一定数额的现金以应付日常支出是十分必要的，是企业正常业务活动持续进行的基本保障。通常情况下，企业为满足交易动机所持有的现金量主要取决于企业的销售水平，即销售扩大，所需现金量也随之增加。

2. 预防动机

预防动机是指持有现金以便应付一些意外事件对现金的需求。企业预计的现金量一般指正常情况下的需要量，但有许多意外事件会影响现金收入和支出。例如，自然灾害、生产事故、坏账等，都会使企业的实际现金需求与预计情况发生偏差，从而导致现金收支不平衡。因此，在正常业务活动现金需要量的基础上追加一定数量的现金余额，以应付未来现金收支的随机波动，是企业在确定必要现金持有量时应当考虑的因素。企业为预防动机而持有的现金量的多少取决于以下三个方面：一是现金收支预测的可靠程度；二是企业的临时借款能力；三是企业愿意承担风险的程度。

3. 投机动机

投机动机是指持有现金以便当市场上出现较有利的机会时进行投机活动，从中获得收益。例如，当证券市价大幅下跌时购入有价证券，在其价格反弹时卖出以获得高额资本利得；伺机买进质高价廉的材料或其他资产等。投机动机只是企业确定现金余额时所需考虑的次要因素之一，其持有数量往往与企业在金融市场上的投资机会和企业对待风险的态度有关。

此外，银行要求企业保留补偿性余额，也是企业持有现金的原因之一。企业在确定现金余额时，应综合考虑各方面的持有动机。但需要注意的是，由于各种动机所需的现金可以调剂使用，企业持有的现金总额并不等于各种动机所需现金余额的简单相加，前者通常小于后者。另外，各种动机所需的现金，并不要求必须是货币形态，可以是能够随时变现的有价证券以及能够随时融入现金的其他各种存在形态，如银行透支额度等。

（二）现金管理的目标

企业缺乏必要的现金，将不能应付业务开支，使企业遭受损失。企业由此而造成的损失，称为短缺现金成本。短缺现金成本不考虑企业其他资产的变现能力，仅就不能以充足的现金支付购买费用而言，大致包括：丧失购买机会（甚至会因缺乏现金不能及时购买原材料而使生产中断造成停工损失）、造成信用损失和丧失折扣。其中失去信用而造成的损失难以准确计量，但其影响往往很大，甚至导致供应商拖延或拒绝供货、债权人要求清算等。但是，若企业置存过量的现金，则又会因这些资金不能投入周转无法获得收益而遭受另一些损失。一般来说，流动性强的资产，其收益性较低，这意味着企业应尽可能少地置存现金，避免资金闲置或用于低收益资产而带来的损失。如此，企业便面临现金不足和现金过量两方面的威胁。企业现金管理的目标就是要在资产的流动性和收益性之间做出抉择，以获取最大的长期利润。

二、现金管理的有关规定

按照现行规定，我国有关部门对企业使用现金有如下规定。

（一）现金的使用范围

这里的现金是指人民币现钞，即企业用现钞从事交易，只能在一定范围内进行。该范围包括：支付职工工资、津贴；支付个人劳务报酬；根据国家规定颁发给个人的科学技术、文化艺术、体育等各种奖金；支付各种劳保、福利费用以及国家规定的对个人的其他支出；向个人收购农副产品和其他物资的价款；出差人员必须随身携带的差旅费；结算起点（1 000 元）以下的零星支出；中国人民银行确定需要支付现金的其他支出。

（二）库存现金限额

企业库存现钞，由其开户银行根据企业的实际需要核定限额，一般以 3 ~ 5 天的零星开支额为限。边远地区或交通不便地区可以按多于 5 天但不超过 15 天的日常零星开支确定限额。

（三）不得坐支现金

不得坐支现金，即企业只可以从库存现金限额中支付或从开户银行提取现金，不得从企业的现金收入中直接支付现金。因特殊情况确需坐支现金的，应事先报经开户银行审核批准，并在核定的范围和限额内进行。同时，收支的现金必须入账反映。

（四）企业必须加强现金收支的日常管理

企业现金收支的日常管理主要有：

（1）企业的现金收入应于当日送存开户银行，当日送存确有困难的，由开户银行确定送存时间。

（2）企业从开户银行提取现金，应当证明用途，并由财会部门负责人签字盖章。

（3）因采购地点不固定、交通不方便以及其他特殊情况必须使用现金的，应向开户银行提出申请，经开户银行审核后予以支付现金。

（五）企业必须遵循的禁止性规定

企业必须遵循下列禁止性规定：不得编造和谎报用途套取现金；不得利用企业账户替其他单位和个人套取现金；不得与其他企业、单位相互借用资金；不得用不符合财务制度规定的凭证（如借条、白条等）顶替库存现金；不得将企业的现金收入以个人储蓄的方式存在银行；不得设置“小金库”、保留账外公款等。

三、现金管理策略

为实现现金管理目标，企业可以采取以下几项策略。

（一）力求现金流入与现金流出同步化

从理论上讲，若企业现金流入与现金流出在时间和数量上完全同步的话，企业的现金余额可以降为零。当然，现实经济生活中企业不可能完全做到这一点。但是企业如果能有意识地朝该方向努力，则企业的现金持有量可以显著降低。为此，企业进行现金盈亏平衡分析（cash breakeven analysis）是非常有必要的。现金盈亏平衡分析的主要内容是确定现金盈亏平衡点。所谓现金盈亏平衡点，是指现金流入量与现金流出量相等时的产销量。

常规意义上的盈亏平衡点是指收益为零时的产销量，其计算公式为：

盈亏平衡点＝固定成本/（单价－单位变动成本）

由于该公式中的固定成本中含有非现金支出项目，主要包括折旧，所以上式计算出的产销量并不是企业现金收入与现金支出相等时的产销水平。将折旧额从固定成本中扣除，得到如下现金盈亏平衡点的计算公式：

现金盈亏平衡点＝（固定成本－折旧）/（单价－单位变动成本）

当企业的实际销售量达到现金盈亏平衡点时，企业恰好处于现金收入与现金支出平衡的状态。若预计销量低于现金盈亏平衡点，则企业将会发生现金短缺，这时财务人员应事先制定好短期融资计划。若预计销量高于现金盈亏平衡点，则表明企业将产生现金剩余，这时财务人员应预先安排剩余资金的处置计划。

（二）加速收款

为了提高现金使用效率，加速现金周转，企业应在不影响未来销售的情况下，尽可能加快应收账款的收回，使之转化为可用现金。为此，可以将应收账款收账期划分为两个时间段：一是从企业赊销产品开始至客户付款开出支票（或其他结算单据）这段时间；二是从客户开出支票到款项划入企业开户银行存款账户这段时间。如何缩短前一段时间，我们将在应收账款管理中讲述，此处主要说明如何缩短第二段时间。

为缩短从客户开出支票到款项划入企业开户行账户这段时间，企业应尽量让客户选用一种速度较快的结算方式，将款项及早划入企业开户行账户；当企业收到客户的支票或其他结算单据时，应及时送交银行。为加速收款，西方发达国家通常采用两种方法，即锁箱法和银行业务集中法。

（1）锁箱法。采用这种方法时，企业首先确定在某些地区租用加锁的专业邮政信箱，并开立分行存款户；然后通知客户将款项就近汇至指定的邮政信箱。企业授权当地银行（即代理银行）每天数次开启信箱，在收取客户寄到的支票后立即进行结算，并通过电汇将款项及时划拨至企业所在地银行。

（2）银行业务集中法。采用该方法时，企业选择收款额较集中的各地区设立若干个收款中心，并指定一个主要开户银行（通常是总部所在地）为集中银行。客户收到账单后，直接将款项汇至当地收款中心，收款中心及时将款项存入当地银行，然后各当地银行将收到的款项及时划拨至集中银行。

（三）控制应付款的支付时间

为了最大限度地利用现金，在不影响企业自身的形象和信誉、不影响本企业与信用提供者之间关系的前提下，企业可采取措施来延缓应付款的支付时间。例如，若供应商提供的信用条件为“1/20、*n*/30”，则如果企业决定享受现金折扣就应尽量在第20天付款；如果企业决定放弃现金折扣则应尽量推迟至第30天付款，切忌过早付款。

（四）改进工资支付方式

企业通常会为支付工资而设立一个专门的存款账户。为减少这一账户对现金的占用，企业可预先估计出从开出支付工资支票到银行兑现的具体时间，合理安排工资存款账户的存款数额，达到节约使用现金的目的。例如，假设某企业在3月5日支付工资200万元，根据历史资料，5日、6日、7日、8日、9日及9日以后的兑现比率分别为20%、20%、20%、20%、5%和15%。这样，企业就不必在5日存够200万元，企业完全可能转存入一个远小于200万元的金额。

（五）充分利用现金浮游量

从企业开出支票，收票人收到支票并存入银行，至银行将款项划出企业账户，中间需要一段时间。现金在这段时间的占用称为现金浮游量（float）。在这段时间里，尽管企业已开出支票，却仍可动用在活期存款账户上的这笔资金。不过，在使用现金浮游量时，一定要注意控制好使用时间，否则会发生银行存款的透支。

（六）充分利用闲置资金进行短期有价证券投资

企业在经营过程中，经常会出现资金的暂时闲置。例如，由于季节性生产造成的资金闲置，逐步积累偿债资金过程中形成的闲置现金或长期筹资所得资金暂时未用完的部分等。由于这部分资金在不远的将来有特定的用途，所以不能将其用于长期投资。但如果仅以现金形式持有，则收益率极低。此时企业可将闲置资金用于购买有价证券，这样一方面不会影响企业未来的资金需要，另一方面还会提高资金的收益率。

四、最佳现金持有量的确定

最佳现金持有量的确定要在持有过多现金产生的机会成本与持有过少现金而带来的短缺成本之间进行权衡。与现金持有量有关的成本主要包括：

第一，持有现金的机会成本，即持有现金所放弃的报酬（机会成本），通常按有价证券的利息率计算。它与现金持有量呈同方向变化。

第二，现金与有价证券的转换成本，即将有价证券转换为现金的交易成本，如经纪人费用、捐税及其他管理成本。假设这种交易成本与交易次数有关，交易次数越多，成本就越高。它与现金持有量呈反方向变化。

第三，短缺成本，即指因缺少必要的现金，不能应付业务开支所需而发生的丧失购买机会、造成信用损失和得不到折扣等成本。它与现金持有量呈反方向变化。

第四，管理成本，即企业持有现金所发生的管理费用，如管理人员工资、安全措施费等。管理成本是一种固定成本，它与现金持有量之间没有明显的比例关系。

在现代财务管理理论中，有许多确定最佳现金持有量的模型，下面介绍几种常用的方法。

（一）现金周转模式

现金周转模式是通过预计年现金需求总量和确定现金周转的目标次数来确定企业的最佳现金持有量。其计算公式为：

$$\text{最佳现金持有量}=\frac{\text{预计现金年总需求量}}{\text{现金周转次数}}$$

毫无疑问，现金周转速度越快，平时持有的现金就越少。在上式中，现金周转次数是指现金在1年内周转了几次，其计算公式为：

$$现金周转次数=\frac{360}{现金周转天数}$$

现金周转天数是指企业由于购置存货、偿付欠款等原因支付货币资金至存货售出、收回应收账款而收回现金的时间。在存货购置采用信用方式时，其计算公式为：

现金周转天数 = 存货周转天数 + 平均收款期 − 平均付款天数

现金周转模式的操作虽然比较简单，但该模式要求有一定的前提条件：首先，未来年度的现金总需求应该能够根据产销计划比较准确地加以预计；其次，必须能够根据往年的历史资料测算出未来年度的现金周转次数。

例 6-1 某公司计划年度预计存货周转期为 90 天，应收账款周转期为 40 天，应付账款周转期为 30 天，每年现金需求量为 720 万元，则最佳现金持有量计算如下：

现金周转期 = 90 + 40 − 30 = 100（天）

现金周转率 = 360 ÷ 100 = 3.6（次）

最佳现金持有量 = 720 ÷ 3.6 = 200（万元）

也就是说，如果年初企业持有 200 万元现金，它将有足够的现金满足各种支出的需要。

（二）成本分析模式

成本分析模式是通过分析持有现金的成本来确定最佳现金持有量的一种方法。持有现金的成本构成可以表示为：

持有现金的总成本 = 机会成本 + 管理成本 + 短缺成本

（1）机会成本。其是指因持有现金而丧失的再投资收益。假设某企业的投资收益率为 10%，年均持有现金 50 万元，则该企业每年持有现金的机会成本为 5 万元（50 × 10%）。机会成本与现金持有量正相关，即现金持有额越大，机会成本越高。企业为了经营需要持有一定量的现金，付出相应的机会成本代价是必要的，但现金持有量过大造成机会成本大幅上升，就不合算了。

（2）管理成本。其是指企业对现金进行管理而发生的费用，如管理人员工资和安全措施费等。管理成本是一种固定成本，与现金持有量之间无明显比例关系。

（3）短缺成本。其是指企业因缺乏必要现金不能应付业务开支的需要而使企业遭受的损失或为此付出的代价。如不能按时支付货款造成的信用损失，不能按期缴纳税款的滞纳金等。短缺成本与现金持有量负相关，即现金持有额越大，短缺成本越小。

成本分析模式就是对以上三种不同的现金持有成本进行分析，找出三种成本之和为最低点时的现金持有量，该点就是最佳现金持有量。最佳现金持有量的成本分析模式如图 6-5 所示。机会成本线向右上方倾斜；短缺成本线向右下方倾斜；管理成本线平行于横轴；总成本线是一条抛物线，该抛物线的最低点即为持有现金的最低总成本。超过这一点，机会成本上升的代价会大于短缺成本下降的好处；这一点之前，短缺成本上升的代价又会大于机会成本下降的好处；这一点横轴上的金额即为最佳现金持有量。

成本分析模式适用范围广泛，尤其适用于现金收支波动较大的企业，但是持有现金的短缺成本较难准确预测。

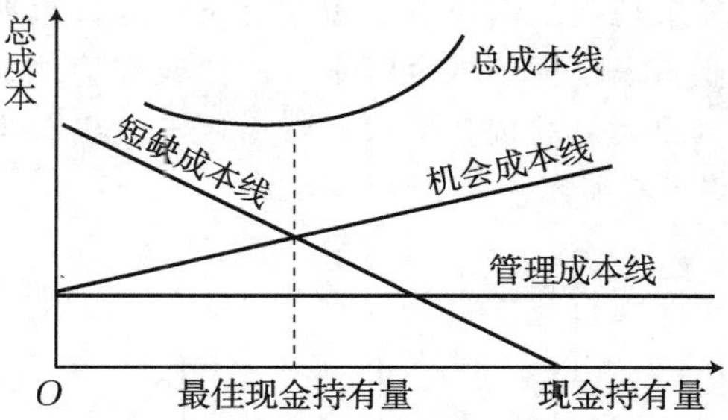

图 6-5 最佳现金持有量的成本分析模式图

例 6-2 某企业有四种现金持有方案，它们各自的机会成本、管理成本、短缺成本见表 6-1。

表 6-1 **现金持有方案** 单位：元

项目	方案			
	甲	乙	丙	丁
现金持有量	30 000	60 000	90 000	120 000
机会成本	4 500	9 000	13 500	18 000
管理成本	15 000	15 000	15 000	15 000
短缺成本	10 500	5 500	3 500	0

注：机会成本率即该企业的资本收益率，为 15%。

这四种方案的总成本计算结果见表 6-2。将各方案的总成本加以比较可知，乙方案的总成本最低，也就是说当企业持有 60 000 元现金时，各方面的总代价最低，对企业最合算，故 60 000 元是该企业的最佳现金持有量。

表 6-2 **现金持有总成本** 单位：元

项目	方案			
	甲	乙	丙	丁
机会成本	4 500	9 000	13 500	18 000
管理成本	15 000	15 000	15 000	15 000
短缺成本	10 500	5 500	3 500	0
总成本	30 000	29 500	32 000	33 000

（三）存货模式

存货模式的基本原理是将企业现金持有量和短期有价证券联系起来衡量，即将企业现金的持有成本同现金和短期有价证券的转换成本进行权衡，以求得二者相加总成本最低时的现金余额，从而得出最佳现金持有量。由于在存货模式下，我们将企业的现金持有量和短期有价证券联系起来考虑，故在现金的持有成本中可以不考虑现金短缺成本和现金管理成本。因为，在持有现金不足交易性需求时，总是可以通过出售有价证券获得现金，故不存在现金的短缺成本；对于现金管理成本，由于它是持有现金的固定成本，不是最佳现金持有量的一个决策变量。相反，在存货模式下，需考虑短期有价证券和现金之间的转换成本。

存货模式假定企业将多余现金全部投资于短期有价证券，短期有价证券的投资组合可以随时转换为现金，并且企业未来年度的现金流量可以比较准确地加以预测，其现金流转也是有规律的，每次转换可以生成大量的现金流入，然后逐渐流出，当现金余额接近零时再同样重复。其现金流转模式如图6-6所示。

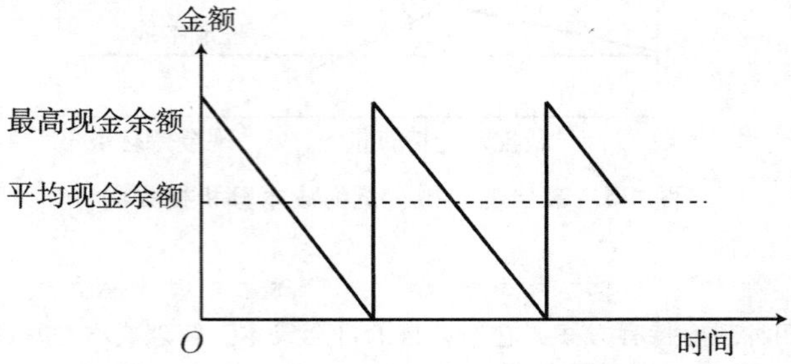

图6-6　存货模式下的现金流转模式

由图6-6可知，当企业持有的现金趋于零时，就需要将有价证券转换为现金，以用于日常开支。但现金转换为有价证券和有价证券转换为现金均需要支付税金、佣金等转换成本。在一定时期内，有价证券与现金之间转换的次数越多，其转换成本就越高。当然，企业置存现金也要付出一定代价，这些代价主要是持有现金的机会成本，因为保留现金意味着丧失了投资于有价证券而产生的利息或股息收益。一般来讲，保持现金的余额越多，其机会成本愈大。持有现金的机会成本与有价证券和现金之间的转换成本的关系如图6-7所示。

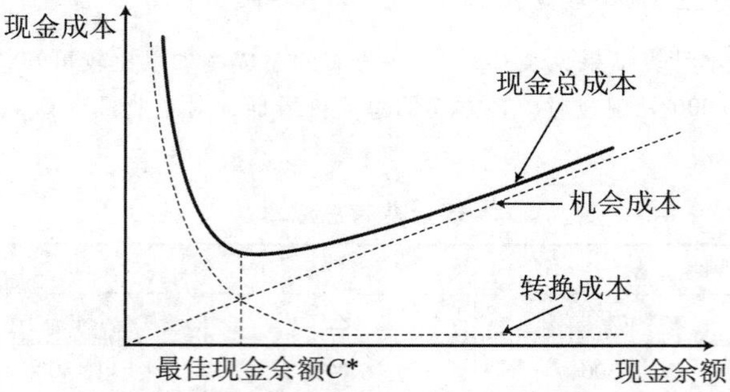

图6-7　最佳现金持有量的存货模式

由图6-7可知，持有现金的机会成本与现金持有量成正比。现金的余额越大，持有现金的机会成本就越高，但短期有价证券的转换次数就越少，其转换成本也就越小。相反，现金的余额越少，持有现金的机会成本就越小，但短期有价证券的转换次数就越多，其转换成本也就越大。因此，最佳的现金持有量就是求出二者之和最低时的现金持有量。

为了讨论最优现金余额的确定，首先定义下列符号的含义：

C表示公司出售有价证券或借款筹集的现金余额，C/2表示平均现金余额。

C^*表示公司出售有价证券或借款筹集的最佳现金余额，$C^*/2$表示最优平均现金余额。

F表示有价证券交易或借款所发生的固定成本。

T表示在整个期间内（通常为1年）公司经营活动所需的现金总额。

K表示公司持有现金的机会成本。

因此，公司现金余额相关总成本由持有成本和转换成本（交易成本）两部分组成，即：

$$\begin{aligned} TC（总成本）&= 持有成本 + 转换成本 \\ &= 平均现金余额 \times 机会成本 + 转换次数 \times 每次转换成本 \\ &= \frac{C}{2} \cdot K + \frac{T}{C} \cdot F \end{aligned}$$

由图6-7可知，随着现金持有量上升而产生的转换成本的边际减少额与随着现金持有量上升而产生的机会成本的边际增加额相等时，持有现金的总成本最低，此时的现金持有量为最佳现金持有量，即机会成本和转换成本之和最小时的现金余额为最佳现金持有量。

总成本最小的现金持有量，可以通过对上式求导数并使之等于零求得，即：

$$\frac{dTC}{dC} = \frac{K}{2} - \frac{TF}{C^2} = 0$$

简化上式，得：

$$C^* = \sqrt{\frac{2TF}{K}}$$

上式就是通常所称的鲍莫模型，它可以用来确定公司最佳现金余额。

例6-3 某企业预计全年需要现金72 000 000元，现金与有价证券每次的转换成本为2 400元，有价证券收益率为6%，则最佳现金持有量为：

$$C^* = \sqrt{\frac{2 \times 2\,400 \times 72\,000\,000}{6\%}} = 2\,400\,000（元）$$

很明显，鲍莫模型是建立在一系列假设基础之上的，其中最重要的假设是认为公司现金流入和流出是稳定的、可预见的，忽视了公司现金流量的季节变化。故在使用这种方法确定最优现金余额时，还需依赖财务人员的经验和主观判断。

（四）随机模式

随机模式又称米勒—奥尔模型。美国经济学家默顿·米勒和丹尼尔·奥尔（Deniel Orr）认为，公司现金流量中总存在着不确定性。在确定公司目标现金额时必须充分考虑这种不确定性因素。他们假定，公司每日净现金流量几乎呈正态分布，每日净现金流量可看做正态分布的期望值，可能等于期望值也可能高于或低于期望值。因此，公司每天净现金流量呈无一定趋势的随机状态。假设现金余额随机波动，我们可以运用控制论，事先设定一个控制限额。当现金余额达到限额的上限时，就将现金转换为有价证券；当现金余额达到下限时，就将有价证券转换为现金；当现金余额在上下限之间时，就不做现金与有价证券之间的转换。米勒—奥尔模型如图6-8所示。

随机模式是在现金需求量难以预知的情况下进行现金持有量控制的方法。对企业来讲，现金需求量往往波动大且难以预知，但企业可以根据历史经验和现实需要，测算出一个现金持有量的控制范围，即制定出现金持有量的上限和下限，将现金控制在上下限之内。当现金量达到控制上限时，用现金购入有价证券，使现金持有量下降；当现金量降到控制下限时，则抛售有价证券换回现金，使现金持有量回升。若现金量在控制的上下限之内，便不必进行

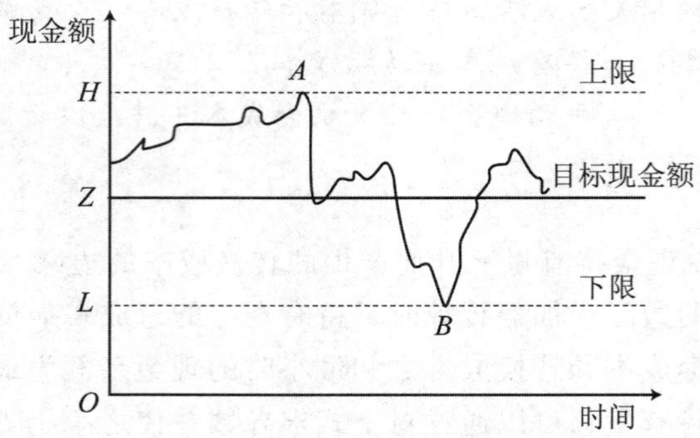

图 6-8　米勒—奥尔模型

现金与有价证券的转换，保持它们各自的现有存量。

该模型建立了现金流量的最高控制界限和最低控制界限，分别用 H 和 L 表示，同时也确定了目标现金余额 Z。当现金余额达到 H 线（如在 A 点），表明现金余额过多，企业将购入 $H-Z$ 单位的有价证券，使现金余额回落到 Z 线上；当现金接近 L 线时（如在 B 点），表明现金余额过少，企业将出售 $Z-L$ 单位的有价证券，使现金余额回升到 Z 线上；现金在 H 和 L 之间波动时，企业不采取任何措施。最低界限 L 是公司管理部门根据公司愿意承担的现金短缺风险来确定的。可以按企业现金的安全储备额或银行所要求的某一最低现金余额确定，当然它也受管理人员对于风险态度的影响。

确定了下限 L 以后，米勒—奥尔模型就可以确定公司目标现金余额 Z 和上限 H，其计算公式为：

$$Z = \sqrt[3]{\frac{3F\sigma^2}{4K}} + L$$

$$H = 3Z - 2L$$

式中，F——转换有价证券的固定成本；

σ^2——每日现金净流量的方差；

K——持有现金的日机会成本（证券日收益率）。

下限 L 的确定，则要受到企业每日的最低现金需要、管理人员的风险承受倾向等因素的影响。

例 6-4　假定某公司有价证券的年利率为9%，每次固定转换成本为50元，公司认为任何时候其银行活期存款及现金余额均不能低于1 000元，又根据以往经验测算出现金余额波动的标准差为800元。则最优现金返回线 Z、现金控制上限 H 的计算为：

$$Z = \sqrt[3]{\frac{3F\sigma^2}{4K}} + L = \sqrt[3]{\frac{3\times 50\times 800^2}{4\times 0.025\%}} + 1\,000 = 4\,579 + 1\,000 = 5\,579\text{（元）}$$

$$H = 3Z - 2L = 3\times 5\,579 - 2\times 1\,000 = 14\,737\text{（元）}$$

当公司的现金余额达到14 737元时，即应以9 158元（14 737 - 5 579）的现金去投资于有价证券，使现金持有量回落为5 579元；当公司的现金余额降至1 000元时，则应转让4 579元（5 579 - 1 000）的有价证券，使现金持有量回升为5 579元。其现金持有量的控制过程如图6-9所示。

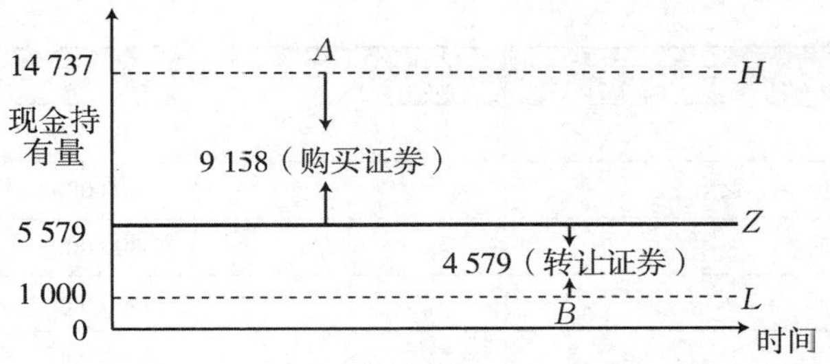

图 6-9　现金持有量的控制过程

五、现金预算

现金预算（cash budget）预计和汇总了计划期内的现金流入量和流出量能从中看出月度现金余额和用于弥补现金短缺的短期借款额。月度现金预算通常有 6 ~ 12 个月的设计模型时间。每个月正的净现金流量能够增加现金，减少未还借款或被用在业务的其他用途上；而负的净现金流量则相反，需要通过借款或出售资产来满足。

一般而言，现金预算通常被用于短期计划中，所以它们包括的内容较为详细。然而，详细程度也依赖于公司的规模以及项目在设计模型时间中所处的阶段。设计时间外的预测是粗略的，小公司的现金预算比大公司要简洁，因为大公司的业务复杂，所有影响现金流量的信息都需要考虑在内。

多数现金预算都以销售预算为基础，因为许多现金流量都与销售相关。从销售中取得的现金流量取决于销售收入和现金销售与信用销售的比例。信用销售中的收款时间由信用条件和支付方式决定。

另外，集中现金流出量也同销售相关。销售成本影响原材料的购进、工资和预期销售存货的生产成本；销售费用直接与销售相关联。

但是，一些现金支出则不随销售的变动而变动。这些支出包括：资本支出、租金、租赁费、负债偿还、一些薪金支出和税金支付。这些固定性现金支出也包括在现金预算中。

例 6-5　MP 公司的现金负责人正准备编制一个 6 个月（4 ~ 9 月）的现金预算，他们的现金管理模型以下列假定为基础：

（1）近期和预期的销售额见表 6-3。

表 6-3　近期和预期的销售额表　　单位：元

月　份	销售额
2 月（实际）	400 000
3 月（实际）	500 000
4 月（预计）	600 000
5 月	700 000

续表

月　份	销售额
6 月	800 000
7 月	800 000
8 月	700 000
9 月	600 000
10 月	500 000

（2）销售额的 20% 在销售当月收回，50% 在销售的第 2 个月收回，其余的 30% 在销售的第 3 个月收回。

（3）购买额为销售额的 60%，购买款在销售前的 1 个月支付。

（4）薪金是销售额的 12%，在销售当月支付。

（5）每月支付 10 000 元的租金，4 ~ 7 月每月的其他现金营业费为 30 000 元，8 月和 9 月为 25 000 元。

（6）4 月和 7 月分别支付税金 20 000 元和 30 000 元，6 月将有 150 000 元的资本支出，5 月公司将偿还 60 000 元的抵押贷款。

（7）3 月末的现金余额为 150 000 元，管理者拟将最低余额一直保留在100 000元的水平上。公司为了保持这一余额水平将借入所需的资金，任何超出最低余额的部分将被用来偿还贷款直至还完。

表 6-4 所示的现金预算就是建立在以上假定条件之上的。表的最上部是现金收入，反映了假定（1）和假定（2）的内容。现金支出满足假定（3）到假定（6）的内容。4 月的期初余额是假定（7）中给出的 3 月的期末余额。每月的现金净流量等于现金收入减现金流出。

表 6-4　　**MP 公司现金预算**　　单位：元

销　售	现金预算（4 ~ 9 月）					
	4 月 600 000	5 月 700 000	6 月 800 000	7 月 800 000	8 月 700 000	9 月 600 000
现金收入： 收回（本月）20%	120 000	140 000	160 000	160 000	140 000	120 000
（上个月）50%	250 000	300 000	350 000	400 000	400 000	350 000
（前 2 个月）30%	120 000	150 000	180 000	210 000	240 000	240 000
现金收入合计	490 000	590 000	690 000	770 000	780 000	710 000
现金支出： 采购 薪金	 420 000 72 000	 480 000 84 000	 480 000 96 000	 420 000 96 000	 360 000 84 000	 300 000 72 000
租金	10 000	10 000	10 000	10 000	10 000	10 000
现金营业费用	30 000	30 000	30 000	30 000	25 000	25 000
税金	20 000			30 000		
资本支出			150 000			
偿还抵押款		60 000				
现金支出合计	552 000	664 000	766 000	586 000	479 000	407 000

续表

销　售	现金预算（4～9月）					
	4月 600 000	5月 700 000	6月 800 000	7月 800 000	8月 700 000	9月 600 000
期末现金余额： 净现金流量	－62 000	－74 000	－76 000	184 000	301 000	303 000
期初现金余额	150 000	100 000	100 000	100 000	122 000	423 000
可用的余额	88 000	26 000	24 000	284 000	423 000	726 000
月度借款	12 000	74 000	76 000			
月度偿还				162 000		
期末现金余额	100 000	100 000	100 000	122 000	423 000	726 000
累计贷款余额	12 000	86 000	162 000	0	0	0

表6-4的下端部分预计了每月的期初和期末现金余额、借款额、短期借款偿还额和累积的短期借款余额。这些内容有很强的钩稽关系。

月度净现金流量加上本月期初现金余额等于可用的余额。将可用的余额与最低余额100 000元相比，如果可用的余额低，公司将借入一部分款项以达到最低余额；相反，超过最低余额部分的现金将用来偿还未清偿的短期借款。最终现金余额将等于可用现金余额加上本月的借入额或减去本月的借款偿还额。最后，累计的借款余额为以前月份的借款余额加上本月的借款额或减去本月的偿还额。MP公司4—6月预计有负的净现金流量，将需要公司借入款项已达到最低余额。从7月份开始，公司的净现金流量预计为正值，偿还了所有的借款余额，到9月份，公司已累积了大量的期末现金余额。

现金预算的目的是确保公司在计划期内的财务经营顺畅。现金预算预计了现金溢余和短缺的时间及数量，是公司计划期资金来源和运用的基础。例如，当用短期投资得到其收益来满足公司现金预算中所列示的特定现金需求时，一旦这些需求已被量化，公司就可以在短期投资方案中进行投资选择。

第三节　应收账款管理

应收账款是企业流动资产的一个重要项目，是企业因对外赊销产品、材料、供应劳务等而应向购货单位或接受劳务单位收取的款项。随着市场经济的发展、商业信用的推行，企业应收账款管理已成为流动资产管理中一个日益重要的问题。

一、应收账款管理的目标

应收账款是指企业对外销售产品、材料、供应劳务及其他原因，应向购货单位或接受劳务的单位及其他单位收取的款项。

企业发生应收账款的原因主要有以下两种。

（一）商业竞争

商业竞争是发生应收账款的主要原因。在市场经济条件下，存在激烈的商业竞争。竞争机制的作用迫使企业以各种手段扩大销售。除了依靠产品质量、价格、售后服务、广告等外，赊销也是扩大销售的手段之一。对于同等的产品价格、类似的质量水平、一样的售后服务，实行赊销的产品或商品的销售额将大于现金销售的产品或商品的销售额，这是因为顾客将从赊销中得到好处。出于扩大销售的竞争需要，企业不得不以赊销或其他优惠方式招揽顾客，于是就产生了应收账款。由竞争引起的应收账款是一种商业信用。

（二）销售和收款的时间差距

商品成交的时间和收到货款的时间常常不一致，这也导致应收账款的产生。虽然现实经济生活中的现金销售方式很普遍，如零售业，但对大多数批发和生产企业而言，发货时间和收到货款的时间往往不同。这是因为货款结算需要时间的缘故，销售企业只能承认这种现实并承担由此引起的资金垫支。由销售和收款时间差距造成的应收账款不属于商业信用，也不是应收账款的主要内容。在此仅讨论属于商业信用的应收账款的管理。

既然企业发生应收账款的主要原因是扩大销售，那么应收账款就是企业扩大销售和盈利而进行的投资。投资可能带来收益，同时一定会发生成本，所以需要在应收账款增加所带来的盈利与这种政策所带来的成本之间进行权衡。只有当应收账款增加所带来的盈利增加超过相应的成本增加时，才应当考虑采取宽松的信用政策以增加赊销量。

二、应收账款的成本

进行应收账款投资的成本主要有以下几种：

（1）机会成本。应收账款的机会成本是指投放在应收账款的资金而丧失的其他收入，如投资于有价证券的利息收入。这一成本通常与投资于应收账款上资金的数量、时间和资本成本成正比，恰当的资本成本一般是按有价证券的利息率计算的。

（2）管理成本。应收账款的管理成本包括：调查客户信用状况的费用、账簿的记录费用、收账费用及其他费用。这部分成本随着应收账款的增加而增加。

（3）坏账成本。应收账款因无法收回而发生的损失就是坏账成本。这部分成本也是随着应收账款的增加而增加。

三、信用政策的确定

应收账款赊销的效果依赖于企业所采用的信用政策。信用政策是企业财务政策的重要组成部分。信用政策是指企业对应收账款进行管理而制定的基本原则和行为规范，主要包括信用标准、信用条件和收账政策三部分。

（一）信用标准

信用标准是企业用于判断客户是否有资格享受商业信用所提出的基本条件，只有具备条件的客户才能享受企业所提供的商业信用。若企业的信用标准过高，只对信誉很好、坏账损失率很低的顾客给予赊销，则会减少坏账损失和收账费用，减少应收账款的机会成本，但不利于扩大销售，甚至可能会使销售减少；反之，若信用标准过低，虽然会增加销售，但同时坏账损失、收账费用和应收账款的机会成本也会相应增加。企业应根据具体情况来权衡确定信用标准。

企业在确定信用标准时，应考虑三个基本因素。

（1）同行业的竞争状况。面对竞争，企业首先考虑的是如何在竞争中处于优势地位，保持并不断扩大市场占有率。若对手实力很强，企业欲取得或保持竞争优势，就需采取较低的（相对竞争对手而言）信用标准；反之，可以采取较高的信用标准。

（2）企业承担违约风险的能力。企业承担违约风险能力的强弱，对其信用标准的选择有着重要的影响。当企业具有较强的违约风险承担能力时，可以以较低的信用标准提高竞争力，争取客户，扩大销售；反之，若企业承担违约风险的能力较弱，则只能选择较高的信用标准以尽可能降低违约风险水平。

（3）客户的资信程度。企业在制定信用标准时，必须对客户的资信状况进行调查、分析，然后根据客户的资信程度决定是否向客户提供信用。常用的客户资信调查方法有5C系统评估法，即从品质（character）、能力（capacity）、资本（capital）、抵押（collateral）、条件（condition）五个方面来确定客户资信程度的高低。

第一，品质。品质指客户的信誉，即履行偿债义务的可能性。企业必须设法了解客户过去的付款记录，看其是否一贯按期如数付款，是否与供货企业保持良好关系。这一点经常被视为评价客户信用的首要因素。

第二，能力。能力指客户的偿债能力，即其流动资产的数量和质量以及与流动负债的比例。客户的流动资产越多，其转换为现金支付款项的能力越强。同时，不应忽略客户流动资产的质量，看是否存在存货过多、过时或毁损从而导致其变现能力和支付能力下降的情况。

第三，资本。资本指客户的财务实力和财务状况，表明客户可能偿还债务的背景。

第四，抵押。抵押指客户拒付款项或无力支付款项时能被用作抵押的资产。这对于不知底细或资信状况有争议的客户尤为重要，一旦这些客户未予付款，企业可以以抵押品抵补。故而若这些客户提供足够的抵押，就可以考虑向其提供相应的商业信用。

第五，条件。条件指可能影响客户付款能力的经济环境，经济环境既包括对全球性或全国性宏观经济环境的考虑，也包括对客户所属行业、地区微观经济环境的分析。可通过了解客户在过去困难时期的付款历史，来分析外部环境的变化对客户偿债能力的影响，以及客户是否具有较强的应变能力。

除了上述5C系统评估法外，西方发达国家的企业也经常运用判别分析法进行客户信用评估。在这种情况下，企业需要利用以往客户的资料，将这些客户分为两组，构成两个不同的统计总体：一是信誉好的客户构成的总体；二是信誉差的客户构成的另一总体。然后利用多元统计分析方法，适当选取有关指标，建立判别函数，并给出具体判别方法。利用这种方法，企业就可以运用计算机软件系统实现用定量方法来分析客户信用状况的目的。

（二）信用条件

信用条件是指企业向客户提供商业信用的付款要求，包括信用期限、折扣期限和现金折扣率。信用条件通常以“1/20、n/30”的形式表示，其中30天为信用期限，20天为折扣期限，1%为现金折扣率，即若在20天内付款则可享受1%的现金折扣，若未能在20天内付款则全部款项应在30天内付清。

1. 信用期限

信用期限是指企业为客户规定的最长付款时间。一般来说，延长信用期限有利于企业扩大销售增加收入，但同时也会增加企业应收账款的资金占用，从而增加机会成本，相应的坏账损失和收账费用也会增加；若缩短信用期限，虽然可使机会成本、坏账损失、收账费用等信用成本减少，但不利于扩大销售，甚至可能使销售减少。因此，信用期限的确定是在这些收益与成本之间进行利弊权衡的结果。

例 6-6 某公司现在采用30天按发票金额付款的信用政策，拟将信用期放宽至60天，仍按发票金额付款即不给折扣，该公司投资的最低报酬率为15%，其他有关的数据见表6-5。

表 6-5 不同信用期的相关数据

金额单位：元

项　　目	信用期	
	30 天	60 天
销售量（件）	100 000	120 000
销售额（单价5元）	500 000	600 000
销售成本		
变动成本（每件4元）	400 000	480 000
固定成本	50 000	50 000
营业利润	50 000	70 000
可能发生的收账费用	3 000	4 000
可能发生的坏账损失	5 000	9 000

在分析时，先计算放宽信用期得到的收益，然后计算增加的成本，最后根据两者比较的结果作出判断。

（1）收益的增加：

$(120\,000-100\,000)\times(5-4)=20\,000$（元）

（2）应收账款占用资金应计利息的增加：

应收账款应计利息＝应收账款占用资金×资本成本率

应收账款占用资金＝应收账款平均余额×变动成本率

应收账款平均余额＝日销售额×平均收现期

30天信用期应计利息 $=500\,000/360\times30\times4/5\times15\%=5\,000$（元）

60天信用期应计利息 $=600\,000/360\times60\times4/5\times15\%=12\,000$（元）

应计利息增加 $=12\,000-5\,000=7\,000$（元）

（3）收账费用和坏账损失增加：

收账费用增加 $=4\,000-3\,000=1\,000$（元）

坏账损失增加 $=9\,000-5\,000=4\,000$（元）

（4）改变信用期的净损益：

收益增加－成本费用增加 $=20\,000-(7\,000+1\,000+4\,000)=8\,000$（元）

由于收益的增加大于成本增加，故应采用60天的信用期。

以上计算结果见表6-6。

表 6-6　　信用期限的判断计算　　单位：元

项　目	信用期		
	30 天	60 天	差量
销售收入	500 000	600 000	100 000
变动成本	400 000	480 000	80 000
边际贡献	100 000	120 000	20 000
固定成本	50 000	50 000	0
营业利润	50 000	70 000	20 000
应收账款平均余额	500 000 × 30 ÷ 360	600 000 × 60 ÷ 360	
应收账款机会成本（15%）	5 000	12 000	7 000
可能的收账费用	3 000	4 000	1 000
可能的坏账损失	5 000	9 000	4 000
扣减信用成本后收益	37 000	45 000	8 000

上述信用期限分析的方法是比较简略的，可以满足一般制定信用政策的需要。如有必要，也可以进行更细微的分析，如进一步考虑销货增加引起存货增加而多占用的资金，以及在信用期内提前付款给予现金折扣造成收入和成本的变化等。

2. 现金折扣和折扣期限

现金折扣是企业为鼓励客户尽早付款而给予的价格优惠。如前所述，延长信用期限会增加应收账款占用资金从而增加信用成本。为加速资金周转，降低信用成本，企业通常给客户提供一个折扣条件，促使客户提早付款。现金折扣实际上是销售收入的抵减，若折扣率较高，则会使企业收入减少，盈利下降，不过信用成本也会相应减少。因此，折扣率的确定要通过对提供折扣后的收益与提供折扣的成本加以权衡。

折扣期限是指企业允许客户享受现金折扣的付款期限。超过这一期限付款，客户将不能获得现金折扣的好处。由于不同时间的折扣期限所带来的收益和成本不同，企业同样需要对折扣期限所引起的收益和成本进行权衡。

（三）收账政策

收账政策是指当客户违反信用条件，拖欠款项或故意赖账时企业所采取的收账策略与措施。收账政策的内容包括两个方面：一是选择收账费用的投入量；二是制定收账程序。

（1）收账费用投入量的选择。企业若采用较积极的收账政策，则可能会减少应收账款的机会成本和坏账损失，但会增加收账费用；若采用较消极的收账政策，则可能会增加应收账款的机会成本和坏账损失，但会减少收账费用。收账费用投入量的确定可参照信用标准和信用条件的测算方法。

（2）收账程序的制定。作为应收账款管理的一项重要工作，企业必须根据具体情况制定出收账程序。当发现某些客户到期仍未支付款项时，企业可根据预先选择好的收账程序有条不紊地加以催收。

当企业发现某笔应收账款到期且客户还未付款时，企业可以采取如下措施：

信函通知（向客户发出一封措辞委婉的信件，提示对方已过期账款情况）→向客户打电话（措辞直率地催收）→派专人与客户当面洽谈→对客户采取法律行动。

为了维护与客户的良好关系，在客户不能及时付款时，企业需要多了解客户的困难，查明客户为什么不能付款，企业应针对不同情况而采取不同行动。例如，对于那些只是有意拖延付款时间而又并非打算拒付货款的客户，企业可以频繁写信或打电话加紧催收；又如，对于以往付款表现良好的老客户偶尔发生到期未能付款的情况，企业可有意暂不采取任何行动，以免日后失去该客户。

四、应收账款的日常管理

为了能够圆满制定和执行信用政策，企业必须做好应收账款的日常管理工作，主要包括以下内容。

（一）信用调查与分析

对客户的信用进行分析评价是应收账款管理的重要内容。只有正确评价客户的信用状况，才能合理执行企业的信用政策。为此，企业需要收集客户的有关信用信息。用于客户信用分析的信息来源主要包括以下几个方面：

（1）财务报表。企业可以利用客户的财务报表获得一些与客户资信状况有关的财务比率。因此，企业可以向客户索取财务报表，若客户为上市公司，则企业不必直接向客户索取，通过查阅客户公开披露的有关资料即可获得。

（2）客户付款的历史资料。企业应保留客户历次付款的资料，并注意收集主要客户在其他企业付款的历史资料。通过对客户付款历史资料的分析，企业可以对客户不按期付款的概率进行估计。

（3）信用评估机构。许多国家都有信用评估的专门机构，定期发布有关企业的信用等级报告，这些资料对于了解客户的信用情况具有较大的参考作用。

（4）银行。许多银行都设有信用部，为其客户提供服务。企业可以通过客户的开户银行了解到许多有价值的客户信用信息。

（5）有关部门或机构。企业可以利用有关部门的信息作为客户信用分析的辅助信息，例如工商管理部门、企业上级主管部门、财税部门、证券交易部门、消费者协会等。

（6）其他渠道。例如，通过有关书籍、报纸、杂志及互联网等获取相关信息。此外，如企业某些员工与客户日常接触过程中所了解的非正规信息也具有参考作用。

（二）应收账款的日常监控

企业应加强应收账款的日常监控工作，从而得以对信用政策进行调节和更新，保证其有效性和及时性。为此应做好以下工作：

（1）应收账款账龄分析。企业可以根据应收账款明细账编制应收账款账龄分析表，用于反映在信用条件规定的付款期限内及超过付款期限的若干天内应收账款的分布情况。企业财务人员可以根据账龄分析表中的信息分析应收账款归还、占用、拖欠情况，进而提出信用政策的改进建议。

（2）监控平均收账期与坏账损失率。平均收账期过长和坏账损失率过高通常表明企业信用政策过宽，资金使用效率低下；平均收账期过短和坏账损失率过低通常表明企业信用政策过严，不利于扩大销售和提高市场竞争力。因此，企业应做好平均收账期和坏账损失率的日常监控工作，以及时发现信用政策所存在的问题并采取必要措施。

（三）对客户进行信用额度管理

为了减少坏账损失和缩短平均收账期，企业可以针对不同客户，通过信用分析制定出不同的信用额度，即欠款最大余额。当客户所欠款项余额达到或接近其信用额度时，企业应拒绝为其提供商业信用，或者经过慎重考虑才予以提供信用。客户信用额度应定期修订，以及时适应客户信用方面发生的变化。

第四节　存货管理

存货是指企业在生产经营中为销售或耗用而储备的物资，包括材料、燃料、低值易耗品、在产品、半成品、产成品和商品等。

一、存货管理的目标

如果工业企业能在生产投料时随时购入所需的原材料，或者商业企业能在销售时随时购入商品，就不需要储备存货。但实际上，企业不可能是零库存，企业总有储存存货的需要，并因此占用或多或少的资金。企业存货管理的目标就是要在满足存货需要和减少有货占用资金之间进行均衡。企业储备存货的原因主要有：

（1）保证生产或销售的正常进行。企业很少能做到随时购入生产或销售所需的各种物资，即使是市场供应充足、采购计划控制十分严密的物资也如此。

（2）优惠价格的考虑。一般来讲，零购物资的价格往往较高，而整批购买物资在价格上常有优惠。但是，过多的存货需要占用较多的资金和承担较多的资本成本，并且会增加包括仓储费、保险费、维护费和管理人员工资在内的各项开支。

二、存货储备成本

为了维持企业的正常生产经营活动，企业必须储备一定数量的存货。但是，存货过多也会影响企业的经济效益。因为采购、储存存货要发生各种费用支出，这些费用支出就构成了企业存货的成本。一般来说，存货成本主要包括以下几方面。

（一）取得成本

取得成本是指为取得某种存货而支出的成本，通常用 TC_a 来表示。其又可进一步分为订货成本和购置成本。

1. 订货成本

订货成本是指取得存货订单的成本，如办公费、差旅费、邮资、电报、电话等费用支出。订货成本有一部分与订货次数无关，如常设采购机构的基本开支等，称为订货的固定成本，用 F_1 表示。另一部分与订货次数有关，如差旅费、邮资等，称为订货的变动成本。每次订货的变动成本用 K 表示；订货次数等于存货年需求量 D 与每次进货量 Q 之商。订货成本的计算公式为：

$$\text{订货成本} = F_1 + \frac{D}{Q}K$$

2. 购置成本

购置成本是指存货本身的价值，一般用数量与单价的乘积来确定。如果年需要量用 D 表示，单价用 U 表示，于是购货成本为 DU。

订货成本加上购置成本，就等于存货的取得成本。其计算公式为：

$$TC_a = F_1 + \frac{D}{Q}K + DU$$

（二）储存成本

储存成本是指保持存货而发生的成本，包括存货占用资金应计的利息、仓库费用、保险费用、存货破损和变质损失等，通常用 TC_c 表示。

储存成本可以分为固定成本和变动成本。固定成本与存货数量的多少无关，如仓库折旧、仓库职工的固定工资等，常用 F_2 表示。变动成本与存货的数量有关，如存货资金的应计利息、存货的破损和变质损失、存货的保险费用等，其单位变动成本可用 K_c 表示。储存成本的计算公式为：

$$TC_c = F_2 + K_c\frac{Q}{2}$$

（三）缺货成本

缺货成本是指由于存货供应中断而造成的损失，包括材料供应中断造成的停工损失、产成品库存缺货造成的拖欠发货损失和丧失销售机会的损失。如果生产企业以紧急采购代用材料解决库存材料中断之急，那么缺货成本表现为紧急采购代用材料所增加的购入成本。缺货成本用 TC_s 表示。

如果以 TC 表示储备存货的总成本，其计算公式为：

$$TC = TC_a + TC_c + TC_s = F_1 + \frac{D}{Q}K + DU + F_2 + K_c\frac{Q}{2} + TC_s$$

企业采购存货的最优化批量，即是使上式中的 TC 值最小时的 Q。

三、存货决策

存货决策的内容通常分为两大类：一类是研究怎样把存货的数量控制在最优化水平上，视为“存货控制的决策”；另一类是研究为了保持适当的存货，一年分几次订货，每次订货多少数量最经济，在什么情况下再订货比较合适等，视为“存货规划的决策”。企业只有正确做好存货的控制决策和规划决策，才能使存货所占的资金得到最经济、最合理、最有效地使用。

（一）存货控制的决策

企业的不同职能部门，对于存货如何进行控制，往往由于其立场不同而使其观点迥异。例如，就财务部门来说，为了灵活调度流动资金，加速资金周转，总是力求存货占用的资金越少越好；销售部门为了能随时满足顾客的需要，增强竞争能力，总是希望存货多多益善；采购部门为了享受大量购买的折扣和优惠的运费，大多希望尽量扩大每次的采购数量；生产部门为了使生产进度尽可能持续不变，总是力图建立较高的库存量，以便应付生产上的急需。正因为如此，企业管理当局对存货的控制，必须在充分考虑各方面的意见和需要的基础上，想方设法、妥善地做出适当的决策。存货控制最常用的方法有以下两种：

(1) 挂签制度（hang-label system）。这是一种传统的存货控制方法。其基本思路是：针对库存的商品材料物资的每一项目，均挂上一张带有编号的标签。当存货售出或发给生产单位使用时，即将标签取下，记在"永续盘存记录"上，以便控制。在这种情况下，为了保证不至于发生停工待料或临时无货供应，必须在"永续盘存记录"上注明最低储存量（即保险储存量），一旦实际结存余额达到最低水平，应立即提出购货申请。如果企业没有使用"永续盘存记录"，则应将每次取下的存货标签集中存放，到规定的订购日期，再将汇集存放的标签分类统计其发出数量，并据以作为申请订购的依据。

(2) ABC 分析法。当企业的存货品种异常繁杂，单价高低悬殊，存量又多寡不一时，为了能突出重点、区别对待，那么采用 ABC 法较为简便易行。

ABC 分析法的基本思路是：先把各种存货按其全年平均耗用量分别乘以它的单位成本，并根据一定金额标准把它们划分为 A、B、C 三类；然后计算各类存货所耗用总数量、耗用总成本的百分率；再根据具体情况对这三类存货分别采用不同的控制措施。实践证明，凡是规模较大的企业，一经采用 ABC 分析法以后，对于商品材料物资存货的控制，不仅十分方便，而且效果也非常显著。

（二）存货规划的决策

存货规划决策涉及四项内容：决定进货项目、选择供货单位、决定进货时间和决定进货批量。其中，决定进货项目和选择供货单位是企业销售部门、生产部门和采购部门的职责。财务部门的职责是决定进货时间和决定进货批量。

1. 经济订货批量的基本模型

如前所述，企业采购存货的最优化，就是要使存货成本 TC 值最小。为此，需要选择合理的进货批量和进货时间，使存货的总成本最低。使存货总成本最低的订货批量叫作经济订货批量。有了经济订货批量，可以很容易地找出最适宜的进货时间。

经济订货批量的基本模型有下列假设条件：①企业能够及时补充存货，即需要订货时便可立即取得存货；②能集中到货，而不是陆续入库；③不允许缺货，即无缺货成本，TC_s 为零，这是因为良好的存货管理本来就不应该出现缺货成本；④需求量稳定，并且能预测，即 D 为已知常量；⑤存货单价不变，不考虑现金折扣，即 U 为已知常量；⑥企业现金充足，不会因现金短缺而影响进货；⑦所需存货市场供应充足，不会因买不到需要的存货而影响其他。设立了上述假设后，存货总成本的计算公式可以简化为：

$$TC = F_1 + \frac{D}{Q}K + DU + F_2 + \frac{Q}{2} \times K_c$$

当 F_1、K、D、U、F_2、K_c 为常量时，TC 的大小取决于 Q。为了求出 TC 的极小值，对其进行求导演算，可得出下列公式：

$$Q^* = \sqrt{\frac{2KD}{K_c}}$$

这一公式称为经济订货批量的基本模型，用此模型求出的每次订货批量，可使 TC 值达到最小。

这个基本模型还可以演变为其他形式。

每年最佳订货次数公式：

$$N^* = D/Q^* = \sqrt{\frac{DK_c}{2K}}$$

存货相关总成本公式：

$$TC(Q^*) = \frac{KD}{\sqrt{\frac{2KD}{K_c}}} + \frac{\sqrt{\frac{2KD}{K_c}}}{2} \cdot K_c = \sqrt{2KDK_c}$$

最佳订货周期公式：

$$t^* = 360/N^* = \frac{360}{\sqrt{\frac{DK_c}{2K}}}$$

经济订货量占用资金：

$$I^* = Q^*/2 \cdot U = \sqrt{\frac{KD}{2K_c}} \cdot U$$

例 6-7 某公司每年耗用某种材料 6 400 千克，该材料单位成本 20 元，单位存储成本为 2 元，一次订货成本 16 元，则：

$$Q^* = \sqrt{\frac{2KD}{K_c}} = \sqrt{\frac{2 \times 6\,400 \times 16}{2}} = 320\text{（千克）}$$

$$N^* = D/Q^* = \frac{6\,400}{320} = 20\text{（次）}$$

$$TC(Q^*) = \sqrt{2KDK_c} = \sqrt{2 \times 16 \times 6\,400 \times 2} = 640\text{（元）}$$

$$t^* = 12/N^* = \frac{12}{20} = 0.6\text{（月）}$$

$$I^* = Q^*/2 \cdot U = \frac{320}{2} \times 20 = 3\,200\text{（元）}$$

2. 基本模型的扩展

经济订货量的基本模型是在前述各假设条件下建立的，但现实生活中能够满足这些假设条件的情况十分罕见。为使模型更接近于实际情况，具有较高的可用性，需逐一放宽假设，同时改进模型。

（1）数量折扣。在实际中，供应商为鼓励购买者多买商品，往往实行数量折扣价格。在存在数量折扣的决策中，订货成本、储存成本和采购成本都是决策相关成本，三者合计最低的方案为最优方案。其决策步骤是：首先，计算没有数量折扣时的经济订购批量 Q^*；其次，计算不考虑数量折扣时的年成本合计（包括采购成本），即年成本为订货成本、储存成本和采购成本合计数；再次，计算考虑数量折扣时的年成本合计；最后，比较计算不考虑数量折扣时的年成本与考虑数量折扣时的年成本，选择成本较低者作为最优方案。

例 6-8 某企业全年需用 A 零件 1 500 个，每个零件每年储存成本为 0.5 元，每次订货费用为81.67 元。供应商规定，每次订货量达到 750 个时，可获得 2% 的价格优惠，不足 750 个时单价为 50 元。要求做出选用哪个方案的决策？

首先，计算没有数量折扣时的经济订购批量 Q^*：

$$Q^* = \sqrt{\frac{2 \times 1\,500 \times 81.67}{0.5}} = 700（个）$$

于是，最佳订购量必然是 700 个或 750 个。

其次，计算不考虑数量折扣时的年成本合计：

$$TQ^* = 1\,500 \times 50 + \frac{1\,500}{700} \times 81.67 + \frac{700}{2} \times 0.5 = 75\,350（元）$$

再次，计算考虑数量折扣时的年成本合计：

$$TQ = 1\,500 \times 50 \times（1 - 2\%）+ \frac{1\,500}{750} \times 81.67 + \frac{750}{2} \times 0.5 = 73\,850.84（元）$$

最后，根据计算结果，应选择数量折扣方案。

上述为存在单一条件的决策，如果存在多个条件时又该如何决策呢，现举例说明。

（2）订货提前期和再订货点。一般情况下，企业的存货不能做到随用随时补充，因此不能等存货用光再去订货，而需要在没有用完时提前订货。在提前订货的情况下，企业再次发出订货单时，尚有存货的库存量，称为再订货点，用 R 来表示。它的数量等于订货提前期和每日平均需求量（d）的乘积，即：

$$R = L \cdot d$$

续例 6-7，企业订货日至到货日的时间为 10 天，每日存货需求量约 10 kg，那么：

$$R = L \cdot d = 10 \times 10 = 100（kg）$$

即企业在尚存 100 kg 存货时，就应当再次订货，等到下批订货到达时，原有库存刚好用完。此时，有关存货的每次订货批量、订货次数、订货间隔时间等并无变化，与瞬时补充时相同。订货提前期的情形如图 6-10 所示。这就是说，订货提前期对经济订货量并无影响，可仍以原来瞬时补充情况下的 320 kg 为订货批量，只不过在达到再订货点（库存 100 kg）时即发出订货单罢了。

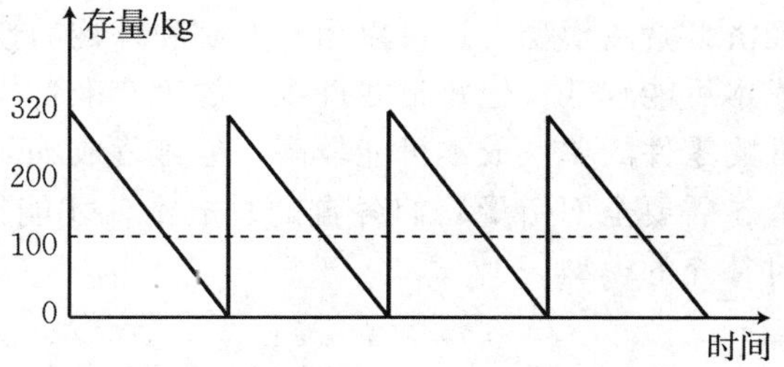

图 6-10 订货提前期示意图

（3）存货陆续供应和使用。在建立基本模型时，是假设存货一次全部入库，故存货增加时存量变化为一条垂直的直线。事实上，各批存货可能陆续入库，使存量陆续增加。尤其是产成品入库和在产品转移，几乎总是陆续供应和陆续耗用的。

例 6-9 某零件年销售量D为7 200件，每日生产量（P）为30件，每日销售量（d）为20件，单价（U）为1 000元，一次生产准备成本（K）为100元，单位储存变动成本（K_c）为12元。则其存货陆续供应和使用的经济订货量和订货量总成本是多少？

设每批订货数为 Q。由于每日送货量为 P，故该批货全部送达所需日数为 Q/P，称之为送货期。

因零件每日耗用量为 d，故送货期内的全部耗用量为：

$$\frac{Q}{P}\cdot d$$

由于零件边送边用，所以每批送完时，最高库存量为：

$$Q-\frac{Q}{P}\cdot d=(P-d)\times\frac{Q}{P}=\left(1-\frac{d}{P}\right)Q$$

平均存量为：

$$\frac{1}{2}\left(Q-\frac{Q}{P}\cdot d\right)=\frac{Q}{2}\left(1-\frac{d}{P}\right)$$

这样，与批量有关的总成本为：

$$TC(Q)=\frac{D}{Q}\cdot K+\frac{Q}{2}\left(1-\frac{d}{P}\right)\cdot K_c$$

在订货变动成本与储存变动成本相等时，$TC(Q)$ 有最小值，故存货陆续供应和使用的经济订货量公式为：

$$\frac{D}{Q}\cdot K=\frac{Q}{2}\left(1-\frac{d}{P}\right)\cdot K_c$$

$$Q^{*}=\sqrt{\frac{2KD}{K_c\left(1-\frac{d}{P}\right)}}$$

将这一公式代入上述 $TC(Q)$ 公式，可得出存货陆续供应和使用的经济订货量总成本公式：

$$TC(Q^{*})=\sqrt{2KDK_c\times\left(1-\frac{d}{P}\right)}$$

将数据代入上述公式，则：

$$Q^{*}=\sqrt{\frac{2\times100\times7\,200}{12\left(1-\frac{20}{30}\right)}}=600\text{（件）}$$

陆续供应和使用的经济订货量模型，还可以用于自制和外购的选择决策。自制零件属于边送边用的情况，单位成本可能较低，但每批零件投产的生产准备成本比一次外购订货的订货成本可能高出许多。外购零件的单位成本可能较高，但订货成本可能较低。要在自制零件和外购零件之间做出选择，需要全面衡量它们各自的总成本，才能得出正确的结论。这时，就可借用陆续供应或瞬时补充的模型。

例 6-10 某企业使用的 A 零件，可外购亦可自制，如外购，单价为4元，一次订货成本为10元；若自制，单位成本为3元，每次生产准备成本为600元，每日产量为50件。全年需要量为3 600件，储存成本为零件价值的20%。试做出自制或外购的决策。

$$\text{日消耗量}=\frac{3\,600}{360}=10\text{（件）}$$

$$外购的最优订货量（Q）=\sqrt{\frac{2\times3\,600\times10}{4\times20\%}}=300（件）$$

$$外购最优成本=3\,600\times4+\sqrt{2\times3\,600\times10\times4\times20\%}=14\,640（元）$$

$$自制最优生产批量（Q_{生}）=\sqrt{\frac{2\times3\,600\times600}{3\times20\%}\times\frac{50}{50-10}}=3\,000（件）$$

$$自制最优成本=3\,600\times3+\sqrt{2\times3\,600\times600\times3\times20\%\times\frac{50-10}{50}}=14\,400（元）$$

通过计算可知，外购的最优成本大于自制的最优成本，因此选择自制。

3. 保险储备

前面讨论假定存货的供需稳定且确知，即每日需求量不变，交货时间也固定不变。实际上，每日需求量可能变化，交货时间也可能变化。按照某一订货批量（如经济订货批量）和再订货点发出订单后，如果需求增大或送货延迟，就会发生缺货或供货中断。为防止由此造成的损失，就需要多储备一些存货以备应急之需，称为保险储备（安全存量）。这些存货在正常情况下不动用，只有当存货过量使用或送货延迟时才动用。保险储备如图 6-11 所示。

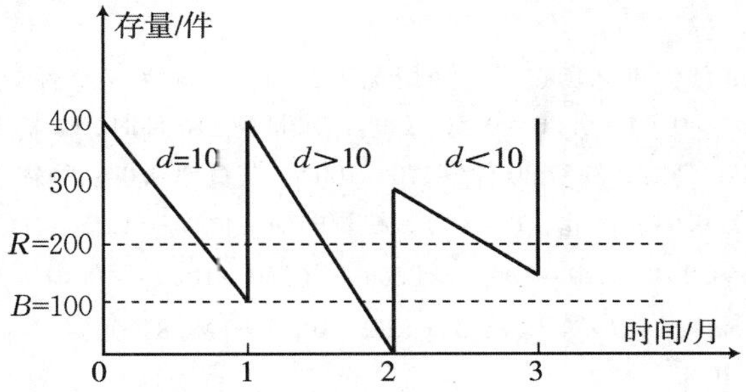

图 6-11　保险储备

假设某零件年需求量为 3 600 件，已计算出经济订货量为 300 件，每年订货 12 次。又知全年平均日需求量（d）为 10 件，平均每次交货时间为 10 天。为防止需求变化引起缺货损失，设保险储备量（B）为 100 件，再订货点 R 由此而相应提高为：

$$R=交货时间\times平均日需求+保险储备$$
$$=10\times10+100=200（件）$$

在第一个订货周期里，$d=10$，不需要动用保险储备；在第二个订货周期内，$d>10$，需求量大于供货量，需要动用保险储备；在第三个订货周期内，$d<10$，不仅不需要动用保险储备，正常储备亦未用完，下次存货即已送到。

建立保险储备，固然可以使企业避免缺货或供应中断造成的损失，但存货平均储备量加大却会使储备成本升高。研究保险储备的目的，就是要找出合理的保险储备量，使缺货或供应中断损失和储备成本之和最小。方法上可先计算出各不同保险储备量的总成本，然后再对总成本进行比较，选定其中最低的。

如果设与此有关的总成本为 $TC（S，B）$，缺货成本为 C_s，保险储备成本为 C_b，则：

$$TC（S，B）=C_s+C_b$$

设单位缺货成本为 K_u，一次订货缺货量为 S，年订货次数为 N，保险储备量为 B，单位

存货成本为 K_c，则：

$$C_s = K_u \cdot S \cdot N$$
$$C_b = B \cdot K_c$$
$$TC（S, B）= K_u \cdot S \cdot N + B \cdot K_c$$

现实中，缺货量 S 具有概率性，其概率可根据历史经验估计得出；保险储备量 B 可选择而定。

例 6-11 假定某存货的年需要量（D）为 3 600 件，单位储存变动成本（K_c）为 2 元，单位缺货成本（K_u）为 4 元，交货时间（L）为 10 天，已经计算出经济订货量（Q）为 300 件，每年订货次数（N）为 12 次。交货期内的存货需要量及其概率分布见表 6-7。试计算其保险储备量。

表 6-7　存货需要量及其概率分布

需要量/件	70	80	90	100	110	120	130
概率	0.01	0.04	0.20	0.50	0.20	0.04	0.01

首先计算不同保险储备的总成本。

（1）不设置保险储备量。

即令 $B = 0$，且以 100 件为再订货点，此种情况下，当需求量为 100 件或其以下时，不会发生缺货，其概率为 0.75（0.01 + 0.04 + 0.20 + 0.50）；当需求量为 110 件时，缺货 10 件（110 − 100），其概率为 0.20；当需求量为 120 件时，缺货 20 件（120 − 100），其概率 0.04；当需求量为 130 件时，缺货 30 件（130 − 100），其概率为 0.01。因此，$B = 0$ 时，缺货的期望值 S_0、总成本 $TC（S, B）$ 计算如下：

$S_0 =（110 - 100）\times 0.2 +（120 - 100）\times 0.04 +（130 - 100）\times 0.01 = 3.1$（件）

$TC（S, B）= K_u \cdot S_0 \cdot N + B \cdot K_c = 4 \times 3.1 \times 12 + 0 \times 2 = 148.8$（元）

（2）保险储备量为 10 件。

即 $B = 10$ 件，以 110 件为再订货点，此种情况下，当需求量为 110 件或其以下时，不会发生缺货，其概率为 0.95（0.01 + 0.04 + 0.20 + 0.50 + 0.20）；当需求量为 120 件时，缺货 10 件（120 − 110），其概率 0.04；当需求量为 130 件时，缺货 20 件（130 − 110），其概率为 0.01。因此，$B = 10$ 件时，缺货的期望值 S_{10}、总成本 $TC（S, B）$ 计算如下：

$S_{10} =（120 - 110）\times 0.04 +（130 - 110）\times 0.01 = 0.6$（件）

$TC（S, B）= K_u \cdot S_{10} \cdot N + B \cdot K_c = 4 \times 0.6 \times 12 + 10 \times 2 = 48.8$（元）

（3）保险储备量为 20 件。

同样运用以上方法，计算 S_{20}、$TC（S, B）$ 为：

$S_{20} =（130 - 120）\times 0.01 = 0.1$（件）

$TC（S, B）= K_u \cdot S_{20} \cdot N + B \cdot K_c = 4 \times 0.1 \times 12 + 20 \times 2 = 44.8$（元）

（4）保险储备量为 30 件。

即 $B = 30$ 件，以 130 件为再订货点。此种情况下可满足最大需求，不会发生缺货，因此：

$S_{30} = 0$

$TC（S, B）= 4 \times 0 \times 12 + 30 \times 2 = 60$（元）

然后，比较上述不同保险储备量的总成本，以其低者为最佳。

当 $B = 20$ 件时，总成本为 44.8 元，是各种情况下总成本中最低的。故应确定保险储备量为 20 件，或者说应确定以 120 件为再订货点。

以上举例解决了由于需求量变化引起的缺货问题。至于由于延迟交货引起的缺货，也可以通过建立保险储备量的方法来解决。确定其保险储备量时，可将延迟的天数折算为增加的需求量，其余计算过程与前述方法相同。如前例，若企业延迟到货 3 天的概率为 0.01，则可认为缺货 30 件（3×10）或者交货期内需求量为 130 件（10×10+30）的概率为 0.01。这样就把交货延迟问题转换成了需求过量问题。

练　习　题

一、单项选择题

1.（　　）适用于同一企业不同时期的偿债能力的比较。

A. 流动比率　B. 现金比率　C. 净营运资本　D. 资本周转率

2. 企业大量使用短期融资解决长期性资产的需要，属于（　　）融资策略。

A. 配合型　B. 激进型　C. 稳健型　D. 保守型

3. 在鲍莫模型下的最佳现金持有量应是以下各项成本之和最小的持有量（　　）。

A. 机会成本和交易成本　B. 机会成本和短缺成本

C. 持有成本与交易成本　D. 持有成本、短缺成本和交易成本

4. 下列项目中不属于信用条件的是（　　）。

A. 现金折扣　B. 商业折扣　C. 信用期间　D. 折扣期间

5. 如果企业经营在季节性低估时，除了自发性负债外，不再使用短期借款，则其所采用的营运资金政策属于（　　）。

A. 适中型　B. 激进型　C. 保守型　D. 冒险型

6. 商业信用条件为“3/10，*n*/60”，购货方决定放弃现金折扣，则使用该商业信用的机会成本为（　　）。

A. 55.8%　B. 22.26%　C. 47.5%　D. 33.7%

7. 根据经济订货批量的基本模型，下列各项中，可能导致经济订货批量提高的是（　　）。

A. 每期对存货的总需求降低　B. 每次订货费用降低

C. 存货的采购单价降低　D. 每期单位存货存储费用降低

8. 下列各项中，不属于现金支出管理措施的是（　　）。

A. 提高信用标准　B. 推迟支付应付款

C. 以汇票代替支票　D. 争取现金收支同步

9. 流动资产各项目按变现能力的大小，可排列为（　　）。

A. 现金、有价证券、应收账款、存货　B. 应收账款、存货、现金、有价证券

C. 现金、有价证券、存货、应收账款　D. 存货、应收账款、有价证券、现金

10. 下列各项中，企业持有现金动机的是（　　）。

A. 收益性需求、交易性需求、投机性需求　B. 预防性需求、交易性需求、投机性需求

C. 收益性需求、交易性需求、预防性需求　D. 收益性需求、预防性需求、投机性需求

11. A 企业每年所需的原材料为 6 400 件，每次订货成本为 100 元，单位年变动存储成本为 50 元，则该企业在经济订货批量情况下，相关的成本为（　　）元。

A. 5 656. 85　　B. 6 565. 58　　C. 8 000　　D. 160

12. A企业每月现金需求总量为8 000元，每次现金转换成本为100元，持有现金的月机会成本率约为10%，则该企业每月的最佳现金持有量为（　　）元。

A. 4 000　　B. 5 000　　C. 3 000　　D. 12 649

二、多项选择题

1. 营运资金管理涉及（　　）。

A. 存货管理　　B. 应收账款管理　　C. 现金管理　　D. 无形资产管理

2. 一般认为短期负债的风险要高于长期负债，其原因有（　　）。

A. 利息率的波动　　B. 存在不能及时还债的风险

C. 短期负债的成本高　　D. 长期负债的成本低

3. 某企业在生产淡季时占有流动资产50万元，固定资产100万元，生产旺季还要增加40万元的临时性存货。若企业权益资本为80万元，长期负债50万元，其余则要靠借入短期负债解决，则该企业实行的营运资金管理政策不是(　　)。

A. 稳健型　　B. 进取型　　C. 保守型　　D. 折中型

4. 在适中型营运资金管理政策下，固定资产和永久性流动资产所需资金的筹集，需要通过（　　）解决。

A. 长期负债　　B. 短期负债　　C. 权益资本　　D. 自发性负债

5. 营运资本的特点有（　　）。

A. 营运资本的周转具有短期性　　B. 营运资本的实物形态具有多变化性

C. 营运资本的数量具有波动性　　D. 营运资本的来源具有固定性

6. 企业筹集营运资本可以通过以下方式（　　）。

A. 短期负债　　B. 商业信用　　C. 应缴税金　　D. 预收账款

7. 造成短期负债成本低，长期负债成本高的因素有（　　）。

A. 短期负债利率低于长期负债

B. 在企业不需要资金时，仍要支付长期负债的利息

C. 短期负债增加了企业偿债的压力

D. 短期负债的成本比长期负债有较大的不确定性

8. 企业发生应收账款的主要原因有（　　）。

A. 商业竞争　　B. 资金不足

C. 销售商品　　D. 销售和收款的时间差距

9. 进行应收账款投资的成本主要有（　　）。

A. 机会成本　　B. 管理成本　　C. 坏账成本　　D. 存储成本

10. 企业在确定预防性需求的现金持有量时，需要考虑的因素有（　　）。

A. 企业愿意承担风险的程度　　B. 现金收支预测的可靠程序

C. 企业行业的季节性　　D. 企业的临时借款能力

三、判断题

1. 营运资本可以用商业信用、短期借款的方式加以解决。　　（　　）

2. 流动资产投资水平以递增的比率随产量而增加。（ ）

3. 企业库存现钞，一般以 5 ~7 天的零星开支额为限。（ ）

4. 管理成本与现金持有量之间存在着比例关系。（ ）

5. 成本分析模式适用于现金收支波动较大的企业。（ ）

6. 企业营运资金余额越大，说明企业风险越小，收益率越高。（ ）

7. 当企业生产和销售量都很高时，流动资产的需求会不断增加，流动负债也会相应增加。（ ）

8. 企业为了保持较好的偿债能力，营运资金应该越多越好。（ ）

9. 流动负债与长期负债组合政策中的保守型政策风险较小，收益也比较少。（ ）

10. 在资金总额不变的情况下，短期资金增加可导致报酬的增加。（ ）

11. 在保守型营运资本管理政策下，临时性负债只融通部分临时性流动资产的资金需要。（ ）

四、解答题

1. 某公司现金收支平稳，预计全年（按 360 天计算）现金需要量为 360 000 元，现金与有价证券的转换成本为每次 300 元，有价证券年均报酬率为 6%。

要求：

（1）运用存货模式计算最佳现金持有量。

（2）计算最佳现金持有量下的最低现金管理相关总成本、全年现金转换成本和全年现金持有机会成本。

（3）计算最佳现金持有量下的全年有价证券交易次数和有价证券交易间隔期。

2. 某公司是一家空调生产企业，全年需要压缩机 360 000 台，均衡耗用。全年生产时间为 360 天，每次的订货费用为 160 元，每台压缩机储存成本为 80 元，每台压缩机的进价为 900 元。根据经验，压缩机从发出订单到进入可使用状态一般需要 5 天，保险储备量为 2 000 台。

要求：

（1）计算经济订货批量。

（2）计算全年最佳订货次数。

（3）计算最低存货成本。

（4）计算再订货点。

3. B 公司是一家制造类企业，产品的变动成本率为 60%，一直采用赊销方式销售产品，信用条件为N/30。如果继续采用 N/30 的信用条件，预计 2024 年赊销收入净额为 1 000 万元，坏账损失为 20 万元，收账费用为 12 万元。

为扩大产品的销售量，B 公司拟将信用条件变更为 N/40。在其他条件不变的情况下，预计 2024 年赊销收入净额为 1 100 万元，坏账损失为 25 万元，收账费用为 15 万元。假定等风险投资最低报酬率为 10%，一年按 360 天计算，所有客户均于信用期满付款。

要求：

（1）计算信用条件改变后，B 公司收益的增加额。

（2）计算信用条件改变后，B 公司应收账款成本增加额。

（3）为 B 公司做出是否应改变信用条件的决策并说明理由。

第七章　筹资预测与筹资方式

学习目标

通过本章的学习，了解筹资的目的、原则，掌握筹资数量的预测方法，了解企业的筹资渠道和筹资方式，熟悉各种筹资方式的筹资特点、筹资程序，能比较它们的优劣，为筹资决策打下基础。

企业需要资本购买资产，以维持或扩大生产经营规模。企业经常用长期资本来购买固定资产等，同时用短期资金来解决一些日常的生产经营开支。留存收益是长期资本的来源之一，但当资本的需要超出了企业内部产生现金的能力时，企业就必须到外部筹集资金。本章将讲述企业资本的外部来源选择途径。

第一节　筹资概述

企业筹资是指企业为了满足生产经营和调整资本结构的需要而筹措资金的行为。资金筹集是企业资金运动的起点，关系到企业生产经营活动的正常开展和企业经营成果的获取。所以，企业应科学合理地进行筹资活动，经济有效地筹集资金。

一、筹资目的

企业筹资目标应服务于企业财务管理的总体目标，其基本目标是满足正常的生产经营需要。但每次具体的筹资活动，则往往受特定目的的驱使。筹资的目的是多种多样的，归纳起来主要有以下几个方面。

（一）满足企业设立的需要

新企业的设立，必须准备充足的开业资金，以便购置厂房、机器设备、购进原材料、支付开办费等。同时还必须筹集相应数量的资本金，以满足公司设立的要求。资本金是企业权益资本的主要部分，同时也是企业筹集债务资本的重要保证。作为企业设立的前提，筹资活动是财务活动的起点。

（二）满足生产经营的需要

满足生产经营需要而进行的筹资活动是企业最为经常性的财务活动。一是满足简单再生产的资金需要；二是满足扩大再生产的资金需要，如新产品的开发、工艺技术的改进、开拓市场、对外投资及并购行为。前者主要通过短期资金来源解决，而后者则要依赖长期资本的筹集。

（三）满足资本结构调整的需要

资本结构的调整是企业为降低筹资风险、减少资金成本而对权益与负债之间的比例关系进行的调整。它可以是存量调整，也可以是增量或减量调整。它属于企业重大财务决策事项，也是企业筹资管理的重要内容。

二、筹资原则

企业筹资的基本要求是经济有效。为达到这一基本要求，必须对影响筹资的多种因素进行分析研究，以保证资金能合理合法并及时、有效地筹集。因此，在筹资活动中必须遵循以下几个基本原则：

（一）以投定筹原则

筹资的数量及筹资时间、筹资方式及资本结构主要取决于投资项目的规模及其风险与收益。因此，必须根据投资项目的规模来确定资金的需要量，使筹资量与需要量相平衡。同时还要考虑投资活动在时间上的需要，科学地测算企业未来现金流入量和流出量，确定合理的筹资时间，根据投资项目风险与收益情况选择合适的筹资方式。

（二）成本效益原则

筹资的目标在于以最小的成本费用和最快的速度来筹集企业所需的资金。企业筹集资金可以采取多种渠道和方式，不同的渠道和方式的筹资难易程度、资本成本和财务风险各不相同。因此，在筹资时必须对各种筹资方式、筹资渠道进行比较选择，不断优化资本结构，力求不断降低资本成本。

（三）适度负债原则

企业的资本结构是由权益和负债构成的。企业负债所占的比例要与权益资本的多少、偿债能力的高低以及经营风险的大小相适应。既要防止负债率过高，导致财务风险过大，偿债能力不足；又要有效地利用负债经营，提高权益资本的收益率水平。

（四）合法性原则

企业的筹资活动影响着社会资金的流向和流量，涉及各有关方面的经济利益和国家的金融秩序。因此，企业筹资活动必须接受国家宏观指导和调控，遵守国家有关法律法规，遵循公平、公开、公正原则，履行约定的责任，维护有关各方的合法权益。

三、筹资渠道和筹资方式

筹资渠道是指企业筹集资金的来源和通道，体现着所筹集资金的源泉和性质。而筹资方式是指企业筹集资金的途径和形式，体现着企业和资金供应者之间的不同契约关系。

企业的资金来源渠道主要有七项：政府财政资金、银行信贷资金、非银行金融机构资金、其他单位资金、民间资金、企业内部资金和国外资金。

企业的筹资方式一般有：吸收投入资本、发行股票、留存收益、银行借款、发行债券、融资租赁和商业信用。筹资渠道和筹资方式既有联系又有区别。同一筹资渠道的资金可以采取不同的方式取得，而同一筹资方式往往适用于不同的筹资渠道。企业进行筹资，必须实现两者的合理配合，见表 7-1。

表 7-1　　筹资方式与筹资渠道的配合

筹资渠道	筹资方式						
	吸收投入资本	发行股票	留存收益	银行借款	发行债券	融资租赁	商业信用
政府财政资金	▲	▲					
银行信贷资金				▲			
非银行金融机构资金	▲	▲		▲	▲	▲	
其他单位资金	▲	▲			▲	▲	▲
民间资金	▲	▲			▲		
企业内部资金			▲				
国外资金	▲	▲		▲	▲	▲	▲

第二节　筹资预测

企业的资金需要量是进行筹资活动首要解决的问题，必须科学合理地进行预测。企业的资金需要量取决于企业生产经营规模的变化以及项目投资。对于项目投资，可以采用项目预算法来确定资金需要量；而生产经营规模变化可以是不增加生产能力条件下的规模变化，也可以是增加生产能力条件下的生产经营规模的扩大。前者不涉及固定资产等长期资产的投资，可以采用销售百分比法、回归分析法来进行资金需要量的预测；后者将涉及固定资产等长期资产的投资，对于长期资产部分我们采用项目预算法，而其余则依然采用销售百分比法和回归分析法。这里主要介绍如何利用销售百分比法和回归分析法确定资金需要量，从而确定筹资数量。

一、筹资预测的销售百分比法

（一）销售百分比法的基本依据

销售百分比法（percentage of sales method）是根据销售与资产负债表及利润表项目之间的比例关系，预测各项目短期资本需要量的方法。其基本的假设前提是：销售与资产负债表某些项目以及利润表项目之间的比例关系保持不变，资产负债表中的另外一些项目金额保持不变，另外方法确定。例如，某企业每年为销售 100 元货物，需有 20 元存货，存货与销售额的百分比是 20%（20 ÷ 100）。若销售额增至 200 元，那么，该企业需有 40 元存货（200 × 20%）。因此，在某项目与销售额的比率既定的前提下，便可预测未来一定销售额下该项目的资本需要量。

销售百分比的优点是能为财务管理提供短期预计的财务报表，以适应外部筹资的需要，且易于使用。但在有关因素发生变动的情况下，必须相应地调整原有销售百分比。

运用销售百分比法，一般借助于预计利润表和预计资产负债表。通过预计利润表预测企业留用利润这种内部资本来源的增加额；通过预计资产负债表预测企业资本需要总额和外部筹资的增加额。

（二）编制预计利润表，预测留用利润

预测利润表（proforma income statement）与实际利润表的内容、格式相同。通过提供预测利润表，可以计算确定基年利润以及利润表各项目占销售额的百分比，在此基础上计算预测年度利润，并预测留用利润这种内部筹资的数额，也可为预计资产负债表预测外部筹资数额提供依据。

例 7-1 乙企业 2023 年实际利润及有关项目与销售的百分比见表 7-2 中（1）、（2）栏。试预测 2024 年利润并预测留用利润（假定所得税税率为 25%）。

若该企业 2024 年预计销售收入为 18 000 万元，则 2024 年预测利润见表 7-2 中（3）栏。

表 7-2　2024 年预计利润表

项　目	2023 年实际数/万元	占销售收入的百分比/%	2024 年预测数/万元
	(1)	(2)	(3)
销售收入	15 000	100.0	18 000
减：销售成本	11 400	76.0	13 680
销售费用	60	0.4	72
销售利润	3 540	23.6	4 248
减：管理费用	3 060	20.4	3 672
财务费用	30	0.2	36
税前利润	450	3.0	540
减：所得税	112.5	—	135
税后利润	337.5	—	405

若该企业税后利润的留用比例为 50%，则 2024 年预测留用利润额为 202.5 万元（405 × 50%）。

（三）编制预计资产负债表，预测外部筹资额

预计资产负债表（proforma balance sheet）与实际的资产负债表内容、格式相同。通过提供预计资产负债表，可计算有关资产负债项目与销售额的百分比，进而确定每增长 100 元销售需追加的资本净额，在销售额增长情况下需增加的资本总额，在测定留用利润有关项目的数额后，便可预测企业需要外部筹资的数额。

运用销售百分比法首先要选定与销售额有基本不变比率关系的项目，这种项目称之为敏感项目。敏感资产项目一般包括现金、应收账款、存货等；敏感负债项目一般包括应付账款、应付费用等。应收票据、交易性金融资产、可供出售的金融资产、固定资产、长期投资、递延资产等项目以及短期借款、应付票据、长期负债和实收资本通常不属于在短期内的敏感项目，留用利润也不宜为敏感项目。

例 7-2 乙企业 2023 年实际销售收入 15 000 万元，资产、负债及其敏感项目占销售额的比率见表 7-3 中（1）、（2）栏。2024 年预测销售收入为 18 000 万元。试编制 2024 年预计资产负债表并预测外部筹资额。

根据上述资料，编制该企业2024年预计资产负债表见表7-3中（3）栏。

现对表7-3中的有关数据的计算说明如下：

第一，表7-3中（2）栏的百分比表明，该企业销售每增长100元，资产将增加33.9元。这种每实现100元销售所需的资本量，可由敏感负债解决18.3元。这里增加的敏感负债是自动增加的，如应付账款会因存货增加而自动增加。

每百元销售需要资本与敏感负债的差额为15.6元（33.9－18.3），表示销售每增长100元而需追加的资本净额。它需从企业内部和外部来筹措。在本例中，销售增长3 000万元（18 000－15 000），需净增资本来源468万元（3 000×0.156）。

第二，用2024年预测销售收入18 000万元乘以（2）栏所列的百分比，求得表7-3中（3）栏所列示的敏感项目金额。（3）栏的非敏感项目按（1）栏数额填列。由此，确定了（3）栏中除留用利润外的各个项目的数额。

第三，确定2024年留用利润增加额及资产负债表中的留用利润累计额。留用利润额可根据利润、所得税率和留用利润比例来确定。2024年利润总额为540万元，所得税税率为25%，税后利润留用比例50%，则2024年留用利润增加额为202.5万元［540×（1－25%）×50%］。

表7-3　2024年预计资产负债表

金额单位：万元

项目	2023年实际数	2023年销售百分比/%	2024年预测数
	（1）	（2）	（3）
资产：			
现金	75	0.5	90
应收账款	2 400	16.0	2 880
存货	2 610	17.4	3 132
预付费用	10	—	10
固定资产净值	285	—	285
资产总额	5 380	33.9	6 397
负债及所有者权益：			
应付票据	500	—	500
应付账款	2 640	17.6	3 168
应付费用	105	0.7	126
长期负债	55	—	55
负债合计	3 300	18.3	3 849
实收资本	1 250	—	1 250
留用利润	830	—	1 032.5
所有者权益合计	2 080	—	2 282.5
追加外部筹资额	—		265.5
负债及所有者权益总额	5 380		6 397

2024年累计留用利润为：

830＋202.5＝1 032.5（万元）

第四，从需要筹资总额（第一步得到的468万元）中减去内部筹资额202.5万元，求得需要外部筹资额265.5万元。

第五，加总预计资产负债表的两方：2024年预测资产总额为6 397万元，负债及所有者权益总额为6 131.5万元，其差额265.5万元。它既是使资产负债表两方相等的平衡数，也是需要的外部筹资额。

这里需要说明的是，以上计算中固定资产是作为非敏感项目处理的。固定资产项目是否要随销售额的增长而增加，需视其固定资产是否已被充分利用而定。若基期固定资产尚未充分利用，则原有固定资产基本上可以满足扩大的销量的需要，计划期提取的折旧转为营运资金后可用于当期固定资产的更新改造；若基期固定资产的利用已达饱和状态，则在产销量增长的条件下预测资金需要量时，应增加固定资产新建、扩建所需要的资金。

（四）按预测公式预测外部筹资额

以上是介绍如何运用预计资产负债表预测外部筹资额的过程。为简便起见，也可改用预测公式预测追加的外部筹资额。其预测公式为：

$$\text{需要追加的外部筹资额} = \Delta S \cdot \sum \frac{RA}{S} - \Delta S \cdot \sum \frac{RL}{S} - \Delta RE$$

$$= \Delta S \cdot \left(\sum \frac{RA}{S} - \sum \frac{RL}{S} \right) - \Delta RE$$

式中，ΔS——预计年度销售增加额；

$\sum (RA/S)$ ——基年敏感资产总额占基年销售额百分比；

$\sum (RL/S)$ ——基年敏感负债总额占基年销售额百分比；

ΔRE——预计年度留用利润增加额；

S——基年销售额。

例 7-3 根据例 7-2 的相关数据，运用上列公式预测该企业 2024 年需要追加的外部筹资额为：

3 000 ×（0.339 − 0.183）− 202.5 = 265.5（万元）

（五）有关资产负债项目及其销售百分比变动条件下外部筹资额的调整

上述销售百分比法的运用，大前提是预测年度非敏感项目、敏感项目及其与销售的百分比均与基年保持不变。在实践中，非敏感项目、敏感项目及其与销售的百分比有可能发生变动，包括：①非敏感资产、非敏感负债的项目构成以及数量的增减变动；②敏感资产、敏感负债的项目构成以及与销售百分比的增减变动。这些变动对预测资金需要总量和追加外部筹资额都会产生一定的影响，必须予以相应调整。现举例说明。

例 7-4 根据例 7-2 中表 7-3 的相关资料，若该企业 2024 年由于情况变化，敏感资产项目中的存货与销售百分比提高为 17.6%，预定安排新建固定资产投资为 50 万元（系非敏感资产项目）；敏感负债项目中应付账款与销售的百分比降低为 17.5%，预计长期借款（系非敏感负债项目）增加 65 万元。针对这些变动，该企业 2024 年的资本需要预测调整如下：

资产总额 = 6 397 + 18 000 ×（17.6% − 17.4%）+ 50 = 6 483（万元）

负债总额 = 3 849 −（17.6% − 17.5%）× 18 000 + 65 = 3 896（万元）

追加外部筹资额 = 6 483 − 3 896 − 2 282.5 = 304.5（万元）

二、筹资数量预测的线性回归分析法

线性回归分析法（linear regression analysis method）是假定资本需要量与营业业务量之

间存在着线性关系并据此建立数学模型，然后根据有关历史资料，用回归直线方程确定参数来预测资金需要量的方法。其预测模型为：

$$y = a + bx$$

式中，y——资本需要量；

a——不变资本；

b——单位业务量所需要的变动资本；

x——业务量。

不变资本是指在一定的营业规模内，不随业务量增减的资本，主要包括为维持营业而需要的最低数额的现金、原材料的保险储备、必要的成品或商品储备以固定资产占用的资金。变动的资本是指随营业业务量变动而同比例变动的资本，一般包括在最低储备以外的现金、存货、应收账款等所占用的资金。

运用预测模型，在利用历史资料确定 a、b 数值的条件下，即可预测一定业务量 x 所需要的资本数量是 y。

例 7-5 丙企业 2019—2023 年的产销数量和资本需要数量见表 7-4。假定 2024 年预计产销数量为 78 000 件，试预测 2024 年资本需要总量。

表 7-4　丙企业产销量与资本需要量表

年　度	产销量（x）（万件）	资本需要量（y）（万元）
2019	6.0	500
2020	5.5	475
2021	5.0	450
2022	6.5	520
2023	7.0	550

预测过程如下：

（1）根据表 7-4 的资料计算、整理出表 7-5 数据。

表 7-5　回归直线方程数据计算表

年　度	产销量（x）（万件）	资本需要量（y）（万元）	xy	x^2
2019	6.0	500	3 000	36.00
2020	5.5	475	2 612.5	30.25
2021	5.0	450	2 250	25.00
2022	6.5	520	3 380	42.25
2023	7.0	550	3 850	49.00
合计	30	2 495	15 092.5	182.5

（2）将表 7-5 的数据代入下列联立方程组：

$$\begin{cases} \sum y = na + b\sum x \\ \sum xy = a\sum x + b\sum x^2 \end{cases}$$

即：

$$\begin{cases}2\ 495 = 5a + 30b \\ 15\ 092.5 = 30a + 182.5b\end{cases}$$

求得：

$$\begin{cases}a = 205 \\ b = 49\end{cases}$$

将 $a = 205$，$b = 49$ 代入 $y = a + bx$，得：

$$y = 205 + 49x$$

（3）将2024年预计产销量7.8万件代入上式，测得资本需要量为：

$$y = 205 + 49 \times 7.8 = 587.2\text{（万元）}$$

运用线性回归法必须注意以下几个问题：①资本需要量与营业业务量之间线性关系的假定应符合实际情况；②确定 a、b 数值时，应利用预测年度前连续若干年的历史资料，一般要有3年以上的资料；③应考虑价格等因素的变动情况。

第三节 权益资本筹集

权益资本主要通过吸收投入资本和发行股票的方式来筹集。

一、吸收投入资本

（一）吸收投入资本的主体

吸收投入资本（invested capital）是指非股份制企业以协议等形式吸收国家、其他企业、个人和外商等直接投入的资本，形成企业权益资本的一种筹资方式。吸收投入资本和发行股票都是权益资本筹集的方式，发行股票使用股票这种有价证券作为中介，而吸收投入资本则不以证券为中介。吸收投入资本是非股份制企业筹集权益资本的基本方式。

吸收投入资本的主体是进行投入资本筹资的企业。现代企业主要有三种企业制度，即独资制、合伙制和公司制。在我国，公司制企业是指股份有限公司和有限责任公司（含国有独资公司）。采用投入资本筹资的主体只能是资本不分为等额股份、不发行股票的企业，包括独资企业、合伙企业和有限责任公司；从所有制角度看则有国有企业、集体企业、私营企业、合资或合伙企业。

投入资本可以按所形成权益资本的构成进行分类。

（1）国家直接投资，主要为国家财政拨款，由此形成企业的国有资本。

（2）其他企业、事业单位等法人的直接投资，由此形成企业的法人资本。

（3）本企业内部职工和城乡居民的直接投资，由此形成企业的个人资本。

（4）外国投资者和我国港澳台地区投资者的直接投资，由此形成企业的外商资本。

（二）吸收投入资本的出资形式

吸收的投入资本可以是货币资金，也可以用实物、知识产权、土地使用权等能够用货币估价并能够依法转让的非货币财产作价出资；但是，法律、行政法规规定不得作为出资的财产除外。对作为出资的非货币财产应当评估作价，核实财产，不得高估或者低估作价。法律、行政法规对评估作价有规定的，从其规定。

（1）现金。用货币资金对企业投资是直接投资中重要的出资形式。企业有了货币资金，可以购买各种生产资料，支付各种费用，有很大的灵活性。因此，企业要争取投资者尽可能采用现金方式出资。外国公司法或投资法对现金投资在资本总额中的份额一般都有规定。我国《公司法》规定，有限责任公司的货币出资额不得低于公司注册资本的30%，但目前尚无普遍性的规定，其他各种组织形式的企业则需在投资过程中由出资各方协商确定。

（2）实物资产。这是指以房屋、建筑物、设备等固定资产和材料、燃料、商品等流动资产所进行的投资。实物投资应符合以下条件：①适合企业生产、经营、科研开发等需要；②技术性能良好；③作价公平合理。投资实物的价格，可以由出资各方协商确定，也可以聘请专业资产评估机构评估确定。

（3）工业产权和非专利技术。工业产权通常是指商标权、专利权、商誉。工业产权、非专利技术加上土地使用权构成我国企业主要的无形资产。企业吸收的工业产权和非专利技术应符合以下条件：①有助于企业研究、开发和生产出新的高科技产品；②有助于企业提高生产效率，改进产品质量；③有助于企业降低生产消耗。这里需要注意，吸收工业产权和非专利技术投资，实际上是把有关技术转化为资本，使技术的价值固定化。而各种先进的技术经过一个时期总是要陈旧老化的，其价值则不断贬低以至丧失殆尽。因此在吸收此项投资时，要进行周密的可行性研究，分析其先进性、效益性和技术更新的速度，并合理作价，以免吸收以后在短期内就发生明显的贬值。

（4）土地使用权。这是指土地经营者对依法取得的土地在一定期限内有进行建筑、生产或其他活动的权利。土地使用权具有相对的独立性，在土地使用权存续期间，包括土地所有者在内的其他任何人和单位，不能任意收回土地和非法干预使用权人的经营活动。使用权人依法可用土地使用权进行投资。企业吸收土地使用权投资应符合以下条件：①适合企业科研、生产、销售等活动的需要；②地区、交通条件适宜。在我国，城市的土地属于国家所有，可用来进行投资的仅是土地的使用权，而不是其所有权。

（三）吸收投入资本的程序

企业吸收其他单位的直接投资，一般要遵循如下的程序：

（1）确定筹资数量。企业新扩建或扩大经营时，应先确定资金的需要量。我国过去对国有企业进行的清产核资，就是清查企业原有的资产，根据生产经营规模和供销条件等核定资金的需要量，以确定财政拨款的数额。在具体操作方法上尚可研究改进，但确定资金需要量总是筹集资金不可缺少的前提。我国国有企业在1981年以后采用的销售收入资金率法和西方企业采用的销售百分比法，都是比较简便、合理的资金需要量计算法。

（2）物色投资单位。企业能向哪些单位吸收投资，这要由企业和有关投资者进行双向选择。投资者根据市场需要和经济效益高低对企业进行选择，需要资金的企业则要争取数量足够、条件相宜的投资者。为此要做好信息交流工作，企业既要广泛了解有关投资者的财力和意向，又要主动介绍自身的经营状况和盈利能力。

（3）协商投资事项。投资单位确定以后，企业与投资方便可进行具体协商，确定出资数额和出资方式。从使用的灵活性来考虑，企业应尽可能吸收现金投资，如果投资方确有先进且符合需要的固定资产和无形资产，亦可采取非现金投资方式。

（4）签署投资协议。企业吸收直接投资，不论是为了新建还是增资，都应当由有关方面签署决定或协议等书面文件。对于国有企业，应由国家授权投资的机构等签署创建或增资拨款决定；对于合资企业，应由合资各方共同签订合资或增资协议。

（5）取得所筹集的资金。签署拨款决定或出资协议后，应按规定或计划取得资金。如果采取现金投资方式，有时投资者还要规定投资的用途，如把投资区分为固定资产投资、流动资金投资、专项投资等。如为实物、工业产权、非专利技术、土地使用权投资，一个重要的问题就是核实财产，评估作价。财产数量是否准确，特别是价格有无高估低估情况，关系到投资各方的经济利益，必须认真处理，必要时可聘请资产评估机构来评定，然后办理产权的转移手续，取得资产。

（四）筹集非现金投资的评估

企业筹集的非现金投资主要指流动资产、固定资产和无形资产，应按照评估确定的金额或合同协议约定的金额计价。

1. 流动资产的估价

企业筹集的流动资产投资包括材料、燃料、在制品、自制半成品、产成品、应收账款和有价证券等。

（1）对于材料、燃料、产成品等，可采用现行市场价法或重置成本法进行估价。

（2）对于在制品、自制半成品，可先按完工程度折算为相当于产成品的约当量，再按产品的估价方法进行估价。

（3）对于应收账款和有价证券，应根据具体情况采用合理的估价方法：①能够立即收回的应收账款，可以采用其账面价值。②能够贴现的应收票据，可以采用其贴现值。③能够立即变现的有价证券（如债券、股票等），可以采用其现行市价。④能够立即变现的带息票据和有息债券，可以采用其票面金额加上持有期间的利息。⑤凡是不能独立收回的应收账款，应合理估计其坏账损失，采用其账面价值扣除坏账损失后的金额。

2. 固定资产的估价

筹集固定资产投资主要是机器设备、房屋建筑物等。

（1）对于合营或联营中吸收的机器设备，一般采用重置成本法和现行市价法；有独立生产能力的机器设备，亦可采用收益现值法估价。评估价值应包括机器设备的直接成本和间接成本。

（2）房屋建筑物价值的高低是由多方面因素决定的，主要受投资额、地理位置、质量、新旧程度等因素的影响，可采用现行市场价法并结合收益现值法，亦可采用市场价格类比法。

3. 无形资产的估价

企业吸收的无形资产投资主要有专利权、专有技术、商标权、商誉、土地使用权、特许经营权、租赁权、版权等。

（1）对于能够单独计算自创成本或外购成本的无形资产，如专利权、专有技术等，可以采用重置成本法。

（2）对于现时市场上有交易参照物的无形资产，如专利权、租赁权、土地使用权等，可采用现行市价法。

（3）对于无法确定研制成本或购买成本，又不能在市场上找到交易参照物，但能为企业持续带来收益的无形资产，如特许经营权、商标权、商誉权等，可采用收益现值法。

（五）吸收投入资本的优缺点

吸收投入资本是我国企业筹资中最早采用的一种筹资方式，也曾是我国国有企业、集体企业、合资或联营企业普遍采用的筹资方式。吸收直接投资的优点主要是：①能够增强企业信誉。吸收投入资本所筹的资金属于企业的自有资金，与借入资金相比较，它能提高企业的资信和借款能力。②能够早日形成生产经营能力。吸收直接投资不仅可以筹措现金，而且能够直接获得所需的先进设备技术，与仅筹取现金的筹资方式相比较，它能尽快地形成生产经营能力，迅速开拓市场，产生经济效益。③财务风险较低。吸收投入资产可以根据企业经营状况的好坏，决定向投资者支付多少报酬，比较灵活，不像发行普通股有支付相对稳定股利的压力。

吸收投入资本的缺点主要有：①资本成本较高。当企业经营较好，盈利较多时，税后利润分配缺乏必要的规范，投资者往往要求将大部分盈余作为红利分配。②产权清晰程度差。吸收投入资本由于没有证券为媒介，产权关系有时不够明晰，也不便于产权的交易。

二、普通股筹资

（一）普通股及其股东权利

股票是股份有限公司为筹集权益资本而发行的有价证券，是公司签发的证明股东所持股份的凭证。股票按股东权利和义务，可分为普通股股票和优先股股票。普通股是最基本的股票。在通常情况下，股份有限公司只发行普通股，股东就是指普通股股东。在本书中亦如此表达。

普通股是永久性证券。因此，普通股无法由发行者清偿，但公司可以出价买回股份。尽管公司董事会并未在发行合同中承诺宣布支付股利，但普通股股东有权获得公司董事会宣布发放的任何形式的股利。

普通股的一般权利和特权共分为四类：股利权、投票权、清算权和优先认股权。

股利权，要求属于同一类别的股票在公司发放该类股票的股利时应按比例分享股利，也就是同股同利。

投票权，出席或委托代理人出席股东大会，并依公司章程行使表决权。

清算权，在公司清理资产宣布破产时，普通股股东有权在公司财产分配中按股份比例分享财产，他们会得到受偿权在其之前的其他证券持有者完全受偿后的剩余部分。

优先认股权，在公司向其他潜在投资者出售普通股新股或其他可转换为普通股的证券时，公司必须先向现存普通股股东出售这些证券。

（二）普通股的种类

股份有限公司根据有关法规的规定以及筹资和投资者的需要，可以发行不同种类的普通股。

1. 记名股和不记名股

按股票有无记名，可分为记名股和不记名股。记名股是在股票票面上记载股东姓名或名称的股票。这种股票除了股票上所记载的股东外，其他人不得行使其股权，且股份的转让有严格的法律程序与手续，需办理过户。我国《公司法》规定，向发起人、国家授权投资的机构、法人发行的股票，应为记名股。不记名股是票面上不记载股东姓名或名称的股票。这类股票的持有人即股份的所有人，具有股东资格，股票的转让也比较自由、方便，无须办理过户手续。

2. 面值股票和无面值股票

按股票是否标明金额，可分为面值股票和无面值股票。面值股票是在票面上标有一定金额的股票。持有这种股票的股东，对公司享有的权利和承担的义务大小，依其所持有的股票票面金额占公司发行在外股票总面值的比例而定。无面值股票是不在票面上标出金额，只载明所占公司股本总额的比例或股份数的股票。无面值股票价值随公司财产的增减而变动，而股东对公司享有的权利和承担义务的大小，直接依股票标明的比例而定。目前，我国《公司法》不承认无面值股票，规定股票应记载股票的面额，并且其发行价格不得低于票面金额。

3. 国家股、法人股和个人股

按投资主体的不同，可分为国家股、法人股、个人股等。国家股是有权代表国家投资的部门或机构以国有资产向公司投资而形成的股份。法人股是企业法人依法以其可支配的财产向公司投资而形成的股份，或具有法人资格的事业单位和社会团体以国家允许用于经营的资产向公司投资而形成的股份。个人股是社会个人或公司内部职工以个人合法财产投入公司而形成的股份。

4. A 股、B 股、H 股和 N 股

按发行对象上市地区的不同，又可将股票分为 A 股、B 股、H 股和 N 股等。A 股是供我国境内个人或法人买卖的，以人民币标明票面金额并以人民币认购和交易的股票。B 股是专供外国和我国港、澳、台地区投资者买卖的，以人民币标明票面金额但以外币认购和交易的股票（注：自 2001 年 2 月 19 日起，B 股开始对境内居民开放），在上海、深圳上市和交易；H 股在香港上市并交易；N 股在纽约上市并交易。

以上第 3 种、第 4 种分类，是我国目前实务中为便于公司股份来源的认定和股票发行进行的分类。在其他一些国家，还有按是否拥有完全的表决权和获利权，将普通股分为若干级别。比如，A 级普通股票卖给社会公众，支付股利，但一段时期内无表决权；B 级普通股由公司创办人保留，有表决权，但一段时期内不支付股利；E 级普通股拥有部分表决权，等等。

筹资公司以普通股筹措资本时，应选择较为适宜的某种普通股。

（三）股票发行

以发起设立方式设立股份有限公司的，发起人应当书面认足公司章程规定其认购的股份，并按照公司章程规定缴纳出资。以非货币财产出资的，应当依法办理其财产权的转移手续。发起人不依照前款规定缴纳出资的，应当按照发起人协议承担违约责任。

以募集设立方式设立股份有限公司的，发起人认购的股份不得少于公司股份总数的 35%；但是，法律、行政法规另有规定的，从其规定。

股份的发行，实行公平、公正的原则，同种类的每一股份应当具有同等权利。同次发行的同种类股票，每股的发行条件和价格应当相同；任何单位或者个人所认购的股份，每股应当支付相同价额。

1. 首次公开发行股票的条件

发起人向社会公开募集股份，必须公告招股说明书，并制作认股书。首次公开发行股票，应当符合《中华人民共和国公司法》规定的条件和经国务院批准的国务院证券监督管理机构规定的其他条件，向国务院证券监督管理机构报送募股申请和下列文件：

（1）公司章程；

（2）发起人协议；

（3）发起人姓名或者名称，发起人认购的股份数、出资种类及验资证明；

（4）招股说明书；

（5）代收股款银行的名称及地址；

（6）承销机构名称及有关的协议。

依照本法规定聘请保荐人的，还应当报送保荐人出具的发行保荐书。

法律、行政法规规定设立公司必须报经批准的，还应当提交相应的批准文件。

公司首次公开发行新股，应当符合下列条件：

（1）具备健全且运行良好的组织机构；

（2）具有持续经营能力；

（3）最近三年财务会计报告被出具无保留意见审计报告；

（4）发行人及其控股股东、实际控制人最近三年不存在贪污、贿赂、侵占财产、挪用财产或者破坏社会主义市场经济秩序的刑事犯罪；

（5）经国务院批准的国务院证券监督管理机构规定的其他条件。

上市公司发行新股，应当符合经国务院批准的国务院证券监督管理机构规定的条件，具体管理办法由国务院证券监督管理机构规定。

2. 股票发行的程序

股份有限公司发行股票有设立发行和增资发行，两者在程序上有所不同。

（1）设立时发行股票的程序是：①提出募集股份申请。②公告招股说明书，制作认股书，签订承销协议和代收股款协议。③招认股份，缴纳股款。④召开创立大会，选举董事会、监事会。⑤办理设立登记，交割股票。

（2）增资发行新股的程序是：①股东大会做出发行新股的决议。②证监会或交易所核准。③公告新股说明书和财务会计报表及附属明细表，与证券经营机构签订承销合同，定向募集时向新股认购人发行认购公告或通知。④招认股份，缴纳股款。⑤改组董事会、监事会，办理变更登记并向社会公告。

3. 股票发行方式、销售方式和发行价格

公司发行股票筹资，应当选择适宜的股票发行方式和销售方式，并恰当地制定发行价格，以便及时募足资本。

（1）股票发行方式。股票发行方式指的是公司通过何种途径发行股票。总的来讲，股票的发行方式可分为公开间接发行和不公开直接发行。

①公开间接发行。其是指通过中介机构，公开向社会公众发行股票。我国股份有限公司采用募集设立方式向社会公开发行新股时，须由证券经营机构承销的做法，就属于股票的公开间接发行。这种发行方式的发行范围广、发行对象多，易于足额募集资本；股票的变现性强，流通性好；股票的公开发行还有助于提高发行公司的知名度和扩大其影响力。但这种发行方式也有不足，主要是手续繁杂，发行成本高。

②不公开直接发行。其是指不公开对外发行股票，只向少数特定的对象直接发行，因而

不需经中介机构承销。我国股份有限公司采用发起设立方式和以不向社会公开募集的方式发行新股的做法，即属于股票的不公开直接发行。这种发行方式弹性较大，发行成本低；但发行范围小，股票变现性差。

（2）股票的销售方式。股票的销售方式指的是股份有限公司向社会公开发行股票时所采取的股票销售方法。股票销售方式有两类：自销和委托承销。

①自销。股票发行的自销方式是指发行公司自己直接将股票销售给认购者。这种销售方式可由发行公司直接控制发行过程，实现发行意图，并可以节省发行费用；但往往筹资时间长，发行公司要承担全部发行风险，并需要发行公司有较高的知名度、信誉和实力。

②委托承销。股票发行的委托承销方式是指发行公司将股票销售业务委托给证券经营机构代理。这种销售方式是发行股票所普遍采用的。我国《公司法》规定，股份有限公司向社会公开发行股票，必须与依法设立的证券经营机构签订承销协议，由证券经营机构承销。股票承销又分为包销和代销两种具体办法。所谓包销，是根据承销协议商定的价格，证券经营机构一次性全部购进发行公司公开募集的全部股份，然后以较高的价格出售给社会上的认购者。对发行公司来说，包销的办法可及时筹足资本，免于承担发行风险（股款未募足的风险由承销商承担）；但股票以较低的价格售给承销商会损失部分溢价。所谓代销，是证券经营机构代替发行公司销售股票，并由此获得一定的佣金，但不承担股款未募足的风险。

（3）股票发行价格。股票的发行价格是股票发行时所使用的价格，也就是投资者认购股票时所支付的价格。股票发行价格通常由发行公司根据股票面额、股市行情和其他有关因素决定。以募集设立方式设立公司首次发行的股票价格，由发起人决定；公司增资发行新股的股票价格，由股东大会作出决议。

股票的发行价格可以和股票的面额一致，但多数情况下不一致。股票的发行价格一般有以下三种：

①等价。等价就是以股票面额为发行价格，也称为平价发行。这种发行价格，一般在股票的初次发行或在股东内部分摊增资的情况下采用。等价发行股票容易推销，但无从取得股票溢价收入。

②时价。时价就是以本公司股票在流通市场上买卖的实际价格为基准确定的股票发行价格。其原因是股票在第二次发行时已经增值，收益率已经变化。选用时价发行股票，考虑了股票的现行市场价值，对投资者也有较大的吸引力。

③中间价。中间价就是以时价和等价的中间值确定的股票发行价格。

按时价或中间价发行股票，股票发行价格会高于或低于其面额。前者称溢价发行，后者称折价发行。如属溢价发行，发行公司所获得的溢价款列入资本公积。

我国《公司法》规定，股票发行价格可以等于票面金额（等价），也可以超过票面金额（溢价），但不得低于票面金额（折价）。

（四）股票上市

股票上市指的是股份有限公司发行的股票经批准在证券交易所进行挂牌交易。经批准在交易所上市交易的股票则称为上市股票。按照国际通行做法，非公开募集发行的股票或未向证券交易所申请上市的证券，应在证券交易所外的店头市场（over the counter market，简称 OTC market）上流通转让；只有公开募集发行并经批准上市的股票才能进入证券交易所流通转让。我国《公司法》规定，股东转让其股份，亦即股票进入流通，必须在依法设立的证券交易场所进行。

1. 股票上市的目的

股份公司申请股票上市的目的主要是：

（1）资本大众化，分散风险。股票上市后，会有更多的投资者认购公司股份，公司则将部分股转售给这些投资者，再将得到的资金用于其他方面，这就分散了公司的风险。

（2）提高股票的变现力。股票上市后便于投资者购买，自然提高了股票的流动性和变现力。

（3）便于筹措新资金。股票上市必须经过有关机构的审查批准并接受相应的管理，执行各种信息披露和股票上市的规定，这就大大增强了社会公众对公司的信赖，使之乐于购买公司的股票。同时，由于一般投资人认为上市公司实力雄厚，也便于公司采用其他方式（如负债）筹措资金。

（4）提高公司知名度。股票上市后，公司为社会所知，并被认为经营优良，会带来良好声誉，吸引更多的顾客，从而扩大销售量。

（5）便于确定公司价值。股票上市后，公司股票有市价可循，便于确定公司的价值，有利于促进公司财富最大化。

但股票上市也有对公司不利的一面。这是因为公司将负担较高的信息披露成本；各种信息的公开可能会暴露公司的商业秘密；公司财务公开要求对公众股东负责和市场压力导致的短期经营行为；股价有时会歪曲公司的实际状况，丑化公司声誉；可能会分散公司的控制权，造成管理上的困难。

2. 股票上市的条件

股票上市条件也称股票上市标准，是对申请上市公司所做的规定或要求。申请股票上市交易，应当符合证券交易所上市规则规定的上市条件。证券交易所上市规则规定的上市条件，应当对发行人的经营年限、财务状况、最低公开发行比例和公司治理、诚信记录等提出要求。如《深圳证券交易所股票上市规则》（2023年8月修订）境内企业申请首次公开发行股票并在本所上市，应当符合下列条件：

（1）符合《证券法》、中国证监会规定的发行条件。

（2）发行后股本总额不低于5 000万元。

（3）公开发行的股份达到公司股份总数的25%以上；公司股本总额超过4亿元的，公开发行股份的比例为10%以上。

（4）市值及财务指标符合本规则规定的标准。

（5）本所要求的其他条件。本所可以根据市场情况，经中国证监会批准，对上市条件和具体标准进行调整。

不同证券交易所股票上市规则有所不同，同一家交易所对不同类型股票的上市规则也不相同，具体规则详见各交易所相关规定，在此不做赘述。

3. 股票上市决策

股份公司为实现其上市目标，需在上市前对公司及其股东的状况进行分析，确定股票上市的利弊及影响，确定上市的关键因素，选择合适的时机和合适的上市方式。

（五）普通股融资的优缺点

与其他筹资方式相比，普通股筹措资本具有如下优点：

（1）发行普通股筹措资本具有永久性，无到期日，不需归还。这对保证公司对资本的最低需要、维持公司长期稳定发展极为有益。

（2）股利的支付与否和支付多少，视公司有无盈利和经营需要而定，经营波动给公司带来的财务负担相对较小。由于普通股筹资没有固定的到期还本付息的压力，所以筹资风险较小。

（3）发行普通股筹集的资本是公司最基本的资金来源，它反映了公司的实力，可作为其他方式筹资的基础，尤其可为债权人提供保障，增强公司的举债能力。

（4）由于普通股的预期收益较高并可一定程度地抵消通货膨胀的影响（通常在通货膨胀期间，不动产升值时普通股也随之升值），因此普通股筹资容易吸收资金。

但是，运用普通股筹措资本也有一些缺点：

（1）普通股的资本成本较高。一般而言，普通股筹资的成本要高于债权资本。首先，从投资者的角度讲，投资于普通股风险较高，相应地要求有较高的投资报酬率。其次，对于筹资公司来讲，普通股股利从税后利润中支付，不像债券利息那样作为费用从税前支付，因而不具抵税作用。此外，普通股的发行费用一般也高于其他证券。

（2）以普通股筹资，出售新股票，会增加新股东，这可能会分散公司的控制权，削弱原有股东对公司的控制；而且，新股东对公司已累积的盈余具有分享权，这就会降低普通股的每股收益，从而可能引起普通股市价的下跌。

（3）发行新的普通股往往被看作是一种消极信号，会导致股票价格的下跌。

第四节　长期债务资金筹集

负债是企业一项重要的资金来源，几乎没有一家企业是只靠权益资本，而不运用负债来满足资金需要的。负债筹资是与普通股筹资性质不同的筹资方式。与后者相比，负债筹资的特点表现为：筹资的资金具有使用上的时间性，须到期偿还；不论企业经营好坏，须固定支付债务利息，从而形成企业固定的负担；但其资本成本一般比普通股筹资成本低，且不会分散投资者对企业的控制权。

按照所筹资金可使用时间的长短，负债筹资可分为长期负债筹资和短期负债筹资两类。

长期负债是指期限超过 1 年的负债。筹措长期负债资金，可以解决企业长期资金的不足，如满足发展长期性固定资产的需要；同时由于长期负债的归还期长，债务人可对债务的归还作长期安排，还债压力或风险相对较小。但长期负债筹资一般成本较高，即长期负债的利率一般会高于短期负债利率；负债的限制较多，即债权人经常会向债务人提出一些限制性的条件以保证其能够及时、足额偿还债务本金和支付利息，从而形成对债务人的种种约束。

目前在我国，长期负债筹资主要有长期借款、发行债券和租赁融资三种方式。

一、长期借款筹资

长期借款是指企业向银行或其他非银行金融机构借入的使用超过 1 年的借款，主要用于购建固定资产和满足长期流动资金占用的需要。

（一）长期借款的种类

长期借款的种类很多，各企业可根据自身的情况和各种借款条件选用。我国目前各金融机构的长期借款主要有以下三种：

（1）按照用途，分为固定资产投资借款、更新改造借款、科技开发和新产品试制借款等。

（2）按照提供贷款的机构，分为政策性银行贷款、商业银行贷款等。此外，企业还可从信托投资公司取得实物或货币形式的信托投资贷款、从财务公司取得各种中长期贷款等。

（3）按照有无担保，分为信用贷款和抵押贷款。信用贷款指不需企业提供抵押品，仅凭其信用或担保人信誉而发放的贷款。抵押贷款指要求企业以抵押品作为担保的贷款。长期贷款的抵押品通常是房屋、建筑物、机器设备、股票、债券等。

（二）取得长期借款的条件

我国金融部门对企业发放贷款的原则是：按计划发放、择优扶植、有物资保证、按期归还。企业申请贷款一般应具备的条件如下：

（1）独立核算、自负盈亏，有法人资格。

（2）经营方向和业务范围符合国家产业政策，借款用途属于银行贷款办法规定的范围。

（3）借款企业具有一定的物资和财产保证，担保单位具有相应的经济实力。

（4）具有偿还贷款能力。

（5）财务管理和经济核算制度健全，资金使用效益及企业经济效益良好。

（6）在银行设有账户，办理结算。

具备上述条件的企业欲取得贷款，应先要向银行提出申请，陈述借款原因与金额、用款时间与计划、还款期限与计划。银行根据企业的借款申请，针对企业的财务状况、信用情况、盈利的稳定性、发展前景、借款投资项目的可行性等进行审查。银行审查同意贷款后，再与借款企业进一步协商贷款的具体条件，明确贷款的种类、用途、金额、利率、期限、还款的资金来源及方式、保护性条件、违约责任等，并以借款合同的形式将其法律化。借款合同生效后，企业便可取得借款。

（三）长期借款的保护性条款

由于长期借款的期限长、风险大，按照国际惯例，银行通常对借款企业提出一些有助于保证贷款按时足额偿还的条件。这些条件写进贷款合同中，形成了合同的保护性条款。归纳起来，保护性条款大致有如下两类。

1. 一般性保护条款

一般性保护条款应用于大多数借款合同，但根据具体情况会有不同内容，主要包括：①对借款企业流动资金保持量的规定，其目的在于保持借款企业资金的流动性和偿还能力；②对支付现金股利和再购入股票的限制，其目的在于限制现金外流；③对资本支出规模的限制，其目的在于减小企业日后不得不变卖固定资产以偿还贷款的可能性，仍着眼于保持借款企业资金的流动性；④限制其他长期债务，其目的在于防止其他贷款人取得对企业资产的优先求偿权；⑤借款企业定期向银行提交财务报表，其目的在于及时掌握企业的财务情况；⑥不准在正常情况下出售较多资产，以保持企业正常的生产经营能力；⑦如期缴纳税金和清偿其他到期债务，以防被罚款而造成现金流失；⑧不准任何资产作为其他承诺的担保或抵押，以避免企业过重的负担；⑨不准贴现应收票据或出售应收账款，以避免或有负债；⑩限制租赁固定资产的规模，其目的在于防止企业负担巨额租金以致削弱其偿还能力，还在于防止企业以租赁固定资产的办法摆脱对其资本支出和负债的约束。

2. 特殊性保护条款

特殊性保护条款是针对某些特殊情况而出现在部分借款合同中的，主要包括：①贷款专款专用；②不准企业投资于短期内不能收回资金的项目；③限制企业高级职员的薪金和奖金总额；④要求企业主要领导人在合同有效期间担任领导职务；⑤要求企业主要领导人购买人身保险等等。

此外，“短期借款筹资”中的周转信贷协定、补偿性余额等条件，也同样适用于长期借款。

（四）长期借款的成本

长期借款的利息率通常高于短期借款。但信誉好或抵押品流动性强的借款企业，仍然可以争取到较低的长期借款利率。长期借款利率有固定利率和浮动利率两种。浮动利率通常有最高、最低限，并在借款合同中明确。对于借款企业来讲，若预测市场利率将上升，应与银行签订固定利率合同；反之，则应签订浮动利率合同。

除了利息之外，银行还会向借款企业收取其他费用，如实行周转信贷协定所收取的承诺费、要求借款企业在本银行中保持补偿性余额所形成的间接费用。这些费用会加大长期借款的成本。

（五）长期借款的偿还方式

长期借款的偿还方式不一，包括：定期支付利息、到期一次性偿还本金的方式；如同短期借款那样的定期等额偿还方式；平时逐期偿还小额本金和利息、期末偿还余下的大额部分的方式。第一种偿还方式会加大企业借款到期时的还款压力；而定期等额偿还又会提高企业使用贷款的实际利率。

（六）长期借款筹资的特点

与其他长期负债筹资相比，长期借款筹资的特点主要有以下几点：

（1）筹资速度快。长期借款的手续比发行债券简单得多，得到借款所花费的时间较短。

（2）借款弹性较大。借款时企业与银行直接交涉，有关条件可谈判确定；用款期间发生变动，亦可与银行再协商，而债券筹资所面对的是社会广大投资者，协商改善筹资的可能性很小。

（3）借款成本较低。长期借款利率一般低于债券利率，且由于借款属于间接筹资，筹资费用也较少。

（4）长期借款的限制性条款比较多，制约了企业的生产经营和借款的作用。

（5）筹资数量有限。一般不如股票、债券那样可以一次筹集到大笔资金。

二、发行债券筹资

债券是企业为筹集资金而发行的，用以记载和反映债权债务关系的有价证券。由企业发行的债券称为企业债券或公司债券。这里所说的债券，指的是期限超过 1 年的公司债券，其发行目的通常是为建设大型项目筹集大笔长期资金。

（一）债券的种类

公司债券有很多形式，大致有如下分类：

（1）按债券上是否记有持券人的姓名或名称，分为记名债券和无记名债券。这种分类类似于记名股票与无记名股票的划分。在公司债券上记载持券人姓名或名称的为记名公司债券，反之为无记名公司债券。两种债券在转让上的差别也与记名股票、无记名股票相似。

（2）按能否转换为公司股票，分为可转换债券和不可转换债券。若公司债券能转换为本公司股票，为可转换债券；反之为不可转换债券。一般来讲，前种债券的利率要低于后种债券。

以上两种分类为我国《公司法》所确认。除此之外，按照国际通行做法，公司债券还有另外一些分类。

（1）按有无特定的财产担保，分为抵押债券和信用债券。发行公司以特定财产作为抵押品的债券为抵押债券；没有特定财产作为抵押，凭信用发行的债券为信用债券。

（2）按是否参加公司盈余分配，分为参加公司债券和不参加公司债券。债权人除享有到期向公司请求还本付息的权利外，还有权按规定参加公司盈余分配的债券，为参加公司债券；反之为不参加公司债券。

（3）按利率的不同，分为固定利率债券和浮动利率债券。将利率明确记载于债券上，按这一固定利率向债权人支付利息的债券，为固定利率债券；债券上明确利率，发放利息时利率水平按某一标准（如政府债券利率、银行存款利率）的变化而同方向调整的债券，为浮动利率债券。

（4）按能否上市，分为上市债券和非上市债券。可在证券交易所挂牌交易的债券为上市债券；反之为非上市债券。上市债券信用度高，价值高，且变现速度快，故而较吸引投资者；但上市条件严格，并要承担上市费用。

（5）按照偿还方式，分为到期一次债券和分期债券。发行公司于债券到期日一次集中清偿本金的，为到期一次债券；一次发行而分期、分批偿还的债券为分期债券。分期债券的偿还又有不同办法。

（6）按照其他特征，分为收益公司债券、附认股权债券、附属信用债券等。收益公司债券是只有当公司获得盈利时才向持券人支付利息的债券。这种债券不会给发行公司带来固定的利息费用，对投资者而言收益较高，但风险也较大。附认股权债券是附带允许债券持有人按特定价格认购公司股票权利的债券。这种认购股权通常随债券发放，具有与可转换债券类似的属性。附认股权债券与可转换公司债券一样，票面利率通常低于一般公司债券。附属信用债券是当公司清偿时，受偿权排列顺序低于其他债券的债券；为了补偿其较低受偿顺序可能带来的损失，这种债券利率高于一般债券。

（二）发行债券的条件

公开发行公司债券，应当符合下列条件：

（1）具备健全且运行良好的组织机构；

（2）最近三年平均可分配利润足以支付公司债券一年的利息；

（3）国务院规定的其他条件。

公开发行公司债券筹集的资金，必须按照公司债券募集办法所列资金用途使用，改变资金用途，必须经债券持有人会议作出决议。公开发行公司债券筹集的资金，不得用于弥补亏损和非生产性支出。

上市公司发行可转换为股票的公司债券，除应当符合上述规定的条件外，还应当符合股票发行的条件。

（三）发行债券的程序

发行公司债券要经过一定的程序，办理规定的手续。

1. 发行债券的决议或决定

股份有限公司和国有有限责任公司发行公司债券，由董事会制订方案，股东大会作出决议；国有独资公司发行公司债券，由国家授权投资的机构或者国家授权的机构做出决定。可见，发行公司债券的决议和决定，是由公司最高机构做出的。

2. 发行债券的申请与批准

公司向社会公众发行债券募集资金，数额大且债权人多，所牵涉的利益范围大，所以必须对公司债券的发行进行审批。

凡欲发行债券的公司，先要向国务院证券管理部门提出申请并提交公司登记证明、公司章程、公司债券募集办法、资产评估报告和验资报告等文件。国务院证券管理部门根据有关规定，对公司的申请予以核准。

3. 募集办法并予以公告

发行公司债券的申请经国务院授权的部门核准后，应当公告公司债券募集办法。公司债券募集办法中应当载明下列主要事项：公司名称；债券募集资金的用途；债券总额和债券的票面金额；债券利率的确定方式；还本付息的期限和方式；债券担保情况；债券的发行价格、发行的起止日期；公司净资产额；已发行的尚未到期的公司债券总额；公司债券的承销机构。

4. 募集借款

公司发出公司债券募集公告后，开始在公告所定的期限内募集借款。

一般来说，公司债券的发行方式有公司直接向社会发行（私募发行）和由证券经营机构承销发行（公募发行）两种。在我国，根据有关法规，公司发行债券须与证券经营机构签订合同，由其承销。

由承销机构发售债券时，投资人直接向其付款购买，承销机构代理收取债券款、交付债券。然后，承销机构向发行公司办理债券款的结算。

公司以实物券方式发行公司债券的，必须在债券上载明公司名称、债券票面金额、利率、偿还期限等事项，并由法定代表人签名、公司盖章。

公司对发行的债券还应置备公司债券存根簿予以登记。其意义一方面在于起公示作用，使股东、债权人可以查阅了解，并便于有关机关监督；另一方面便于公司随时掌握债券的发行情况。公司发行无记名债券的，应在公司债券存根簿上载明债券总额、利率、偿还期限和方式、发行日期及债券的编号。公司发行记名债券的，应在公司债券存根簿上记明债券持有人的姓名或名称及住所；债券持有人取得债券的日期及债券编号；债券总额、债券的票面金额、利率，还本付息的期限和方式；债券的发行日期。

（四）债券的发行价格

债券的发行价格是债券发行时使用的价格，亦即投资者购买债券时所支付的价格。公司债券的发行价格通常有三种：平价、溢价和折价。

债券发行价格的高低，取决于以下四项因素：

（1）债券票面价值，即债券面值。债券售价的高低，从根本上取决于面值大小，但面值是企业将来归还的数额，而售价是企业现在收到的数额。如果不考虑利息因素，从资金时间价值来考虑，企业应按低于面值的售价出售，即按面值进行贴现收取债券价款。

（2）债券利率。债券利率是企业在债券发行期内付给债券购买者的报酬，债券利率越高，则售价也越高。

（3）市场利率。市场利率是衡量债券利率高低的参照指标，与债券售价成反比例的关系。

（4）债券期限。债券发行的起止日期越长，则风险越大，售价越低。

企业债券通常是按债券的面值出售的，称为等价发行。但是在实践中往往要按低于或高于债券面值的价格出售，即折价发行或溢价发行。这是因为债券利率是参照市场利率制定的，市场利率经常变动，而债券利率一经确定就不能变更。在从决定债券发行，到债券开印，一直到债券发售的一段时间里，如果市场利率较前有变化，就要依靠调整发行价格（折价或溢价）来调节债券购销双方的利益。

从资金时间价值来考虑，债券的发行价格由两部分组成：①债券到期还本面额的现值；②债券各期利率的年金现值。其计算公式如下：

$$债券发行价格 = \frac{债券面额}{(1 + 市场利率)^n} + \sum_{t=1}^{n}\left[债券面额 \times \frac{票面利率}{(1 + 市场利率)^t}\right]$$

式中，n 是指债券期限；t 是指付息期数；市场利率是指债券发售时的市场利率；债券利率是指债券的票面利率（通常为年利率）。

现举例说明在不同条件下债券发行价格的计算方法。

例 7-6 某企业发行面值为 1 000 元的债券，债券票面利率为 10%，每年年末付息 1 次，5 年到期。债券发售时市场利率有以下三种情况。

（1）市场利率与债券利率一致，等价发行。该企业决定发行债券时，是根据市场利率 10% 来确定债券利率的。到债券出售时，如市场利率没有变化，即与债券利率一致，则可按票面价值出售债券。债券发行价格计算如下：

$$\frac{1\,000}{(1+10\%)^5} + \sum_{t=1}^{5}\frac{1\,000 \times 10\%}{(1+10\%)^t} = 1\,000 \times 0.620\,9 + 100 \times 3.790\,8 = 1\,000（元）$$

这就是说，该企业到期还本的现值和每年支付利息的现值合计为 1 000 元，所以债券出售价格应为1 000元。

（2）市场利率高于债券利率，折价发行。如债券出售时，市场利率上升到 12%，而此种上升又是合理的，则按债券利率 10% 付给债权人利息，债权人就要受到损失，因此要使债券出售价格低于票面价值，给债权人以补偿。这时，债券发行价格计算如下：

$$\frac{1\,000}{(1+12\%)^5} + \sum_{t=1}^{5}\frac{1\,000 \times 10\%}{(1+12\%)^t} = 1\,000 \times 0.5674 + 100 \times 3.6048 = 928（元）$$

这就是说，按市场现行利率 12% 计算，该企业到期还本的现值和每年支付利息的现值合计为 928 元，所以债券发行价格应降为 928 元。

（3）市场利率低于债券利率，溢价发行。如债券出售时，市场利率下降到 8%，而此种下降又是合理的，则按债券利率 10% 付给债权人利息，企业就要受到损失，因此要使债券出售价格高于票面价值，给企业以补偿。这时，债券发行价格计算如下：

$$\frac{1\,000}{(1+8\%)^5} + \sum_{t=1}^{5}\frac{1\,000 \times 10\%}{(1+8\%)^t} = 1\,000 \times 0.6806 + 100 \times 3.9927 = 1\,080（元）$$

这就是说，按市场现行利率 8% 计算，该企业到期还本的现值和每年支付利息的现值合计为 1 080 元，所以债券发行价格应升为 1 080 元。

在确定债券发行价格时要注意有关的前提条件。例7-6中是假定债券利息每年末支付一次。如果债券利息是到期支付、单利计算，则计算方法将有所不同。不过，发行价格总是根据发行企业为此债券将来要支付的现金的现值来决定的。

（五）债券的信用等级

公司公开发行债券通常需要由债券评信机构评定等级。债券的信用等级对于发行公司和购买人都有重要影响。

国际上流行的债券等级是3等9级。AAA级为最高级，AA级为高级，A级为上中级，BBB级为中级，BB级为中下级，B级为投机级，CCC级为完全投机级，CC级为最大投机级，C级为最低级。

我国的债券评级工作也在逐步完善，但尚无统一的债券等级标准和系统评级制度。根据中国人民银行的有关规定，凡是向社会公开发行的企业债券，需要由经中国人民银行认可的资信评级机构进行评信。这些机构对发行债券企业素质、财务质量、项目状况、项目前景和偿债能力进行评分，以此评定信用级别。

（六）债券筹资的优缺点

与其他长期负债筹资方式相比，发行债券的突出优点在于筹资对象广、市场大。但是，这种筹资方式成本高、风险大、限制条件多。

1. 债券筹资的优点

（1）债券筹资成本较低。与股票的股利相比较而言，债券的利息允许在所得税前支付，发行公司可享受免税的收益，另发行费用也低于股票发行，故公司实际负担的债券成本一般低于股票成本。

（2）利用财务杠杆。无论发行公司盈利多少，债券持有人一般只收取固定的利息，而更多的收益可用于分配给股东或留用公司经营，从而增加股东和公司的财富。

（3）保障股东控制权。债券持有人无权参与发行公司的管理决策，因此，公司发行债券不会像发行股票那样可能会分散股东对公司的控制权。

（4）便于调整资本结构。在公司发行可转换债券以及可提前赎回债券的情况下，便于公司主动且合理地调整资本结构。

2. 债券筹资的缺点

（1）财务风险较高。债券有固定的到期日，并需定期支付利息，发行公司必须承担按期付息偿本的义务。在公司经营不景气时，不但不能获得杠杆收益，而且还将承担杠杆损失，亦需向债券持有人付息偿本，这会加大公司的财务困难，有时甚至导致破产。

（2）限制条件多。发行债券的限制条件一般要比长期借款、租赁筹资的限制条件多且严格，从而限制了公司对债券筹资方式的使用，甚至会影响公司以后的筹资能力。

（3）筹资数量有限。公司利用债券筹资一般有一定额度的限制。多数国家对此有限定。我国《证券法》规定，发行公司流通在外的债券累计总额不得超过公司净资产的40%。

三、租赁融资

（一）租赁的含义与类型

1. 租赁的含义

租赁是出租人以收取租金为条件，在一定期间内将其所拥有的资产转让给承租人使用的一种交易。

租赁虽然有很长的历史，但现代租赁却是最近几十年才发展起来的。现代租赁快速发展的原因是生产设备变得日益复杂、昂贵，经济寿命缩短，承租人难以出资购置所需要的设备。租赁可以使承租人及时使用所需资产却无须立即付出大额现金，且能够避免设备快速更新的风险。

2. 租赁的类型

租赁可以分为经营租赁和融资租赁两种。

(1) 经营租赁。经营租赁是传统的租赁，主要特征有：①租赁是为了满足承租人对资产的临时性需要，承租人并不寻求对租赁资产的长期占有，所以租赁的报酬与风险由出租人承受（这里的报酬包括资产使用收益、资产升值和变现的收益等；风险则包括资产的有形和无形损失、闲置损失、资产使用收益的波动等）；②租赁的期限较短，不涉及租赁双方长期而固定的义务和权利；③出租人通常负责租赁资产的折旧计提和日常维护（如维修、保险等）；④租赁期满，租赁资产归出租人；⑤租赁合同灵活，在合理的范围内可较方便地解除租赁契约。

(2) 融资租赁。融资租赁，又称财务租赁或资本租赁，其主要特征有：①租赁是为了满足承租人对资产的长期需要，租赁资产的报酬和风险由承租人承受；②租赁的期限较长，一般会超过租赁资产寿命的一半（一些机构还对融资租赁的期限做出了规定，如我国会计制度规定，融资租赁的租赁期应占租赁资产尚可使用年限的大部分；美国财务会计准则委员会在其第13号公告中提出，融资租赁的租赁期应当相当于租赁资产期望经济寿命的75%以上）；③租金与租赁资产的价值接近（如我国会计制度规定，租赁开始日承租人的最低付款额的现值应几乎相当于租赁开始日租赁资产账面原值；美国财务会计准则委员会第13号公告中规定，租赁开始日承租人的最低付款额的现值不得低于租赁资产公允价值的90%）；④承租人通常负责租赁资产的折旧计提和日常维护；⑤承租人可以在租赁期满后廉价购买租赁资产（如我国会计制度规定，承租人有购买租赁资产的选择权，且所订立的购价应低于行使选择权时租赁资产的公允价值的5%）；⑥租赁合同稳定，非经双方同意，中途不可撤销；⑦一般是先由承租人（企业）向出租人提出租赁申请，出租人按照承租人的要求引入资产，再交付承租人使用。

按照我国会计制度的规定，只要满足上述特征中的第①项、第④项，便应认定该项租赁为融资租赁。

融资租赁是现代租赁的代表类型，特别是以上特征中的第①项、第④项，使得这类租赁实质上类似于以分期付款的方式购买资产，对承租人（企业）的筹资意义明显。

融资租赁按照租赁手段又可进一步区分为直接租赁、杠杆租赁和售后租回等形式。

直接租赁即直接向租赁公司或生产厂商租赁生产经营所需设备的一种租赁形式。

杠杆租赁是有贷款者参与的一种租赁形式。在这种形式下，出租人引入资产时只支付引入款项（如购买资产的货款）的一部分（通常为资产价值的20%～40%），其余款项则以引入的资产或出租权等为抵押，向另外的贷款者借入；资产租出后，出租人以收取的租金向债权人还贷。这样，出租人利用自己的少量资金就推动了大额的租赁业务，故称为杠杆租赁。对承租人（企业）来说，杠杆租赁和直接租赁没有什么区别，都是向出租人租入资产；而对于出租人而言，其身份则有了变化，既是资产的出租者，同时又是借款人。因此，杠杆租赁是一种涉及三方面关系人的租赁形式。

售后租回是承租人（企业）先将某资产卖给出租人，再将该资产租回的一种租赁形式。这种形式下，承租人（企业）一方面通过出售资产获得了现金；另一方面又通过租赁满足了对资产的需要，而租金却可以分期支付。

（二）融资租赁的租金

租金是承租企业占用出租人的资产而向出租人付出的代价。租金支付额的多少和支付方式必然对承租企业的现金流和财务状况产生影响，是租赁决策的重要考虑因素。

1. 融资租赁租金的构成

在我国，从事融资租赁的出租人主要有租赁公司、信托投资公司和银行信贷部门。这些出租人出租资产，除了要从租金中抵补其购入资产的各项成本和费用，还要获得相应的利润，因此，融资租赁租金就包括租赁资产的成本、租赁资产的成本利息、租赁手续费三大部分。

（1）租赁资产的成本。租赁资产的成本大体由资产的购买价（若出租人是资产的生产商，则为出厂价）、运杂费、运输途中的保险费等项目构成。如果资产由承租人负责运输和安装，运杂费和运输途中的保险费等便不包括在租金中。

（2）租赁资产的成本利息。租赁资产的成本利息即出租人向承租企业所提供的资金的利息，如为购买租赁资产而向银行借款所应支付的利息。

（3）租赁手续费。租赁手续费既包括出租人承办租赁业务的费用，还包括出租人向承租企业提供租赁服务所赚取的利润。

2. 融资租赁租金的计算和支付方式

融资租赁租金计算和收取，可以通过租赁双方的协商，灵活地采取多种方式。归纳起来，大致有如下三类：

（1）租金包括租赁资产的成本、成本利息、租赁手续费，采取期初或期末等额或不等额的方式支付。如果租金在期初支付，计算每期租金时，租赁资产成本和成本利息按照预付年金现值法计算；而租赁手续费则往往按租赁期限平均计算。

例 7-7 某企业向租赁公司租入一套价值为 1 300 000 元的设备，租赁合同规定：租期为 5 年，租金每年年初支付一次，利率为 6%，租赁手续费按设备成本的 2% 计算，租期满后设备归该企业所有。

$$每期租金 = \{1\,300\,000 \div [(PVIFA_{6\%,5-1}) + 1]\} + (1\,300\,000 \times 2\% \div 5)$$

$$= \{1\,300\,000 \div [3.4651 + 1]\} + (1\,300\,000 \times 2\% \div 5)$$

$$= 291\,147 + 5\,200$$

$$= 296\,347（元）$$

根据上述计算的结果编制租金摊销表，见表 7-6。

表 7-6 租金摊销表 单位：元

年度	租金			应计利息(4)	支付本金(5) [(5) = (1) − (4)]	未付本金(6)
	设备成本(1)	手续费(2)	合计(3)[(3) = (2) + (1)]			
第 1 年年初						1 300 000
第 1 年年初	291 147	5 200	296 347	—	291 147	1 008 853[a]

续表

年度	租金			应计利息(4)	支付本金(5)[(5)=(1)-(4)]	未付本金(6)
	设备成本(1)	手续费(2)	合计(3)[(3)=(2)+(1)]			
第2年年初	291 147	5 200	296 347	60 531[b]	230 616	778 237
第3年年初	291 147	5 200	296 347	46 694	244 453	533 784
第4年年初	291 147	5 200	296 347	32 027	259 120	274 664
第5年年初	291 147	5 200	296 347	16 483[c]	274 664	0
合计	1 455 735	26 000	1 481 735	155 735	1 300 000	0

注：a = 1 300 000 − 291 147 = 1 008 853；b = 1 008 853 × 6% = 60 531；c = 291 147 − 274 664 = 16 483

本例中，企业租赁设备每年的现金流出为表7-6中（3）栏所示的金额。如果租金在期末支付，每期租金中的租赁资产成本和成本利息则要按照普通年金现值法计算。

例7-8 沿用例7-7的资料，假定租金每年年末支付一次，其他约定不变，每期租金的计算为：

$$\begin{aligned}每期租金 &= [1\,300\,000 \div (PVIFA_{6\%,5})] + (1\,300\,000 \times 2\% \div 5)\\ &= [1\,300\,000 \div 4.2124] + (1\,300\,000 \times 2\% \div 5)\\ &= 308\,613 + 5\,200\\ &= 313\,813（元）\end{aligned}$$

根据上述计算结果，也可编制企业的租金摊销表并确定各年租赁设备的现金流出，因其方法与例7-7近似，不再赘述。

（2）租金包括租赁资产的成本、成本利息，采取期初或期末等额或不等额的方式支付；租赁手续费单独一次性付清。

例7-9 沿用例7-7的资料，假定租赁手续费于租赁开始日一次性付清，其他约定不变，每期租金的计算为：

$$\begin{aligned}每期租金 &= 1\,300\,000 \div [(PVIFA_{6\%,5-1}) + 1]\\ &= 1\,300\,000 \div [3.4651 + 1]\\ &= 291\,147（元）\end{aligned}$$

根据上述计算结果编制租金摊销表，见表7-7。

表7-7 **租金摊销表** 单位：元

年度	租金(1)	应计利息(2)	支付本金(3)[(3)=(1)-(2)]	未付本金(4)
第1年初				1 300 000
第1年年初	291 147	—	291 147	1 008 853[a]
第2年年初	291 147	60 531[b]	230 616	778 237
第3年年初	291 147	46 694	244 453	533 784
第4年年初	291 147	32 027	259 120	274 664
第5年年初	291 147	16 483[c]	274 664	0
合计	1 455 735	155 735	1 300 000	0

注：a = 1 300 000 − 291 147 = 1 008 853；b = 1 008 853 × 6% = 60 531；c = 291 147 − 274 664 = 16 483

本例中，企业第1年租赁设备的现金流出为：

$$291\ 147 + 1\ 300\ 000 \times 2\% = 317\ 147 \text{（元）}$$

以后每年租赁设备的现金流出分别为表7-7中（1）栏所示的第2~5年的租金额。

例7-10 沿用例7-7的资料，假定租赁手续费于租赁每期期末（每年年末）支付一次，其他约定不变，每期租金的计算为：

$$\begin{aligned}\text{每期租金} &= 1\ 300\ 000 \div (PVIFA_{6\%,5}) \\ &= 1\ 300\ 000 \div 4.2124 \\ &= 308\ 613 \text{（元）}\end{aligned}$$

本例也可仿照前例的方法编制租金摊销表并确定每年租赁设备的现金流出。

（3）租金仅含租赁资产的成本，采取期初或期末等额或不等额的方式支付，成本利息和手续费均单独计算和支付。

例7-11 沿用例7-7的资料，假定合同约定以设备的成本为租金，利息单独计算并按年支付，手续费于租赁开始日一次性付清。企业每年支付的租金额为：

$$\text{每年的租金额} = 1\ 300\ 000 \div 5 = 260\ 000 \text{（元）}$$

企业的租金及利息摊销表见表7-8。

表7-8　租金及利息摊销表　单位：元

年　度	租　金（1）	应计利息（2）	支付本金（3）[（3）=（1）]	未付本金（4）
第1年年初				1 300 000
第1年年初	260 000	—	260 000	1 040 000
第2年年初	260 000	62 400[a]	260 000	780 000
第3年年初	260 000	46 8000	260 000	520 000
第4年年初	260 000	31 200	260 000	260 000
第5年年初	260 000	15 600	260 000	0
合计	1 300 000	156 000		0

注：a = 1 040 000 × 6% = 62 400

本例中，企业第1年租赁设备的现金流出为：

$$260\ 000 + 1\ 300\ 000 \times 2\% = 286\ 000 \text{（元）}$$

以后各年的租赁设备现金流出分别为表7-8中（1）栏、（2）栏所示的第2~5年数字之和。

如果将本例中的租金改在每期期末支付，那么各期支付的租金额仍为260 000元；但因为各期占用的租赁公司本金不同于本例，每期的应计利息会有所改变，并同时引起各期的租赁现金流出不同于本例。

（三）融资租赁决策

企业可采取多种方式增添长期设备，融资租赁是其中之一。究竟应当采取哪种方式，融资租赁是否为最佳方案，需要通过与其他方式（如借款购买）的对比分析判定，这就是融资租赁的决策。

融资租赁决策的方法很多，但对不同方案现金流量的比较是最基本的。

1. 融资租赁和借款购买的现金流量

以设备的融资租赁和借款购买决策为例，这两种融资方式引起的承租企业现金流量主要包括以下几个方面：

（1）设备的借款偿付额或租金。如果借款购买设备，需偿还债权人（如银行）的借款并支付借款利息；如果融资租赁设备，则需支付租金。借款本息的偿还方式和租金的支付方式多种多样，可以分期等额偿还（支付）或分期不等额偿还（支付）；可以每期期初偿还（支付）或期末偿还（支付），等等。不同的借款本息偿还方式和租金支付方式，会引起企业不同的现金流出。

（2）设备残值收益。借款购买的设备和期满后归企业所有的融资租赁设备，如果有残值收益，会给企业带来现金流入。

（3）融资租赁和借款购买方式的其他费用。融资租赁和借款购买方式都可能发生一些其他相关费用，这些费用的发生会引起企业的现金流出。

（4）税收影响。按照我国目前的所得税纳税规定，承租企业的借款利息、其他费用可以抵税，设备计提的折旧、维护费也可以抵税；设备残值收益则要交纳所得税，等等。这些费用和收益的抵税、纳税，会减少或增加企业的现金流出。

2. 融资租赁决策方法

将设备融资租赁和借款购买的现金流量净现值对比，可以判断出哪种融资方式更好。

例 7-12 某公司需增添一台数控设备用于产品生产，购置成本为 1 000 000 元，使用寿命为 5 年，折旧期与使用期一致，采用直线法计提折旧，期满无残值。使用该设备还需每年发生 50 000 元的维护保养费。如果公司从银行贷款购买该设备，贷款年利率为 10%，需在 5 年内每年年末等额偿还本金。此外，公司也可以从租赁商处租得该设备，租期为 5 年，每年年末需支付租金（含租赁资产的成本、成本利息和租赁手续费）260 000 元，租赁期满后公司可获得设备的所有权。公司适用的所得税税率为 40%。假设投资人要求的必要报酬率为 10%。

本例中，由于租赁期满后设备的所有权归公司所有，所以该租赁为融资租赁。因为无论融资租赁还是借款购买，设备的折旧费、维护保养费对公司的影响是一样的，故可将它们视为不相关因素，在决策中不予考虑。于是，本例中引起两方案现金流量变动的只有租金、借款和利息偿还额及其抵税额。

按照我国交纳所得税的现行规定，“纳税人以融资租赁方式从出租方取得固定资产，其租金支出不得扣除，但可按规定提取折旧费用”。这样，融资租赁的税后现金流量就是每年租金的现值，即：

$$260\,000 \times (PVIFA_{10\%,5}) = 260\,000 \times 3.7908 = 985\,608\ (元)$$

借款购买的税后现金流量计算分别见表 7-9 和表 7-10。

表 7-9　借款分期偿还表　单位：元

年　度	贷款偿还额(1)	利息支付额(2) [(2)=(4)×10%]	本金偿还额(3) [(3)=(1)-(2)]	未偿还本金(4)
0				1 000 000
1	263 797	100 000	163 797	836 203
2	263 797	83 620	180 177	656 026

续表

年度	贷款偿还额(1)	利息支付额(2) [(2)=(4)×10%]	本金偿还额(3) [(3)=(1)-(2)]	未偿还本金(4)
3	263 797	65 603	198 194	457 832
4	263 797	45 783	218 014	239 818
5	263 797	23 979[a]	239 818	0

注：表中数字计算时取整；a = 263 797 - 239 818 = 23 979

表 7-10　借款购买现金流量　单位：元

年度	贷款偿还额 (1)	利息支付额 (2)	利息抵税(3) [(3)=(2)×40%]	税后现金流出(4) [(4)=(1)-(3)]	现值系数 (5)	税后现金流出现值 (6)
1	263 797	100 000	40 000	223 797	0.909 1	203 454
2	263 797	83 620	33 448	230 349	0.826 4	190 360
3	263 797	65 603	26 241	237 556	0.751 3	178 476
4	263 797	45 783	18 313	245 484	0.683 0	167 666
5	263 797	23 979	9 592	254 205	0.620 9	157 836
合计						897 792

比较融资租赁和借款购买的税后现金流量现值可知，融资租赁的税后现金流出量现值（985 608元）大于借款购买的税后现金流出量现值（897 792 元），所以宜采取借款购买的方式增添设备。

进行融资租赁决策，还可以运用净现值法和内含报酬率法等方法，这些方法的操作参见本书第五章的有关内容，这里不再一一举例。

第五节　短期债务资金筹集

企业除了发行债券、发行股票、长期借款等方式筹集长期资本外，还要采取商业信用、短期借款等方式筹集短期资本。

一、商业信用

商业信用是指在商品交易中由于延期付款或预收货款所形成的企业间的借贷关系。商业信用产生于商品交换之中，是所谓的"自发性筹资"。它运用广泛，在短期负债筹资中占有相当大的比重。商业信用的具体形式有应付账款、应付票据、预收账款等。

（一）应付账款

应付账款是企业购买货物暂未付款而欠对方的款项，即卖方允许买方在购货后一定时期内支付货款的一种形式。卖方利用这种方式促销，而对买方来说延期付款则等于向卖方借用资金购进商品，可以满足短期的资金需要。

与应收账款相对应，应付账款也有付款期、折扣等信用条件。应付账款可以分为：免费信用，即买方企业在规定的折扣期内享受折扣而获得信用；有代价信用，即买方企业放弃折扣付出代价而获得的信用；展期信用，即买方企业超过规定的信用期推迟付款而强制获得的信用。

1. 应付账款的成本

倘若买方企业购买货物后在卖方规定的折扣期内付款，便可以享受免费信用，这种情况下企业没有因为享受信用而付出代价。

例 7-13 某企业按 2/10、*n*/30 的条件购入货物 10 万元。如果该企业在 10 天内付款，便享受了 10 天的免费信用期，并获得折扣 0.2 万元（10×2%），免费信用额为 9.8 万元（10－0.2）。倘若买方企业放弃折扣，在 10 天后（不超过 30 天）付款，该企业便要承受因放弃折扣而造成的隐含利息成本。一般而言，放弃现金折扣的成本可由下式求得：

$$放弃现金折扣成本=\frac{放弃折扣百分比}{1-折扣百分比}\times\frac{360}{付款期-折扣期}$$

运用上式，该企业放弃折扣所负担的成本为：

$$\frac{2\%}{1-2\%}\times\frac{360}{30-10}=36.7\%$$

公式表明，放弃现金折扣的成本与折扣百分比的大小、折扣期的长短同方向变化，与信用期的长短反方向变化。可见，如果买方企业放弃折扣而获得信用，其代价是较高的。然而，企业在放弃折扣的情况下，推迟付款的时间越长，其成本便会越小。

2. 利用现金折扣的决策

在附有信用的条件下，因为获得不同信用要负担不同的代价，买方企业便要在利用哪种信用之间做出决策。

如果能以低于放弃折扣的隐含利息成本（实质是一种机会成本）的利率借入资金，便应在现金折扣期内借入资金支付货款，享受现金折扣。如，例 7-13 中同期的银行短期借款年利率为 12%，则买方企业应利用更便宜的银行借款在折扣期内偿还应付账款；反之，企业应放弃折扣。

如果在折扣期内将应付账款用于短期投资，所得的投资收益率高于放弃折扣的隐含利息成本，则应放弃折扣而去追求更高的收益。当然，假使企业放弃折扣优惠，也应将付款日推迟至信用期内的最后一天（如例 7-13 中的第 30 天），以降低放弃折扣的成本。

如果企业因缺乏资金而欲展延付款期（如例 7-13 中将付款日推迟到第 50 天），则需在降低了的放弃折扣成本与展延付款带来的损失之间做出选择。展延付款带来的损失主要是指因企业信誉恶化而丧失供应商乃至其他贷款人的信用，或日后招致苛刻的信用条件。

如果面对两家以上提供不同信用条件的卖方，应通过衡量放弃折扣成本的大小，选择信用成本最小（或所获利益最大）的一家。假设例 7-13 中另有一家供应商提供 1/20、*n*/30 的信用条件，则其放弃折扣的成本为：

$$\frac{1\%}{1-1\%}\times\frac{360}{30-20}=36.4\%$$

与例 7-13 中 2/10、*n*/30 信用条件情况相比，后者的成本较低，应选择此家。

（二）应付票据

应付票据是企业进行延期付款购买商品时开具的反映债权债务关系的票据。根据承兑人的不同，应付票据分为商业承兑汇票和银行承兑汇票两种，支付期最长不超过6个月。应付票据可以带息，也可以不带息。应付票据的利率一般比银行借款的利率低，且不用保持相应的补偿余额和支付协议费，所以应付票据的筹资成本低于银行借款成本。但是应付票据到期必须归还，如若延期便要交付罚款，因而风险较大。

（三）预收账款

预收账款是卖方企业在交付货物之前向买方预先收取部分或全部货款的信用形式。对于卖方来讲，预收账款相当于向买方借用资金后用货物抵偿。预收账款一般用于生产周期长、资金需要量大的货物销售。

此外，企业往往还存在一些非商品交易中产生，但亦为自发筹资的应付费用，如应付工资、应交税费、其他应付款等。应付费用使企业受益在前，费用支付在后，相当于享用了受款方的借款，一定程度上缓解了企业的资金需要。应付费用的期限具有强制性，不能由企业自由斟酌使用，但通常不需花费代价。

（四）商业信用筹资的特点

商业信用筹资最大的优越性在于容易取得。首先，对于多数企业来说，商业信用是一种持续性的信贷形式，且无须正式办理筹资手续。其次，如果没有现金折扣或使用不带息票据，商业信用筹资不负担成本。其缺陷在于期限较短，在放弃现金折扣时所付出的成本较高。

二、短期借款

短期借款指企业向银行和其他非银行金融机构借入的期限在1年以内的借款。

（一）短期借款的种类

我国目前的短期借款按照目的和用途分为若干种，主要有生产周转借款、临时借款、结算借款等。按照国际通行做法，短期借款还可按偿还方式的不同，分为一次性偿还借款和分期偿还借款；按利息支付方法的不同，分为收款法借款、贴现法借款和加息法借款；按有无担保，分为抵押借款和信用借款等。

企业在申请借款时，应根据各种借款的条件和需要加以选择。

（二）借款的取得

企业举借短期借款，首先必须提出申请，经审查同意后借贷双方签订借款合同，注明借款的用途、金额、利率、期限、还款方式、违约责任等；然后企业根据借款合同办理借款手续；借款手续完毕，企业便可取得借款。

（三）借款的信用条件

按照国际通行做法，银行发放短期借款往往带有一些信用条件，主要有以下几点。

1. 信贷限额

信贷限额是银行对借款人规定的无担保贷款的最高额。信贷限额的有效期限通常为1年，但根据情况也可延期1年。一般来讲，企业在批准的信贷限额内，可随时使用银行借款。但是，银行并不承担必须提供全部信贷限额的义务。如果企业信誉恶化，即使银行曾同意过按信贷限额提供贷款，企业也可能得不到借款。这时，银行不会承担法律责任。

2. 周转信贷协定

周转信贷协定是银行具有法律义务地承诺提供不超过某一最高限额的贷款协定。在协定的有效期内，只要企业的借款总额未超过最高限额，银行必须满足企业任何时候提出的借款要求。企业享用周转信贷协定，通常要就贷款限额的未使用部分付给银行一笔承诺费（commitment fee）。

例 7-14 某周转信贷额为 1 000 万元，承诺费率为 0.5%，借款企业年度内使用了 600 万元，余额 400 万元，借款企业该年度就要向银行支付承诺费 2（400×0.5%）万元。这是银行向企业提供此项贷款的一种附加条件。

周转信贷协定的有效期通常超过 1 年，但实际上贷款每几个月发放一次，所以这种信贷具有短期和长期借款的双重特点。

3. 补偿性余额

补偿性余额是银行要求借款企业在银行中保持按贷款限额或实际借用额一定百分比（一般为 10%～20%）的最低存款余额。从银行的角度来讲，补偿性余额可降低贷款风险，补偿遭受的贷款损失。对于借款企业来讲，补偿余额则提高了借款的实际利率。

例 7-15 某企业按年利率 8% 向银行借款 10 万元，银行要求维持贷款限额 15% 的补偿性余额，那么企业实际可用的借款只有 8.5 万元，该项借款的实际利率则为：

$$\frac{10\times 8\%}{8.5}\times 100\% = 9.4\%$$

4. 借款抵押

银行向财务风险较大的企业或对其信誉没有把握的企业发放贷款，有时需要有抵押品担保，以减少自己蒙受损失的风险。短期借款的抵押品经常是借款企业的应收账款、存货、股票、债券等。银行接受抵押品后，将根据抵押品的价值决定贷款金额，一般为抵押品价值的 30%～90%。这一比例的高低，取决于抵押品的变现能力和银行的风险偏好。抵押借款的成本通常高于非抵押借款，这是因为银行主要向信誉好的客户提供非抵押贷款，而将抵押贷款看成是一种风险投资，故而收取较高的利息；同时银行管理抵押贷款要比管理非抵押贷款困难，为此往往另外收取手续费。

企业向贷款人提供抵押品，会限制其财产的使用和将来的借款能力。

5. 偿还条件

贷款的偿还分为到期一次偿还和在贷款内定期（每月、每季）等额偿还两种方式。一般来讲，企业不希望采用后一种偿还方式，因为这会提高借款的实际利率；而银行不希望采用前一种偿还方式，因为这会加重企业的财务负担，增加企业的拒付风险，同时会降低实际贷款利率。

6. 其他承诺

银行有时还要企业为取得贷款而做出其他承诺，如及时提供财务报表、保持适当的财务水平（如特定的流动比率）等。如企业违背所作出的承诺，银行可要求企业立即偿还全部贷款。

（四）短期借款利率及其支付方法

短期借款的利率多种多样，利息支付方法也各不相同，银行将根据借款企业的情况选用。

1. 借款利率

（1）优惠利率。优惠利率是银行向财务实力雄厚、经营状况好的企业贷款时收取的名义利率，为贷款利率的最低限。

（2）浮动优惠利率。这是一种随其他短期利率的变动而浮动的优惠利率，即随市场条件的变化而随时调整变化的优惠利率。

（3）非优惠利率。银行贷款给一般企业时收取的高于优惠利率的利率。这种利率经常在优惠利率的基础上加一定的百分比。比如，银行按高于优惠利率1个百分点的利率向某企业贷款，若当时的最优利率为8%，向该企业贷款收取的利率即为9%。非优惠利率与优惠利率之间差距的大小，由借款企业的信誉、与银行的往来关系及当时的信贷状况所决定。

2. 借款利息的支付方法

一般来讲，借款企业可以用三种方法支付银行贷款利息。

（1）收款法。收款法是在借款到期时向银行支付利息的方法。银行向企业发放的贷款大都采用这种方法收息。

（2）贴现法。贴现法是银行向企业发放贷款时，先从本金中扣除利息部分，而到期时借款企业则要偿还贷款全部本金的一种计算方法。采用这种方法，企业可利用的贷款额只有本金减去利息部分后的差额，因此贷款的实际利率高于名义利率。

例 7-16 某企业向银行取得借款10 000元，期限为1年，年利率（即名义利率）为8%，利息额为800元（10 000×8%）；按照贴现法付息，企业实际可利用的贷款为9 200元（10 000－800），则该项贷款的实际利率为：

$$\frac{800}{10\ 000-800}=8.7\%$$

（3）加息法。加息法是银行发放分期等额偿还贷款时采用的利息收取方法。在分期等额偿还贷款的情况下，银行要将根据名义利率计算的利息加到贷款本金上，计算出贷款的本息和，要求企业在贷款期内分期偿还本息之和的金额。由于贷款分期均衡偿还，借款企业实际上只平均使用了贷款本金的半数，却支付全额利息。这样，企业所负担的实际利率便高于名义利率大约1倍。

例如，某企业借入（名义）年利率为12%的贷款20 000元，分12个月等额偿还本息。则该项借款的实际利率为：

$$\frac{20\ 000\times 12\%}{20\ 000\div 2}\times 100\%=24\%$$

（五）企业对银行的选择

随着金融信贷业的发展，可向企业提供贷款的银行和非银行金融机构增多，企业有可能在各金融机构之间做出选择，以便对自己最为有利。

选择银行时，重要的是要选用适宜的借款种类、借款成本和借款条件，此外还应考虑下列有关因素：

1. 银行对贷款风险的政策

通常银行对其贷款风险有着不同的政策，有的倾向于保守，只愿承担较小的贷款风险；有的富于开拓，敢于承担较大的贷款风险。

2. 银行对企业的态度

不同银行对企业的态度各不一样。有的银行积极地为企业提供建议，帮助分析企业潜在的财务问题，有着良好的服务，乐于为具有发展潜力的企业发放大量贷款，在企业遇到困难时帮助其渡过难关；也有的银行很少提供咨询服务，在企业遇到困难时一味地为清偿贷款而向其施加压力。

3. 贷款的专业化程度

一些大银行有不同的专业部门，分别处理不同类型、行业的贷款。企业与这些拥有丰富专业化贷款经验的银行合作，会更多地受益。

4. 银行的稳定性

稳定的银行可以保证企业的借款不致中途发生变故。银行的稳定性取决于它的资本规模、存款水平波动程度和存款结构。一般来讲，资本雄厚、存款水平波动小、定期存款比重大的银行稳定性好；反之则稳定性差。

（六）短期借款筹资的特点

1. 筹资速度快，容易取得

长期负债的债权人为了保护自身利益，往往要对债务人进行全面的财务调查，因而筹资所需时间一般较长且不易取得。短期负债在较短时间内即可归还，故债权人顾虑较少，容易取得。

2. 筹资富有弹性

举借长期负债，债权人或有关方面经常会向债务人提出很多限定性条款；而短期负债的限制则相对宽松些，使筹资企业的资金使用较为灵活、富有弹性。

3. 筹资成本较低

一般地讲，短期负债的利率低于长期负债，短期负债筹资的成本也就较低。

4. 筹资风险高

短期负债须在短期内偿还，因而要求筹资企业在短期内拿出足够的资金偿还债务，若企业届时资金安排不当，就会陷入财务危机。此外，短期负债利率的波动比较大，一时高于长期负债的水平也是可能的。

练　习　题

一、单项选择题

1. 企业筹集权益资本采取的筹资方式是（　　）。

A. 发行股票　　B. 商业信用　　C. 发行债券　　D. 融资租赁

2. 将筹资分为权益性筹资和债务性筹资两大类，其标志是（　　）。

A. 资金来源渠道　　B. 资金使用时间长短

C. 资金的用途　　D. 资金属性

3. （　　）是企业依法筹集并长期拥有、自主调配运用的资金来源。

A. 债权性筹资　　B. 内部筹资　　C. 权益性筹资　　D. 直接筹资

4. 下列各项中属于销售百分比法的敏感项目是（　　）。

A. 应付账款　　B. 固定资产净值　　C. 应付票据　　D. 长期负债

5. 采用销售百分比法预测资金需要量时，下列项目中被视为不随销售收入的变动而变动的是（　　）。

A. 货币资金　　B. 应付账款　　C. 存货　　D. 公司债券

6. 一般而言，与融资租赁筹资相比，发行债券筹资的优点是（　　）。

A. 财务风险小　　B. 限制条件多

C. 资本成本较低　　D. 融资速度较快

7. 下列权利中，不属于普通股股东权利的是（　　）。

A. 股份转让权　　B. 收益分享权　　C. 优先认股权　　D. 优先分配剩余财产权

8. 吸收直接投资是企业筹集（　　）的一种重要方式。

A. 债权资本　　B. 权益资本　　C. 短期资本　　D. 内部资本

9. 相对于借款购置设备而言，融资租赁的主要缺点是（　　）。

A. 筹资速度较慢　　B. 筹资成本较高

C. 到期还本负担重　　D. 设备淘汰风险大

10. 普通股筹资具有以下优点（　　）。

A. 成本低　　B. 没有使用约束

C. 不会分散公司的控制权　　D. 筹资费用低

11. 下列筹资方式中，属于短期筹资方式的是（　　）。

A. 商业信用　　B. 发行股票　　C. 发行债券　　D. 融资租赁

12. 商业信用筹资的最大优点是（　　）。

A. 期限较短　　B. 成本较低　　C. 容易获得　　D. 金额不固定

13. 下列各项中属于商业信用的是（　　）。

A. 商业银行贷款　　B. 应缴税金　　C. 融资租赁　　D. 预收账款

二、多项选择题

1. 筹资活动中需要遵循的原则有（　　）。

A. 以投定筹原则　　B. 成本效益原则

C. 适度负债原则　　D. 合法性原则

2. 现代企业的企业制度有（　　）。

A. 独资制　　B. 合伙制　　C. 公司制　　D. 集团制

3. 吸收投入资本的缺点有（　　）。

A. 财务压力大　　B. 资本成本较高

C. 难以偿还　　D. 产权清晰程度差

4. 普通股股东的权利有（　　）。

A. 股利权　　B. 投票权　　C. 清算权　　D. 优先认股权

5. 股份公司申请股票上市的目的主要有（　　）。

A. 分散风险　　B. 筹措资金

C. 提高股票变现能力　　D. 确定公司价值

6. 我国长期负债的筹资方式有（　　）。

A. 长期借款　　B. 发行债券

C. 融资租赁　　D. 经营租赁

7. 与其他长期负债筹资相比，长期借款筹资的特点主要有（　　）。

A. 筹资速度快　　B. 借款成本低

C. 借款弹性大　　D. 筹资数量有限

8. 企业筹资的动机包括（　　）。

A. 企业维持日常生产的需要　　B. 企业扩张和发展的需要

C. 企业偿还债务的需要　　D. 企业调整资本结构的需要

9. 目前我国企业的筹资渠道主要有（　　）。

A. 国家财政资金　　B. 民间资金

C. 企业内部及其他企业资金　　D. 金融机构信贷资金

10. 可以采取吸收直接投资方式筹集的资金渠道有（　　）。

A. 国家财政资金　　B. 银行信贷资金

C. 民间资金　　D. 企业内部资金

11. 下列属于企业扩张型筹资动机的经济行为有（　　）。

A. 发行债券用于股票回购　　B. 增发债券用于购置新设备

C. 增发新股用于并购其他企业　　D. 发行债券用于偿还到期债务

三、判断题

1. 吸收投入资本是非股份制企业筹资权益资本的基本方式。（　　）

2. 对于能够单独计算自创成本的无形资产可以采用收益现值法。（　　）

3. 债权性筹资是企业依法筹集，按期偿还本金和利息的资本来源。（　　）

4. 销售百分比法假定存货与销售之间存在着线性关系。（　　）

5. 在销售百分比法中，敏感项目指的是那些随产品销售收入的变动而变动的项目。（　　）

6. 债券与股票比较而言，公司发行债券的风险较低，而投资者购买债券的风险较高。（　　）

7. 当其他条件一样时，债券期限越长，债券的发行价格就可能较高；反之，可能较低。（　　）

8. 融资租赁实际上就是由租赁公司筹资购物，由承租企业租入并支付租金。（　　）

9. 由于债务资金的资本成本较低，企业应全部使用债务方式筹集资金。（　　）

10. 股票的风险性表现形式包括股票价格的波动性、红利的不确定性等。（　　）

11. 从出租人的角度来看，杠杆租赁与直接租赁并无区别。（　　）

四、解答题

1. 某企业2023年年末的资产负债表（简表）见表7-11。

表7-11　　某企业2023年资产负债表（简表）　　单位：万元

项　目	期末数	项　目	期末数
流动资产合计	240	短期借款	46
长期投资净额	3	应付票据	18
固定资产合计	65	应付账款	25
无形资产及其他资产	12	预提费用	7
资产合计	320	流动负债合计	96
		长期负债合计	32
		股本	90
		资本公积	35
		留存收益	67
		股东权益合计	192
		权益总计	320

根据历史资料考察，销售收入与流动资产、固定资产、应付票据、应付账款和预提费用等项目成正比，企业上年度销售收入4 000万元，实现净利润100万元，支付股利60万元。

要求：

（1）预计本年度销售收入5 000万元，销售净利率增长10%，股利支付率与上年度相同，采用销售百分比法预测外部融资额。

（2）假设其他条件不变，预计本年度销售收入5 000万元，预计本年度销售净利率与上年度相同，董事会提议提高股利支付率至70%以稳定股份。如果可从外部融资20万元，你认为是否可行？

2. 某公司拟发行一批每张面值为1 000元，票面利率为6%，期限为10年，每年年末定期付息的债券。

要求：

试在市场利率分别为5%，6%和7%条件下，分别确定该批债券的发行价格。假设改变付息方式为半年付息一次或到期一次付息，其发行价格又将如何确定？

3. 丙公司为汽车配件制造企业，近期的销售量迅速增加。为满足生产和销售的需求，丙公司需要筹集资金495 000元用于增加存货，占用期限为30天。现有三个可满足资金需求的筹资方案：

方案1：利用供应商提供的商业信用，选择放弃现金折扣，信用条件为“2/10，N/40”。

方案2：向银行贷款，借款期限为30天，年利率为8%。银行要求的补偿性金额为借款额的20%。

方案3：以贴现法向银行借款，借款期限为30天，月利率为1%。

要求：

（1）如果丙公司选择方案1，计算其放弃现金折扣的机会成本。

（2）如果丙公司选择方案 2，为获得 495 000 元的实际用款额，计算该公司应借款总额和该笔借款的实际年利率。

（3）如果丙公司选择方案 3，为获得 495 000 元的实际用款额，计算该公司应借款总额和该笔借款的实际年利率。

（4）根据以上各方案的计算结果，为丙公司选择最优筹资方案。

阅读材料

第八章　资本成本与资本结构

学习目标

通过本章的学习，了解资本成本的组成要素和作用；熟练掌握资本成本的计算方法；理解杠杆的作用原理，掌握经营杠杆、财务杠杆和总杠杆系数的测算方法及其应用；了解资本结构理论发展脉络，掌握资本结构决策的方法及其应用。

上一章已经介绍了企业筹集资金的途径和方式，以及各种筹资方式的筹资程序及其优劣。那么企业究竟应采取哪一种方式或哪几种方式的组合？筹资决策的依据是什么？在这一章我们将给出答案。

第一节　资本成本

一、资本成本概述

（一）资本成本的概念

资本成本是指企业为筹集和使用资金而付出的代价。广义地讲，企业筹集和使用任何资金，不论短期的还是长期的，都要付出代价。狭义的资本成本仅指筹集和使用长期资金（包括自有资本和借入长期资金）的成本。由于长期资金也被称为资本，所以长期资金的成本也称为资本成本。

资本成本包括资金筹集费和资金占用费两部分。资金筹集费是指在资金筹集过程中支付的各项费用，如发行股票、债券支付的印刷费、发行手续费、律师费、资信评估费、公证费、担保费、广告费等。这部分费用与使用的时间无关，仅是在资本筹集时发生，所以是一项固定费用。资金占用费是指占用资金支付的费用，如股票的股利、银行借款和债券利息等。这部分费用与企业使用的时间有关，是一项变动费用。相比之下，资金占用费是筹资企业经常发生的，而资金筹集费通常在筹集资金时一次性发生的，因此在计算资本成本时可作为筹集金额的一项扣除。

资本成本既可以用绝对数表示，也可以用相对数表示，一般使用相对数形式。用绝对数表示的，如借入长期资金即指资金占用费和资金筹集费之和；用相对数表示的，如借入长期资金即为资金占用费与实际取得资金之间的比率，但是它不简单地等同于利息率，两者之间在含义和数值上是有区别的。

资本成本可有多种计量形式。在比较各种筹集方式中，使用个别资本成本，包括普通股成本、留存收益成本、长期借款成本、债券成本；在进行资本结构决策时，使用加权平均资本成本；在进行追加筹资决策时，则使用边际资本成本。

（二）资本成本的性质

资本成本是由于资本所有权和资本使用权的分离而形成的一个重要的财务概念。国际上将其列为一项财务标准（financial standard）。对企业筹资管理、投资管理以及整个经营管理都有重要意义。

1. 从资本成本的价值属性看

它属于投资收益的再分配，属于利润范畴。资本成本的产生是由于资本使用权与所有权的分离，它属于资本使用者向其所有者或中介机构支付的费用，构成资本所有者或中介机构的一种投资收益。

2. 从资本成本的支付基础看

它属于资本使用付费，在会计上称为财务费用，即非生产经营费用，也就是说，这种成本只与资本使用有关，并不是一种实际的活劳动和物化劳动的耗费，从而并不直接构成产品的生产成本。

3. 从资本成本的计算与应用价值看

它属于预测成本。计算资本成本的目的是通过成本大小的比较来规划筹资方案，因此，规划方案在前，实施方案在后。

（三）资本成本的作用

1. 资本成本是企业选择资金来源，进行筹资决策的依据

在多渠道、多种筹资方式的条件下，企业除考虑各种筹资来源及方式的可适用性、负债比率等因素外，还需考虑的重要因素就是资本成本。企业在比较各种筹资方案时，应该选择资本成本最低的方案，它是企业使用资本获取利润的最低界限。

2. 资本成本是企业评价投资项目的标准

国际上将资本成本视为投资项目的最低收益率，视为是否采用投资项目的取舍率，视为比较投资方案的主要标准。一个投资项目，只有当其投资收益高于其资本成本率时，在经济上才是合理的；否则，该项目无利可图，甚至亏损。

3. 资本成本是考核企业经营业绩的依据

经营业绩是企业使用资本后的成果。如果企业经营的利润率高于资本成本率，则认为企业经营有利，且越大越好；反之，则认为经营不利，业绩不佳。同时，也反映了资本的使用效率。

（四）决定资本成本高低的因素

在市场经济环境中，多方面因素的综合作用决定着企业资本成本的高低，其中主要的有：总体经济环境、证券市场条件、企业内部因素。

1. 总体经济环境决定了整个经济中资本的供给和需求，以及预期通货膨胀的水平

总体经济环境变化的影响反映在无风险报酬率上。显然，如果整个社会经济中的资金需求和供给发生变动，或者通货膨胀水平发生变化，投资者也会相应改变其所要求的收益率。具体来说，如果货币需求增加，而供给没有相应增加，投资者便会提高其投资收益率，企业的资本成本便会上升；反之，则会降低其要求的投资收益率，使资本成本下降。如果预期通货膨胀水平上升，货币购买力下降，投资者也会提出更高的收益率来补偿预期的投资损失，导致企业资本成本上升。

2. 证券市场条件影响证券投资风险

证券市场条件包括证券的市场流动难易程度和价格波动程度。如果某种证券的市场流动性不好，投资者想买进或卖出证券相对困难，变现风险加大，要求的收益率就会提高；或者虽然存在对某种证券的需求，但其价格波动较大，投资的风险大，要求的收益率也会提高。

3. 企业内部因素决定了经营风险和财务风险的大小

经营风险是企业投资决策的结果，表现在资产收益率的变动上；财务风险是企业的筹资决策的结果，表现在普通股收益率的变动上。如果企业的经营风险和财务风险大，投资者便会有较高的收益率要求。融资规模是影响企业资本成本的另一个因素。企业的融资规模大，资本成本高。比如，企业发行的证券金额很大，资金筹集费和资金占用费都会上升，而且证券发行规模的增大还会降低其发行价格，由此也会增加企业的资本成本。

二、个别资本成本

个别资本成本是指使用各种长期资金的成本。其又分为长期借款资本成本、债券资本成本、融资租赁的资本成本、普通股资本成本和留存收益的资本成本。前三种为债务资本成本，后两种为权益资本成本。

（一）长期借款资本成本

长期借款资本成本指借款利息和筹资费用。

借款利息计入税前成本费用，可以起到抵税的作用。因此，一次还本、分期付息借款的成本为：

$$K_d = \frac{L \cdot i(1-T)}{L(1-f)} \times 100\% = \frac{i(1-T)}{1-f} \times 100\%$$

式中，K_d——长期借款资本成本；

i——长期借款年利率；

T——所得税税率；

L——长期借款筹资额；

f——长期借款筹资费用率。

当长期借款的筹资费（主要是借款的手续费）很小时，也可以忽略不计。

例 8-1 某企业取得 10 年长期借款 2 000 万元，年利率为 8%，每年付息一次，到期一次还本，筹资费用率为 0.5%，企业所得税税率为 25%。该项长期借款的资本成本为：

$$K_d = \frac{2\,000 \times 8\% \times (1-25\%)}{2\,000 \times (1-0.5\%)} = 6.03\%$$

或

$$K_d = \frac{8\% \times (1-25\%)}{1-0.5\%} = 6.03\%$$

上述计算长期借款资本成本的方法比较简单，但缺点在于没有考虑货币的时间价值。在实务中，还有根据现金流量计算长期借款资本成本的，其计算公式为：

$$L \times (1-f) = \sum_{t=1}^{n} \frac{L \cdot i}{(1+K)^t} + \frac{L}{(1+K)^n}$$

$$K_d = K\ (1 - T)$$

式中，L——长期借款额；

K——长期借款税前资本成本；

K_d——长期借款资本成本。

第一个公式中的等号左边是借款的实际现金流入；等号右边为借款引起的未来现金流出的现值总额，由各年利息支出的年金现值加上到期本金的复利现值而得。

按照这种办法，实际上是将长期借款的资本成本看作是使这一借款的现金流入等于其现金流出现值的贴现率。运用时，先通过第一个公式采用插值法求解借款的税前资本成本，再通过第二个公式将借款的税前资本成本调整为税后的资本成本。

例 8-2 沿用例 8-1 的资料，根据考虑货币时间价值的方法，该项借款的资本成本计算如下：

第一步，计算税前借款资本成本：

$$L \times\ (1 - f)\ = \sum_{t=1}^{n} \frac{I_t}{(1 + K)^t} + \frac{L}{(1 + K)^n}$$

$$2\ 000 \times\ (1 - 0.5\%)\ = \sum_{t=1}^{10} \frac{2\ 000 \times 8\%}{(1 + K)^t} + \frac{2\ 000}{(1 + K)^{10}}$$

查询书后附录四可知，7%、10 年期的年金现值系数为 7.024；7%、10 年期的复利现值系数为 0.508。代入上式：

$$2\ 000 \times 8\% \times 7.024 + 2\ 000 \times 0.508 - 1\ 990 = 149.84\ （万元）$$

149.84 万元大于 0，应提高贴现率再试。

查询书后附录四可知，9%、10 年期的年金现值系数为 6.418；9%、10 年期的复利现值系数为 0.422。代入上式：

$$2\ 000 \times 8\% \times 6.418 + 2\ 000 \times 0.422 - 1\ 990 = -119.12\ （万元）$$

-119.12 万元小于 0，运用插值法求税前借款资本成本：

$$7\% + [149.84 \div (149.84 + 119.12)] \times (9\% - 7\%) = 8.11\%$$

第二步，计算税后借款资本成本：

$$K_d = K\ (1 - T)\ = 8.11\% \times\ (1 - 25\%)\ = 6.08\%$$

（二）债券资本成本

发行债券资本成本主要指债券利息和筹资费用。债券利息的处理与长期借款利息的处理相同，应以税后的债务成本为计算依据。债券的筹资费用一般比较高，不可在计算成本时省略。按照一次还本、分期付息的方式，债券资本成本的计算公式为：

$$K_b = \frac{I_b(1 - T)}{B(1 - f_b)} \times 100\% = \frac{M \cdot i\ (1 - T)}{B\ (1 - f_b)} \times 100\%$$

式中，K_b——债券资本成本；

I_b——债券利息；

M——债券面值；

i——债券票面利率；

B——债券筹资额，按发行价格确定；

f_b——债券筹资费用率。

例 8-3 某公司发行总面额为 5 000 万元的 5 年期债券，票面利率为 10%，发行费用率为 5%，公司所得税税率为 25%。该债券的资本成本为：

$$K_b = \frac{5\ 000 \times 10\% \times (1-25\%)}{5\ 000 \times (1-5\%)} = 7.89\%$$

若债券溢价或折价发行，为更精确地计算资本成本，应以实际发行价格作为债券筹资额。

例 8-4 假定某公司发行面额为 5 000 万元的 5 年期债券，票面利率为 10%，发行费用率为 5%，发行价格为 6 000 万元，公司所得税税率为 25%。该债券资本成本为：

$$K_b = \frac{5\ 000 \times 10\% \times (1-25\%)}{6\ 000 \times (1-5\%)} = 6.58\%$$

例 8-5 假定某公司发行面额为 5 000 万元的 5 年期债券，票面利率为 10%，发行费用率为 5%，发行价格为 4 000 万元，公司所得税税率为 25%。该债券资本成本为：

$$K_b = \frac{5\ 000 \times 10\% \times (1-25\%)}{4\ 000 \times (1-5\%)} = 9.86\%$$

上述计算债券资本成本的方式同样没有考虑货币的时间价值。如果将时间价值考虑在内，债券资本成本的计算与长期借款资本成本的计算一样，其计算公式为：

$$B \times (1-f_b) = \sum_{t=1}^{n} \frac{I_b}{(1+K)^t} + \frac{M}{(1+K)^n}$$

$$K_b = K(1-T)$$

式中，K——所得税前的债券成本；

K_b——所得税后的债券成本；

M——债券面值。

（三）融资租赁的资本成本

融资租赁的资本成本主要包括利息及租赁手续费，因这两部分都包含在租金中，不易单独确定。因此，在测算融资租赁的资本成本时，主要采用折现模型。使融资额与未来支付现金的现值相等的贴现率，就是融资租赁的资本成本。根据我国税法的规定，融资租赁的租金是不能抵税的。

例 8-6 某公司拟采用融资租赁的方式取得一套价值为 6 000 万元的设备，与出租人约定该项设备的租期为 6 年，每年租金为 1 400 万元，期满后租赁资产残值为零。

则有：

$$6\ 000 = 1\ 400\ (PVIFA_{i,6})$$

$PVIFA_{i,6} = 4.2857$，查书后附录三得：$PVIFA_{10\%,6} = 4.3553$，$PVIFA_{12\%,6} = 4.1114$，采用插值法解得：

$$i = 10.57\%$$

则该融资租赁的资本成本为 10.57%。

（四）普通股资本成本

由于普通股的股利是不固定的，即未来现金流出是不确定的，因此很难准确估计出普通股的资本成本。常用的普通股资本成本估计的方法有：股利贴现模型、资本资产定价模型和风险溢价。

1. 股利贴现模型

股利贴现模型就是按照资本成本的基本概念来计算普通股资本成本的，即将企业发行股票所收到资金净额现值与预计未来资金流出现值相等的贴现率作为普通股资本成本。其中，预计未来资金流出包括支付的股利和回收股票所支付的现金。因为一般情况下企业不得回购已发行的股票，所以运用股利折现模型计算普通股资本成本时只考虑股利支付。因为普通股按股利支付方式的不同可以分为零成长股票、固定成长股票和非固定成长股票等，相应的资本成本计算也有所不同。

（1）零成长股票。零成长股票是各年支付的股利相等，股利的增长率为0。根据其估价模型可以得到其资本成本计算公式为：

$$K_s = \frac{D_c}{P_c\ (1 - f_c)}$$

式中，K_s——普通股资本成本；

D_c——预期年股利额；

P_c——普通股市价；

f_c——每股筹资费率。

例 8-7 某公司普通股目前市价为60元，本年发放股利为4元，并将保持不变，企业拟发行普通股，筹资费用率为股票市价的10%，则发行普通股的资本成本为：

$$K_s = \frac{4}{60 \times\ (1 - 10\%)} = 7.4\%$$

（2）固定成长股票。固定成长股票是指每年的股利按固定的比例 g 增长。根据其估价模型得到的股票资本成本计算公式为：

$$K_s = \frac{D_c}{P_c\ (1 - f_c)} + g$$

式中，g——普通股股利年增长率。

使用该模型的关键是股利增长率 g 的确定。

例 8-8 某公司普通股目前市价为60元，本年发放股利为4元，估计年增长率为12%，企业拟发行普通股，筹资费用率为股票市价的10%，则发行普通股的资本成本为：

$$K_s = \frac{4\ (1 + 12\%)}{60 \times\ (1 - 10\%)} + 12\% = 20.3\%$$

（3）非固定成长股。有些股票股利增长率是从高于正常水平的增长率转为一个被认为正常水平的增长率，如高科技企业的股票，这种股票称为非固定成长股票。这种股票资本成本的计算不像固定成长股票和零成长股票有一个简单的公式，而是要通过解高次方程来计算。

例 8-9 某企业股票预期股利在最初5年中按10%的速度增长，随后5年中增长率为5%，然后再按2%的速度永远增长下去。则其资本成本应该是使下面等式成立的贴现率，即：

$$P_0(1-f_c)=\sum_{t=1}^{5}\frac{D_0(1.10)^t}{(1+K_s)^t}+\sum_{t=6}^{10}\frac{D_5(1.05)^{t-5}}{(1+K_s)^t}+\sum_{t=11}^{\infty}\frac{D_{10}(1.02)^{t-10}}{(1+K_s)^t}$$

求出其中的 K_s，就是该股票的资本成本。

2. 资本资产定价模型

按照资本资产定价模型，普通股资本成本的计算公式则为：

$$K_s=R_F+\beta(R_m-R_F)$$

式中，R_F——无风险报酬率；

β——股票的贝塔系数；

R_m——平均风险股票必要报酬率。

例 8-10 某期间市场无风险报酬率为8%，平均风险股票必要报酬率为12%，某公司普通股 β 值为1.2。则其普通股资本成本为：

$$K_s=8\%+1.2\times(12\%-8\%)=12.8\%$$

3. 风险溢价

根据某项投资“风险越大，要求的报酬率越高”的原理，普通股股东对企业的投资风险大于债券投资者，因而会在债券投资者要求的报酬率上再要求一定的风险溢价。依照这一理论，普通股资本成本公式为：

$$K_s=K_b+RP_c$$

式中，K_b——债务成本；

RP_c——股东比债权人承担更大风险所要求的风险溢价。

债务成本比较容易计算，难点在于确定 RP_c，即风险溢价。风险溢价可以凭经验估计。一般认为，某企业普通股风险溢价对其自己发行的债券来讲，当市场利率达到历史性最高点时，风险溢价通常较低，在3%左右；当市场利率处于历史性低点时，风险溢价通常较高，在5%左右；而通常情况下，常常采用4%的平均风险溢价。这样，普通股资本成本为：

$$K_s=K_b+4\%$$

例如，对于债券成本为9%的企业来讲，其普通股资本成本为：

$$K_s=9\%+4\%=13\%$$

而对于债券成本为13%的另一家企业，其普通股资本成本为：

$$K_s=13\%+4\%=17\%$$

（五）留存收益的资本成本

留存收益成本是企业缴纳所得税后形成的，其所有权属于股东。股东将这一部分未分派的税后利润留存于企业，实质上是对企业追加投资。如果企业将留存收益用于再投资所获得的收益率低于股东自己进行另一项风险相似的投资的收益率，企业就不应该保留留存收益而应将其分派给股东。

留存收益资本成本可以按照前述普通股资本成本的方法计算，但需调整发行新股时发生的筹资费用对资本成本的影响。

三、综合资本成本

由于受多种因素的制约，企业不可能只使用某种单一的筹资方式，往往需要通过多种方式筹集所需资金。为进行筹资决策，就要计算确定企业全部长期资金的总成本，即加权平均资本成本。综合资本成本一般是以各种资本占全部资本的比重为权数，对个别资本成本进行加权平均确定的。其计算公式为：

$$K_w = \sum_{j=1}^{n} K_j W_j$$

式中，K_w——综合资本成本；

K_j——第 j 种筹资方式的个别资本成本；

W_j——第 j 种筹资方式筹资额占总筹资额的比重。

例 8-11 某企业账面反映的长期资金共 5 000 万元，其中长期借款 1 000 万元，应付长期债券 500 万元，普通股 2 500 万元，留存收益 1 000 万元。其中资本成本分别为 6.9%，9.2%，12%，11.46%，该企业的综合资本成本为：

6.9% ×（1 000/5 000）+9.2% ×（500/5 000）+12% ×（2 500/5 000）+11.46% ×（1 000/5 000）=10.59%

上述计算中的个别资本占全部资本的比重，是按账面价值确定的，其资料容易取得。但当资本的账面价值与市场价值差别较大时，如股票、债券的市场价格发生较大变动，计算结果会与预计有较大的差距，从而贻误筹资决策。为了克服这一缺陷，个别资本占全部资本比重的确定还可以按市场价值或目标价值确定，分别称为市场价值权数、目标价值权数。

市场价值权数是指债券、股票以市场价格确定权数。这样计算的综合资本成本能反映企业目前的实际情况。同时，为弥补证券市场变动频繁的不便，也可选用平均价格。

目标价值权数是指债券、股票以未来预计的目标市场价值确定权数。这种权数能体现期望的资本结构，而不是像账面价值权数和市场价值权数那样只反映过去和现在的资本结构，所以按目标价值权数计算的综合资本成本更适用于企业筹措新资金。然而，企业很难客观合理地确定证券的目标价值，又使这种计算方法不易推广。

四、边际资本成本

（一）边际资本成本的概念

企业无法以某一固定的资本成本来筹措无限的资金，当其筹集的资金超过一定的限度时，原来的资本成本就会增加。在企业追加筹资时，需要知道筹资额在什么数额上便会引起资本成本怎样的变化。这就要用到边际资本成本的概念。

边际资本成本是指资金每增加一个单位而增加的资本。边际资本成本也是按加权平均法计算的，是追加筹资时所使用的加权平均成本。

（二）边际资本成本的计算和应用

以下举例说明边际资本成本的计算和应用。

例 8-12 某企业拥有长期资金 400 万元，其中长期借款 60 万元，长期债券 100 万元，普通股 240 万元。由于扩大经营规模的需要，拟筹集新资金。经分析，认为筹集新资金后仍应保持目前的资本结构，即长期借款占 15%，长期债券占 25%，普通股占 60%，并测算出了随筹资的增加各资本成本的变化，见表 8-1。

表 8-1　　各资本成本变化表

资金种类	目前资本结构	新筹资额	资本成本
长期借款	15%	45 000 元以内 45 000～90 000 元 90 000 元以上	3% 5% 7%
长期债券	25%	200 000 元以内 200 000～400 000 元 400 000 元以上	10% 11% 12%
普通股	60%	300 000 元以内 300 000～600 000 元 600 000 元以上	13% 14% 15%

（1）计算筹资突破点。在一定的资本成本内只能筹集到一定限度的资金，超过这一限度，筹集资金就要多花费资本成本，引起原资本成本的变化，于是就把保持某资本成本条件下可以筹集到的资金总额限度称为现有资本结构下的筹资突破点。在筹资突破点范围内筹资，原来的资本成本不会改变；一旦筹资额超过筹资突破点，即使维持现有的资本结构，其资本成本也会增加。筹资突破点的计算公式为：

$$筹资突破点=\frac{可用某一特定成本筹集到的某种资金数额}{该种资金在资本结构中所占比重}$$

花费 3% 资本成本，取得的长期借款筹资限额为 45 000 元，则其筹资突破点为：

$$45\,000\div15\%=300\,000\ (元)$$

当公司的总筹资突破 300 000 元时，综合资本成本将发生变化。

按此方法，资料中各种情况下的筹资突破点的计算结果见表 8-2。

表 8-2　　筹资突破点表

资金种类	资金结构	资本成本	新筹资额	筹资突破点
长期借款	15%	3% 5% 7%	45 000 元以内 45 000～90 000 元 90 000 元以上	300 000 元 600 000 元
长期债券	25%	10% 11% 12%	200 000 元以内 200 000～400 000 元 400 000 元以上	800 000 元 1 600 000 元
普通股	60%	13% 14% 15%	300 000 元以内 300 000～600 000 元 600 000 元以上	500 000 元 1 000 000 元

（2）计算边际资本成本。根据上一步计算出的资本筹资突破点，可以得到七种筹资总范围：一是300 000元以内；二是300 000～500 000元；三是500 000～600 000元；四是600 000～800 000元；五是800 000～1 000 000元；六是1 000 000～1 600 000元；七是1 600 000元以上。对以上七种筹资范围分别计算加权平均资本成本，即可得到各种筹资范围的加权平均资本成本。计算结果见表8-3。

表8-3　各筹资范围的加权平均资本成本

筹资总额范围	资金种类	资本结构	资本成本	加权平均资本成本
300 000元内	长期借款	15%	3%	3%×15%＝0.45%
	长期债券	25%	10%	10%×25%＝2.5%
	普通股	60%	13%	13%×60%＝7.8%
				10.75%
300 000～500 000元	长期借款	15%	5%	5%×15%＝0.75%
	长期债券	25%	10%	10%×25%＝2.5%
	普通股	60%	13%	13%×60%＝7.8%
				11.05%
500 000～600 000元	长期借款	15%	5%	5%×15%＝0.75%
	长期债券	25%	10%	10%×25%＝2.5%
	普通股	60%	14%	14%×60%＝8.4%
				11.65%
600 000～800 000元	长期借款	15%	7%	7%×15%＝1.05%
	长期债券	25%	10%	10%×25%＝2.5%
	普通股	60%	14%	14%×60%＝8.4%
				11.95%
800 000～1 000 000元	长期借款	15%	7%	7%×15%＝1.05%
	长期债券	25%	11%	10%×25%＝2.75%
	普通股	60%	14%	14%×60%＝8.4%
				12.2%
1 000 000～1 600 000元	长期借款	15%	7%	7%×15%＝1.05%
	长期债券	25%	11%	11%×25%＝2.75%
	普通股	60%	15%	15%×60%＝9%
				12.8%
1 600 000元以上	长期借款	15%	7%	7%×15%＝1.05%
	长期债券	25%	12%	12%×25%＝3%
	普通股	60%	15%	15%×60%＝9%
				13.05%

表8-3右侧计算得出的各加权平均资本成本之差，就是随着筹资额增加而增加的资本成本。有了边际资本成本规划后，可以将边际资本成本与投资报酬率进行比较，以判断有利的筹资和投资机会。

第二节 杠杆原理

财务管理中的杠杆效应是指由于特定费用（如固定成本或固定财务费用）的存在而导致的当某一财务变量以较小幅度变动时，另一相关财务变量会以较大幅度变动的现象。它包括经营杠杆、财务杠杆和总杠杆三种形式。

一、成本习性、边际利润与息税前利润

（一）成本习性及分类

成本习性是指成本总额与业务量之间在数量上的依存关系。按成本习性可把成本划分为固定成本、变动成本和混合成本三类。

1. 固定成本

固定成本是指其总额在一定时期和一定业务量范围内不随业务量发生任何变动的那部分成本。其包括直线折旧法计提的折旧费、保险费、广告费、培训费、办公费等，这些费用每年支出水平基本相同，即使在产销业务量在一定范围内变动，它们也保持固定不变。但由于其成本固定不变，在产销量的变动下，分摊到每个产品中的成本却在变化，产量越大，每个产品承担的固定成本就越少，即单位固定成本随产量的增加而逐渐降低。

固定成本还可进一步区分为约束性固定成本和酌量性固定成本两类。约束性固定成本属于企业“经营能力”成本，是企业维持一定业务量所必须负担的最低成本。如厂房、设备的折旧费、管理人员工资等。这部分成本管理者的决策行动都不能改变其数额，否则，就会影响企业的经营活动。酌量性固定成本属于企业“经营方针”成本，管理者根据经营方针的需要通过决策可以改变其数额的大小。如广告费、新产品研究开发费、职工培训费等。因此，要降低酌量性固定成本，必须在预算时精打细算，合理确定其开支数额。

2. 变动成本

变动成本是指其总额随着业务量成正比例变动的那部分成本。如直接材料，直接人工等都属于变动成本，但从产品单位成本来看，则恰好相反，产品单位成本中的直接材料、直接人工将保持不变，即单位成本是不变的。

与固定成本相同，变动成本也存在相关范围，即只有在一定范围之内，产量和成本才能完全成同比例变化，超过了一定的范围，这种关系就不存在。

3. 混合成本

在实际工作中，往往有一些成本虽然也随业务量的变动而变动，但又不成同比例变动，同时还有些固定不变的。兼有变动和固定两种不同性质的成本，这类成本称为混合成本。在实际运用时，需要对混合成本进行分解，即通过一定的方法，把混合成本分解为变动成本和固定成本。

4. 总成本习性模型

总成本习性模型可以表示为：

$$y = a + bx$$

式中，y 代表总成本；a 代表固定成本；b 代表单位变动成本；x 代表业务量（如产销量，这里假定产量与销量相等，下同）。

当公式的 a 和 b 确定后，就可以利用这个公式进行成本预测了。

（二）边际利润及其计算

边际利润是指销售收入减去变动成本以后的差额。其计算公式为：

$$
\begin{aligned}
边际利润 &= 销售收入 - 变动成本 \\
&= \sum [（销售单价 - 单位变动成本）\times 产销量] \\
&= \sum （单位边际利润 \times 产销量） \\
&= 销售收入 \times 综合边际利润率
\end{aligned}
$$

若以 M 代表边际利润总额，P 代表销售单价，b 代表单位变动成本，x 代表产销量，m 代表单位边际利润，则上式可表示为：

$$M = \sum (Px - bx) = \sum (P - b)x = \sum mx$$

（三）息税前利润及其计算

息税前利润是指企业支付利息和交纳所得税前的利润。其计算公式为：

$$
\begin{aligned}
息税前利润 &= 销售收入总额 - 变动成本总额 - 固定成本 \\
&= \sum [（销售单价 - 单位变动成本）\times 产销量] - 固定成本 \\
&= 边际利润总额 - 固定成本 \\
&= 销售收入总额 \times 综合边际利润率 - 固定成本
\end{aligned}
$$

若以 $EBIT$ 表示息税前利润，a 代表固定成本，则上式可表示为：

$$
\begin{aligned}
EBIT &= \sum (Px - bx) - a \\
&= \sum (P - b)x - a \\
&= M - a
\end{aligned}
$$

上式的固定成本和变动成本中均不应包括利息费用因素。

二、经营风险和经营杠杆

（一）经营风险

经营风险是指企业在无负债时未来经营收益或者息税前利润的不确定性。经营风险主要由以下因素决定。

1. 市场需求的变化

在其他条件不变的前提下，市场对企业产品的需求越稳定，其经营风险越小；反之，越大。

2. 产品价格的变动

产品价格的高低直接影响企业的经营收入，较高的销售价格或较稳定的销售价格，都会降低企业的经营风险；反之，就会加大经营风险。

3. 原材料成本的变动

在大部分产品中原材料成本占有较大比重，原材料成本的不稳定，使企业面临较高的经营风险。

4. 固定成本比重

由于固定成本并不随产销量的变动而变动，当市场需求量下降时，企业的经营收入减少，从而影响企业的经营收益。所以，在其他条件不变的情况下，企业的固定成本占总成本的比重越高，其经营风险就越大。

（二）经营杠杆

1. 经营杠杆的定义及对企业利润的影响

经营杠杆亦称营业杠杆，是指在某一固定成本的作用下，销售量变化对息税前利润产生的影响。由于固定成本并不随产品销售量的增长而增加，在一定的产销规模内，随着销售量的增长，单位销售量所负担的固定成本相应减少，使得利润的增长率大于产销量的增长率。反之，产销量的下降会提高单位固定成本，降低单位利润，使得利润下降率大于产销量的下降率。所以，由于固定成本的存在，在一定范围内，企业经营利润的变动率和产销量的变动率是不一致的，一般前者大于后者。假如不存在固定成本，所有成本都是变动的，这时利润变动率就等于销售变动率。企业利用经营杠杆，有时可以获得经营杠杆收益，有时会遭受经营杠杆损失，这就是经营风险。

A、B 两家公司有关资料及其经营杠杆计算见表 8-4 和表 8-5。

表 8-4　　A、B 两家公司经营资料表　　单位：元

项　目	A 公司	B 公司
销售单价（P）	2 000	2 000
单位变动成本（b）	1 100	1 500
固定成本（a）	100 000	20 000

表 8-5　　A、B 两家公司经营杠杆计算表　　金额单位：元

项　目	A 公司		B 公司	
销售量（x）（台）	200	220	200	220
销售收入（s）	400 000	440 000	400 000	440 000
减：变动成本（bx）	220 000	242 000	300 000	330 000
边际利润（M）	180 000	198 000	100 000	110 000
减：固定成本（a）	100 000	100 000	20 000	20 000
EBIT	80 000	98 000	80 000	90 000
销售增长率（%）	—	10	—	10
经营利润增长率（%）	—	22. 5	—	12. 5
经营杠杆系数（DOL）	—	2. 25		1. 25

从表 8-5 中可以看出，当销售量增长 10% 时，A 公司利润增长 22. 5%；B 公司利润增长 12. 5%。同样我们可以计算当销售量减少 10% 时，A 公司利润减少 22. 5%；B 公司利润减少11. 25%。这种增减幅度的不同步性，即为经营杠杆影响所致。

2. 经营杠杆系数

为了反映经营杠杆的作用程度，通常用经营杠杆系数表示，通过营业利润的变动率与销售量变动率之间的比率关系来确定。其计算公式为：

$$DOL = \frac{\frac{\Delta EBIT}{EBIT_0}}{\frac{\Delta S}{S_0}} = \frac{EBIT_0 + a}{EBIT_0} = 1 + \frac{a}{EBIT_0}$$

经营杠杆系数的大小取决于企业固定成本的高低，如果固定成本大，则经营杠杆系数也大；反之则小。经营杠杆系数说明了企业的利润变动幅度与销售量变动幅度之间存在着密切的关系。经营杠杆系数越大，企业营业利润将随着销售量的增大而更快地增长。但同时，高经营杠杆意味着企业高经营风险，当企业销售量下降时，企业的利润将随着销售量的下降而更快地下降。

3. 经营杠杆系数与有关因素的关系

固定成本不变的情况下，经营杠杆系数说明了销售额增长（或减少）所引起利润增长（或减少）的幅度。销售额越大，经营杠杆系数越小，经营风险也就越小；反之，销售额越小，经营杠杆系数越大，经营风险也就越大。

销售规模在盈亏平衡点以下时，营业杠杆系数为负值；超过盈亏平衡点以后，营业杠杆系数均为正；盈亏平衡点的营业杠杆系数趋近于无穷大，离盈亏平衡点越远，营业杠杆系数的绝对值就越小。当销售量超过盈亏平衡点逐渐增长时，营业杠杆系数会越来越小，最后趋近于1，说明息税前利润对销售规模变动的敏感性越来越低，固定成本的存在对营业利润的放大作用趋于1比1的关系。由此可见，企业即使有很大的固定成本F，只要销售量远远超过盈亏平衡点，DOL也会很低，即经营也是很安全的；但企业即使有很低的固定成本，而其销售量很接近于盈亏平衡点，DOL也会很大，即经营风险也会很大。营业杠杆是由于固定经营成本的存在而产生的一种杠杆作用，但其大小主要取决于销售规模距离盈亏平衡点的远近，而不是固定成本总额本身的大小。

4. 控制经营杠杆的途径

企业一般可通过增加销售额、降低产品单位变动成本、降低固定成本总额等措施降低经营杠杆系数，从而降低经营风险。作为财务经理应预先知道销售规模的一个可能变动对营业利润的影响，根据这种预先掌握的信息，对销售政策或成本结构做出相应的调整。

三、财务风险和财务杠杆

（一）财务风险

财务风险是指企业资本结构不同而影响企业支付本息能力方面的风险。在企业资本结构中，当债务资本比率较高时，筹资者将负担较多的债务成本，并经受较多的财务杠杆作用引起的收益变动的冲击，从而财务风险较大；反之，当债务资本比率较低时，财务风险也较小。

影响财务风险的主要因素有：资本供求的变化；利率水平的变动；企业获利能力的变化；企业资本结构的变化，即财务杠杆的利用程度。其中财务杠杆对财务风险的影响最大。

（二）财务杠杆

1. 财务杠杆的定义及对企业利润的影响

按固定成本取得的资金总额（债务资金）一定的情况下，从税前利润中支付的固定性资本成本（利息）是不变的。因此，当息税前利润增加时，每1元息税前利润所负担的固定性资本成本就会降低，扣除所得税后属于普通股的利润就会增加，从而给所有者带来额外的收益；相反，当息税前利润减少时，每 1 元息税前利润所负担的固定性资本成本就会上升，扣除所得税后属于普通股的利润就会减少，从而给所有者带来额外的损失。如果不存在固定融资成本，企业的息税前利润都是属于股东的，那么，普通股的利润与企业息税前利润变动率就会完全一致。这种由于固定融资成本的存在，使普通股每股收益的变动幅度大于息税前利润变动幅度的现象，称为财务杠杆作用。

A、B 两家公司的资本结构及财务杠杆的计算见表 8-6 和表 8-7。

表 8-6　　A、B 两家公司 EBIT 及资本结构表

项　目	A 公司	B 公司
EBIT（元）	80 000	80 000
负债（利率 8%）（万元）	40	60
股本（每股 10 元）（万股）	6	4

表 8-7　　A、B 两家公司财务杠杆系数计算表

项　目	A 公司		B 公司	
EBIT（元）	80 000	98 000	80 000	90 000
减：利息（元）	32 000	32 000	48 000	48 000
利润总额（元）	48 000	66 000	32 000	42 000
净利润（所得税税率 25%）（元）	36 000	4 950	24 000	31 500
每股收益（EPS）（元/股）	0.6	0.825	0.6	0.7875
EBIT 增长率（%）	—	22.5	—	12.5
EPS 增长率/%	—	37.5	—	31.25
财务杠杆系数（DFL）	—	1.67	—	2.5

2. 财务杠杆系数

财务杠杆作用的大小通常用财务杠杆系数表示。财务杠杆系数越大，表明财务杠杆作用越大，财务风险也就越大；财务杠杆系数越小，表明财务杠杆作用越小，财务风险也就越小。财务杠杆系数的计算公式为：

$$DFL=\frac{\dfrac{\Delta EPS}{EPS_0}}{\dfrac{\Delta EBIT}{EBIT_0}}=\frac{EBIT_0}{EBIT_0-I-\dfrac{D_P}{1-T}}=1+\frac{I+\dfrac{D_P}{1-T}}{EBIT_0-I-\dfrac{D_P}{1-T}}$$

D_P：优先股股利

3. 财务杠杆系数与有关因素的关系

财务杠杆系数表明息税前利润变化（增长或下降）引起的每股盈余（或净资产收益率）变化（增长或下降）的幅度。在资本总额、息税前利润相同的情况下，负债比率越高，财务杠杆系数越高，预期每股盈余（或净资产收益率）的变动也越大。

净资产收益率、息税前利润（总资产报酬率）、负债比率的关系可用以下公式表示：

$$\text{净资产收益率}=\left[\text{总资产报酬率}+\frac{\text{负债总额}}{\text{权益总额}}(\text{总资产报酬率}-\text{负债利率})\right]\times(1-\text{所得税税率})$$

在息税前利润大于利息时，财务杠杆系数为正；在息税前利润小于利息时，财务杠杆系数为负；在息税前利润等于利息时，财务杠杆系数达到无穷大。在息税前利润超过利息支出后，随着息税前利润的增加，财务杠杆系数越来越小，逐渐趋近于 1，即说明每股盈余对息税前利润变动的敏感性越来越低，固定融资成本的存在对每股盈余的放大作用趋于 1 比 1 的关系。由此可见，企业即使有很大的固定性融资成本（即利息支出 I），只要息税前利润远远超过利息支出，财务杠杆也会很低，即负债经营也是很安全的；但企业即使有很低的固定性资金成本，而其息税前利润很接近于利息支出，财务杠杆也会很高，即负债经营风险也会很大。

4. 控制财务杠杆的途径

负债比率是可以控制的。企业可以通过合理安排资本结构，适度负债，使财务杠杆利益抵消其风险增大所带来的不利影响。

四、总杠杆

（一）总杠杆系数

从以上分析可知，经营杠杆是通过扩大销售规模来影响息税前利润，而财务杠杆是通过扩大息税前利润来影响每股利润。经营杠杆和财务杠杆两者联合起来的效果是，销售的任何变动都会两步放大每股利润的变化，使每股收益产生更大的变动，这就是总杠杆作用。

总杠杆（又称复合杠杆、联合杠杆）是企业同时运用经营杠杆和财务杠杆而产生的收益，即反映产销量变动对每股收益变动的影响程度。因此总杠杆系数是经营杠杆系数和财务杠杆系数综合的结果，是二者的乘积。其用公式表示为：

$$\mathrm{DTL}=\frac{\dfrac{\Delta \mathrm{EPS}}{\mathrm{EPS}_0}}{\dfrac{\Delta S}{S_0}}=\mathrm{DOL}\times\mathrm{DFL}=\frac{\mathrm{EBIT}+a}{\mathrm{EBIT}-I-\dfrac{D_P}{1-T}}$$

A、B 两家公司的经营杠杆系数、财务杠杆系数及总杠杆系数见表 8-8。

表 8-8　　A、B 两家公司各杠杆系数表

项　目	A 公司		B 公司	
经营杠杆系数（DOL）	—	2.25	—	1.25
财务杠杆系数（DFL）	—	1.67	—	2.5
总杠杆系数（DTL）	—	3.76	—	3.125

表 8-8 说明：A 公司产销量每增减 1%，每股利润就会相应增减 3.76%，B 公司产销量每增减 1%，每股利润就会相应增减 3.125%。因此，产销量有比较小的增长时，每股利润便会有较大幅度的增长；反之，产销量有比较小的下降时，每股利润便会有较大幅度的下降。

（二）总杠杆系数和企业总风险的关系

企业总风险是指企业未来每股收益（EPS）的不确定性。它是经营风险和财务风险共同影响的结果。

总杠杆系数可用来衡量企业的总体风险；财务杠杆系数用来衡量企业的财务风险；经营

杠杆系数用来衡量企业的经营风险。企业可以在总风险不变的条件下，通过调整各自的风险大小来规避风险。较高的经营风险可以被较低的财务风险抵消，或者相反。合适的企业总风险水平需要在企业总风险和期望收益之间进行权衡。

（三）总杠杆的作用

首先，在于能够估计出销售额变动对每股收益造成的影响；其次，它反映了经营杠杆与财务杠杆之间的相互关系，即为了达到一定总杠杆系数，经营杠杆和财务杠杆可以有很多不同的组合。高经营风险可以被低财务风险所抵消，高财务风险也可以被低经营风险所抵消，使企业达到一个较合适的总风险水平。但实际工作中，财务杠杆往往可以选择，而经营杠杆却不同。企业的经营杠杆往往取决于其所在的行业及规模，一般不能轻易变动；而财务杠杆却始终是一个可以选择的项目。因此，企业往往是在确定的经营杠杆下，通过调节财务杠杆来调节企业的总风险水平，而不是在确定的财务杠杆下，通过调节经营杠杆来调节企业的总风险。

第三节　资本结构理论

资本结构是指企业各种长期资金筹集来源的构成和比例关系。短期资金的需要量和筹集是经常变化的，且在整个资金总量中所占比例不稳定，因此不列入资本结构管理范围，而作为营运资金管理。

在通常情况下，企业的资本结构由长期债务资本和权益资本构成。资本结构指的就是长期债务资本和权益资本各占多大比例。

资本结构的高低通过资本成本和财务风险直接影响企业价值的高低。关于资本结构与资本成本和企业价值的关系，西方国家已形成若干理论，统称资本结构理论。资本结构理论是现代企业财务理论的重要内容之一，也是企业进行筹资决策的重要理论基础。其以 1958 年 MM 理论的形成为标志。资本结构理论大致可划分为早期的资本结构理论和现代资本结构理论。早期的资本结构理论是指 1958 年以前的资本结构理论，现代资本结构理论中有代表性的理论有 MM 理论、权衡理论和不对称信息理论。

一、早期资本结构理论

（一）净收入理论

净收入理论认为，负债可以降低企业的资本成本，负债程度越高，企业的价值越大。这是因为债务利息和权益资本成本均不受财务杠杆影响，无论负债程度多高，企业的债务资本成本和权益资本成本都不会变化。因此，只要债务成本低于权益成本，那么负债越多，企业的加权平均资本成本就越低，企业价值就越大。当负债比率为 100% 时，企业加权平均资本成本最低，企业价值将达到最大值。如果用 K_b 表示债务资本成本、K_s 表示权益资本成本、K_w 表示加权平均资本成本、V 表示企业总价值，则净收入理论如图 8-1 所示。

这种理论基本上未考虑负债的财务风险因素，认为负债对企业总是有利的，负债为 100% 时企业价值最大。这种结论与现实是不相符的。

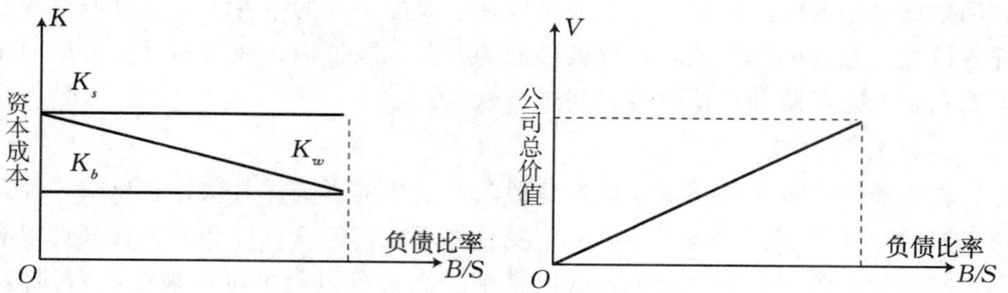

图 8-1　净收入理论

（二）净营运收益理论

净营运收益理论认为，不论财务杠杆如何变化，企业加权平均资本成本都是固定的，因而企业的总价值也是固定不变的。但由于加大了权益的风险，也会使权益成本上升，于是加权平均资本成本不会因为负债比率的提高而降低，而是维持不变，企业的总价值也就固定不变。

该理论是建立在企业负债的资本成本总是固定的，但权益资本则随着负债比例的上升而提高这一假设之上。因为负债增大，股东承担的风险也增大，权益资本要求的报酬率随之上升。又因为负债的成本总是低于权益资本的成本，那么负债比例上升对降低综合资本成本的好处恰好被上升的权益资本成本所抵消，因此，资本结构的变化不会影响企业的综合资本成本，也不会影响公司总价值，公司总价值的大小总是取决于公司的净营业收益。因此，这一理论被称为净营业收益理论。净营业收益理论如图 8-2 所示。

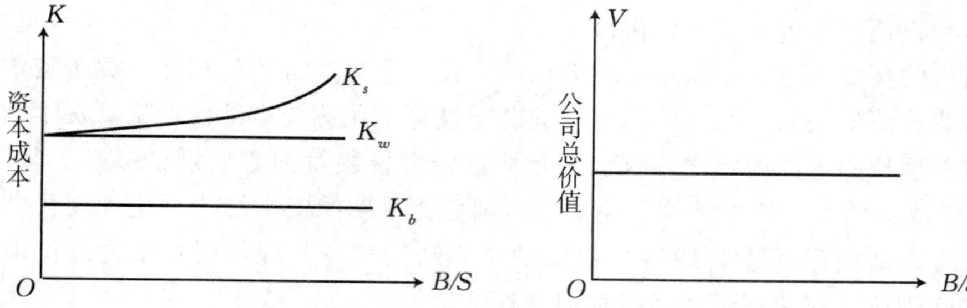

图 8-2　净营业收益理论

净营运收益理论考虑了负债的财务风险问题，而且也认识到负债比例的变化会影响企业的综合资本成本，因为负债的风险的增加同时又增大了主权资本的成本，从而使企业综合的资本成本是一个常数。对于企业综合的资本成本不能通过资本结构的改变而改变，因此，净营运收益理论就暗示不存在最优的资本结构。到目前为止，对净营运收益理论的讨论还纯粹是定义性的，缺乏行为方面的现实意义。

按照这种理论推论，不存在最佳资本结构，筹资决策也就无关紧要。可见，净营运收益理论和净收入理论是完全相反的两种理论。

（三）传统理论

传统理论，也称折中理论，是一种介于净收入理论和净营运收益理论之间的理论。传统理论的基本思路是：由于负债的减税利益及风险不同，负债成本一般小于权益成本。权益成本会随负债比例的提高而上升，因为负债比例提高，风险增大，主权资本要求的报酬率也增大。负债成本只有在负债比例有了较大的提高后才会上升。而且，在负债开始增加时，权益成本的增加并不能完全抵消由使用债务所带来的收益，从而使总的资本成本降低并提高公司价值。传统理论的结果是：由于使用债务，企业综合资本成本会适度降低。但过了一定的点之后，权益成本的增加完全抵消并超过使用债务带来的好处，企业综合的资本成本开始上升。一旦债务成本也开始增加，综合资本成本就会进一步增加，从而使企业价值降低。最优资本结构由某点代表。在该点，企业综合资本成本最低，总价值最大。因此，传统理论认为：企业的资本成本取决于资本结构，而且存在一个最优的资本结构。该理论如图 8-3 所示。

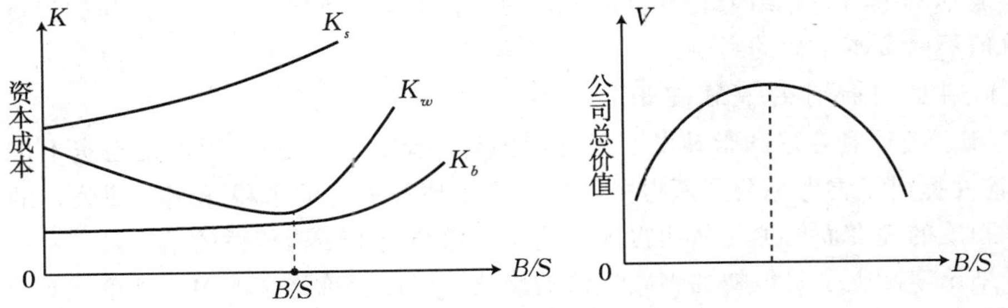

图 8-3　传统理论

二、MM 理论

所谓 MM 理论，是指两位美国学者莫迪利亚尼（Franco Modigliani）和米勒（Mertor Miller）提出的学说。MM 理论根据其产生和发展过程主要包括：无公司税时的 MM 理论和有公司税时的 MM 理论。

（一）无公司税时的 MM 理论

无公司税时的 MM 理论是由莫迪利亚尼和米勒在 1958 年提出的。这一理论的基本思想是：由于市场上套利行为的存在，在不考虑公司所得税的情况下，企业总价值将不受资本结构的影响，即风险相同而只有资本结构不同的企业，其总价值相等。所以，无公司税时的 MM 理论又称为资本结构无关论。

这一理论的提出是建立在一系列假设之上的。主要的假设有以下几个。

（1）资本市场是完善的。没有公司和个人所得税，没有证券交易成本，没有破产成本。

（2）公司的经营风险由息税前利润的标准差衡量，公司的风险等级由经营风险决定。

（3）投资者对公司未来的盈利及现金流量的预期是相同的。

（4）只有两种融资方式，即股票和债券。

（5）所有的债券都是无风险的，公司和个人都可以按无风险利率借入或借出资金。

（6）公司是零成长型的企业，预期未来的息税前利润是一个常数，各期的债务利息都相等。

在上述假设的基础上，MM 无公司税理论有下面两个命题。

命题Ⅰ：不论有无负债资本，只要预期的息税前利润相等，处于同一风险等级的企业其总价值相等。公司的总价值是由预期的息税前利润按其适用的风险等级的折现率折现后决定的。

根据命题Ⅰ，可得出如下结论。

（1）公司的价值不受资本结构的影响。

（2）有负债公司的综合资本成本等于具有相同风险等级的未使用负债公司的权益成本。

（3）公司综合资本成本的高低由公司的经营风险决定。

命题Ⅱ：有负债公司的权益成本等于无负债公司的权益成本加上风险报酬，而风险报酬的大小由负债融资程度和无负债经营企业权益成本与债务资本之差决定。

根据命题Ⅱ，可得出如下结论：有负债公司的权益成本会随负债融资程度的上升而增加，因此，公司的总价值不会随着负债的增加而上升，因为负债所带给公司的利益完全被上升的权益成本所抵消。其结果是有负债公司的综合资本成本等于无负债公司的权益成本，企业的总价值不受资本结构的影响。

（二）有公司税时的MM理论

1963年，莫迪利亚尼和米勒发表了他们的另一篇论文《公司所得税与资本成本：一项修正》。该文提出了在考虑公司所得税以后，由于债务利息的抵税作用，使公司的价值随着负债融资程度的提高而增加，从而得出了公司价值与资本结构相关的结论。

这一结论实际上是对最初的MM理论的修正，所以也称修正的MM理论。有公司税时的MM理论也有两个命题。

命题Ⅰ：有负债公司的价值等于风险等级相同但未使用负债公司的价值加上负债的节税利益，即，在考虑了公司所得税以后，有负债公司的价值比未负债公司的价值要高出BT_c（B为债务价值，T_c为公司所得税税率），且当公司使用的负债接近100%时，其价值将达到最大。

命题Ⅱ：有负债公司的权益成本等于无负债公司的权益成本加上风险报酬，而风险报酬的多少由负债程度与公司所得税税率决定。

因此，在考虑了公司所得税以后，尽管权益成本还会随着负债程度的提高而上升，但其上升的幅度较未考虑公司所得税时慢。这一特性加上负债利息抵税的作用，导致了下列现象的发生：公司所使用的负债越多，加权平均资本成本越低。

总之，综合命题Ⅰ和命题Ⅱ，考虑了公司所得税的MM理论的基本结论是：由于负债利息的抵税作用，公司价值与公司资本结构密切相关，且负债比例越大，综合资本成本越低，企业价值越大。

（三）对MM理论的评价

MM理论所建立的两个企业价值模型是相互联系的，其方法和结论都没有发生根本性的转变，区别仅限于对所得税因素的考虑。

MM理论的各个命题及其结论都是建立在严格的假设基础上并经过严密的推导得出的，如果这些假设成立，其结论也是成立的。然而现实中，一些假设根本无法同时满足，这样MM理论的命题及结论与现实就相背离，从而使其失去实际意义。

理论界和实务界对MM理论提出了诸多质疑。

第一，MM理论过分地依赖于资本市场的均衡性以及市场信息的可靠性和有效性。事实上，证券的市场价格并不能完全代表企业的价值，而且资本市场也存在信息不对称。对企业EBIT零增长的假定以及对未来现金流量的预测都存在一定的不合理性。

第二，MM 理论只考虑了经营风险，完全不考虑财务风险的作用，并假定经营风险相同的公司即为同等风险等级的企业，这是该理论推导的结论与实际相背离的根本缺陷。

第三，MM 理论中的某些假定是不合理的。例如，假定公司和个人投资者都能在不增加风险的条件下举债，而且两者之间可以相互替代，因而存在“套利”行为。在实际中，大多数金融机构都不允许投资者个人以负债方式在证券市场上投资，且由于信用和财产担保方面的原因，个人借款的利率通常要高于公司借款的利率，而且借款规模远比公司小，这两者之间实际上是无法完全取代的。

MM 理论尽管与实际不相符，但是，它建立在一系列严格假设之上，推导出符合逻辑的结论，却是现代财务理论中成功运用数理逻辑方法进行严密论证的范例。因而，MM 理论在方法论方面的意义远比其结论更为重要。

三、权衡理论

MM 理论的根本缺陷在于假定资本市场是完善的，在考虑税收因素后，又过度地突出了负债的减税利益对提升公司价值的作用，忽视了由负债引起的财务风险可能给公司带来的成本或损失，这些成本或损失主要指破产成本。在不完善的资本市场中，由于破产成本的存在，抵消了一部分负债的减税利益。在进行资本结构决策时，必须在负债的减税利益与破产成本之间进行权衡，由此形成了资本结构的权衡理论。

在企业利用负债经营的情况下，由于负债的减税利益，利用负债会使公司价值上升，但在考虑了负债的破产成本之后，利用负债又会降低公司的价值。负债对公司价值正反两方面的作用就形成了权衡理论的基本模型（如图 8-4 所示）。这一模型揭示了负债的减税利益、破产成本对有负债企业价值的影响。这一模型可用公式表示如下：

$$V'_L = V_U + TB - FA$$

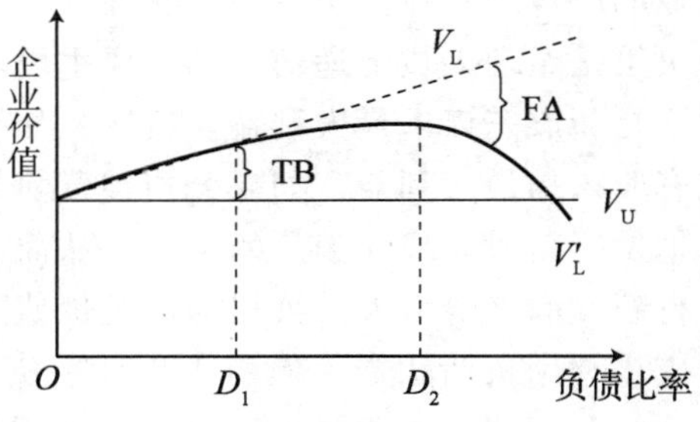

图 8-4　权衡理论

V_L——只有负债税额庇护而没有破产成本的企业价值（破产成本指与破产有关的成本）；

V_U——无负债时的企业价值；

V'_L——同时存在负债税额庇护、破产成本的企业价值；

TB——负债税额庇护利益的现值；

FA——破产成本；

D_1——破产成本变得重要时的负债水平；

D_2——最佳资本结构。

图8-4说明以下内容：

（1）负债可以为企业带来税额庇护利益。

（2）最初的MM理论假设在现实中不存在。事实是各种负债成本随负债比例的增大而上升，当负债比例达到某一程度时，息税前盈余会下降，同时企业负担破产成本的概率会增加。

（3）当负债比例未超过D_1点时，破产成本不明显；当负债比例达到D_1点时，破产成本开始变得重要，负债税额庇护利益开始被破产成本所抵消；当负债比例达到D_2点时，边际负债税额庇护利益恰好与边际破产成本相等，企业价值最大，达到最佳资本结构；负债比例超过D_2点后，破产成本大于负债税额庇护利益，导致企业价值下降。因此，在D_2点处，公司综合的资本成本最低，公司价值最大，此时的资本结构是最佳的。

权衡理论充分考虑了负债所引起的破产成本，进行资本结构决策时，应在负债的减税利益与破产成本之间进行权衡，并找到资本结构最优的那一点。因此，权衡理论相对于MM理论具有更大的现实意义。但是，在权衡理论所建立的价值模型中，负债的减税利益可以准确计算，破产成本虽然可以定性地认为它们会随负债的上升而增加，却难准确地予以计算，因此，这种模型的可操作性也受到一定的限制。

四、资本结构理论的新发展

二十世纪七八十年代，代理成本理论、不对称信息理论及啄食顺序理论的出现，开拓了资本结构理论研究的更为广阔的领域。资本结构理论为企业融资决策提供了有价值的参考，可以指导决策行为。其中最有代表性的是不对称信息理论。公司控股权和管理权的分离必然会产生信息不对称现象。在信息不对称的情况下，经理人员掌握更多的有关公司特定的内部信息，他们比外部投资者更为了解公司收益和投资的真实情况。外部的投资人只能根据经理人员所传递的信息来评价企业的决策及企业真实的经营状况。

公司的资本结构和财务决策是经理人员传递信息的主要手段。因为在投资者看来，经理人员总是试图为现有股东而不是新股东谋求最大利益。所以，如果公司经营前景好，经理人员会在内部筹资，以保持现有股东的最大利益；如果公司经营前景不好，经理人员则有可能发行新股。这样，投资者会把发行新股看成坏消息的信号，从而使公司一旦发行新股，就会造成股价的下跌，结果使发行新股的代价太大。公司为避免价值下降，在进行外部融资时应尽量避免发行新股融资，而应该利用负债融资。但由于负债融资又会增大公司的财务风险，所以，公司应尽可能利用内部融资。这一过程说明，公司在融资时，首先尽量从内部融资，其次是利用债务融资，最后才是通过发行新股融资。可见，由于信息不对称，将直接影响企业的筹资顺序及最佳资本结构的确定。

（一）代理成本理论

代理成本理论是经过研究代理成本与资本结构的关系而形成的。这种理论通过分析指出，公司债务的违约成本是财务杠杆系数的增函数；随着公司债务资本的增加，债权人的监督成本随着提升，债权人会要求更高的利率。这种代理成本最终要由股东承担，公司资本结构中债务比率过高会导致股东价值的降低。根据代理成本理论，债务资本适度的资本结构会增加股东的价值。

上述代理成本理论仅限于债务的代理成本。除此之外，还有一些代理成本涉及公司的雇员、消费者和社会等，在资本结构的决策中也应予以考虑。

（二）信号传递理论

信号传递理论认为，公司可以通过调整资本结构来传递有关获利能力和风险方面的信息，以及公司如何看待股票市价的信息。

按照资本结构的信号传递理论，公司价值被低估时会增加债务资本；反之，公司价值被高估时会增加股权资本。当然，公司的筹资选择并非完全如此。例如，公司有时可能并不希望通过筹资行为告知公众公司的价值被高估的信息，而是模仿被低估价值的公司去增加债务资本。

（三）啄食顺序理论

资本结构的啄食顺序理论认为，公司倾向于首先采用内部筹资，比如，留存收益，因之不会传导任何可能对股价不利的信息；如果需要外部筹资，公司将先选择债务筹资，再选择其他外部股权筹资，这种筹资顺序的选择也不会传递对公司股价产生不利影响的信息。

按照啄食理论顺序，不存在明显的目标资本结构。因为虽然留存收益和增发新股均属股权筹资，但前者最先选用，后者最后选用；获利能力较强的公司之所以安排较低的债务比例，是由于不需要外部筹资；获利能力较差的公司选用债务筹资是由于没有足够的留存收益，而且在外部筹资选择中债务筹资为首选。

第四节　资本结构决策

一、影响企业资本结构决策的因素分析

企业的资本结构决策是筹资管理的核心内容，企业进行筹资管理最终是为了确定最优的资本结构。根据前述对资本结构理论问题的分析，影响企业资本结构的因素很多，而且不同因素在不同经济环境下对资本结构的影响程度也不同，这就需要采取一定的方法进行资本结构决策。为了进行正确的资本结构决策，必须对影响资本结构的因素进行分析。

（一）行业因素

企业的负债比例在很大程度上与其所处的行业有关。一般来讲，公用事业、运输公司以及一些成熟的资本密集型制造业，长期负债比例都比较高；服务行业、矿业公司以及大多数成长迅速的高新技术企业，长期负债比例相对比较低。不同行业负债比例的差别，主要是由于其承担风险的能力不同。公用事业等行业由于其经营收入比较稳定，承担风险的能力较强，可以利用较高的负债；高成长性的高新技术企业因其经营风险较大，企业只有通过降低负债比例以降低财务风险，从而使企业的总风险降低。

（二）股东的投资动机

股东的投资动机对资本结构产生重要影响。虽然绝大多数股东进行投资的目的是为了获利，但拥有控制权的股东与不拥有控制权的股东对公司的资本结构有不同的影响。一般来讲，拥有控制权的股东往往很重视控制权问题，通常情况下，为了防止控制权的旁落，尽量

避免通过发行新股筹资，而更多地采用优先股或发行债券的方式筹资。而对于那些不拥有控制权的股东，更重视的是公司的市场价值，这些股东接受所有能提升公司价值的筹资方式。

（三）企业的信用等级与债权人的态度

企业的信用等级直接影响债权人对企业的投资选择。债权人一般不愿将资金投向信用等级比较低的企业，换言之，信用等级比较高的企业则容易利用负债筹资。而企业负债比例的高低又影响企业的信用等级。在其他条件相同的情况下，负债比例越高，企业的信用等级越低；负债比例越低，企业的信用等级越高。如果企业在总资本中已经有较高比例的负债，是难以进一步利用负债融资的；反之，债权人更愿意将资金投向负债比例较低的企业。

（四）经营者的态度

经营者受股东的委托对企业进行日常的经营管理。虽然公司的重大决策由股东决定，但作为代理人的经营者则拥有日常经营的决策权。公司的资本结构在一定程度上取决于经营者的态度。如果经营者敢于承担风险，那么会较多地利用负债融资；如果经营者追求稳健经营，则会较多地利用股权融资。

（五）企业的财务状况和成长能力

企业财务状况良好、盈利能力强、未来有较强的成长能力，一般容易利用负债融资，特别是那些发展迅速的企业也需要较多地利用债务融资。而对于那些财务状况较差、盈利水平低、发展潜力不大的企业，则不容易利用债务融资。就这些企业本身来讲，也不宜进一步利用债务融资，因为财务风险的增大有可能导致企业陷入财务困境。当然，对于那些盈利能力特别强的企业，也可能会更多地通过留用利润进行内部融资。

（六）税收政策

企业利用负债融资可以获得减税利益，而且所得税税率越高，负债的减税利益越大；反之，减税利益则越小。在其他因素一定的情况下，所得税税率越高，为了获得更多的减税利益，企业越倾向于负债融资。可见，国家的税收政策也是影响企业资本结构的一个重要因素。

除上述因素外，不同国家之间、国民经济的发展状况、资本市场的发展水平、利率等因素，也会对企业的资本结构产生一定的影响。

二、EBIT-EPS 分析法

息税前收益所代表的是业务活动本身的获利能力。不考虑财务政策对收益的影响，每股收益则是综合反映业务活动和财务活动的业绩指标。由于公司的根本目的是实现股东收益的最大化，所以，判断资本结构是否达到最佳，就是通过分析资本结构对每股收益的影响，考虑每股收益是否达到了最大化。也可以说，最佳的资本结构就是能使企业每股收益达到最大时的资本结构。在其他条件相同的情况下，如果资本结构发生变化后，企业的每股收益增加了，那么改变后的资本结构就优于原有的资本结构。

例 8-13 假设 N 公司目前有资本 5 000 万元，现因生产发展需要，准备再筹集资金3 000万元。经初步论证，这些资金既可以通过发行股票来筹集，也可以通过发行债券来筹集，基本资料见表 8-9。

表 8-9　　N 公司资本结构对照表　　金额单位：万元

筹资方式	原资本结构	筹资后资本结构	
		发行股票	发行债券
公司债券（利率 10%）	1 000	1 000	4 000
普通股股本（面值 1 元）	2 000	4 000	2 000
资本公积	900	1 900	900
留存利润	1 100	1 100	1 100
资本合计	5 000	8 000	8 000
普通股股数（万股）	2 000	4 000	2 000

假设 N 公司筹资之后的息税前利润预计为 900 万元，公司所得税税率为 30%，则可以通过计算发行股票与发行债券的每股收益来选择资本结构，见表 8-10。

表 8-10　　发行股票与发行债券的每股收益计算表

项　目	方　案	
	发行股票	发行债券
息税前利润/万元	900	900
减：利息/万元	100	400
税前利润/万元	800	500
减：所得税/万元	240	150
净利润/万元	560	350
普通股股数/万股	4 000	2 000
每股收益/元	0.14	0.175

从表 8-10 不难看出，如果预计息税前利润为 900 万元，则 N 公司应采用发行债券的方式增筹资金，这样谋求的股东收益会更大些。

例 8-14　ABC 公司目前拥有长期资本 8 500 万元，其资本结构为：长期债务 1 000 万元，普通股 7 500 万元。现准备追加筹资 1 500 万元，有三种筹资方式可供选择：增发普通股、增加债务、发行优先股。有关资料见表 8-11。

表 8-11　　ABC 公司目前和追加筹资后的资本结构资料表　　金额单位：万元

资本种类	目前资本结构		追加筹资后的资本结构					
			增发普通股		增加长期债务		发行优先股	
	金额	比例	金额	比例	金额	比例	金额	比例
长期债务	1 000	0.12	1 000	0.10	2 500	0.25	1 000	0.10
优先股							1 500	0.15
普通股	7 500	0.88	9 000	0.90	7 500	0.75	7 500	0.75
资本总额	8 500	1.00	10 000	1.00	10 000	1.00	10 000	1.00

续表

资本种类	目前资本结构		追加筹资后的资本结构					
	金额	比例	增发普通股		增加长期债务		发行优先股	
			金额	比例	金额	比例	金额	比例
其他资料： 年债务利息额 年优先股股利额	90		90		270		90 150	
普通股股数/万股	1 000		1 300		1 000		1 000	

当息税前利润为1 600万元时，为便于计算，假定公司所得税税率为40%，下面测算这三种筹资方式追加筹资后的普通股每股收益，见表8-12。

表8-12　　ABC公司预计追加筹资后的每股收益测算表

项　目	方　案		
	增发普通股	增加长期债务	发行优先股
息税前利润/万元	1 600	1 600	1 600
减：长期债务利息/万元	90	270	90
所得税前利润/万元	1 510	1 330	1 510
减：公司所得税（40%）/万元	604	532	604
所得税后利润/万元	906	798	906
减：优先股股利/万元	0	0	150
普通股可分配利润/万元	906	798	756
普通股股数/万股	1 300	1 000	1 000
普通股每股收益/元	0.70	0.8	0.76

由表8-12的测算结果可知，采用不同筹资方式追加筹资后，普通股每股收益是不相等的。在息税前利润为1 600万元的条件下，普通股每股收益当增发普通股时最低，每股0.7元；当增加长期债务时最高，每股0.8元；当发行优先股时居中，每股0.76元。这反映了在息税前利润一定的条件下，不同资本结构对普通股每股收益的影响。

表8-12所测算的结果是在息税前利润预计为1 600万元的情况下。那么，息税前利润究竟为多少时，采用哪种筹资方式更为有利呢？这需要通过测算息税前利润平衡点来判断。其测算公式如下：

$$\frac{(\overline{EBIT}-I_1)(1-T)-D_{p1}}{N_1}=\frac{(\overline{EBIT}-I_2)(1-T)-D_{p2}}{N_2}$$

式中：$\overline{EBIT}$——息税前利润平衡点，即每股利润无差别点；

I_1，I_2——两种增资方式下的长期债务年利息；

D_{p1}，D_{p2}——两种增资方式下的优先股股利；

N_1，N_2——两种增资方式下的普通股股数。

现将表 8-12 的有关资料代入上式，进行测算。

（1）增发普通股与增加长期债务这两种增资方式下的每股收益无差别点为：

$$\frac{(\overline{EBIT}-90)(1-40\%)}{1\ 300}=\frac{(\overline{EBIT}-270)(1-40\%)}{1\ 000}$$

$\overline{EBIT}=870$（万元）

（2）增发普通股与发行优先股这两种筹资方式下的每股收益无差别点为：

$$\frac{(\overline{EBIT}-90)(1-40\%)}{1\ 300}=\frac{(\overline{EBIT}-90)(1-40\%)-150}{1\ 000}$$

$\overline{EBIT}=1\ 173$（万元）

测算结果是：当息税前利润为 870 万元时，增发普通股和增加长期债务的每股收益相等；同样道理，当息税前利润为 1 173 万元时，增发普通股和发行优先股的每股收益相等。为验证这一结果，还可列表测算，见表 8-13。

表 8-13　　ABC 公司每股收益无差别点测算表

项　目	增发普通股	增加长期债务	增发普通股	发行优先股
息税前利润/万元	870	870	1 173	1 173
减：长期债务利息/万元	90	270	90	90
所得税前利润/万元	780	600	1 083	1 083
减：公司所得税（40%）/万元	312	240	433. 2	433. 2
所得税后利润/万元	468	360	649. 8	649. 8
减：优先股股利/万元	0	0	0	150
普通股可分配利润/万元	468	360	649. 8	499. 8
普通股股数/万股	1 300	1 000	1 300	1 000
普通股每股收益/元	0. 36	0. 36	0. 50	0. 50

上述每股收益无差别点分析的结果如图 8-5 所示。

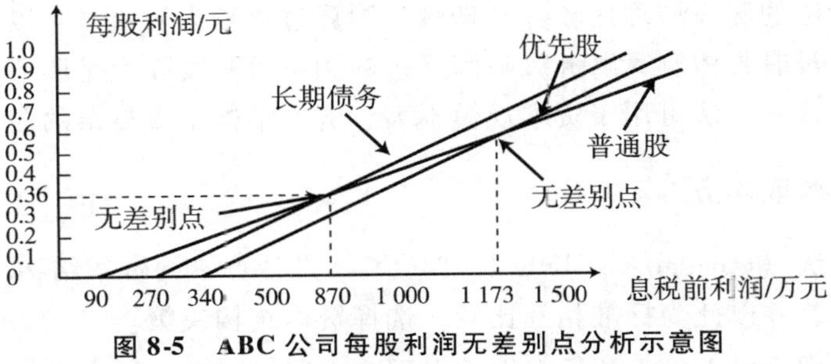

图 8-5　ABC 公司每股利润无差别点分析示意图

由图 8-5 可知，每股收益无差别点的息税前利润为 870 万元的意义在于：当息税前利润大于 870 万元时，增加长期债务要比增发普通股有利；而当息税前利润小于 870 万元时，增加长期债务则不利。同样道理，每股收益无差别点的息税前利润为 1 173 万元的意义在于：当息税前利润大于 1 173 万元时，发行优先股要比增发普通股有利；而当息税前利润小于

1 173 万元时，发行优先股则不利；而当息税前利润等于 1 173 万元时，无论是发行优先股还是发行股票，对公司的每股收益不会产生影响。

上述结论的前半部分，即“大于”的情况，已在表 8-12 中得到证明。例如，在表 8-12 中，息税前利润为 1 600 万元，大于 870 万元或 1 173 万元，则增加长期债务和发行优先股的每股收益分别为 0.8 元和 0.76 元，都高于增发普通股的每股收益（0.7 元），因此，增加长期债务或发行优先股都比增发普通股有利。现在举例证明结论的后半部分，即“小于”的情况。

例 8-15 假设 ABC 公司息税前利润为 500 万元，其他有关资料与表 8-12 相同。下面通过表 8-14 测算每股收益。

表 8-14　**假设 ABC 公司息税前利润为 500 万元时的每股收益测算表**

项　　目	增发普通股	增加长期债务	发行优先股
息税前利润/万元	500	500	500
减：长期债务利息/万元	90	270	90
税前利润/万元	410	230	410
减：公司所得税（40%）/万元	164	92	164
净利润/万元	246	138	246
减：优先股股利/万元	0	0	150
普通股可分配利润/万元	246	138	96
普通股股数/万股	1 300	1 000	1 000
普通股每股收益/元	0.19	0.14	0.10

由表 8-14 可知，假设息税前利润为 500 万元，小于每股收益无差别点的息税前利润 870 万元或 1 173 万元时，增加长期债务和发行优先股的每股收益分别为 0.14 元和 0.10 元，都低于增发普通股的每股收益（0.19 元），因此，增加长期债务或发行优先股都不利。

每股收益分析法的测算原理比较容易理解，测算过程较为简单。它以普通股每股收益最高为决策标准，也没有具体测算财务风险因素，其决策目标实际上是股票价值最大化而不是公司价值最大化。这一方法可用于资本规模不大、资本结构不太复杂的股份有限公司。

三、比较资本成本法

比较资本成本法（Comparison Method，WACC）是计算不同资本结构（或筹资方案）的加权平均资本成本，并以此为标准相互比较，选择资本结构决策。

企业的资本结构决策可分为初次筹资和追加筹资两种情况，前者可称为初始资本结构决策，后者可称为追加资本结构决策。

（一）初始资本结构决策

在实际中，企业对拟定的筹资总额，可以采用多种筹资方式来筹集。同时，每种筹资方式的筹资数额亦可有不同安排，由此形成若干资本结构（或筹资方案）可供选择。

例 8-16 某企业初创时有三个筹资方案可供选择，有关资料见表 8-15。

表 8-15 三个筹资方案的有关资料 金额单位：万元

筹资方式	筹资方案Ⅰ		筹资方案Ⅱ		筹资方案Ⅲ	
	筹资额	资本成本（%）	筹资额	资本成本（%）	筹资额	资本成本（%）
长期借款	400	6	500	6.5	800	7.0
债券	1 000	7	1 500	8.0	1 200	7.5
优先股	600	12	1 000	12.0	500	12.0
普通股	3 000	15	2 000	15.0	2 500	15.0
合计	5 000	—	5 000	—	5 000	—

下面分别测算三个筹资方案的加权平均资本成本，并比较其高低，从而确定最优筹资方案亦即最优资本结构。

方案Ⅰ：

（1）各种筹资方式占筹资总额的比例：

长期借款 $400 \div 5\,000 = 0.08$

债券 $1\,000 \div 5\,000 = 0.2$

优先股 $600 \div 5\,000 = 0.12$

普通股 $3\,000 \div 5\,000 = 0.6$

（2）加权平均资本成本：

$0.08 \times 6\% + 0.2 \times 7\% + 0.12 \times 12\% + 0.6 \times 15\% = 12.32\%$

方案Ⅱ：

（1）各种筹资方式占筹资总额的比例：

长期借款 $500 \div 5\,000 = 0.1$

债券 $1\,500 \div 5\,000 = 0.3$

优先股 $1\,000 \div 5\,000 = 0.2$

普通股 $2\,000 \div 5\,000 = 0.4$

（2）加权平均资本成本：

$0.1 \times 6.5\% + 0.3 \times 8\% + 0.2 \times 12\% + 0.4 \times 15\% = 11.45\%$

方案Ⅲ：

（1）各种筹资方式占筹资总额的比例：

长期借款 $800 \div 5\,000 = 0.16$

债券 $1\,200 \div 5\,000 = 0.24$

优先股 $500 \div 5\,000 = 0.1$

普通股 $2\,500 \div 5\,000 = 0.5$

（2）加权平均资本成本：

$0.16 \times 7\% + 0.24 \times 7.5\% + 0.1 \times 12\% + 0.5 \times 15\% = 11.62\%$

比较三个筹资方案的加权平均资本成本，方案Ⅱ的最低。在其他有关因素大体相同的条件下，方案Ⅱ是最好的筹资方案，其形成的资本结构可确定为该企业的最优资本结构。企业可按此方案筹集资本，以实现其资本结构的最优化。

（二）追加资本结构决策

企业在持续的生产经营过程中，由于扩大业务或对外投资的需要，有时会增加筹集新资，即所谓追加筹资。因追加筹资以及筹资环境的变化，企业原有的资本结构会发生变化，从而原来的最优资本结构也未必仍是最优的。因此，企业应在资本结构不断变化中寻求最优结构，保持资本结构的最优化。

一般而言，按照最优资本结构的要求，选择追加筹资方案可有两种方法：一种方法是直接测算比较各备选追加筹资方案的边际资本成本，从中选择最优筹资方案；另一种方法是将备选追加筹资方案与原有最优资本结构汇总，测算各追加筹资条件下汇总资本结构的综合资本成本，比较确定最优追加筹资方案。下面举例说明。

例 8-17 某企业现有两个追加筹资方案可供选择，两个追加筹资方案的相关资料及边际成本计算见表 8-16。

表 8-16 两个追加筹资方案的相关资料及边际成本计算表 金额单位：万元

筹资方式	追加筹资方案Ⅰ		追加筹资方案Ⅱ	
	追加筹资额	资本成本（%）	追加筹资额	资本成本（%）
长期借款	500	7.0	600	7.5
优先股	200	13.0	200	13.0
普通股	300	16.0	200	16.0
合计	1 000	—	1 000	—

第一种方法，测算两个追加筹资方案的边际资本成本。

方案Ⅰ：$\frac{500}{1\ 000}\times 7\% + \frac{200}{1\ 000}\times 13\% + \frac{30}{1\ 000}\times 16\% = 10.9\%$

方案Ⅱ：$\frac{600}{1\ 000}\times 7.5\% + \frac{200}{1\ 000}\times 13\% + \frac{200}{1\ 000}\times 16\% = 10.3\%$

两个追加筹资方案相比，方案Ⅱ的边际资本成本低于方案Ⅰ，因此，追加筹资方案Ⅱ优于方案Ⅰ。若企业原有的资本结构为：长期借款 500 万元，债券1 500万元，优先股 1 000 万元，普通股（含留用利润）2 000 万元，资本总额 5 000 万元。现将其与追加筹资Ⅰ、Ⅱ方案汇总列示，见表 8-17。

表 8-17 不同资本结构下的资本成本 金额单位：万元

筹资方式	原资本结构		追加筹资方案Ⅰ		追加筹资方案Ⅱ		追加筹资后资本结构	
	资本额	资本成本（%）	追加筹资额	资本成本（%）	追加资本额	资本成本（%）	方案Ⅰ	方案Ⅱ
长期借款	500	6.5	500	7.0	600	7.5	1 000	1 100
债券	1 500	8	—	—	—	—	1 500	1 500
优先股	1 000	12	200	13.0	200	13	1 200	1 200
普通股	2 000	15	300	16.0	200	16	2 300	2 200
合计	5 000	11.45	1 000		1 000	10.3	6 000	6 000

下面再用第二种方法来选择最优追加资本成本方案，对第一种方法的选择结果做一个验证。

（1）若采用方案Ⅰ追加筹资后的综合资本成本计算为：

$$\frac{500+500}{6\ 000}\times\frac{500\times 6.5\% + 500\times 7.0\%}{1\ 000} + \frac{1\ 500}{6\ 000}\times 8\% + \frac{1\ 000}{6\ 000}\times 12\% + \frac{200}{6\ 000}\times 13\% + \frac{2\ 000+300}{6\ 000}\times 16\% = 11.69\%$$

（2）若采用方案Ⅱ追加筹资后的综合资本成本计算为：

$$\frac{500+600}{6\,000}\times\frac{500\times6.5\%+600\times7.5\%}{1\,100}+\frac{1\,500}{6\,000}\times8\%+\frac{1\,000}{6\,000}\times12\%+\frac{200}{6\,000}\times13\%+\frac{2\,000+200}{6\,000}\times16\%=11.59\%$$

以上计算中，根据同股同利原则，原有普通股应按新普通股的资本成本计算其加权平均数。这里假定股票的成本与报酬等价。

（3）比较两个方案，结果是方案Ⅱ追加筹资后的综合资本成本低于方案Ⅰ追加筹资后的综合资本成本，因此，追加筹资方案Ⅱ优于方案Ⅰ。

由此可见，该企业追加筹资后，虽然改变了资本结构，但经过科学的测算，做出正确的筹资决策，企业仍可保持其资本结构的最优化。

四、比较公司价值法

EBIT-EPS 分析法中，我们以每股收益的高低作为衡量标准对筹资方式进行了选择。这种方法的缺陷在于没有考虑风险因素。从根本上讲，理财的目标在于追求公司价值的最大化或股价最大化。然而只有在风险不变的情况下，每股收益的增长才会直接导致股价的上升。实际上，随着每股收益的增长，风险也加大。如果每股收益的增长不足以补偿风险增加所需的报酬，尽管每股收益增加，股价仍然会下降。所以，公司的最佳资本结构应当是可使公司的总价值最高，而不一定是每股收益最大的资本结构。同时，在公司总价值最大的资本结构下，公司的资本成本也是最低的。

公司的市场总价值 V 应该等于其股票的总价值 S 加上债券的价值 B，即：

$$V=S+B$$

为简化起见，假设债券的市场价值等于它的面值。股票的市场价值的计算公式为：

$$S=\frac{(EBIT-I)\times(1-T)}{K_s}$$

式中，I——年利息额；

T——公司所得税税率；

K_s——权益资本成本。

采用资本资产定价模型计算：

$$K_s=R_f+\beta\ (R_m-R_f)$$

式中，R_f——无风险报酬率；

R_m——平均风险股票必要报酬率；

β——股票的贝塔系数。

而公司的资本成本，则应用加权平均资本成本（K_w）表示。其计算公式为：

加权平均成本＝税前债务资本成本×债务额占总资本比重×（1－所得税税率）＋权益资本成本×股票额占总资本比重

$$K_w=K_b\left(\frac{B}{V}\right)\times(1-T)+K_s\left(\frac{S}{V}\right)$$

式中，K_b——税前的债务资本成本。

例 8-18 某公司年息前税前盈余为500万元，资金全部由普通股资本组成，股票账面价值2 000万元，所得税税率为40%。该公司认为目前的资本结构不够合理，准备用发行债券购回部分股票的办法予以调整。经咨询调查，目前的债务利率和权益资本的成本情况见表8-18。

表 8-18　不同债务水平对公司债务资本成本和权益资本成本的影响

债券的市场价值 B（百万元）	税前债务资本成本 K_b	股票 β 值	无风险报酬率	平均风险股票必要报酬率 R_w	权益资本成本 K_s
0	—	1.20	10%	14%	14.8%
2	10%	1.25	10%	14%	15%
4	10%	1.30	10%	14%	15.2%
6	12%	1.40	10%	14%	15.6%
8	14%	1.55	10%	14%	16.2%
10	16%	2.10	10%	14%	18.4%

根据表8-18的资料，即可计算出筹借不同金额的债务时公司的市场总价值和资本成本，见表8-19。

表 8-19　公司的市场总价值和资本成本

债券的市场价值 B（百万元）	股票的市场价值 S（百万元）	公司的市场价值 V（百万元）	税前债务资本成本 K_b	权益资本成本 K_s	加权平均资本成本 K_w
0	20.27	20.27	—	14.8%	14.80%
2	19.20	21.20	10%	15%	14.15%
4	18.16	22.16	10%	15.2%	13.54%
6	16.46	22.46	12%	15.6%	13.36%
8	14.37	22.37	14%	16.2%	13.41%
10	11.09	21.09	16%	18.4%	14.23%

从表8-19可以看出，在没有债务的情况下，公司的总价值就是其原有股票的市场价值。当公司用债务资本部分地替换权益资本时，一开始公司的市场总价值上升，加权平均资本成本下降；在债务达到600万元时，公司的市场总价值最高，加权平均资本成本最低；债务超过600万元后，公司的市场总价值下降，加权平均资本成本上升。因此，债务为600万元时的资本结构是该公司的最佳资本结构。

练　习　题

阅读材料

一、单项选择题

1. 企业财务人员在进行追加筹资决策时，所使用的资本成本是（　　）。

A. 个别资本成本　　B. 加权平均资本成本

C. 边际资本成本　　D. 权益资本成本

2. 财务杠杆的作用程度，通常用（　　）来衡量。

A. 财务风险　B. 财务杠杆系数　C. 资本成本　D. 资本结构

3. 财务杠杆作用是指（　　）。

A. 提高债务比例导致的所得税降低　B. 利用现金折扣获得的收益

C. 利用债务筹资给企业带来的额外收益　D. 降低债务比例所节约的利息费用

4. 既具有财务杠杆作用，又具有抵税效应的筹资方式是（　　）。

A. 发行债券　B. 发行优先股

C. 发行普通股　D. 使用内部留存

5. 固定成本不变的情况下，销售额越大（　　）。

A. DOL 系数越小，营业风险越大　B. DOL 系数越大，营业风险越大

C. DOL 系数越小，营业风险越小　D. DOL 系数越大，营业风险越小

6. 只要企业存在固定成本，当企业息税前利润大于零时，那么营业杠杆系数必（　　）。

A. 恒大于 1　B. 与销售量成正比

C. 与固定成本成反比　D. 与风险成反比

7. 企业资本结构研究的主要问题是（　　）。

A. 权益资本结构问题　B. 长期资本与短期资本的比例问题

C. 债权资本占全部资本的比重问题　C. 长期负债与短期负债的比例问题

8. 最佳资本结构是指（　　）。

A. 企业价值最大的资本结构

B. 企业目标资本结构

C. 加权平均成本最低的目标资本结构

D. 加权平均资本成本最低，企业价值最大的资本结构

9. 某企业预测其财务杠杆系数为 3，基期息税前利润为 600 万元，即基期实际利息费用为（　　）万元。

A. 200　B. 300　C. 400　D. 600

10. 某公司普通股当前市价 15 元/股，筹资费用率 2%，本年发放现金股利每股 0.3 元，预期股利年增长率为 10%，则普通股资本成本为（　　）。

A. 12.04%　B. 12.2%　C. 12.24%　D. 12%

11. 目前某公司普通股的市价为 20 元/股，筹资费用率为 4%，本年发放现金股利每股 0.75 元，预期股利年增长率为 6%，则该企业利用留存收益筹资的资本成本为（　　）。

A. 9.98%　B. 12.3%　C. 10.14%　D. 12.08%

12. 某企业某年的财务杠杆系数为 2，息税前利润的计划增长率为 10%，假定其他因素不变，则该年普通股每股收益的增长率为（　　）。

A. 4%　B. 5%　C. 20%　D. 25%

13. 企业资金中权益资本与负债的比例关系称为（　　）。

A. 财务结构　B. 资本结构　C. 成本结构　D. 利润结构

二、多项选择题

1. 在市场经济环境中，决定企业资本成本高低的主要因素有（　　）。

A. 总体经济环境　B. 证券市场条件
C. 企业内部因素　D. 社会因素
2. 影响财务风险的主要因素有（　　）。
A. 资本供求的变化　B. 利率水平的变动
C. 企业获利能力的变化　D. 企业资本结构的变化
3. 影响企业经营风险的主要因素有（　　）。
A. 市场需求变化　B. 产品价格变化
C. 资本供求变化　D. 固定成本比重
4. 决定加权平均资本成本高低的因素有（　　）。
A. 个别资本成本　B. 边际资本成本
C. 资金筹资渠道　D. 各种资金所占的比重
5. 边际资本成本是指（　　）。
A. 资金每增加一个单位而增加的成本　B. 各种筹资范围内的综合资本成本
C. 追加筹资时所使用的加权平均资本成本　D. 保持资本结构不变时的综合资本成本
6. 影响财务杠杆系数的因素有（　　）。
A. 息税前利润　B. 固定成本
C. 优先股股利　D. 所得税率
7. 关于财务杠杆系数，下列说法正确的有（　　）。
A. 若企业负债为0，则财务杠杆系数为0
B. 财务杠杆系数等于息税前利润除以税前利润（不考虑优先股）
C. 财务杠杆系数越大，财务风险越大
D. 当息税前利润趋向于无穷大时，财务杠杆系数趋向于1
8. 关于联合杠杆的说法正确的有（　　）。
A. 联合杠杆能起到财务杠杆和营业杠杆的综合作用
B. 联合杠杆系数越大，企业财务风险越大
C. 联合杠杆能够表达企业边际贡献与税前盈余的比例
D. 联合杠杆系数越大，企业营业风险越大
9. 产生财务杠杆作用的因素包括（　　）。
A. 企业的固定性行政管理费用　B. 优先股股利
C. 固定性生产费用　D. 企业负债的利息费用
10. 财务杠杆与经营杠杆之间的关系包括（　　）。
A. 没有经营杠杆就没有财务杠杆
B. 没有财务杠杆就没有经营杠杆
C. 二者之积为联合杠杆
D. 只要企业存在固定成本利息，财务杠杆与经营杠杆就同时存在
11. 联合杠杆的主要作用有（　　）。
A. 估计销售额变动对每股盈余造成的影响
B. 揭示企业面临的风险对企业投资的影响
C. 估计销售额变动时对息税前利润的影响

D. 揭示经营杠杆与财务杠杆之间的相互关系

12. 利用每股利润无差别点进行企业资本结构分析时，（　　）。

A. 当息税前利润大于每股利润无差别点时，采用权益筹资方式比较有利

B. 当息税前利润大于每股利润无差别点时，采用负债筹资方式比较有利

C. 当息税前利润小于每股利润无差别点时，采用权益筹资方式比较有利

D. 当息税前利润小于每股利润无差别点时，采用负债筹资方式比较有利

13. 按照资本习性，通常可以将成本划分为（　　）。

A. 变动成本　　B. 固定成本　　C. 混合成本　　D. 资本成本

三、判断题

1. 经营杠杆影响息税前利润，财务杠杆影响税后利润。（　　）

2. 由于经营杠杆的作用，当销售额下降时，息税前利润下降得更快。（　　）

3. 一般来说，经营杠杆系数越大，对经营杠杆利益的影响就越强，经营风险也就越高。（　　）

4. 公司如无负债，则财务杠杆系数等于0。（　　）

5. 由于财务杠杆的作用，当息税前利润下降时，税后利润下降得更快，从而给企业带来财务风险。（　　）

6. 任何投资项目，如果它预期的投资报酬率超过该项目使用资金的资本成本率，则该项目在经济上就是可行的。（　　）

7. 经营杠杆能够扩大市场需求和生产成本等不确定性因素对利润变动的影响。（　　）

8. 在其他因素不变的情况下，固定经营成本越小，经营杠杆系数也就越小，而经营风险则越大。（　　）

9. 优先股的固定股息率可以各年度不相同。（　　）

10. 由于留用利润用于扩大投资不需要支付筹资费，所以其资金成本为零。（　　）

四、解答题

1. 某企业计划筹集资金4 000万元，所得税税率为25%，有关资料如下。

（1）向银行借款400万元，借款年利率为7%，手续费为2%。

（2）按溢价发行债券，债券面值为580万元，溢价发行价格为600万元，票面利率为9%，期限为5年，每年支付一次利息，其筹资费率为3%。

（3）面值发行优先股1 000万元，预计年股利率为12%，筹资费率为4%。

（4）发行普通股1 600万元，每股发行价格为10元，筹资费率为6%。预计第1年每股股利1.2元，以后每年以近8%递增。

（5）其余所需资金通过留存收益取得。

要求：

（1）计算个别资金成本；

（2）计算该企业加权平均资金成本。

2. ABC公司正在着手编制明年的财务计划，公司财务主管请你协助计算其加权资本成本。有关信息如下。

（1）公司银行借款当前利率为9%，明年将下降为8.93%。

（2）公司债券面值为1元，票面利率为8%，期限为10年，分期付息，当前市价为0.85元；如果按公司债券当前市价发行新的债券，发行成本为市价的4%。

（3）公司普通股面值为1元，当前每股市价为5.5元，本年派发现金股利0.35元，预计每股收益增长率维持7%，并保持25%的股利支付率。

（4）公司当前（本年）的资本结构为：银行借款150万元、长期债券650万元、普通股400万元、保留收益420万元。

（5）公司所得税税率为40%。

（6）公司普通股的β值为1.1。

（7）当前国债的收益率为5.5%，市场上普通股平均收益率为13.5%。

要求：

（1）计算银行借款的税后资本成本；

（2）计算债券的税后成本；

（3）分别使用股票股利估价模型（评价法）和资本资产定价模型估计内部股权资本成本，并以计算两种结果的平均值作为内部股权成本；

（4）如果仅靠内部融资，明年不增加外部融资规模，计算其加权平均资本成本。

3. 某企业只生产和销售A产品，其总成本习性模型为$y=10\,000+3x$。假定该企业2023年度A产品销售量为10 000万件，每件售价为5元；按市场预测2024年A产品的销售数量将增长10%。

要求：

（1）计算盈亏平衡点销售收入；

（2）计算销售量为10 000件时的经营杠杆系数；

（3）计算2024年息税前利润增长率；

（4）假定企业2023年发生负债利息5 000元，且无优先股股息，计算其财务杠杆系数和总杠杆系数。

4. 甲公司目前的资本总额为1 800万元，其中普通股为800万元，普通股股数为800万股，长期债务为1 000万元，债务年利息率为10%。该公司目前的息税前利润为700万元，公司所得税税率为20%。公司拟投产一个新项目，该项目需要投资600万元，预期投产后每年可增加息税前利润300万元。该项目有两个筹资方案可供选择：

（1）发行债券，年利率为12%；

（2）按每股5元增发普通股。

假设两个筹资方案均不考虑筹资费用。

要求：

（1）计算发行债券筹资后的债务年利息和普通股每股收益；

（2）计算增发普通股筹资后的债务年利息、普通股股数和普通股每股收益；

（3）计算增发普通股和债券筹资的普通股每股利润无差别点；

（4）根据计算结果，分析该公司应当选择哪一种筹资方案。

第九章　股利分配管理

学习目标

本章主要讲授股份公司股利分配的理论和方法。通过本章的学习，理解股利理论的理论要点与指导意义；具体分析判断影响股利政策的各种因素；掌握股份公司的主要股利政策及其应用；了解股票股利和股票分割对公司股票价格的影响。

股利分配管理也称作利润分配管理，是企业对有关股利分配事项的管理。企业取得的利润应按照国家规定作相应的调整，依法交纳所得税后，才能对税后净利润进行分配。企业在进行股利分配时，既要考虑股东对近期利益的要求，也要考虑企业的长远发展。

第一节　股利理论

在进行股利分配实务中，公司所选择的股利政策与公司所信奉的股利理论密切相关。由于股东投资公司股票的收益一方面来自于股利收益，另一方面来自于因市场股价上涨而给股东带来的资本收益，而公司股利政策的目标是如何实现股东财富最大化，因此，股利理论探讨的是股利的发放与股票市价的关系，这种股利理论也是股利政策的重要依据。

股利理论主要研究两个问题：一是股利的支付是否影响企业价值，二是股利的支付若影响企业价值，使企业价值最大化的股利支付率是多少。在这个问题上，存在着不同的观点，形成不同的股利理论。

一、股利政策与企业价值无关论

该理论始于20世纪60年代初．美国财务学家莫迪格利安尼和米勒在关于资本结构与企业价值的MM理论中指出，在满足一定假设的前提下，企业的资本结构与其价值无关。实际上，MM理论同时还指出，在满足类似假设的前提下，企业的股利政策（即无论是用剩余现金流量支付的股利是多还是少）同样与其价值无关。

MM理论是以下述四个基本假设为前提。

（1）不存在个人和公司所得税，即股票价格上涨的资本利得和股票股利的现金所得之间没有所得税差异。

（2）不存在股票发行费和交易费。证券市场是完全有效的资本市场，投资者和管理者一样可以公平地免费获得相同的信息，各种证券无限分散，任何投资者都不可能控制证券价格。

（3）公司的投资政策独立于股利政策。

（4）关于未来的投资机会，投资者和企业管理者之间信息是对称的。

在这些特定的假设条件下，MM 理论认为：假如某一公司发放给股东较高的股利，那么他们就必须发行更多的股票，其数额正好等于公司的股利。也就是说，在不改变投资决策和目标资本结构的条件下，公司若要增发股利，唯一的方法是靠增发新股的方式筹得投资所需资金。在完善的市场条件下，新股东购买股票愿付的价格必须与企业价值相一致。因此，这个活动的结果是新老股东之间的价值转移，即老股东将自己拥有的一部分资产转让给新股东，新股东则把同等价值的现金交付给老股东，企业价值保持不变。

MM 理论认为：

（1）在有关假设基础上，投资者将不会关心公司的股利分配，公司的股利政策将不会对公司的资产价值产生影响。

（2）公司股票的价格主要反映公司的投资方案和获利能力，与股利政策无关。

（3）公司用于投资的留存收益越多，公司越发展，投资效益越好，公司股价上涨得越快。因此，股东出售股票可获取丰厚的资本收益。

（4）股东的财富由分得的股利和股价升值而形成的资本利得两部分组成。股利的分派将导致公司增长的减退，进而引起股价的下跌。因此，股东从分派股利得到的好处正好被股价下跌而导致的损失所抵消，股利分派不影响股东财富的数量。

综上所述，对具有理性的投资者来说，对股利和资本利得的选择上并无明显的偏好，无论从公司或股东的角度来看，根本没有最佳股利政策的存在，公司的价值完全取决于投资决策的成败。虽然 MM 理论与实际情况相距甚远，但它为股利理论研究奠定了基础。

二、股利政策与企业价值相关论

MM 理论关于股利政策与公司价值无关的讨论与他们关于资本结构与公司价值无关的讨论一样，都是建立在一系列理想的假设之上的。但现实中与 MM 理论假设的理想情景有很大的差异，MM 的一些假设得不到很好地满足，事实上股利政策就可能对公司价值产生某种程度的影响。对此，许多财务学者和有关研究人员做了许多讨论，主要形成了以下四种理论。

（一）“在手之鸟”理论

“在手之鸟”理论来源于英国的格言“双鸟在林，不如一鸟在手”。该理论认为，投资者对于股利与资本利得这两种形式的收入具有不同的偏好，投资者更喜欢近期有确定收入的股利，而不喜欢远期且不确定的资本利得。股利可视为投资者的既得利益，好比在手之鸟；而股票价格的升降具有很大的不确定性，犹如林中之鸟，不一定能得到。因此，资本利得的风险要远远高于股利收入的风险。为此，投资者更愿意购买派发高股利的股票，从而导致该类股票股价的上涨。

“在手之鸟”理论的主要代表人物有戈登、华特和林特纳等。戈登指出，对于风险厌恶型的股东来说，由于股利是定期、确定的报酬，而未来的资本利得则缺乏确定性，因此，股东们更喜欢股利，对未来资本利得的允诺兴趣不大。据此，戈登认为，股利的支付可以减少投资者的不确定性，并使他们愿意按较低的普通股必要报酬率来对公司的未来盈利加以折现，从而使公司的价值得到提高。

相反，不发放股利或降低股利支付率，而多留存公司的盈利进行再投资，以获得更多未来的资本利得，却会增大投资者的不确定性。因此，戈登和林特纳主张，就像还停留在丛林中尚未被抓到的两只小鸟比不上一只已抓在手中的鸟一样，发生在未来的资本利得其风险高于目前已握在手中的股利。所以，为了使资本成本能降到最低、企业价值最大化，公司应维持高股利支付率的股利政策。

但这一理论对股利政策的解释存在一定的疑问。从长远来看，不论是现金股利，还是资本利得，都需要有企业的实际业绩支撑才能真正实现。因此，尽管企业可以在短期内依靠资金的调度和安排满足既定数额的现金股利的发放，但如果没有长期盈利的业绩支持，必然会在某一时期无法保证优于以往的现金股利发放。相反，如果企业能够长期保持良好的盈利业绩，尽管市场在一段时间可能未能充分估计公司股票的价值而导致其价格被低估，但从长远看公司的实际价值一定会在股票价格上表现出来。因此，如果股票市场在较长时期内是一个有效率的市场，就不存在现金股利的风险一定低于资本利得的风险的结论，现金股利也就不一定优于资本利得。

（二）信号传递理论

MM 理论关于股利政策与公司价值的讨论得以成立的基本假设之一，是投资者和公司的管理人员对公司的未来发展和收益情况有相同的了解和预期。但实际上，投资者对公司的实际状况和未来前途的了解远不如公司管理人员清晰，在这两者之间存在着信息不对称的情况。

信号传递理论认为，在信息不对称的情况下，公司可以通过股利政策向市场传递有关公司未来盈利能力的信息。一般来说，高质量的公司往往愿意通过相对较高的股利支付率把自己同低质量的公司区别开来，以吸引更多的投资者。对市场上的投资者来说，股利政策的差异或许是反映公司质量差异的极有价值的信号。如果公司连续保持较为稳定的股利支付率，那么，投资者就可能对公司未来的盈利能力与现金流量抱有较为乐观的预期。不过，公司以支付现金股利的方式向市场传递信息，通常也要付出较为高昂的代价。这些代价包括：①较高的所得税负担；②一旦公司因分派现金股利造成现金流量短缺，就有可能被迫重返资本市场发行新股，而这一方面会随之产生必不可少的交易成本，另一方面又会扩大股本，摊薄每股的税后盈利，对公司的市场价值产生不利影响；③如果公司因分派现金股利造成投资不足，并丧失有利的投资机会，还会产生一定的机会成本。尽管以派现方式向市场传递利好信号需要付出很高的成本，但为什么公司仍要选择派现作为公司股利支付的主要方式呢？这个难以破解的理论问题被布莱克（Black，1976）称之为“股利分配之谜”。

围绕“股利分配之谜”，经济学家们做出了各种各样的解释。其中，较有说服力的观点有四种：一是声誉激励理论。该理论认为，由于公司未来的现金流量具有很大的不确定性，因此，为了在将来能够以较为有利的条件在资本市场上融资，公司必须在事先建立起不剥夺股东利益的良好声誉。建立“善待股东”这一良好声誉的有效方式之一就是派现。二是逆向选择理论。该理论认为，相对于现金股利而言，股票回购的主要缺陷在于，如果某些股东拥有关于公司实际价值的信息，那么，他们就可能在股票回购过程中，充分利用这一信息优势。当股票的实际价值超过公司的回购价格时，他们就会大量竞买价值被低估的股票；反之，当股票的实际价值低于公司的回购价格时，他们就会极力回避价值被高估的股票。于是，便产生了逆向选择问题，而派发现金股利则不存在这类问题。三是交易成本理论。该理论认为，市场上有相当一部分投资者出于消费等原因，希望从投资中定期获得稳定的现金流量。对于这类投资者来说，选择稳定派现的股票也许是达到上述目的最廉价的方式。这是因为，倘若投资者以出售所持股票的方式来套现，就可能因时机选择不当而蒙受损失。况且，选择在何时以何种价位出售股票还需要投入许多时间和精力，这些交易成本的存在使得投资者更加偏好现金股利。四是制度约束理论。该理论认为，公司之所以选择支付现金股利，是由于“谨慎人”所起的作用。所谓“谨慎人”，是指信托基金、保险基金、养老基金等机构投资者出于降低风险的考虑，法律通常要求这些机构投资者只能持有支付现金股利的股票，并获得股利收入。如果公司不派现，那么，这种股票就会被排除在机构投资者的投资对象之外。

虽然股利分配的信号传递理论已为人们广泛接受，但也有一些学者对此持不同看法。他们的主要观点是：第一，公司目前的股利分配并不能帮助投资者预测公司未来的盈利能力；第二，高派现的公司向市场传递的并不是公司具有较好前景的利好消息，相反则是公司当前没有正现值的投资项目，或公司缺乏较好投资机会的利空消息。不过，由于上述反对意见缺乏实证考察的支持，因此未能引起人们过多的关注。

（三）税差理论

在不存在税收因素的情况下，公司选择何种股利支付方式并不重要。但是，如果对现金红利和来自股票回购的资本利得课以不同的税赋（如现金股利的税赋高于资本利得的税赋），那么，在公司及投资者看来，支付现金股利就不再是最优的股利分配政策。由此可见，在存在差别税赋的前提下，公司选择不同的股利支付方式，不仅会对公司的市场价值产生不同的影响，而且也会使公司（及个人）的税收负担出现差异。从逻辑上讲，一个好的股利政策除了应使融资成本和代理成本最小化之外，还应使税收成本最小化。在国外，投资者取得的股利和资本利得这两种形式的收入所适用的所得税税率是不相同的，资本利得的个人所得税税率通常要低于股利收入的税率（在我国，目前个人投资股票所获得的资本利得无须缴纳个人所得税），这就使得公司保留盈余对投资者更有利，因此税差理论认为公司应当采取低支付率的股利政策，以实现资本成本最小化和企业价值最大化。此外，资本利得税要递延到股票真正出售时才发生，实际上是在公司保留盈余而不支付股利的时候，给了投资者一个有价值的时机选择权，可以获得延迟纳税的好处。因此，即使政府对股利和资本利得这两种所得征收的税率相同，实际的资本利得税（以现值形式）也比股利收入税率要低。

税差理论的结论主要有两点：一是股票价格与股利支付率成反比，二是权益资本成本与股利支付率成正比。按照税差理论，企业在制定股利政策时必须采取低股利支付率政策，才能使企业价值最大化。

但是，这种理论也存在缺陷。因国外的投资者家庭年收入不同，其个人所得税税率也有很大的差异，低收入家庭的现金股利收益可能只需缴纳税率很低的个人所得税，甚至根本不需要缴纳个人所得税。因此，那些个人所得税税率较低的投资者就可能愿意选择发放现金股利较多的公司进行投资，那些个人所得税税率较高的投资者可能选择发放少甚至不发现金股利的公司进行投资。只要各类投资者的数量足够多，大家就可以找到合适的投资对象，企业也可以找到相应稳定的筹资对象。如果是这样，就不存在现金股利与资本利得孰优孰劣的问题。

在我国，上市公司向股东派发现金股利要按照20%税率代扣代缴个人所得税。因此，股东得到现金股利必须缴纳个人所得税。由于目前我国尚未建立针对资本利得征收个人所得税的税收规定，股东出售股票获得资本利得只需支付必要的交易费用和印花税，不必缴纳个人所得税。所以，从税收的角度讲，在我国向股东分派现金股利对股东而言是不利的。

（四）代理理论

代理理论认为，股利政策实际上体现的是公司内部人与外部股东之间的代理问题。在存在代理问题的前提下，适当的股利政策有助于保证经理们按照股东的利益行事。而所谓适当的股利政策是指公司的利润应当更多地支付给股东。否则，这些利润就有可能被公司的内部人所滥用。较多地派发现金股利至少具有以下几点好处：一是公司管理者要将公司的很大一部分盈利返还给投资者，于是他自身可以支配的“闲余现金流量”就相应减少了，而这又可在一定程度上抑制公司管理者过度地扩大投资或进行特权消费，进而保护外部投资者的利益；二是较多地派发现金股利，可能迫使公司重返资本市场进行新的融资，如再次发行股票。这一方面使得公司更容易受到市场参与者的广泛监督，另一方面，再次发行股票不仅为外部投资者借股份结构的变化对“内部人”进行控制提供了可能，而且再次发行股票后，公司的每股税后盈利被摊薄，公司要维持较高的股利支付率，则需要付出更大的努力。因此，高水平的股利分配政策有助于缓解代理问题，并降低代理成本，但同时也增加了企业的外部融资成本。

一般而言，保持股利的稳定，并根据收益状况增加股利发放，可使投资者提高对企业的信任，有利于提高企业的财务形象，从而引起股价的上升，反之，则会引起股价的下跌。投资者一般根据股价变动来判断是否对企业进行投资，因而股价的升降将对企业产生重大影响，股利政策实际上将影响企业价值。

第二节　股利支付的程序和种类

一、股利支付

所谓股利是股份制企业从公司利润中以现金、股票或其他形式支付给股东的报酬，是利润分配的一种形式。股利一般按季度、半年或一年一次以现金股利或股票股利的形式向股东分发，一年分派股利的次数各国有异。有时公司管理层通过年度报告向股东明确说明，有时通过暗示向股东传递：如果可能，公司的股利将维持不变。而且，管理层还会传播：公司的收益是丰厚的，足以保证股利的支付。

然而，许多变量会影响股利支付。如果公司的现金流量和投资需求变化很大，可能导致不能规定很高的固定股利。若公司削减股利，投资者很可能认为公司财务出现了问题。股利支付会影响企业的融资计划和资本预算，而流动性差的企业会被迫减少股利的分配。支付股利时，留存收益减少，从而降低股东权益，提高了企业的负债比率，因此改变了企业财务结构。可见，确定股利政策对公司而言是很重要的。

二、股利支付程序

股利支付程序的确定是股利政策的具体实施阶段。由于股份公司的股东人数一般较多，而且由于股权可以自由转让，股东人数经常变动，所以，股利发放前后有一定的过程。通常股份公司的股利分配方案由公司董事会决定并宣布，必要时要经股东大会或股东代表大会批准后方能实施（如我国就是这样规定的）。公司每年发放股利的次数，不同的公司、不同的国家可以各不相同。比如，我国的股份公司多为一年发放一次股利，而美国公司则多为一季度发放一次股利。股利发放有几个非常重要的日期。

（一）股利宣布日

股利宣布日就是股东大会表决通过并由董事会宣布发放股利的日期。在宣布分配方案的同时，要公布股权登记日、除息日和股利发放日。通常股份公司都应该定期宣布发放股利方案，我国股份公司一般是一年发放一次或两次股利，即在年末和年中分配。在西方国家，股利通常按季度支付。

（二）股权登记日

股权登记日就是有权领取本期股利的股东资格登记的截止日期。企业规定股权登记日是明确股东能否领取股利的日期界限，因为股票是经常流动的，所以确定这个日期非常必要。只有在股权登记日这一天登记在册的股东才有资格领取本期股利，而在这一天之后登记在册的股东，即使是在股利发放日之前买到股票，也无权领取本次分配的股利。先进的计算机系统为股权登记提供了极大的方便，一般在股权登记日营业结束的当天即可打印出股东的名册。

（三）除息日

除息日是指除去股利的截止日期，即领取股利的权利与股票分开的日期，在除息日之前购买的股票，才能领取本次股利，在除息日当天或以后购买的股票，则不能领取本次股利。除息日对股票的价格有明显的影响，在除息日之前的股票价格中包含了本次股利，在除息日之后的股票价格中不再包含本次股利，所以股价会下降。在计算机交易系统下，股票买卖交易的当天即可办完交割手续。在这种交易制度下，股权登记日的次日（指工作日）即可确定为除息日。

（四）股利发放日

股利发放日，也称付息日，是指将股利正式发放给股东的日期。

例 9-1 长江公司于 2023 年 7 月 10 日举行的股东大会决议通过股利分配方案，并于当日由董事会宣布 2023 年的中期分配方案为：每股分配现金股利 2 元，股权登记日为 2023 年 7 月 30 日，除息日为 2023 年 7 月 31 日，股利发放日为 2023 年 7 月 31 日。

三、股利的种类

按照股份有限公司对其股东支付股利的不同方式，股利可以分为不同的种类。其中，常见的有以下四类：

（一）现金股利

现金股利是指公司以现金的方式向股东支付股利，也称为红利。现金股利是公司最常见的、也是最易被投资者接受的股利支付方式。公司支付现金股利，除了要有累计的未分配利润外，还要有足够的现金。因此，公司在支付现金前，必须做好财务安排，以便有充足的现金支付股利。

（二）财产股利

财产股利是以现金以外的其他资产支付的股利，主要是以公司所拥有的其他公司的有价证券，如公司债券、公司股票等，作为股利发放给股东。

（三）负债股利

负债股利是公司以负债形式支付的股利，通常以公司的应付票据等负债证券代替现金的发放。对股东而言，虽然推迟了收到现金的时间，但可以得到相应的利息补偿；对公司来说，则解决了暂时的现金短缺问题。但需注意的是，负债股利同时带来了负债的增加及留存收益的减少，会相应增加公司的财务风险。

（四）股票股利

股票股利是指应分给股东的股利以额外增发股票的形式来发放。以股票作为股利，一般都是按在册股东持有股份的一定比例来发放，对于不满一股的股利仍采用现金发放。股票股利最大的优点就是节约现金支出，因而常被现金短缺的企业所采用。发放股票股利时，在企业账面上，只需减少未分配利润项目金额的同时，增加股本和资本公积等项目金额，并通过中央清算登记系统增加股东持股数量。显然，发放股票股利是一种增资行为，需经股东大会同意，并按法定程序办理增资手续。但发放股票股利与其他的增资行为不同的是，它不增加股东财富，企业的财产价值和股东的股权结构也不会改变，改变的只是股东权益内部各项目的金额。其具体内容将在本章第四节详细讨论。

财产股利和负债股利实际上都是现金股利的替代方式，目前这两种股利方式在我国公司实务中极少使用。

第三节　股利分配政策

股利分配政策是指企业管理层对与股利有关的事项所采取的方针策略。股利分配在公司制企业经营理财决策中始终占有重要地位。这是因为股利的发放，既关系到公司股东的经济利益，又关系到公司的未来发展。通常较高的股利，一方面可使股东获取可观的投资收益；另一方面还会引起公司股票市价上涨，从而使股东除股利收入外还获得了资本利得。但是过高的股利必将使公司留存收益大量减少，或者影响公司未来发展，或者大量举债，增加公司资本成本负担，最终影响公司未来收益，进而降低股东权益。而较低的股利，虽然使公司有较多的发展资金，但与公司股东的愿望相背离，股票市价可能下降，公司形象将受到损害。因而对公司管理当局而言，如何均衡股利发放与企业的未来发展，并使公司股票价格稳中有升，便成为企业经营管理层孜孜以求的目标。

一、影响股利政策的因素

理论上，股利是否影响企业价值存在相当大的分歧。现实经济生活中，企业仍然是要进行股利分配的。当然，企业分配股利并不是无所限制，总是要受到一些因素的影响，一般认为，企业股利政策的影响因素主要有法律因素、公司因素、股东因素及其他因素等几个方面。

（一）法律因素

为了保护债权人、投资者和国家的利益，有关法规对企业的股利分配有如下限制：

1. 资本保全限制

资本保全限制规定，企业不能用资本发放股利。该规定要求公司不能因支付股利而引起资本减少，目的在于保证公司有完整的资本基础，保护债权人的利益。任何导致资本减少的股利发放都是违反有关法律规定的。如我国《公司法》的有关条款规定："股东大会和董事会违反规定，在公司弥补亏损和提取法定公积金之前向股东分配利润的，股东必须将违反规定分配的利润退还公司。"这一规定从利润分配的程序上防止资本被侵蚀的可能性。

2. 资本积累限制

资本积累约束要求企业必须按照一定的比例和基数提取各种公积金，股利只能从企业的可供分配收益中支付，企业当期的净利润按照规定提取各种公积金后和过去累积的留存收益形成企业的可供分配收益。另外，在进行收益分配时，一般应当贯彻"无利不分"的原则，即当企业出现年度亏损时，一般不得给投资者分配利润。

3. 偿债能力限制

偿债能力是指企业按时足额偿还各种到期债务的能力，是企业确定收益分配政策时要考虑的一个基本因素。美国有些州的法律规定，禁止缺乏偿债能力的企业支付现金股利。无偿债能力包括两种含义：一是企业的负债总额超过了资产的公允价值总额，即资不抵债；二是企业不能向债权人偿还到期债务。由于企业清偿债务的能力取决于企业资产的流动性，而不是其资产的多少，所以第二种含义的无偿债能力限制给予了债权人更大程度上的保护。现金股利是企业现金的支出，而大量的现金支出必然影响公司的偿债能力。因此，公司在确定股利分配数量时，一定要考虑现金股利分配对公司偿债能力的影响，保证在现金股利分配后公司仍能保持较强的偿债能力，以维护公司的信誉和借贷能力，从而保证公司的正常资金周转。

4. 超额累积利润限制

由于股东接受现金股利缴纳的所得税税率高于其进行股票交易的资本利得税，公司通过保留利润来提高其股票价格，则可使股东避税。于是很多国家规定企业不得超额累积利润，一旦企业的留存收益超过法律许可的水平，将被加征额外税收。如美国《国内收入法》规定，如果国内税务局能够查实企业是故意压低股利支付率以帮助股东逃避缴纳个人所得税，就可对企业的累积盈余处以惩罚性的税率。目前我国法律对此尚未作出规定。

（二）公司因素

企业资金的灵活周转是企业生产经营得以正常进行的必要条件。因此，企业长期发展和短期经营活动对现金的需求，便成为对股利的最重要的限制因素。其相关因素主要有以下。

1. 资产的流动性

企业现金股利的分配应以一定资产流动性为前提。如果企业的资产流动性越好，说明其变现能力越强，股利支付能力也就越强。高速成长的盈利性企业，其资产可能缺乏流动性，因为，企业的大部分资金投资在固定资产和永久性流动资产上了，这类企业当期利润虽然多但资产变现能力差，企业的股利支付能力就会削弱。

2. 投资机会

有着良好投资机会的企业需要有强大的资金支持，因而往往少发现金股利，将大部分盈余留存下来进行再投资；缺乏良好投资机会的企业，保留大量盈余的结果必然是大量资金闲置，于是倾向于支付较高的现金股利。所以，处于成长中的企业，因一般具有较多的良好投资机会而多采取低股利政策；许多处于经营收缩期的企业，则因缺少良好的投资机会而多采取高股利政策。

3. 筹资能力

如果企业规模大、经营好、利润丰厚，其筹资能力一般很强，那么在决定股利支付数额时，有较大选择余地。但对那些规模小、新创办、风险大的企业，其筹资能力有限，这类企业应尽量减少现金股利支付，而将利润更多地留存在企业，作为内部筹资。

4. 盈利的稳定性

企业的现金股利来源于税后利润。盈利相对稳定的企业，有可能支付较高股利；而盈利不稳定的企业，一般采用低股利政策。这是因为，对于盈利不稳定的企业，低股利政策可以减少因盈利下降而造成的股利无法支付、企业形象受损、股价急剧下降的风险，还可以将更多的盈利用于再投资，以提高企业的权益资本比重，减少财务风险。

5. 资本成本

留存收益是企业内部筹资的一种重要方式，它同发行新股相比，具有筹资成本较低的优点。因此，很多企业在确定收益分配政策时，往往将企业的净收益作为首选的筹资渠道，特别是在负债资金较多、资本结构欠佳的时期。

6. 股利政策惯性

一般情况下，企业不宜经常改变其收益分配政策。企业在确定收益分配政策时，应当充分考虑股利政策调整有可能带来的负面影响。如果企业历年采取的股利政策具有一定的连续性和稳定性，那么重大的股利政策调整有可能对企业的声誉、股票价格、负债能力、信用等多个方面产生影响。另外，靠股利来生活和消费的股东不愿意投资于股利波动频繁的股票。

7. 其他因素

企业收益分配政策的确定还会受其他公司因素的影响。如上市公司所处行业也会影响到它的股利政策。一般地，朝阳行业一般处于调整成长期，甚至能以数倍于经济发展速度的水平发展，因此，就可能进行较高比例的股利支付；而夕阳产业则由于处在发展的衰退期，会随着经济的高增长而萎缩，就难以进行高比例的分红；对公用事业来说，则往往有及时、充裕的现金来源，而且可选择的投资机会有限，所以发放现金股利的可能性较大。另外，企业可能有意地多发股利使股价上升，使已发行的可转换债券尽快地实现转换，从而达到调整资本结构的目的或达到兼并、反收购的目的等。

（三）股东因素

股东在避税、规避风险、稳定收入和股权稀释等方面的意愿，也会对企业的股利政策产生影响。

1. 避税考虑

公司的股利政策会受股东对税赋因素考虑的影响。一般来讲，股利收入的税率要高于资本利得的税率，很多股东会由于对税赋因素的考虑而偏好于低股利支付水平。因此，低股利政策会使他们获得更多纳税上的好处。在我国，由于现金股利收入的税率是20%，而股票交易尚未征收资本利得税，因此，低股利支付政策，可以给股东带来更多的资本利得收入，达到避税目的。

2. 规避风险

在一部分投资者看来，股利的风险小于资本利得的风险，当期股利的支付解除了投资者心中的不确定性。因此，他们往往会要求企业支付较多的股利，从而减少股东投资风险。

3. 稳定收入

有的股东依赖公司发放的现金股利维持生活，如低收入阶层以及养老基金等机构投资者，他们往往要求公司能够支付稳定的股利，反对公司留存过多的收益。

4. 控制权

收益分配政策也会受到现有股东对控制权要求的影响。以现有股东为基础组成的董事会，在长期的经营中可能形成了一定的有效控制格局，他们往往会将股利政策作为维持其控制地位的工具。当公司为有利可图的投资机会筹集所需资金，而外部又无适当的筹资渠道可以利用时，为避免由于增发新股，可能会有新的股东加入公司中来，而打破目前已经形成的控制格局，原股东就会倾向于较低的股利支付水平，以便从内部的留存收益中取得所需资金。

5. 投资机会

股东的外部投资机会也是公司制定分配政策必须考虑的一个因素。如果公司将留存收益用于再投资的所得报酬低于股东个人单独将股利收入投资于其他投资机会所得的报酬，则股东倾向于公司不应多留留存收益，而应多发放股利给股东，因为这样做将对股东更为有利。

（四）其他因素

影响股利政策的其他因素主要包括不属于法规规范的债务合同约束以及因通货膨胀带来的企业对重置实物资产的特殊考虑等。

1. 债务合同约束

一般来说，股利支付水平越高，留存收益越少，公司的破产风险加大，就越有可能损害到债权人的利益。因此，为了保证自己的利益不受损害，债权人通常都会在公司借款合同、债券契约，以及租赁合约中加入关于借款公司股利政策的条款，以限制公司股利的发放。

这些限制条款经常包括以下几个方面：①未来的股利只能以签订合同之后的收益来发放，即不能以过去的留存收益来发放股利；②营运资金低于某一特定金额时不得发放股利；③将利润的一部分以偿债基金的形式留存下来；④已获利息倍数低于一定水平时不得发放股利。

2. 通货膨胀的影响

通货膨胀会带来货币购买力水平下降、固定资产重置资金不足，此时，企业往往不得不考虑留用一定的利润，以便弥补由于货币购买力水平下降而造成的固定资产重置资金缺口。因此，在通货膨胀时期，企业一般会采取偏紧的收益分配政策。

二、股利分配政策的基本类型

一般来说，公司股利的发放应保持连续性，以便股东据以判断其发展的趋势。在实际中，通常有四种股利分配政策可供选择。

（一）剩余股利政策

剩余股利政策是指公司生产经营所获得的盈余首先应满足公司的资金需求，如果还有剩余，则派发股利；如果没有剩余，则不派发股利。根据这一政策，公司可按如下步骤确定其股利分配额：

（1）根据公司的投资计划和加权平均的资本成本确定公司的最佳资本预算；

（2）根据公司的最佳资本预算预计公司下一年度的资金需求量；

（3）确定按照最佳资本预算，为满足资金需求所需增加的股东权益数额；

（4）将公司留存收益首先满足公司下一年度的股东权益增加需求，如果有剩余再用来发放股利。

很多公司有自己的目标资本结构，这个目标资本结构要求公司所需资金的一部分要通过举债来解决，另一部分则通过扩大股本规模。一个公司只有通过举债和扩股的优化组合来完成筹资，并尽可能地利用其留存收益，才能使其新增资本的边际成本最小。但留存收益的有限性决定了超过了一定限度之后，公司还是需要通过发行更高成本的普通股来筹资。

例 9-2 假设某公司 2023 年在提取了公积金和公益金之后的税后净利润为 1 200 万元，2024 年的投资计划需要资金 1 500 万元，公司的目标资本结构为权益资本占 60%，债务资本占 40%。那么，按照目前资本结构的要求，公司投资方案所需的权益资本额为：

$$1\,500 \times 60\% = 900 \text{（万元）}$$

公司当年全部可用于分派的盈利为 1 200 万元，除了满足上述投资方案所需的权益性资本额以外，还有剩余可以用于分派股利。2023 年可以发放的股利额为：

$$1\,200 - 900 = 300 \text{（万元）}$$

假设该公司当年流通在外的普通股为 600 万股，那么每股股利为：

$$300 \div 600 = 0.5 \text{（元/股）}$$

剩余股利政策的优点是留存收益优先保证再投资的需要，这有助于降低再投资的资本成本，实现企业发展的长期性和股东价值的最大化。但是如果完全遵照执行剩余股利政策，股利发放额就会每年随投资机会和盈利水平的波动而波动。即使在盈利水平不变的情况下，股利也将与投资机会的多寡呈反方向变动：投资机会越多，股利越少；反之，投资机会越少，股利发放越多。而在投资机会维持不变的情况下，则股利发放额将因公司每年盈利的波动而同方向波动。此外，在现实生活中存在着法律、股东偏好、通货膨胀等方面的因素对股利分配的影响，所以公司的价值或者说股票的价格也不仅仅单独取决于其投资的获利能力。

剩余股利政策的理论依据是 MM 理论。MM 理论认为，在完全理想状态下的资本市场中，上市公司的股利政策与公司普通股每股市价无关，公司派发股利的高低不会给股东的财富价值带来实质性的影响，公司决策者不必考虑公司的分红模式，公司的分红政策只需随着公司的投资、融资方案的制订而自然确定。因此，在完全资本市场情况下，股利完全取决于可接受投资项目多寡的被动剩余，投资者对于盈利的留存或发放股利毫无偏好。如果公司将盈利再投资后所能得到的报酬率超过投资者自行将盈利投资到具有类似风险的机会所能赚到的报酬率时，则大多数投资者倾向将盈利保存下来用于再投资，而不愿公司将盈利作为股利加以分配。相反，如果公司的投资项目所能获得的报酬率低于其自行投资到风险相同的其他投资机会的报酬率，则投资者更喜欢发放现金股利。

剩余股利政策不利于投资者安排收入与支出，也不利于公司树立良好的形象，一般适用于公司初创阶段。

（二）固定股利支付率政策

固定股利支付率政策是指公司将每年盈利的某一固定百分比作为股利分派给股东。固定股利支付率越高，公司留存的盈余越少。它与剩余股利政策的顺序相反，不是优先考虑公司留存以保证所需资金，而是优先考虑派发股利，之后再考虑保留盈余。股利支付率一经确定，一般不得随意变更。在这一股利政策下，只要公司的税后利润一经计算确定，所派发的股利也就相应确定了。但这样会导致各年的股利支付额随着公司经营状况的好坏而上下波动，盈利高的年份股利高，盈利低的年份股利低。

因为当前的股利收入是低风险的，而留存收益进行投资给股东带来的收益具有不确定性，并且随着时间的推移，风险还会随之增大，所以投资者更偏好于获取现在的固定股利收入。这样一来，如果其他条件一致，只是股利政策不同，那么支付股利的股票比不支付股利的股票的价格要高，股利支付率高的股票比股利支付率低的股票的价格要高。显然，固定股利支付率政策满足了投资者厌恶风险、喜欢当前收益的特性。而股利政策与股价具有相关性，满足了投资者的愿望，必然会导致公司的股价处于一个相对较高的位置，从而实现公司股价或股东价值最大化的目标。

采用固定股利支付率政策，使股利与公司盈余紧密地配合，体现了多盈多分、少盈少分、无盈不分的股利分配原则。这一政策要求公司每年按固定的比例从税后利润中支付现金股利。从企业支付能力的角度看，这是一种真正稳定的股利政策。但是，对公司来说，固定股利支付率政策还会带来如下问题。

（1）传递的信息容易成为公司的不利因素。大多数公司每年的收益很难保持稳定不变，如果公司每年收益状况不同，固定股利支付率政策将导致公司每年股利分配额的频繁变化。而股利通常被认为是公司未来前途的信号传递，那么波动的股利向市场传递的信息就是公司未来收益前景不明确、不可靠等，很容易给投资者带来经营状况不稳定、投资风险较大的不良印象。

（2）容易使公司面临较大的财务压力。因为公司实现的盈利越多，一定支付率下派发的股利就越多，但公司实现的盈利多并不代表公司有充足的现金派发股利，只能表明公司盈利状况较好而已。如果公司的现金流量状况并不好，却还要按盈利比率派发股利的话，就很容易给公司造成较大的财务压力。

（3）缺乏财务弹性。股利支付率是公司股利政策的主要内容，模式的选择、政策的制定是公司的财务手段和方法。在不同阶段，根据财务状况制定不同的股利政策，会更有效地实现公司的财务目标。但在固定股利支付率政策下，公司丧失了利用股利政策的财务方法，缺乏财务弹性。

（4）合适的固定股利支付率的确定难度大。如果固定股利支付率确定得较低，不能满足投资者对投资收益的要求；而固定股利支付率确定得较高，没有足够的现金派发股利时会给公司带来巨大财务压力；另外当公司发展需要大量资金时，也要受其制约。所以确定较优的股利支付率的难度很大。

由于公司每年面临的投资机会、筹资渠道和筹资难易程度都不同，而这些都可以影响到公司的股利分派。所以，一成不变的奉行一种按固定比率发放股利政策的公司在现实环境中并不多见，固定股利支付率政策只是比较适用于那些处于稳定发展且财务状况也较稳定的公司。

(三) 固定股利或持续增长股利政策

固定的股利政策是指公司将每年派发的股利额固定在某一特定水平上，不论公司的盈利情况和财务状况如何，都保持该股利额不变，只有在确信公司未来的盈利将足以维持增加后新股利的时候才会宣布增加每股股利。所以，固定的股利政策以确定的现金股利分配额作为利润分配的首要目标优先予以考虑，一般不随资金需求的波动而波动。

近年来，为了避免通货膨胀对股东收益的影响，最终达到吸引投资的目的，很多公司开始实行持续增长的股利政策。即为了避免股利的实际波动，公司在支付某一固定股利的基础上，还制定了一个目标股利增长率，依据公司的盈利水平按目标股利增长率逐步提高公司的股利支付水平。

对公司来说，采用固定股利或持续增长股利政策的主要目的是避免出现由于经营不善而削减股利的情况。采用这种股利政策的理由如下：

(1) 稳定的股利向市场传递着公司正常发展的信息，有利于树立公司的良好形象，增强投资者对公司的信心，稳定股票的价格。

(2) 稳定的股利额有利于投资者安排股利收入和支出，特别是对那些对股利有着很高依赖性的股东更是如此。而股利忽高忽低的股票，则不会受这些股东的欢迎，股票价格会因此而下降。

(3) 稳定的股利政策可能会不符合剩余股利理论，但考虑到股票市场会受到多种因素的影响，其中包括股东的心理状态和其他要求，因此为了使股利维持在稳定的水平上，即使推迟某些投资方案或者暂时偏离目标资本结构，也可能比降低股利或降低股利增长率更为有利。

但是，由于这种持续增长股利政策下的股利分配只升不降，股利支付与公司盈利相脱离，即不论公司盈利多少，均要按固定的乃至持续增长的比率派发股利。在公司漫长的发展历程中，难免会出现经营状况不好或短暂的困难时期。如果这时仍执行这种股利政策，那么派发的股利的金额大于公司实现的盈利，必将侵蚀公司的留存收益，影响公司的后续发展，甚至侵蚀公司现有的资本，最终影响公司正常的生产经营活动。所以，如果长期采用这种持续增长的股利政策，难免会给公司的财务运作带来很大压力。

因此，采用持续增长的股利政策，要求公司对未来的盈利和支付能力能做出较准确的判断。一般来说，公司确定的固定股利额不应太高，要留有余地，以免公司陷入无力支付的被动局面。这种股利政策适用于盈利稳定或处于成长期的企业。

(四) 正常股利加额外股利政策

采用这种股利政策，公司首先必须将每年支付的股利固定在一个较低的水平，这个较低水平的股利称为正常股利。然后，公司只有在经营比较好，有较多盈余的年份，才按实际情况向股东发放额外的股利。采用正常股利加额外股利政策的理由如下：

(1) 这种股利政策使公司在股利支付方面有充足的弹性。一方面，当公司盈利不佳或需要较多的资金追加投资时，可维持设定的较低但正常的股利，这样能减少公司的财务负担；另一方面也不会产生股东对股利的跌落感。而当公司盈余有较大幅度增加时，则可适度增发额外股利，把经济繁荣的部分利益分配给股东，增强他们对公司的信心，使公司的股票市价保持在一个较高的水平上。

（2）这种股利政策可使那些依靠股利度日的股东每年至少可以得到虽然较低但却稳定的股利收入，从而吸引住这部分股东，也可使公司的股价不会出现大跌。

这种股利政策也存在一定的不足之处，主要表现在以下几点：

（1）按照这种股利政策，公司在盈利较少或无盈利时，仍需支付正常的股利。尽管所付的正常股利数额可能不大，但毕竟股利的支付会导致增加公司资金的流出，这对于本来资金就很紧张的公司来说，就好比“雪上加霜”，无疑会产生一些不利的影响。

（2）如果公司经营状态良好，盈利较多，并持续地支付额外股利，这又很容易提高股东对股利的期望值，从而将额外股利视为“正常”股利。一旦公司盈利下降而减少额外股利时，便会招致股东极大的不满。

因此，公司采用这一政策应较为谨慎，一般认为，只有那些未来各年盈余变化较大且现金流量较难把握的公司，采用这种股利政策才有可能是最佳的选择。

以上各种股利政策各有所长，公司在分配股利时应根据实际情况借鉴其基本决策思想，制定一套比较合适公司情况的股利政策。

第四节　股票股利和股票分割

股票股利与股票分割的经济意义几乎完全一样，都是给公司现有股东增发额外的股票，唯一区别是它们在会计上的处理方式不同。为此，纽约股票交易所规定，当派发的股票数量不超过现在外部股份数量的25%时，称为股票股利，超过25%则称为股票分割。

一、股票股利

（一）股票股利的概念及特点

股票股利是指公司以发放的股票作为股利的支付方式。相对于其他股利支付方式，股票股利具有以下特点：

（1）股票股利的发放只改变所有者权益各项目的结构，而不影响所有者权益总额。

例9-3　A公司在发放股票股利前的股东权益情况见表9-1。

表9-1　A公司股票股利发放前的股东权益情况

单位：元

项　目	金　额
普通股（每股面值1元，1 000 000股）	1 000 000
资本公积	1 000 000
留存收益	3 000 000
股东权益合计	5 000 000

假定该公司宣布发放10%，即100 000股的股票股利，股票当前市价为每股10元，则股票股利发放后的所有者权益情况见表9-2。

表 9-2　　A 公司股票股利发放后的股东权益情况　　单位：元

项　　目	金　　额
普通股（每股面值 1 元，1 100 000 股）	1 100 000
资本公积	1 900 000
留存收益	2 000 000
股东权益合计	5 000 000

由表 9-2 可知，公司发放股票股利的实质是股东权益各项目数额的重新分配，即将股票股利按股票市值从留存收益账户转移到普通股股本和资本公积账户中，实际上也就是将股票股利按市场价值予以资本化。

（2）从理论上讲，当企业的盈余总额以及股东的持股比例不变时，每位股东所持股票的市场总值保持不变。

例 9-4　在例 9-3 中，假定 A 公司当年盈余为 880 000 元，某股东持有 50 000 股普通股，则发放股票股利对该股东的影响见表 9-3。

表 9-3　　A 公司发放股票股利对股东的影响　　单位：元

项　　目	发放股票股利前	发放股票股利后
每股收益（EPS）	880 000 ÷ 1 000 000 = 0. 88	880 000 ÷ 1 100 000 = 0. 8
每股市价	10	10 ÷ （1 + 10%） = 9. 09
持股比例	50 000 ÷ 1 000 000 × 100% = 5%	55 000 ÷ 1 100 000 × 100% = 5%
所持股票总市值	50 000 × 10 = 500 000	55 000 × 9. 09 = 500 000

由表 9-3 可知，在公司盈余总额及股东持股比例一定的情况下，发放股票股利会导致每股盈余（EPS）和每股市价下跌，但企业的股票总市值以及每位股东所持股票市值保持不变。

（二）对股票股利的评价

从公司分配的现实情况看，不仅现金股利与股票股利并存，而且相当多的公司和股东更青睐于股票股利政策或股票股利政策与现金股利政策的联合使用。之所以这样，原因在于股票股利无论是对股东还是对公司均有诸多相对有利的方面。

1. 股票股利对股东的意义

（1）可以使股东获得股票价格相对上涨的收益。尽管从理论上分析，公司分发股票股利会导致股价等比例下跌。但事实上由于分发股票股利通常意味着公司有良好的获利潜力和发展前景，因而其股价下跌的幅度相对有限，即股价下跌比例通常低于分发股票股利的比例。特别是在公司分发少量股票股利（如 2% ~ 3%）的情况下，股价变动无论在数额上，还是在时间上均不会十分明显，这样，对股东来说就无疑能够享受价格相对上涨所带来的收益。例如，某投资者持有 A 公司股票 1 000 股，目前市价每股 10 元，公司按 10% 的比例分发股票股利，分发股票股利后股票市价下跌5%，即每股9.5元，则该投资者所持股票每股价格相对上涨了0.45元（1 100×9.5÷1 000－10），因价格相对上涨所带来的收益为450元（0.45×1 000）。

（2）可以使股东获得节税收益。在公司分发股票股利的情况下，若股东需要现金，则可将其分得的股票股利出售。由于一些国家税法规定，对出售股票所获得的资本利得征收所得税的税率低于现金股利收益的税率，这样股东通过出售股票取得现金流入相对于现金股利收益而言，能够节约所得税支付。

2. 股票股利对公司的意义

（1）有利于公司保留现金。股票股利作为一种分配方式，一方面具有与现金股利类似的市场效应，如向市场传递着公司发展良好的信息，从而稳定或提升股票价格；另一方面又能使企业保留现金用于再投资所需，从而有利于长期发展。

（2）有利于增强公司股票的流动性。发放股票股利能够在一定程度上降低股票价格，从而有利于吸引更多的中小投资者，活跃公司股票的市场交易，增强股票的流动性和可变现性。

3. 股票股利的缺陷

分配股票股利有许多相对优势，但也有着不可忽视的缺陷。

（1）由于发放股票股利的手续和程序相对复杂，因而其费用负担也相对较大。

（2）发放股票股利尽管能够减少公司当前的现金支付，但可能加重公司以后的经营压力和财务负担。因为随着股票股利的发放，公司的股本总额不断扩大，在这种情况下，公司的收益水平若没有相对提高，将会导致每股盈余下降，这无疑会损害公司的市场形象，引发股价下跌。另外，随着股本规模的扩大，当公司在某一时间需要分配现金股利时，其现金支付压力将会随之加大，甚至可能导致公司陷入财务困境。

二、股票分割

股票分割是指将高面额股票拆换为低面额股票的行为，例如，将1股面值为2元的股票拆换为2股面值为1元的股票。股票分割与股票股利的经济意义基本相同，不同之处主要在于会计处理方法：股票股利需通过账务系统调减留存收益和调增股本与资本公积，股票分割则只需在报告系统中增加股份数量。由于会计处理方法不同，其对资产负债表的影响也就不同。股票股利没有改变所有者权益总额，但权益内部各项目的结构将会发生变化，股票分割则是既不改变权益总额，也不改变权益结构。

公司进行股票分割的意义在于：①通过股票分割，可以降低股票的每股价格，从而吸引更多的中小投资者，活跃公司股票的市场交易，增强公司股票的流动性；②由于股票分割也常见于成长中的公司，因此，公司进行股票分割往往被视为一种利好消息而影响其股票价格，这样，公司股东就能从股份数量和股票价格的双重变动中获得相对收益。

最后尚需强调，无论是股票股利还是股票分割，其对公司和股东的利益效应都是建立在企业持续发展的基础之上的。如果发放股票股利或进行股票分割后并没有伴随着利润和现金股利的相应增长，那么，不仅因此产生的股价上涨是短暂的，甚至可能会给公司带来无尽的后患。

第五节　股票回购

如果公司希望分派现金给股东，它们通常发放现金股利。另一种代替方案是股票回购，即公司重新购回已外发的普通股。例如，数年前，IBM 公司宣布：通过招标收购（a tender offer）购回 400 万股普通股。当时，IBM 公司资产负债上的现金和有价证券余额超过了 60 亿美元。这一招标收购使 IBM 公司以每股 280 美元的价格购回了其 2 546 000 份股票，累计金额达近7.13亿美元。

一、股票回购与股利

在完善资本市场环境中，股东不关心是通过发行新股来支付股利还是将盈余保留。同样，股东认为支付股利和回购外发普通股没有任何差别。在完善资本市场环境下，两种行为都不会影响股东财富。例 9-5 证实了这种观点。

例 9-5　假如国际纸业公司（international paper，IP）已确定有5 000万美元现金可供分配股利。IP 公司外发普通股股数为 1 000 万，其预期每股收益为 2.50 美元。当前每股市价为 25 美元，如果公司的市盈率（price-earnings ratio，即市价与每股收益比率）为 10（25/2.50）。一方面，IP 公司可支付每股 5 美元的现金股利，这意味着扣除股利后的每股价值为 20 美元，此时市盈率将降至 8（20/2.50）；另一方面，IP 公司还可用 5 000 万美元购回 200 万股（5 000 万/25）。在回购股票后，每股价值为：

$$\frac{10\ 000\ 000 \times 25 - 50\ 000\ 000}{10\ 000\ 000 - 2\ 000\ 000} = 25\text{（美元）}$$

这样，只要 IP 公司以现行市价 25 美元回购股票，不出售股票的股东与出售股票的股东的财富是一样的，都是每股 25 美元，唯一差别是前者财富表现为股票，而后者财富表现为现金。同理，如果 IP 公司支付股利 5 美元，那么每个股东仍然同样享有每股 25 美元的相同财富。此时，每个股东的财富表现形式亦相同，均为每股 5 美元的现金加上每股价值为 20 美元的股票。

如果 IP 公司回购股票价格高于市场价格，则财富会从不出售股票的股东转移至出售股票的股东。

让我们继续讨论 IP 公司的例子。假定 IP 公司决定花 5 000 万美元以每股 30 美元的价格从它的一个股东手中回购股票，则公司能够买回 $1\ 666\ 666.\dot{6}$ 股普通股（5 000 万/30）。在回购股票后，每股价值为：

$$\frac{10\ 000\ 000 \times 25 - 50\ 000\ 000}{10\ 000\ 000 - 1\ 666\ 666.\dot{6}} = 24\text{（美元）}$$

这使财富向出售股票的股东转移了 $8\ 333\ 333.\dot{3}$ 美元［（30－25）×$1\ 666\ 666.\dot{6}$］，同时，从剩余股东手中转出了等额 $8\ 333\ 333.\dot{3}$ 美元［（25－24）×$833\ 333\ 333.\dot{3}$］。

二、对每股收益的影响

对于通过每股收益来判断股利政策对股东财富的影响的人，股票回购可能会令他们产生误解。例9-5中，在分配了5 000万美元现金后，无论这笔现金具体是用于发放股利还是用于股票回购，股票的市盈率均为8。这是由于，根据风险报酬权衡原则，两种分配方法中所投入的权益金额是一样的。无论是公司的资本结构还是其资本预算政策都不会受现金具体分配方法的影响。股票回购导致预计每股盈余为：

$$\frac{2.50 \times 10\,000\,000}{8\,000\,000} = 3.125\ (\text{美元})$$

然而，虽然采用股票回购方式产生的每股收益较高，其每股市价仍为25美元（3.125×8）。预计每股收益的增加刚好被市盈率的下降（10降至8）所抵消。一部分人以为股票回购会提高每股收益，这种对股票回购影响的错误认识是由于他们误认为股票回购不会改变市盈率。实际上，如果两个方案的市盈率保持不变，那么他们的风险报酬关系就会发生改变，从而背离了“资本市场效率原则”和“风险报酬权衡”原则。

在例9-5中，股票回购不会影响股东财富。这一结论是以完善资本市场环境假设为基础的。但不对称税负可以改变这一结论。由于资本利得的实际税率较低（在我国暂未对个人投资者征此税），应税个人股东通常宁可公司回购股票，而不愿公司支付现金股利。另外，对支付给集团股东的股利所征的税率要低于资本利得。因此，应税集团股东通常宁可获取现金股利而不愿享受资本利得。因此，采用股票回购还是直接发放股利，其综合的纳税净效益（损失）取决于股东的组合。

三、公司回购股票的原因

公司回购股票的动机多种多样，当某公司宣布回购股票时，通常会给出一定理由。在分析这些理由时，应记住很可能存在潜在的代理问题。公司可能不想公开他们有多余现金（这暗示他们没有好的投资机会）或者他们没有恰当地使用现金。因此，公司给出的理由可能掩盖了事实真相。

公司回购股票的常见理由是该公司的股票价值被低估，因此存在着会产生正的净现值流入的投资机会；另一可能理由是清除小股东。对持有股票较少的股东所开设的账户的服务成本（我国目前不存在此类成本），与持有股数较多的股东所开账户的服务成本是相等的，因此相比之下，对小股东账户按每只股票计算的服务成本会较高。

股票回购的其他原因还有：为了提高杠杆比例；为了提高报告的每股盈余；为了巩固内部人的控制地位（内部人指管理者和少数股东）等。若为后两种原因，则并不意味着股东财富会达到最大化。因此在分析股票回购原因时，还应考虑代理问题。

与其他公司相比，回购股票的公司通常杠杆比例较低、盈利较少、成长较慢，因而通常对股票回购公司的看法是：这些公司缺乏能获得正的净现值的投资机会。但是，股票市场对宣布股票回购的反应则取决于公司决定如何实施股票回购。

股票回购最常用的两种方法是公开市场购买规划和直接分开招标收购。公开市场购买规划是指公司在市场交易中与其他潜在投资者竞争，以现行市场价格购回公司股票的一个系统规划。直接分开招标收购是指以高于股票现行市价的价格一次性报价买回事先规定数目的股票。

通常，股票市场对直接公开招标收购的反应比公开市场购买规划的反应更为积极。然而，这不等于公司就应该选择招标收购，因为直接公开招标收购通常成本较高。

练　习　题

一、单项选择题

1. 下列不属于股利政策理论中的股利重要理论的是（　　）。

A. “在手之鸟”理论　　B. 信号传递理论

C. 代理理论　　D. 税收效应理论

2. 容易造成公司股利支付与公司盈利相脱离的股利分配政策是（　　）。

A. 剩余股利政策　　B. 固定股利政策

C. 固定股利支付率政策　　D. 低正常股利加额外股利政策

3. 采用固定股利支付率政策的原因主要是（　　）。

A. 降低企业加权平均资本成本　　B. 使公司利润分配有较大灵活性

C. 使利润分配与企业盈余紧密结合　　D. 出于避税考虑

4. 领取股利的权利与股票相分离的日期是（　　）。

A. 股利宣告日　　B. 股权登记日

C. 除息日　　D. 股利支付日

5. 处于成长期且信誉一般的公司一般采取（　　）政策。

A. 剩余股利　　B. 固定股利

C. 固定股利支付率　　D. 低正常股利加额外股利

6. 认为用留存收益再投资带给投资者的收益具有很大的不确定性，并且投资风险随着时间的推移将进一步增大的股利理论是（　　）。

A. 代理理论　　B. 信号传递理论

C. “在手之鸟”理论　　D. 税收效应理论

7. 公司以股票形式发放股利，可能带来的结果是（　　）。

A. 引起公司资产减少　　B. 引起公司负债减少

C. 引起股东权益内部结构的变化　　D. 引起股东权益与负债同时变化

8. 上市公司按照剩余股利政策发放股利的好处是（　　）。

A. 有利于公司合理安排资金结构　　B. 有利于投资者安排收入与支出

C. 有利于公司稳定股票的市场价格　　D. 有利于公司树立良好的形象

9. 在下列各项中，能够增加普通股股票发行在外的股数，但不改变公司资本结构的行为是（　　）。

A. 支付现金股利　　B. 增发普通股

C. 股票分割　　D. 股票回购

10. 容易造成股利支付额与本期净利相脱节的股利分配政策是（　　）。

A. 固定股利政策　　B. 剩余股利政策

C. 固定股利支付率政策　　D. 低正常股利加额外股利政策

二、多项选择题

1. 若上市公司采用了合理的收益分配政策，则可获得的效果有（　　）。

A. 能为企业筹资创造良好条件　　B. 能处理好与投资者的关系

C. 能改善企业经营管理　　D. 能增强投资者的信心

2. 公司在制定利润分配政策时应考虑的因素有（　　）。

A. 通货膨胀因素　　B. 股东因素

C. 法律因素　　D. 公司因素

3. 股利决策涉及的内容很多，包括（　　）。

A. 股利支付程序中各日期的确定　　B. 股利支付比率的确定

C. 股利支付方式的确定　　D. 支付现金股利所需现金的筹集

4. 公司实施剩余股利政策，意味着（　　）。

A. 公司接受了股利无关理论

B. 公司可以保持理想的资本结构

C. 公司统筹考虑了资本预算、资本结构与鼓励政策等财务基本问题

D. 兼顾了各类股东，债权人的利益

5. 以下关于剩余股利分配政策的表述中，错误的有（　　）。

A. 采用剩余股利政策的根本理由是为了使加权平均资本成本最低

B. 采用剩余股利政策时，公司的资产负债率要保持不变

C. 采用剩余股利政策时，要考虑公司的现金是否充足

D. 采用剩余股利政策时，公司不能动用以前年度的未分配利润

6. 下列关于股利理论的说法正确的有（　　）。

A. 税收差异理论认为，股东乐于选择低股利支付率

B. 客户效应理论认为，较高的现金股利满足不了高边际税率阶层的需要

C. “在手之鸟”理论认为，投资者更偏向于选择股利支付比率较高公司的股票

D. 信号理论认为，增加现金股利的支付会导致股票价格的上升

7. 下列关于股票回购的说法正确的有（　　）。

A. 股票回购对股东利益具有不稳定的影响

B. 股票回购可以避免公司落入被他人控制的局面

C. 股票回购可以改变公司的资本结构，增加负债比例，发挥财务杠杆作用

D. 有时候，以股票回购的方式将多余现金分给股东，可以避免股利出现大的波动

8. 下列股利政策相对而言，会造成股利波动较大，容易让投资者感觉公司不稳定的股利分配政策有（　　）。

A. 固定股利支付率政策　　B. 稳定增长的股利政策

C. 剩余股利政策　　D. 低正常股利加额外股利政策

9. 股利支付形式主要包括（　　）。

A. 现金股利　　B. 财产股利

C. 负债股利　　D. 股票股利

10. 下列各项中，属于发放股票股利导致的结果有（　　）。

A. 股东权益内部结构发生变化　　B. 股东权益总额发生变化
C. 每股收益下降　　D. 股份总额发生变化
11. 下列关于发放股票股利的表述中，正确的有（　　）。
A. 不会导致公司现金流出　　B. 会增加公司流通在外的股票数量
C. 会改变公司股东权益的内部结构　　D. 会对公司股东人数产生影响
12. 下列关于发放现金股利的表述中，正确的有（　　）。
A. 公司流动性下降　　B. 增加公司流通在外的股票数量
C. 改变公司股东权益的内部结构　　D. 公司股东权益总额减少

三、判断题

1. 根据“在手之鸟”理论，公司向股东分配的股利越多，公司的市场价值越大。（　　）

2. 信号传递理论认为，公司股利的发放传递着有关企业未来盈利的信息内容，影响了股票价格。（　　）

3. 在通货膨胀时期，企业一般采取较为宽松的利润分配政策。（　　）

4. 固定股利支付率政策只能适用于稳定发展的公司和公司财务状况较稳定的阶段。（　　）

5. 上市公司发放现金股利主要出于三个原因：投资者偏好、减少代理成本和传递公司的未来信息。（　　）

6. 只要公司有足够的现金，就可以采用现金股利形式发放股利。（　　）

7. 采用固定股利比例政策分配利润时，股利不受经营状况的影响，有利于公司股票价格的稳定。（　　）

8. 在除息日之前，股利权从属于股票；从除息日开始，新购入股票的人不能分享本次已宣告发放的股利。（　　）

9. 发放股票股利会因普通股股数的增加而引起每股利润的下降，进而引起每股市价下跌，但每个股东所持股票的市场价值总额不会因此减少。（　　）

10. 与发放现金股利相比，股票回购可以提高每股收益，使股价上升或将股价维持在一个合理的水平上。（　　）

11. 在其他条件不变的情况下，股票分割会使发行在外的股票总数增加，进而降低公司资产负债率。（　　）

12. 股票分割不仅有利于促进股票流通和交易，而且有助于公司并购政策的实施。（　　）

四、解答题

1. 怎样理解股利分配与企业价值的相关性？
2. 股利分配应考虑的主要因素有哪些？
3. 比较各种股利政策的优缺点。
4. 股票股利相对于现金股利有何优点和缺陷？
5. 某公司年终利润分配前的有关资料见表 9－4。

表 9-4　　某公司年终利润分配前的有关财务情况

项　目	金　额
上年未分配利润（万元）	1 000
本年度税后利润（万元）	2 000
股本（500 万股，每股 1 元）（万元）	500
资本公积（万元）	100
盈余公积（含公益金）（万元）	400
所有者权益合计（万元）	4 000
每股市价（元）	40

该公司决定：本年按规定比例 15% 提取盈余公积（含公益金），发放股票股利 10%（即股东每持 10 股可得 1 股），并且按发放股票股利后的股数派发现金股利，每股 0.1 元。

要求：

假设股票每股市价与每股账面价值成正比例关系，计算利润分配后的未分配利润、盈余公积、资本公积、流通股数和预计每股市价。

阅读材料

第十章　企业并购与重组

学习目标

通过本章学习，了解并购的类型、并购协同效应与价值来源，掌握不同并购对价方式对并购双方股东的影响；熟悉企业重组的方式。

对很多企业来说，成长性是其生存和发展的最基本条件。企业的成长性可以来自内部也可以来自外部。之前我们关注的只是企业的内部成长，即企业通过留存收益和外部融资来为增加资产筹资，而外部成长则主要涉及并购与重组。企业并购以及其他形式的企业重组，其核心目的都是为了增加企业的价值。

第一节　企业并购

企业并购是一种常见的经济活动，已成为企业扩张的一种重要方式。由于其扩张的速度远远超过通过企业内部成长扩张的速度，所以企业并购活动日益活跃。以美国为例，从19世纪末至今，美国先后发生了五次较大的企业并购浪潮。20世纪90年代以后全球企业并购规模更加庞大，2015年全球企业并购异常活跃。根据美国金融数据公司迪罗基（Dealogic）统计，2015年全球并购交易总额达到4.9万亿美元，不仅较2014年猛增37%，而且超过了2007年的4.6万亿美元收购纪录，创下全球企业并购新的年度纪录。

一、企业并购的概念

一般来说，并购的概念有广义和狭义之分。狭义的并购是指我国《公司法》所规定的企业合并，包括吸收合并（merger）和新设合并（consolidation）。狭义的并购是并购活动的双方或一方消失，实现资本集中，并形成一个新的经济实体。广义的并购除了包括狭义的并购外，还包括收购（acquisition）或接管（takeover），是为了对目标企业进行控制或者施加重大影响而收购部分股权或资产的活动，这种收购不以取得目标企业的全部股权或资产为目的，主要是通过收购实现对目标企业的控制或重大影响。收购或接管虽然也是企业扩张的重要形式，但是被收购或接管的企业仍然存续，并没有消失，也不需要成立新的经济实体。本书采用的是广义的并购概念，既包括吸收合并和新设合并，也包括收购和接管。

（一）吸收合并

吸收合并，也称兼并，是指由一家企业吸收另一家或多家企业加入本企业。如顺丰控股吸收合并鼎泰新材借壳上市。吸收方存续，被吸收合并的目标企业不再作为一个独立经营实体而存在，并取消原法人资格。存续企业承接被吸收合并企业的所有资产和负债。合并以后，存续公司应到工商行政管理部门办理变更登记手续，继续享有法人资格，被吸收合并的目标公司应到工商行政管理部门办理注销登记手续。

（二）新设合并

新设合并是指两家或多家公司合并成一家新的公司，原合并各方解散，取消原法人资格的合并方式。如中国中车系中国南车和中国北车新设合并而成。合并后新设立的公司应当承接合并各方的全部资产和负债。新设合并之后，原合并各方都应当到工商行政管理部门办理注销登记手续，新设立的公司应到工商行政管理部门办理设立登记手续。

（三）收购

收购是指一家公司为了对另一家公司进行控制或实施重大影响，用现金、非现金资产或股权购买另一家公司的股权或资产的并购活动。如联想收购IBM、吉利收购沃尔沃。实施收购之后，被收购公司的法人地位不消失，依然存续和经营。收购可以是在证券市场上公开进行要约收购，也可以通过私下协议收购。要约收购就是由一家公司直接向目标公司的股东发出购买其股票的公开要约。在证券市场上公开要约收购的成本会比较高。通常收购方称为并购公司、收购公司或标购公司，被收购方称为被收购公司、目标公司或标的公司。

（四）接管

接管是一个比较笼统的概念，通常指一家公司的控制权变更。这种变更可能是由于股权的改变如收购而发生的，也可能是由于托管或委托投票权的变化而发生的，因此，接管概念的外延要比收购大。接管方通常称为投标者，投标者发出要约，用现金或证券换取另一家公司的股票或资产。如果该要约被接受，目标公司将放弃对其股权或资产的控制权，将控制权转移给投标者以换取相应的报酬（如投标者的股票、债权或现金等）。

二、企业并购的类型

企业并购按照不同的分类标准可以划分为不同的类型。

（一）按照并购双方所处的行业分类

按照并购双方所处的行业分类不同，可以分为横向并购、纵向并购和混合并购三种。

1. 横向并购

横向并购是指两个或两个以上同行业公司之间的并购。例如，美国波音公司和麦道公司之间的合并以及中国南车和中国北车之间的合并。横向并购的双方公司生产同类产品或者经营同类业务，在并购之前双方是竞争对手，通过横向并购可以消除竞争、扩大市场份额。在横向并购活动中，通常是优势公司兼并劣势公司，从而形成规模经营，增强公司的市场竞争能力。但有时为了避免恶性竞争，也可能是两家实力相当的公司之间实现并购，从而实现资源的更合理配置。由于横向并购是竞争对手之间的并购，可能形成垄断，因此，许多国家法律会对可能形成高度垄断的横向并购活动进行限制。

2. 纵向并购

纵向并购是指公司与其供应商或客户之间的并购。纵向并购通常是优势公司兼并与本公司生产经营紧密相关的上下游公司。例如，发电公司与煤炭公司之间的并购。纵向并购双方是处于同一产业链的上下游公司，它们双方之间的经营业务具有互补性，通过纵向并购可以实现纵向产业一体化，有利于相互协作，加强生产经营过程各个环节的配合，缩短生产经营周期，节约费用。由于纵向并购公司之间原来是合作关系，不是竞争对手，双方都熟悉彼此的生产经营状况，因此，并购之后容易整合，这有利于提高公司整体经营效率。

3. 混合并购

混合并购是指与本公司生产经营活动无直接关系的公司之间的并购。混合并购双方既不是同行业竞争对手，也不是同一产业链上的供应商或客户，它们原来在经营活动上没有任何关系。例如，一家制药公司并购一家房地产开发公司。混合并购的目的是扩大生产经营范围，减少长期经营一个行业所带来的特定行业风险。公司通过混合并购可以进入一个新的行业，实现多元化经营，从而分散投资风险。

（二）按照并购的出资购买方式分类

按照并购的出资购买方式不同，可以分为出资购买资产式并购、出资购买股票式并购、以股票换取资产式并购和以股票换取股票式并购四种类型。

1. 出资购买资产式并购

这种并购是指收购公司使用现金购买被收购公司的全部资产，一般属于吸收合并，收购公司将被收购公司的全部资产购买之后，被收购公司就成为收购公司的一部分，被收购公司并入收购公司后其原有的法人资格被取消，对于产权关系、债权债务关系比较清晰的公司，采用这种并购方式能够做到等价交换、交割清楚、不遗留纠纷。一般来说，这种并购方式比较适合非上市公司。

2. 出资购买股票式并购

这种并购是指收购公司通过出资购买被收购公司股票，要求被收购公司必须是上市公司。收购公司出资购买被收购公司的股票既可以通过场外市场进行，也可以通过场内市场进行。但这种方式要受到有关证券法规信息披露的制约，通常当收购的股票数量达到一定的比例时需要进行公告或者公开要约收购。因此，通过出资购买股票方式进行并购，往往会使股价直升，致使收购成本激增。如根据我国《证券法》的规定，收购方在证券市场上买入一家上市公司已发行的股份达到5%时，应当在该事实发生之日起3日内向国务院证券监督管理机构、证券交易所作出书面报告，通知该上市公司，并予以公告；当买入的股份达到30%时，继续进行收购的，应当依法向该上市公司所有股东发出收购该上市公司全部或者部分股份的要约。

3. 以股票换取资产式并购

这种并购是指收购公司向被收购公司发行本公司的股票来交换被并购公司资产，必须由并购双方签订协议，收购公司同意承担被收购方的债务责任，被收购方同意解散公司，并将持有的收购公司股票分配给其原有股东。

4. 以股票换取股票式并购

这种并购是指收购公司直接向被收购公司的股东发行本公司股票，以交换其所持有的被收购公司股票。一般来说，交换股票的数量至少要达到能够控制被并购公司的持股比例才能达到并购的目的。通过这样的股票交换被并购公司原股东成为并购公司的股东，而并购公司成为被并购公司的股东，从而实现对被并购公司的控制或实施重大影响。采用这种并购方式进行并购后，被收购公司或者成为收购公司的子公司继续其经营活动，或者通过解散清算而将资产全部并入收购公司。

（三）按照并购意愿分类

按照并购意愿不同，可以分为善意并购和非善意并购。

1. 善意并购

善意并购是指收购公司与被收购公司双方通过友好协商达成并购协议而实现的并购。这种并购一般是收购方确定目标公司之后，直接与目标公司的管理层接洽，协商并购事宜，也可能是被并购公司出于某种原因主动提出转让经营控制权而向收购公司提出并购请求。无论是何种原因发生的并购，由于这种并购是建立在双方自愿、协商的基础上实现的，因而属于善意并购，也称友好并购。并购双方经协商达成并购协议之后，必须提交股东大会表决通过才能生效。

2. 非善意并购

非善意并购也称敌意并购，是指并购公司不是直接向目标公司提出并购要求，而是在资本市场上通过大量收购目标公司股票的方式实现并购。非善意并购不是建立在并购双方友好协商的基础上，而是强行并购，因此，极有可能遭到被并购公司的抵制。

（四）按照并购是否利用杠杆分类

按照是否利用杠杆分类，可以分为杠杆并购和非杠杆并购。

1. 杠杆并购

杠杆并购是指并购公司仅出少量的自有资本，而主要以被并购公司的资产和将来的收益作抵押筹集大量的资本用于并购的一种并购活动。由于这种并购是一种高度负债的并购方式，因此称为杠杆并购，通常杠杆并购的筹资额会占收购总价的70%以上。20 世纪 80 年代美国开始盛行杠杆并购，到 80 年代中期以后杠杆并购市场快速增长，并购规模迅速上升。

2. 非杠杆并购

非杠杆并购是指收购公司主要利用自有资本对目标公司进行收购的并购活动。早期的公司并购活动大多属于非杠杆并购。非杠杆并购并非绝对不进行借贷筹资，只是借贷数额较小，大部分并购资本都是并购公司的自有资本。

三、企业并购的程序

企业并购既是一种经济行为，也是一种法律行为，必须遵循一定的法律程序，通常公司并购的程序一般如下。

1. 并购双方提出并购意向

公司并购前通常由并购的一方或双方提出并购意向，并购意向也可以由公司的大股东提出。并购意向经双方确认之后，双方应互换有关资料，就并购的有关事宜进行谈判。如果是吸收合并，双方应明确吸收方向被吸收方支付多少费用或者转让多少股份；如果是新设合并，双方要协商各自的资产以何种方法估价投入新设的公司、被并购公司的股东在新设公司中占有多少股份。公司在进行并购谈判时，还应对原有的债务清偿办法作出明确规定。

2. 签订并购协议

签订并购协议主要适用于善意并购。并购各方就并购的有关具体事宜进行谈判并达成一致意见之后，就可以由并购各方的法人代表或其代理人签订并购协议。公司并购协议一般应包括以下几项内容：①合并前各公司名称与住所、合并后公司的名称与住所；②存续公司或新设公司因合并发行股份的数量和种类；③如果是以换股的方式合并，应明确合并时的换股比率；④如果以支付现金的方式进行合并，应明确合并支付的金额；⑤合并前合并各方的资本处理方法；⑥合并前合并各方的现有债权、债务及其处理方法；⑦存续公司的公司章程是否变更，或者新设公司的章程如何订立；⑧合并的日期；⑨合并各方认为应载明的其他事项。

3. 股东大会通过并购决议

并购协议必须经股东大会通过，形成合并决议之后才能生效。根据我国《公司法》的规定，股东大会对公司合并作出决议，必须经出席会议的2/3以上所持表决权的股东通过才具有法律效力。

4. 通告债权人

公司并购协议经过股东大会决议通过之后，即具备法律效力。并购各方应当在法定期限内通知债权人，债权人可以自接到通知后在法定期限内提出合并异议，如果超过法定期限，债权人未提出异议，即可视为承认公司的合并。根据我国《公司法》的规定，公司应当自作出合并决议之日起10日内通知债权人，并于30日内在报纸上公告。债权人自接到通知书之日起30日内，未接到通知书的自公告之日起45日内，有权要求公司清偿债务或者提供相应的担保。

5. 办理合并登记手续

公司并购完成以后，被合并的公司消亡，取消法人资格，应当到工商行政管理部门办理注销企业法人资格的手续，吊销营业执照。存续的公司或新设的公司应当在法定期限内持有关文件到工商行政管理部门办理登记手续，并进行公告。合并的公司在向工商行政管理部门申请登记时，必须提供以下文件：①合并申请书；②政府授权部门的批准文件；③合并各方股东大会同意合并的决议；④合并合同；⑤存续公司或新设公司的章程；⑥经注册会计师验证的合并前后各方的资产负债表、利润表及注册会计师的查账报告等；⑦应当提交的其他文件。

四、企业并购的动因

企业进行并购的原因有很多，但所有情况的基本目的都是为了给股东增加价值，这也是财务管理的目标。两家公司合并通常能够产生运营经济并节省重复的设备，市场营销、会计、原材料采购和其他运营活动都可以合并在一起。为避免在某个地域内的人员冗余，可以降低销售人力配置。在某些行业兼并（merger）中，一家公司的产品可能是另一家公司现有生产线的必需品，从而可以充实该生产线，增加兼并公司的产品需求量，这种实现规模经济的方式即所谓的协同效应，并购后的公司价值大于原来各公司价值之和，即1+1>2。协同效应主要来源于销量的增加和成本下降以及税负节约。

（一）销量增加

公司兼并的一个主要动因是扩大产品销量，通过提高市场份额，公司的产品销量将持续增加，并在市场上占据主导地位，除此之外还能产生其他市场营销或战略上的收益，其原因可能是兼并可促进产品技术更新，或者弥补生产线缺陷，从而使整个企业的销量得到提高。然而，从价值方面考虑，这种兼并以及由此带来的销量的增加都必须考虑成本效应。

（二）成本下降

除了运营经济外，两家企业合并后还可能产生规模经济，随着产量的增加，平均成本下降，从而产生规模经济，我们通常只考虑产品市场的规模经济而忽略了在市场营销、原材料采购、产品销售、会计甚至财务上的规模经济。这是因为在已定的设备、人员数、产品销售体系等条件下，业务量得以扩大。换句话说，业务量的增加使得资源的利用效率更高，与其他获益一样，规模经济是有限的。超过某个特定的产量后，产量的增长给企业带来的好处将低于给企业带来的负效用，从而使公司的经营效率更低。经济学家们提出了"包络线"（即U形的平均成本线），它反映了在到达最优产量前存在规模经济，之后则产生规模不经济的现象。

横向兼并，即合并同一行业的两家企业可以最佳地实现规模经济，这主要得益于消除重复设备，拓宽产品生产面从而使总需求上升。纵向兼并，即向前到最终消费者，向后到原材料来源地的兼并，同样可以产生规模经济，这种形式的兼并使企业能更好地控制产品销售和原材料的采购。将两家经营领域没有什么关联的企业合并在一起的混合兼并，则几乎没有运营经济。

（三）税负节约

税负节约主要体现在税负协同效应。表现为以下方面。

（1）利用税法中的税收递延条款合理避税，如一家获利高并购一家有累积纳税亏损的企业，并购后即可利用税收中的亏损递延规定，获得减缴或免缴所得税的益处。

（2）利用尚未动用的举债能力，可以获得利息抵税效应。

（3）利用支付工具合理避税。当目标公司股东不是将其本身的股票直接转换为并购公司的股票，而是首先购买并购公司发行的可转换债券，然后再通过一定的程序和条件转换为并购公司的普通股股票的情况下，对并购公司而言，由于可转换债券的利息是从税前列支的，因此，在转换为普通股之前可以少缴公司所得税；对目标公司股东来说，由于资本收益（可转换债券）的延期偿付，可以延迟缴纳资本所得税。

五、企业并购的价值评估

企业并购从收购方的角度来看，收购可被视为一种资本预算。从原理上说，评估预期收购的方法与为项目做资本预算的方法相同。收购中有原始支出和未来预期收益。无论是用现金还是用股票来支付，为了增加股东长期财富，企业应采用最优的方式分配资本。但是，与传统的资本预算不同，收购的原始支出有很多不确定性因素。收购中的原始支出主要有讨价还价决定，而讨价还价的基础是目标公司的价值，因此，必须对目标公司的价值进行评估。在对目标公司进行价值评估时，采用不同的价值评估方法可能会得出不同的评估结果。因此，并购公司应根据目标公司的实际情况来确定合适的价值评估方法。在实践中，公司的价值评估方法主要有成本法、市场比较法、现金流量折现法和换股并购估价法。

（一）成本法

成本法是指以目标公司的资产价值为基础对目标公司价值进行评结的方法。确定目标公司的资产价值，关键是要选择合适的资产价值标准。根据资产的价值标准不同，成本法可以分为账面价值法、市场价值法和清算价值法。

1. 账面价值法

账面价值法是将会计账簿中记录的公司净资产的价值作为公司价值的方法。公司净资产的价值等于总资产的价值减去负债总额后的余额。由于净资产的账面价值是直接根据会计核算的数据来确定的，因此比较客观，不受人为因素的影响。但是，这种方法是一种静态估价方法，它没有考虑资产的价值变化和资产的收益情况，因而具有一定的局限性。在实践中，资产的实际价值可能因各种因素的影响而偏离其账面价值。例如，会计上一般按历史成本确认资产价值，但是由于通货膨胀，资产的实际价值已经远远超过当初购置时的历史成本；技术进步可能使某些资产（如机器设备等）发生贬值；由于公司的商誉、高效的管理等组织方面的因素使得公司多种资产的组合能够产生规模效应，具有很强的盈利能力，从而使资产组合的总价值大于各个单项资产账面价值之和。账面价值法主要适用于一些简单的并购活动，尤其资产的账面价值与实际市场价值偏离不大的非上市公司。

2. 市场价值法

市场价值是资产评估中所使用的一个重要价值类型，也是评估师在评估业务中使用最多的价值类型。我国2017年颁布的《资产评估价值类型指导意见》对市场价值的定义为："市场价值是指自愿买方和自愿卖方在各自理性行事且未受任何强迫的情况下，评估对象在评估基准日进行正常公平交易的价值估计数额。"国际评估准则委员会制定的《国际评估准则》对市场价值的定义为："市场价值是自愿买方与自愿卖方在评估基准日进行正常的市场营销之后所达成的公平交易中，某项资产应当进行交易的价值估计数额，当事人双方应各自精明、谨慎行事，不受任何强迫压制。"由此可见，市场价值是一个专业术语，它是指在公平竞争的市场上由买卖双方在自愿协商的基础上确定的交易价值。相对于账面价值法，市场价值法的优点在于考虑了资产实际价值的变化，并且是以公平竞争的市场环境下的资产交易为假设前提所评估出的价值。因此，市场价值法易为人们所接受。

3. 清算价值法

清算价值是指在评估对象处于被迫出售、快速变现等非正常市场条件下的价值估计数额。在无法持续经营的情况下，公司作为一个整体已经失了增值能力，由于深陷财务危机可能导致公司破产清算，此时，公司将被迫出售各个部门和全部实物资产，出售取得的收入扣除债务后的净额就是公司的清算价值。清算价值法主要适用于陷入财务困境的企业的价值评估。

（二）市场比较法

市场比较法也称相对价值法，是以资本市场上与目标公司的经营业绩和风险水平相当的公司的平均市场价值作为参照标准，以此来估算目标公司价值的一种价值评估方法。市场比较法的基本假设是：在完全的市场中，类似的资产应该具有类似的价值。因此，在难以通过其他方法确定评估对象的价值时，可以参照市场中类似资产的市场价值作为评估依据，并经过合理的调整之后估算出评估对象的价值。我们可以使用市盈率、市净率和市销率来进行估值。一般主要使用根据每股收益来测算的市盈率法。

$$V = EPS \times PE$$

在每股收益分析方法下，假定涉及两种股票的互换，考虑的问题是目前或未来每股收益是否会增加。

（三）现金流量折现法

现金流量折现法是资产价值评估的一种重要方法，其基本原理是资产价值等于以投资者要求的必要投资报酬率为折现率，对该项资产预期未来的现金流量进行折现所计算出的现值之和。对于经营性资产来说，其价值并非简单取决于资产的购置成本或者现行市场价格。从投资的角度来看，一项资产的价值主要取决于在其寿命期限内能够给投资者带来的期望报酬（通常以现金流量来表示）。现金流量折现法既可用于单项资产的价值评估，也可以用于对一个公司的价值评估据现金流量折现法的基本原理，目标公司的价值等于其未来持续经营期间所产生的现金流量的现值。用计算公式表示为：

$$V = \sum_{t=1}^{n} \frac{CF_t}{(1+k)^t}$$

式中，V表示目标公司的评估价值，CF_t表示目标公司第t期产生的现金流量，k表示折现率，n表示预测期限。

从现金流量折现模型可以看出，影响目标公司评估价值的主要因素包括期限、现金流量和折现率。其中，期限是指现金流量的预测期限，即预测目标公司现金流量的持续时间，通常以年为时间单位。现金流量是指在一定期限内目标公司的现金流入量减去现金流出量后的净额，即净现金流量。在公司并购决策中，目标公司的净现金流量是指该公司未来持续经营期限内所创造出的自由现金流量。自由现金流量按照计算的范围不同，可分为公司自由现金流量和股权自由现金流量。价值评估一般采用资本成本率作为折现率。由于在价值评估中采用的现金流量不同，在确定折现率时也应选择不同的资本成本率。如果现金流量采用公司自由现金流量，折现率就应当选择公司的加权平均资本成本率；如果现金流量采用股权自由现金流量，折现率就应当选择股权资本成本率。

下面分别介绍采用公司自由现金流量和股权自由现金流量的估值方法。

1. 公司自由现金流量折现模型

公司自由现金流量（free cash flow of the firm，FCFF）是以目标公司为主体计算出的现金流量，它是公司经营活动产生的税后现金流量扣除资本性支出和净营运资本增加额后剩余的净现金流量。公司自由现金流量是公司在一定期间内为包括普通股股东、优先股股东和债权人在内的所有投资者创造的净现金流量。其计算公式为：

公司自由现金流量 FCFF = 息税前利润 − 所得税 + 折旧 − 资本性支出 − 净营运资本增加额

在采用公司自由现金流量评估公司价值时，目标公司价值等于以公司的加权平均资本成本作为折现率对公司自由现金流量折现的现值。计算公司价值时可以用基本模型，也可以根据公司成长性不同，采用零增长模型、固定增长模型和多阶段增长模型。

2. 股权自由现金流量折现模型

股权自由现金流量（free cash flow of equity holders，FCFE）是公司普通股股东所能获得的现金流量。股权自由现金流量与公司自由现金流量的差异在于其计算涉及税后利息费用和负债净增加额，它是公司自由现金流量扣除税后利息费用，再加上负债净增加额后的净现金流量，如果存在优先股，还需扣除优先股股利。股权自由现金流量的计算公式为：

FCFE = FCFF − 利息费用 ×（1 − 所得税税率）− 优先股股利 + 负债净增加额

= 息税前利润 − 所得税费用 + 折旧 − 资本性支出 − 净营运资本增加额 − 利息费用 ×（1 − 所得税税率）− 优先股股利 + 负债净增加额

= 净利润 − 优先股股利 + 折旧 − 资本性支出 − 净营运资本增加额 + 新增债务 − 债务本金偿还额

在采用股权自由现金流量评估公司价值时，目标公司价值等于以公司的股权资本成本率作为折现率对股权自由现金流量折现的现值。与公司自由现金流量折现模型一样，采用股权自由现金流量评估公司价值，除了可用基本模型外，也可以采用零增长模型、固定增长模型和多阶段增长模型。

在现金流分析方法下，收购考虑的问题是预期现金净流量的现值能否超过收购成本。换股并购估值法我们在下一节中专门讨论。

第二节 并购价格与对价方式

一、并购价格的影响因素

上一节我们讨论了目标公司价值的评估方法。如果股票市场是充分有效的，上市公司的股票价格能够反映市场对该公司的经营业绩、未来成长性和可能存在风险的预期，那么并购方可根据现行市价加上一定比例的溢价确定其购买价格。溢价形成了并购公司的商誉。

解释溢价并购的原因主要有：

（一）控制权溢价论

如果并购公司通过收购股票而取得目标公司的相对控股权，就必须为此支付溢价。这里的“控制权”，事实上是一种无形资产，只要并购公司取得了目标公司的相对控股地位，对目标公司的资产就具有相对的处置权、经营权和收益分配权。因此，并购溢价反映了获得目标公司控制权的价值。

（二）诱饵论

为了诱使目标公司股东尽快放弃公司控制权，并购公司通常以高于市价的出价作为诱饵，促使目标公司股东尽快脱手其持有的股票，而不管支付的市场溢价能否得到补偿。尤其是近年来愈演愈烈的并购大战，使竞争激烈的并购市场逐步脱离其本身应有的经济意义，形成高额溢价，致使公司商誉占净资产比例较高，大大增加了并购公司的风险。

（三）价值增值分配论

在并购活动中，通过并购双方重组和整合产生的协同效应和价值增值，是利用并购双方的资源共同创造和贡献的，因此，应将并购后的预期增量收益拿出一部分作为市场溢价支付给目标公司的股东。事实上，并购行为本身就向市场投资者以及潜在投资者传递了一个利好消息，即目标公司的股票被低估了。因此，在并购宣布后（或在并购消息泄露后），目标公司的股票价格通常会有所上升，并购宣布日前后股票价格的差额基本反映了投资者对并购行为可能带来价值增值的合理预期。

此外，并购价格的协商或确定还应考虑各种并购条件。一般来说，买卖双方在协商收购交易时，买方争取的不仅是尽可能低的价格，还包括有利的付款条件及交易上的保护。相对来说，卖方除了争取最高的价格外，也要尽量避免承诺不利于卖方的交易条件等。如果目标公司是亏损公司，卖方过去的亏损，可以在未来抵减所得税而节省税赋。因此，此项税赋节余，可作为一种价值，加在原已计算的价值中。这是卖方在价格谈判上可以争取加价的理由，但买方是否接受，则是谈判力量的问题了。

事实上，按照各种方法确定的目标公司支付价格仅仅是并购交易的底价，最终交易价格的确定是各种因素综合作用的结果。在其他因素一定的情况下，并购双方谈判技巧及分析影响因素的能力在这里很重要。底价→谈判价→成交价，既是一项技术性极强的工作，也是一项技巧性极强的工作。在并购价格的形成过程中，不仅要讲究定价策略和方法，更要讲究定价的各种技巧。从一定意义上说，公司价值是一回事，成交价格又是另一回事，双方合意价格的达成，受双方谈判力量的影响最大。

在公司并购活动中，并购公司必须考虑以何种支付方式完成并购交易。支付方式的选择是并购顺利完成的重要环节，不同的支付方式对并购公司和目标公司会产生不同的影响。在实践中，公司并购的支付方式主要有现金支付方式、股票支付方式和混合证券支付方式。下面我们主要讨论现金支付方式和股票支付方式。

二、现金支付方式分析

现金支付方式是并购公司以现金为支付手段完成对目标公司收购的一种并购支付方式。它是并购活动中最为常用的支付方式，可分为现金购买资产和现金购买股份。并购作为一种战略投资，可以采用并购净现值作为决策标准。以现金支付并购价格是一种单纯的并购行为，它是由并购方支付一定数量的现金，取得被并购公司的所有权。由于现金具有极强的流动性，因而对被并购方，特别是对那些因举债过多而被迫出售的公司而言，即时获取现金，无疑是比较受欢迎的付款方式。在现金支付方式下，如果并购引起的价值增值大于其并购成本，即并购后的净现值大于零，这种并购活动就是可行的。

例 10-1 假设 A 公司拟采用现金支付方式并购 B 公司，其有关分析资料如下：①A 公司股票市价为 1 000 000元，B 公司股票市价为 500 000 元。②A、B 两公司资本均为股权资本，预计两个公司合并后由于经营效率提高，公司价值将达到 1 750 000 元，即并购的协同效应为 250 000。③经并购双方协商，B 公司股东愿意以 650 000 元的价位出售该公司。④为简化假设不考虑并购的交易成本。

根据上述资料，B 公司股东在这次并购活动中获得了 150 000 元的溢价收益，即他们得到了并购协同效应 250 000 元中的 150 000 元。B 公司的收益就是 A 公司的支付成本，并购后持续经营的 A 公司价值为1 100 000元（1 750 000 − 650 000），A 公司原股东获得的净现值为 100 000 元（1 100 000 − 1 000 000）。换句话说，在这次并购活动中，相当于 A 公司股东持有的价值变为 1 100 000 元，B 公司股东持有的价值变为650 000元。如果投资者得知 A 公司将并购 B 公司，并对并购收益的估计与管理者相同，那么这一消息将会使 B 公司股票价值从 500 000 元上升到 650 000 元；A 公司股票市场价值将会从 1 000 000 元加到1 100 000元。

三、股票支付方式分析

通过交换股票方式实现并购是实务中经常采用的并购方式。如果并购双方都是股份公司，则可以采用换股并购，即股票换股票方式实现并购，并购公司用本公司股票交换目标公司股东的股票，从而实现对目标公司的收购。在吸收合并方式下，并购公司通过向目标公司股东增发本公司股票，以换取目标公司股东合并前持有的本公司股票，目标公司宣告终止，进而实现对目标公司的合并。在新设合并方式下，新设公司通过向拟解散公司股东发行新设立公司的股票，以换取拟解散公司股东合并前持有的各自公司股票，拟解散公司宣告终止，进而实现新设合并。在换股合并过程中，股票如何交换，交换比例如何确定是合并双方能否合并成功的关键。

以吸收合并为例，换股比例是指1股目标公司的股票交换并购公司股票的股数。假设A公司并购B公司，则并购后公司的股票价格可用下列公式表示：

$$P_{AB} = \frac{E_A + E_B + \Delta E}{S_A + R \times S_B} \times PE$$

式中，P_{AB}表示并购后公司的股票价格；E_A表示并购前A公司的净利润；E_B表示并购前B公司的净利润；S_A表示并购前A公司的普通股股数；S_B表示并购前B公司的普通股股数；ΔE表示并购产生协同效应带来的利润增加额；R表示换股比例；PE表示并购后公司的股票市盈率。

对于并购公司A的股东来说，只有当并购后的股价P_{AB}大于或等于并购前的股价P_A，即$P_{AB} \geqslant P_A$时，股东才能接受并购。该条件可用下式表示：

$$P_{AB} = \frac{E_A + E_B + \Delta E}{S_A + R \times S_B} \times PE \geqslant P_A$$

根据上式可以得出公司A并购公司B的换股比例R为：

$$R \leqslant \frac{PE \times (E_A + E_B + \Delta E) - P_A \times S_B}{P_A \times S_A}$$

当A公司并购前后股价相等，即$P_{AB} = P_A$，这是A公司的股东所能接受的最高换股比例。

对于目标公司B的股东来说，只有当并购后的股价与换股比例的乘积大于或等于目标公司股价P_B，即$R \times P_{AB} \geqslant P_B$时，股东才能接受并购，该条件可用下

$$\frac{E_A + E_B + \Delta E}{S_A + R \times S_B} \times PE \times R \geqslant P_B$$

根据上式可以得出公司A并购公司B的换股比例R为：

$$R \geqslant \frac{P_B \times S_A}{PE \times (E_A + E_B + \Delta E) - P_B \times S_B}$$

当$R \times P_{AB} = P_B$，这是B公司的股东所能接受的最低换股比例。从理论上讲，采用换股并购时，换股比例应当在最低比例与最高比例之间。在实践中，换股比例是并购双方谈判的结果。换股并购谈判中的关键点之一是每股市价的交换比率。

$$市价交换比率 = \frac{P_A \times R}{P_B}$$

假设并购后并购公司股价保持不变，当市价交换比率等于1时，即$R = \frac{P_B}{P_A}$。则就市价而言，两个公司的股东的财富都未发生变化。但是1∶1的比率对被收购方来说毫无吸引力。因此，收购方通常提供高于其希望支付的市价交换股票，也就是说，市价交换比率一般要大于1。

在不完善市场中如果没有协同效应，不能提高管理水平，也不能以低价收购公司，则不可能出于收购方股东的利益而开出高于被收购方当前市价的价格。然而，如果收购方股票的市盈率较高，被收购方股票的市盈率较低，而且收购后公司股票的市盈率相对维持不变，则收购方的股东将会收益。这被称为每股收益的“自展效应”。

例 10-2 假设例 10-1 中，A 公司流通在外的普通股为 10 000 股，每股市价 100 元；B 公司流通在外的普通股为 8 000 股，每股市价 62.5 元。那么如何确定换股比例？

假设 A 公司发行 6 500 股公司通股交换 B 公司股东原持有的 8 000 股股票，换股比例为0.8125：1。并购前 A 公司股票每股价值 100 元，由于 6 500 股 × 100 元 = 650 000 元，这刚好等于用现金 650 000 元购买 B 公司的数值。从表面上看，并购支付价是 650 000 元，但实际支付价大于 650 000 元。如果并购前的市场价值反映了两个独立公司的真实价值，且并购协同效应为 250 000 元，那么换股并购后 A 公司市场价值为 1 750 000 元；如果 A 公司发行 6 500 股并购 B 公司，则并购后 A 公司股票数量达到 16 500股，B 公司原来的股东拥有并购后 A 公司39.39% 的股权（6 500/16 500），该股权价值为 689 325 元（0.3939 × 1 750 000），而不是650 000元。因此，并购溢价为 189 325 元（689 325 − 500 000）。也就是说，在这次并购中，B 公司原股东获得的净利润为 189 325 元，而 A 公司原股东获得的净利润为 60 675元（250 000 − 189 325）。或者说，并购协同效应中的收益 250 000 元，大部分归原 B 公司的股东，只有 60 675 元归原 A 公司的股东。

股票互换后 A 公司股票价格由 100 元上升为 106.06 元（1 750 000/16 500），而在现金支付方式下，并购后 A 公司股票价格为 110 元（1 100 000/10 000），这之间的差额说明股票互换交易使 A 公司付出了更高的成本。

那么转换比例为多少才能使得 B 公司股东得到价值 650 000 元的 A 公司股票？假设 B 公司股东拥有并购后 A 公司的股权比例为 c，换股并购后公司价值为 1 750 000 元，则并购后 B 公司股东的价值为 1 750 000c。如果 B 公司股东愿意以 650 000 元的价位出售其公司，则

$$1\ 750\ 000c = 650\ 000$$

解得 c = 0.3714286，即 B 公司股东得到并购后 A 公司 37.14286% 的股权，其股票价值 650 000 元。据此可以计算出 A 公司增发的股票数量 Q 为

$$0.3714286 = \frac{Q}{10\ 000 + Q}$$

解得 Q = 5 909 股。

也就是说 A 公司发行 5 909 股 A 公司股票交换 B 公司原有股东持有的 B 公司股票，从而实现对 B 公司的收购。换股比例 R = 5 909/8 000 = 0.7386。采用这一换股比例，并购后 A 公司的每股价值为 110 元（1 750 000/15 909），与现金支付方式下的价值相同。因此，如果 B 公司股东愿意以 650 000 元的价格出售公司，那么换股比例应为 0.7386 而不是 0.8125。如果没有溢价，则交换比例应是 0.625（62.5/100）。

第三节 企业重组

一、企业重组的定义

企业重组是指企业利用自有资源填补一些空缺领域，并将闲散的资产重新投向其他现有的需要发展的领域或开辟一个新的领域。

在国内，资产重组的概念要比国外的“企业重组”的概念广得多，但并没有明确的定义。从企业所拥有的资产重新分配整合的角度上来说，资产重组就是企业所拥有的资产重新

配置，重新整合的过程，包括对人的重新组合、对财的重新组合和对物的重新组合，强调的是对企业拥有的人、财、物的重新组合，实现企业战略目标。从企业自身业务角度来看，资产重组是指企业对内部和外部的业务重新分配整合，目的是为提高企业的盈利能力和整体质量，强调的是以企业获利为目的，对企业各个要素的调整。从资源配置的角度来说，资产重组就是资源配置，就是对存量的资产的再配置过程，其基本内涵是指企业为了实现产业结构的优化，提高资源利用效率和市场占有率来改变不同地区、不同所有制、不同产业、不同企业之间的资源配置格局。从产权的角度来说，资产重组就是指企业为了提高货源要素的利用效率，实现最大程度的增值行为，对企业各个要素和资产进行重新地配置和组合。

二、企业重组的方式

随着市场经济的不断发展，企业进行资产重组的模式和方式也在不断发生变化。目前，国内外学者普遍认为，企业重组的方式主要包括资产剥离、公司分立、资产置换和股权转让。而对处于财务困境的企业来说则为债务重组。

（一）资产剥离

资产剥离是企业发展的一项合理战略选择，而不是公司经营失败的标志。通过剥离不适合企业长期战略、没有成长潜力或影响企业整体发展的业务，可以使企业集中发展更具战略意义的重点业务，使企业资源达到更有效的配置和利用，从而具备更强的竞争力。

1. 资产剥离定义

资产剥离是资产重组的一种形式，有狭义和广义两种不同含义：狭义的资产剥离是指企业将其所拥有的某些经营或非经营性资产，如产品线、子公司或部门出售给第三方，以获取现金、有价证券或现金与有价证券混合形式回报的一种商业行为。广义的资产剥离是指企业在改变经营机制时，把改制前企业的一部分资产、负债和相应的所有者权益以及相关的收入、费用等从拟设立的股份有限公司中分离出去的行为，也称为净资产剥离。

2. 资产剥离的原因

企业实施资产的剥离的原因有很多，但是概括起来可以分为以下几种原因。

（1）突出主业。目前很多企业寻求多样化经营，而企业的业务过多会使得各个业务之间协同效应大大降低，难以经营控制，此时企业只能将与核心业务没有关系的业务剔除，才可以保证集中优势资源强化公司的主营业务，确保主营业务的发展优势。

（2）调整主业。企业在发展过程中，由于市场经济不断地变化，导致企业原有的主营业务不再具有竞争优势，或者企业寻求到另外一种新的主营业务而谋求在新的业务上发展，企业此时会进行战略性调整，将原有的主营业务剥离，将公司的重心转移到新的具有发展潜力和前景的业务上去。

（3）减轻债务负担，改善财务状况，优化资本结构。对于经营严重亏损或者负债比例较高的企业，为了减轻财务负担，改变企业资产的流动性和获利能力，将企业质量差、效益低或者闲置资产剥离，既可以获得一定的收益，同时也可以改善企业状况，促进企业发展。

（4）从收购的目标公司中剔除不合适的业务。在公司收购的过程中，被收购目标企业的资产不一定全部符合收购方的战略要求，这样在完成收购以后，收购方会对目标企业中不适合自己的资产进行剥离，从而达到收购的目的。

（5）避免被接管。这是反收购的一种措施，通过剥离企业中的优质资产，即“皇冠上的明珠”，从而达到避免被收购的作用。

（二）公司分立

1. 公司分立的定义

公司分立一般是股份有限公司通过股东大会的决定，把公司分立为两个或两个以上企业的行为。公司分立的程序与公司合并一样，需要按照严格的法定程序进行。公司分立时，其财产做相应的分割，应当编制资产负债表及财产清单。公司分立前的债务按所达成的协议由分立后的公司承担。

2. 公司分立的基本形式

公司分立有两种形式，即新设分立和派生分立。

新设分立，又称解散分立。指一个公司将其全部财产分割，解散原公司，并分别归入两个或两个以上新公司中的行为。在新设分立中，原公司的财产按照各个新成立的公司的性质、宗旨、业务范围进行重新分配组合。同时原公司解散，债权、债务由新设立的公司分别承受。新设分立，是以原有公司的法人资格消灭为前提，成立新公司。

派生分立，又称存续分立。是指一个公司将一部分财产或营业依法分出，成立两个或两个以上公司的行为。在存续分立中，原公司继续存在，原公司的债权、债务可由原公司与新公司分别承担，也可按协议由原公司独立承担。新公司取得法人资格，原公司也继续保留法人资格。

3. 公司分立的原因

（1）公司自身管理方面的原因。

①基于实施管理激励的原因。对于一个拥有多个子公司的大型公司而言，其内部管理机构的膨胀以及不反映子公司各自业绩状况的合并财务报告，都有可能使不同业绩的子公司得不到相应的奖惩。特别是当子公司的情况与母公司很不一致的时候，比如母公司处于成熟产业而子公司处于高速成长产业，或者母公司处于非管制产业而子公司处于受管制产业，激励问题会显得更加突出。此时，即使以母公司的股票期权制订激励报酬计划，也可能不会发生作用。这时，公司分立或股权割售可使被分离出去的子公司在上市后有独立的股票价格，从而通过价格直接反映出市场对管理层经营的评价，这时再设立起激励作用的报酬计划，管理层与公司业绩就紧密地联系在一起，从而产生良好的激励效果。

②基于提高管理效率的原因。对于规模过大、机构臃肿、管理线很长的公司来说，分立不失为一个好方法。管理效率理论认为，投资者对主营产品突出的公司股票较偏爱，不是因为投资者对市场评估大型公司的能力缺乏信心，而是他们对大型公司管理者的管理效率缺乏信心，即使是最优秀的管理队伍，随着他所控制的资产规模和范围的增大，也会达到收益随之递减的临界点。一个公司拆分为一个或多个公司，责任分化有利于管理行为简单化，也有利于精简公司的机构；同时，原来的一个经营者也变为两个或多个经营者，有利于管理幅度的缩小，管理专业化的提高，从而提高经营管理的效率。

③基于解决内部纠纷的原因。公司分立不仅可以应用于大型公司，即使是在规模较小的公司也可得到有效应用。当股东准备结束共同经营而各自经营的时候，当股东之间发生对公司经营权行使纠纷的时候，就可以通过公司分立而完全分立为单个的数个公司。因为小规模公司很难界定市场价格，所以对经营权存在分歧的股东很难继续留在一个公司。此时，作为解决公司内部纷争的手段，公司分立就非常有效。

④基于反击敌意收购的原因。公司分立还可以用来反击敌意收购，作为一种反敌意收购的防御手段。从上市公司的角度看，当其多元经营超过最佳水平，市场价值可能会被严重低估，并容易引起投资集团的收购兴趣。因为投资公司把公司收购后，再进行资产出售、分立或股权割售，可以使公司的整体市场价值得到较大提高，从而作为收购者获得巨大利益。这迫使实施多元化经营战略的上市公司进行反收购防御时，自己采取公司分立手段，在收购方采取行动之前把力量回缩到主业从而提高自身价值。如英美烟草联合公司成为霍伊雷克财团的敌意收购目标后，通过有效的分立挫败了收购。

（2）管制政策方面的原因。规避政府的行政管制也是公司分立的一个重要原因。如果管制当局以母公司的利润为依据考虑具体管制手段，受管制的利润较好的分公司有时会受亏损的总公司影响而处于不利地位，这时分公司可以通过分立获取更好的机会，而不再受某些规章的约束和审查。另外，在某些跨国公司中，母公司有时会让其国外分公司独立，这样，独立后的子公司就可以不受母公司所在国法律法规的制约和管制。

政府对市场经济的干预结果必然会对具体市场制度的适用产生影响。对于公司分立而言，管制因素会引发主动或非主动的公司分立。以现有实例最多的美国为例，管制因素主要有法规和管制政策，比如他们禁止母公司从事特定的商务活动，但却允许其子公司从事该活动。影响公司活动的最典型的管制就是竞争政策、能源管制政策和银行保险政策。

由管制政策引发的非自愿的公司分立。由管制政策引发的非自愿的公司分立主要指那些公司遭到行政管制机构控诉和强制执行管制政策时所发生的分立，非自愿的公司分立实际就是不同形式的管制政策具体适用的结果。

由管制政策引发的公司自愿的公司分立。管制政策也会引起自愿的或者说公司自发的公司分立。这种类型的公司分立发生在公司可以通过分立新公司从而避免具体禁止性管制政策的情形下，这些类型的公司分立实例的出现，往往是需要通过公司新设分立来避免具体管制政策的禁止性效果。主动或自愿的管制政策所引发的公司分立是指那些用于避免受到控诉而采取的分立。除上述管制因素外，相关的法律因素同样会导致自愿和非自愿的分立，自愿分立有时候被公司作为绕开阻止公司达到其目的的法律障碍的方式。

（3）税收方面的原因。在某些分立中，可以获得税收方面的好处。巨大的税收收益能够通过公司分立获得，为及时地获取税收优惠而进行分立能够成为一个重要的战略计划手段。

比如在美国，公司分立在多个领域中都被用来获取税收优惠。最典型的例子就是，如果一家美国设立的公司从海外获得巨大的收入和利润，它可能会在美国境外合并它的海外分公司，并最终分立出这家外国公司。对域外运行的分公司或公司分支机构进行分立，其目的就是避免国内的高税率。一旦域外运行分公司或公司分支机构从公司的收入中通过分立排除出去，就不会在美国公司税率中再进行计算，但是，公司所处国家的税率应比美国公司税率要低。

在我国，某些业务可以有税收优惠，公司会将能享受税收优惠的业务分立而成立新公司，从而降低公司税负。

4. 公司分立程序的流程

公司分立是指一个公司通过分立协议，不需经过清算程序，分立为两个或者两个以上公司的行为。公司分立必须严格依照法律规定的条件和程序进行。

依照公司法及相关法律的规定，公司分立程序可以概括为以下五个步骤：

（1）公司股东（大）会作出公司分立的决定和决议。公司分立需要经过股东（大）会特别决议通过。有限责任公司股东会对公司分立作出决议，必须经代表2/3以上表决权的股东通过。股份有限公司股东大会对公司分立作出决议，必须经出席会议的股东所持表决权的2/3以上通过。

（2）订立分立协议。协议的内容法律上没有明确的规定，当事人可以自由协商决定。

（3）编制资产负债表和财产清单。《公司法》第一百七十六条中规定，公司分立，其财产作相应的分割。公司分立，应当编制资产负债表及财产清单。

（4）通知债权人。《公司法》第一百七十六条第二款规定，公司应当自作出分立决议之日起10日内通知债权人，并于30日内在报纸上公告。

（5）办理登记手续。

（三）资产置换

所谓资产置换，从字面意思来讲就是对企业的资产进行合理评估，将不良资产排除，更换为目标公司的优良资产。资产置换通常发生在母子公司之间企业通过资产置换，可以短时间内优化企业资产效益，提升企业营运能力，进而影响企业绩效。利用这种方式，上市公司可以在短时间内提升企业资产质量，完成企业资产优化目标，达到企业期望。

（四）股权转让

股权转让是指公司将持有的子公司的股份出售给其他投资者，与资产剥离相比，资产剥离出售的是公司的资产或部门而非股份，而股权转让出售的是公司所持有的子公司的全部或部分股份。

股权转让的动机与资产剥离交易基本相同，所产生的效应也相近。实证研究表明，在股权转让或资产剥离宣告当天，股东能获得显著为正的异常收益。

练　习　题

一、单项选择题

1. 假设某公司净资产为10亿元，净利润为5亿元，如果按照15倍市盈率对其进行估值，那么该公司价值为(　　)。

A. 150亿元　　B. 75亿元　　C. 10亿元　　D. 5亿元

2. 协议收购是指（　　）。

A. 并购双方态度友好，以协商的方式达成收购协议的并购方式

B. 收购者直接向目标公司的全体股东发出公开要约，在一定时期内以特定的价格收购他们所持有的该公司全部或部分股份，以获得在该公司中的控股地位的行为

C. 目标公司同意收购公司提出的收购条件并承诺给予协助，所以双方通过协商来决定并购的具体安排，如收购方式、收购价格、人事安排、资产处置等

D. 指生产同类产品，或生产工艺相近的企业之间的并购，实质上也是竞争对手或同行业之间的并购

3. 买壳上市是指（　　）。

A. 非上市公司收购一家已经上市的公司，收购后将自身的业务注入上市公司中

B. 利用借入资本收购目标公司，一般是收购公司向目标公司提供贷款，同时以目标公司的资产作为担保，实现收购行为，而后用目标公司的现金流收回贷款

C. 收购方以征集目标公司股东委托书的方式，在股东大会上取得表决权的优势，通过改组董事会，最终达到实际控制目标公司的目的

D. 指以自己的资产交换另一公司的资产，包括整体置换和部分置换等形式

4. 并购是（　　）两个概念的统称。

A. 兼并与收购　　B. 资产重组和债务重组

C. 善意收购与恶意收购　　D. 横向并购与纵向并购

5. 中国有关法律规定，收购者持有目标公司股份达到或超过（　　）法定比例时，要依法向目标公司的全体股东发出公开要约。

A. 20%　　B. 40%　　C. 30%　　D. 50%

6. 公司内在价值是指（　　）。

A. 以历史成本为基础进行计量的会计概念，即在资产负债表中表现为资产总和减去负债总和

B. 公司二级市场股票价格乘以公司的总股数

C. 企业在其剩余的寿命中可以产生的现金流量的折现值

D. 企业在破产清算时的价值

7. 公司并购的效应分析不包括（　　）。

A. 经营协同效应　　B. 财务协同效应　　C. 市场份额效应　　D. 企业发展效应

8. （　　）不属于按购并双方的行业关联性划分。

A. 横向收购　　B. 纵向收购　　C. 混合收购　　D. 要约收购

9. 一目标公司被并购，其净资产值为 5 000 万元，每年的净利润为 500 万元，该市场上的平均 PB 值 =2，PE =30，并购公司用现金支付方式支付了目标公司 2 亿元，请问并购后，新公司的财务报表中，商誉账户中有（　　）。

A. 1 亿元　　B. 0.5 亿元　　C. 1.3 亿元　　D. 13 亿元

10. 下列关于企业价值评估说法中，不正确的是（　　）。

A. 公司实体价值等于股本价值加上债务价值

B. 市盈率 = 每股市价/每股收益，反映了投资者对公司未来前景的预期

C. 企业整体资产评估值与企业单项资产评估值之和一定相吻合

D. 企业整体价值来源于要素结合方式，只有在运行中才能体现出来

二、多项选择题

1. 资产评估有四个特点，哪一项是不正确的（　　）。

A. 市场性　　B. 公正性　　C. 专业性　　D. 随机性

2. 并购重组产生的效应包括（　　）。

A. 经营协同效应　　B. 财务办同效应　　C. 市场份额效应　　D. 社会形象效应

3. 反收购策略中的毒丸计划包括（　　）。

A. 负债毒丸计划　　B. 人员毒丸计划　　C. 股权稀释　　D. 白衣骑士

4. 兼并包括（　　）两种形式。

A. 吸收合并　　B. 新设合并　　C. 恶意收购　　D. 杠杆收购

5. 并购重组理论主要包括（　　）。

A. 效率理论　　B. 代理理论　　C. 税收考虑　　D. 自由现金流假说

6. 并购按照出资方式可以分为（　　）。

A. 出资购买资产并购　　B. 出资购买股权并购

C. 股票置换资产并购　　D. 股票置换式并购

E. 混合支付并购

7. 在具体实务中，并购的动因，归纳起来主要有（　　）。

A. 提升在产业链中的谈判能力和控制力　　B. 提升行业战略地位

C. 规模经济效应　　D. 提升企业形象和品牌知名度

8. 并购的详细可行性研究应包括以下（　　）内容。

A. 研究企业并购的背景、宗旨、必要性和经济意义

B. 双方的现状分析

C. 并购的方案和并购后的效益分析，以及并购后的整合策略和措施

D. 聘请的中介机构的专家意见

9. 运用资本收缩策略进行公司重组，可实现公司规模的迅速收缩和精简。资本收缩策略有（　　）。

A. 资产剥离　　B. 分拆上市　　C. 公司分立　　D. 股票回购

10. 以下关于公司重组和资产重组的说法，正确的有（　　）。

A. 公司重组包括并购　　B. 分拆上市是公司重组策略之一

C. 资产置换是公司重组策略之一　　D. 资产重组就是公司重组

三、判断题

1. 敌意收购指收购公司在目标公司管理层对其收购意图尚不知晓或持反对态度的情况下，对目标公司强行进行收购的行为。（　　）

2. 委托书收购是收购方以征集目标公司股东委托书的方式，在股东大会上取得表决权的优势，通过改组董事会，最终达到实际控制目标公司的目的。（　　）

3. 混合并购指即非竞争对手又非现实中或潜在的客户或供应商的企业之间的并购，通常并购双方所处的行业不相关。（　　）

4. 一般情况下私募股权投资基金占公司股份不超过30%。（　　）

5. 股票互换式并购指并购企业直接向目标企业的股东发行股票，以换取目标企业股票的并购方式。（　　）

6. 杠杆收购指并购企业不用目标企业的自有资金及营运所得来支付或担保并购价金的并购方式。（　　）

7. 对于并购方来说，来自于并购活动的净收益为并购收益与并购成本的差额。被并购方的净收益为并购公司并购被并购公司而支付的价款扣除被并购公司的价值。只有当并购活动能够增加企业的价值，为企业带来净收益时，这种并购活动才是可行的。（　　）

8. 股票回购是指上市公司利用现金等方式，从股票市场上购回本公司发行在外的一定数额股票的行为。股票回购是一种大规模改变公司资本结构的方式。（　　）

9. 资产置换一般指上市公司控股股东以呆滞资产置换上市公司的优质资产，或以非主营业务资产置换主营业务资产等情况，包括整体资产置换和部分资产置换等形式。（　　）

10. 股权托管的操作实践中，受托方和委托方实际上达到了重组兼并后的效果，受托方可通过行使管理权利，了解受托资产各方面的状况，以最终决定是否实施重组兼并，从而降低重组兼并的风险。（　　）

四、案例分析题

顺丰控股借壳鼎泰新材

根据鼎泰新材 2016 年 5 月 22 日第三届董事会第十三次会议审议通过，并经鼎泰新材 2016 年 6 月 30 日召开的 2016 年度第一次临时股东大会审议通过的《关于公司符合上市公司重大资产重组条件的议案》《关于公司重大资产置换及发行股份购买资产并募集配套资金构成关联交易的议案》及《关于〈马鞍山鼎泰稀土新材料股份有限公司重大资产置换及发行股份购买资产并募集配套资金暨关联交易报告书（草案）〉及其摘要的议案》等相关议案，鼎泰新材将进行一系列的重大资产重组，具体方案是：

（1）重大资产置换。

于 2016 年 12 月，鼎泰新材以其截至 2015 年 12 月 31 日（“评估基准日”）全部资产及负债（“置出资产”）与深圳明德控股发展有限公司（以下简称“明德控股”）、宁波顺达丰润投资管理合伙企业（有限合伙）（以下简称“顺达丰润”）、嘉强顺风（深圳）股权投资合伙企业（有限合伙）（以下简称“嘉强顺风”）、深圳市招广投资有限公司（以下简称“招广投资”）、苏州工业园区元禾顺风股权投资企业（有限合伙）（以下简称“元禾顺风”）、苏州古玉秋创股权投资合伙企业（有限合伙）（以下简称“古玉秋创”）及宁波顺信丰合投资管理合伙企业（以下简称“顺信丰合”）分别持有的深圳顺丰泰森控股（集团）有限公司（原“顺丰控股（集团）股份有限公司”改制更名而来，以下简称“泰森控股”）68.40%、9.93%、6.75%、6.75%、6.75%、1.35%以及 0.07%的股权等值部分（“置入资产”）进行置换。本次交易置出资产最终作价 79 600 万元，置入资产最终作价 4 330 000 万元。于 2016 年 12 月 28 日（以下简称“重组日”），鼎泰新材召开了 2016 年第 2 次临时股东大会，审议并改选了新一届董事会，这标志此次重大资产置换交易的完成，以及泰森控股通过借壳鼎泰新材在深圳证券交易所成功上市。

（2）发行股份购买资产。

于 2016 年 12 月，对于上述置换的差额部分，即 4 250 400 万元，鼎泰新材向明德控股、顺达丰润、嘉强顺风、招广投资、元禾顺风、古玉秋创及顺信丰合按每股发行价格为人民币 10.76 元，发行每股面值人民币 1 元的人民币普通股（A 股）3 950 185 873 股，股份价值与股本之间的差异 38 553 814 120.48 元确认为资本公积，总股本变更为 4 183 678 213 股。新股发行后，明德控股、顺达丰润、嘉强顺风、招广投资、元禾顺风以及其他股东分别持有鼎泰新材 64.58%、9.38%、6.37%、6.37%、6.37%以及 6.92%的股权。

于 2016 年 12 月 28 日，普华永道中天会计师事务所（特殊普通合伙）就上述股本变更出具的“普华永道中天验字（2016）第1757号”验资报告所验证。

（3）募集配套资金。

为提高本次重组绩效，增强重组完成后鼎泰新材的盈利能力和可持续发展能力，鼎泰新材拟采用询价发行方式向不超过10名符合条件的特定对象非公开发行股份募集配套资金，发行价格不低于22.19元/股，经除权除息调整后发行价格不低于11.03元/股，发行股份数量不超过725 294 650股，总金额不超过800 000万元。

于2016年12月12日，中国证券监督管理委员会已核准鼎泰新材以上资产重组计划。

于2017年1月18日，鼎泰新材在中国证券登记结算有限责任公司深圳分公司办理了39.5亿股新增股份的登记手续。于2017年2月24日，经深圳证券交易所核准，鼎泰新材正式更名为“顺丰控股股份有限公司”（以下简称“顺丰控股”或“本公司”）。

根据上述资料及登录巨潮资讯网查找相关公告，回答以下问题：

（1）本次并购属于什么类型的并购？

（2）本次并购交易是如何定价的？采取什么对价方式？

（3）本次并购产生的商誉是多少？

（4）本次并购是否构成重大资产重组？是否构成关联交易？

阅读材料

附录　时间价值系数表

附录一　复利终值系数表（FVIF 表）

n	i									
	1%	2%	3%	4%	5%	6%	7%	8%	9%	10%
1	1.010 0	1.020 0	1.030 0	1.040 0	1.050 0	1.060 0	1.070 0	1.080 0	1.090 0	1.100 0
2	1.020 1	1.040 4	1.060 9	1.081 6	1.102 5	1.123 6	1.144 9	1.166 4	1.188 1	1.210 0
3	1.030 3	1.061 2	1.092 7	1.124 9	1.157 6	1.191 0	1.225 0	1.259 7	1.295 0	1.331 0
4	1.040 6	1.082 4	1.125 5	1.169 9	1.215 5	1.262 5	1.310 8	1.360 5	1.411 6	1.464 1
5	1.051 0	1.104 1	1.159 3	1.216 7	1.276 3	1.338 2	1.402 6	1.469 3	1.538 6	1.610 5
6	1.061 5	1.126 2	1.194 1	1.265 3	1.340 1	1.418 5	1.500 7	1.586 9	1.677 1	1.771 6
7	1.072 1	1.148 7	1.229 9	1.315 9	1.407 1	1.503 6	1.605 8	1.713 8	1.828 0	1.948 7
8	1.082 9	1.171 7	1.266 8	1.368 6	1.477 5	1.593 8	1.718 2	1.850 9	1.992 6	2.143 6
9	1.093 7	1.195 1	1.304 8	1.423 3	1.551 3	1.689 5	1.838 5	1.999 0	2.171 9	2.357 9
10	1.104 6	1.219 0	1.343 9	1.480 2	1.628 9	1.790 8	1.967 2	2.158 9	2.367 4	2.593 7
11	1.115 7	1.243 4	1.384 2	1.539 5	1.710 3	1.898 3	2.104 9	2.331 6	2.580 4	2.853 1
12	1.126 8	1.268 2	1.425 8	1.601 0	1.795 9	2.012 2	2.252 2	2.518 2	2.812 7	3.138 4
13	1.138 1	1.293 6	1.468 5	1.665 1	1.885 6	2.132 9	2.409 8	2.719 6	3.065 8	3.452 3
14	1.149 5	1.319 5	1.512 6	1.731 7	1.979 9	2.260 9	2.578 5	2.937 2	3.341 7	3.797 5
15	1.161 0	1.345 9	1.558 0	1.800 9	2.078 9	2.396 6	2.759 0	3.172 2	3.642 5	4.177 2
16	1.172 6	1.372 8	1.604 7	1.873 0	2.182 9	2.540 4	2.952 2	3.425 9	3.970 3	4.595 0
17	1.184 3	1.400 2	1.652 8	1.947 9	2.292 0	2.692 8	3.158 8	3.700 0	4.327 6	5.054 5
18	1.196 1	1.428 2	1.702 4	2.025 8	2.406 6	2.854 3	3.379 9	3.996 0	4.717 1	5.559 9
19	1.208 1	1.456 8	1.753 5	2.106 8	2.527 0	3.025 6	3.616 5	4.315 7	5.141 7	6.115 9
20	1.220 2	1.485 9	1.806 1	2.191 1	2.653 3	3.207 1	3.869 7	4.661 0	5.604 4	6.727 5
21	1.232 4	1.515 7	1.860 3	2.278 8	2.786 0	3.399 6	4.140 6	5.033 8	6.108 8	7.400 2
22	1.244 7	1.546 0	1.916 1	2.369 9	2.925 3	3.603 5	4.430 4	5.436 5	6.658 6	8.140 3
23	1.257 2	1.576 9	1.973 6	2.464 7	3.071 5	3.819 7	4.740 5	5.871 5	7.257 9	8.954 3
24	1.269 7	1.608 4	2.032 8	2.563 3	3.225 1	4.048 9	5.072 4	6.341 2	7.911 1	9.849 7
25	1.282 4	1.640 6	2.093 8	2.665 8	3.386 4	4.291 9	5.427 4	6.848 5	8.623 1	10.834 7
26	1.295 3	1.673 4	2.156 6	2.772 5	3.555 7	4.549 4	5.807 4	7.396 4	9.399 2	11.918 2
27	1.308 2	1.706 9	2.221 3	2.883 4	3.733 5	4.822 3	6.213 9	7.988 1	10.245 1	13.110 0
28	1.321 3	1.741 0	2.287 9	2.998 7	3.920 1	5.111 7	6.648 8	8.627 1	11.167 1	14.421 0
29	1.334 5	1.775 8	2.356 6	3.118 7	4.116 1	5.418 4	7.114 3	9.317 3	12.172 2	15.863 1
30	1.347 8	1.811 4	2.427 3	3.243 4	4.321 9	5.743 5	7.612 3	10.062 7	13.267 7	17.449 4
40	1.488 9	2.208 0	3.262 0	4.801 0	7.040 0	10.286	14.974	21.725	31.409	45.259
50	1.644 6	2.691 6	4.383 9	7.106 7	11.467	18.420	29.457	46.902	74.358	117.39
60	1.816 7	3.281 0	5.891 6	10.520	18.679	32.988	57.946	101.26	176.03	304.48

续表

n	i									
	12%	14%	15%	16%	18%	20%	24%	28%	32%	36%
1	1.120 0	1.140 0	1.150 0	1.160 0	1.180 0	1.200 0	1.240 0	1.280 0	1.320 0	1.360 0
2	1.254 4	1.299 6	1.322 5	1.345 6	1.392 4	1.440 0	1.537 6	1.638 4	1.742 4	1.849 6
3	1.404 9	1.481 5	1.520 9	1.560 9	1.643 0	1.728 0	1.906 6	2.097 2	2.300 0	2.515 5
4	1.573 5	1.689 0	1.749 0	1.810 6	1.938 8	2.073 6	2.364 2	2.684 4	3.036 0	3.421 0
5	1.762 3	1.925 4	2.011 4	2.100 3	2.287 8	2.488 3	2.931 6	3.436 0	4.007 5	4.652 6
6	1.973 8	2.195 0	2.313 1	2.436 4	2.699 6	2.986 0	3.635 2	4.398 0	5.289 9	6.327 5
7	2.210 7	2.502 3	2.660 0	2.826 2	3.185 5	3.583 2	4.507 7	5.629 5	6.982 6	8.605 4
8	2.476 0	2.852 6	3.059 0	3.278 4	3.758 9	4.299 8	5.589 5	7.205 8	9.217 0	11.703
9	2.773 1	3.251 9	3.517 9	3.803 0	4.435 5	5.159 8	6.931 0	9.223 4	12.166	15.917
10	3.105 8	3.707 2	4.045 6	4.411 4	5.233 8	6.191 7	8.594 4	11.805 9	16.060	21.647
11	3.478 6	4.226 2	4.652 4	5.117 3	6.175 9	7.430 1	10.657 1	15.111 6	21.199	29.439
12	3.896 0	4.817 9	5.350 3	5.936 0	7.287 6	8.916 1	13.214 8	19.342 8	27.983	40.037
13	4.363 5	5.492 4	6.152 8	6.885 8	8.599 4	10.699 3	16.386 3	24.758 8	36.937	54.451
14	4.887 1	6.261 3	7.075 7	7.987 5	10.147 2	12.839 2	20.319 1	31.691 3	48.757	74.053
15	5.473 6	7.137 9	8.137 1	9.265 5	11.973 7	15.407 0	25.195 6	40.564 8	64.359	100.71
16	6.130 4	8.137 2	9.357 6	10.748 0	14.129 0	18.488 4	31.242 6	51.923 0	84.954	136.97
17	6.866 0	9.276 5	10.761 3	12.467 7	16.672 2	22.186 1	38.740 8	66.461 4	112.14	186.28
18	7.690 0	10.575 2	12.375 5	14.462 5	19.673 3	26.623 3	48.038 6	85.070 6	148.02	253.34
19	8.612 8	12.055 7	14.231 8	16.776 5	23.214 4	31.948 0	59.567 9	108.890 4	195.39	344.54
20	9.646 3	13.743 5	16.366 5	19.460 8	27.393 0	38.337 6	73.864 1	139.379 7	257.92	468.57
21	10.803 8	15.667 6	18.821 5	22.574 5	32.323 8	46.005 1	91.591 5	178.406 0	340.45	637.26
22	12.100 3	17.861 0	21.644 7	26.186 4	38.142 1	55.206 1	113.573 5	228.359 6	449.39	866.67
23	13.552 3	20.361 6	24.891 5	30.376 2	45.007 6	66.247 4	140.831 2	292.300 3	593.20	1 178.7
24	15.178 6	23.212 2	28.625 2	35.236 4	53.109 0	79.496 8	174.630 6	374.144 4	783.02	1 603.0
25	17.000 1	26.461 9	32.919 0	40.874 2	62.668 6	95.396 2	216.542 0	478.904 9	1 033.6	2 180.1
26	19.040 1	30.166 6	37.856 8	47.414 1	73.949 0	114.475 5	268.512 1	612.998 2	1 364.3	2 964.9
27	21.324 9	34.389 9	43.535 3	55.000 4	87.259 8	137.370 6	332.955 0	784.637 7	1 800.9	4 032.3
28	23.883 9	39.204 5	50.065 6	63.800 4	102.966 6	164.844 7	412.864 2	1004.336 3	2 377.2	5 483.9
29	26.749 9	44.693 1	57.575 5	74.008 5	121.500 5	197.813 6	511.951 6	1285.550 4	3 137.9	7 458.1
30	29.959 9	50.950 2	66.211 8	85.849 9	143.370 6	237.376 3	634.819 9	1645.504 6	4 142.1	10 143
40	93.051	188.88	267.86	378.72	750.38	1469.8	5455.9	19 427	66 521	*
50	289.00	700.23	1083.7	1670.7	3927.4	9100.4	46 890	*	*	*
60	897.60	2595.9	4384.0	7370.2	20 555	56 348	*	*	*	*

附录二　复利现值系数表（PVIF 表）

n	*i*									
	1%	2%	3%	4%	5%	6%	7%	8%	9%	10%
1	0. 990 1	0. 980 4	0. 970 9	0. 961 5	0. 952 4	0. 943 4	0. 934 6	0. 925 9	0. 917 4	0. 909 1
2	0. 980 3	0. 961 2	0. 942 6	0. 924 6	0. 907 0	0. 890 0	0. 873 4	0. 857 3	0. 841 7	0. 826 4
3	0. 970 6	0. 942 3	0. 915 1	0. 889 0	0. 863 8	0. 839 6	0. 816 3	0. 793 8	0. 772 2	0. 751 3
4	0. 961 0	0. 923 8	0. 888 5	0. 854 8	0. 822 7	0. 792 1	0. 762 9	0. 735 0	0. 708 4	0. 683 0
5	0. 951 5	0. 905 7	0. 862 6	0. 821 9	0. 783 5	0. 747 3	0. 713 0	0. 680 6	0. 649 9	0. 620 9
6	0. 942 0	0. 888 0	0. 837 5	0. 790 3	0. 746 2	0. 705 0	0. 666 3	0. 630 2	0. 596 3	0. 564 5
7	0. 932 7	0. 870 6	0. 813 1	0. 759 9	0. 710 7	0. 665 1	0. 622 7	0. 583 5	0. 547 0	0. 513 2
8	0. 923 5	0. 853 5	0. 789 4	0. 730 7	0. 676 8	0. 627 4	0. 582 0	0. 540 3	0. 501 9	0. 466 5
9	0. 914 3	0. 836 8	0. 766 4	0. 702 6	0. 644 6	0. 591 9	0. 543 9	0. 500 2	0. 460 4	0. 424 1
10	0. 905 3	0. 820 3	0. 744 1	0. 675 6	0. 613 9	0. 558 4	0. 508 3	0. 463 2	0. 422 4	0. 385 5
11	0. 896 3	0. 804 3	0. 722 4	0. 649 6	0. 584 7	0. 526 8	0. 475 1	0. 428 9	0. 387 5	0. 350 5
12	0. 887 4	0. 788 5	0. 701 4	0. 624 6	0. 556 8	0. 497 0	0. 444 0	0. 397 1	0. 355 5	0. 318 6
13	0. 878 7	0. 773 0	0. 681 0	0. 600 6	0. 530 3	0. 468 8	0. 415 0	0. 367 7	0. 326 2	0. 289 7
14	0. 870 0	0. 757 9	0. 661 1	0. 577 5	0. 505 1	0. 442 3	0. 387 8	0. 340 5	0. 299 2	0. 263 3
15	0. 861 3	0. 743 0	0. 641 9	0. 555 3	0. 481 0	0. 417 3	0. 362 4	0. 315 2	0. 274 5	0. 239 4
16	0. 852 8	0. 728 4	0. 623 2	0. 533 9	0. 458 1	0. 393 6	0. 338 7	0. 291 9	0. 251 9	0. 217 6
17	0. 844 4	0. 714 2	0. 605 0	0. 513 4	0. 436 3	0. 371 4	0. 316 6	0. 270 3	0. 231 1	0. 197 8
18	0. 836 0	0. 700 2	0. 587 4	0. 493 6	0. 415 5	0. 350 3	0. 295 9	0. 250 2	0. 212 0	0. 179 9
19	0. 827 7	0. 686 4	0. 570 3	0. 474 6	0. 395 7	0. 330 5	0. 276 5	0. 231 7	0. 194 5	0. 163 5
20	0. 819 5	0. 673 0	0. 553 7	0. 456 4	0. 376 9	0. 311 8	0. 258 4	0. 214 5	0. 178 4	0. 148 6
21	0. 811 4	0. 659 8	0. 537 5	0. 438 8	0. 358 9	0. 294 2	0. 241 5	0. 198 7	0. 163 7	0. 135 1
22	0. 803 4	0. 646 8	0. 521 9	0. 422 0	0. 341 8	0. 277 5	0. 225 7	0. 183 9	0. 150 2	0. 122 8
23	0. 795 4	0. 634 2	0. 506 7	0. 405 7	0. 325 6	0. 261 8	0. 210 9	0. 170 3	0. 137 8	0. 111 7
24	0. 787 6	0. 621 7	0. 491 9	0. 390 1	0. 310 1	0. 247 0	0. 197 1	0. 157 7	0. 126 4	0. 101 5
25	0. 779 8	0. 609 5	0. 477 6	0. 375 1	0. 295 3	0. 233 0	0. 184 2	0. 146 0	0. 116 0	0. 092 3
26	0. 772 0	0. 597 6	0. 463 7	0. 360 7	0. 281 2	0. 219 8	0. 172 2	0. 135 2	0. 106 4	0. 083 9
27	0. 764 4	0. 585 9	0. 450 2	0. 346 8	0. 267 8	0. 207 4	0. 160 9	0. 125 2	0. 097 6	0. 076 3
28	0. 756 8	0. 574 4	0. 437 1	0. 333 5	0. 255 1	0. 195 6	0. 150 4	0. 115 9	0. 089 5	0. 069 3
29	0. 749 3	0. 563 1	0. 424 3	0. 320 7	0. 242 9	0. 184 6	0. 140 6	0. 107 3	0. 082 2	0. 063 0
30	0. 741 9	0. 552 1	0. 412 0	0. 308 3	0. 231 4	0. 174 1	0. 131 4	0. 099 4	0. 075 4	0. 057 3
35	0. 705 9	0. 500 0	0. 355 4	0. 253 4	0. 181 3	0. 130 1	0. 093 7	0. 067 6	0. 049 0	0. 035 6
40	0. 671 7	0. 452 9	0. 306 6	0. 208 3	0. 142 0	0. 097 2	0. 066 8	0. 046 0	0. 031 8	0. 022 1
45	0. 639 1	0. 410 2	0. 264 4	0. 171 2	0. 111 3	0. 072 7	0. 047 6	0. 031 3	0. 020 7	0. 013 7
50	0. 608 0	0. 371 5	0. 228 1	0. 140 7	0. 087 2	0. 054 3	0. 033 9	0. 021 3	0. 013 4	0. 008 5
55	0. 578 5	0. 336 5	0. 196 8	0. 115 7	0. 068 3	0. 040 6	0. 024 2	0. 014 5	0. 008 7	0. 005 3

续表

n	i									
	12%	14%	15%	16%	18%	20%	24%	28%	32%	36%
1	0.892 9	0.877 2	0.869 6	0.862 1	0.847 5	0.833 3	0.806 5	0.781 3	0.757 6	0.735 3
2	0.797 2	0.769 5	0.756 1	0.743 2	0.718 2	0.694 4	0.650 4	0.610 4	0.573 9	0.540 7
3	0.711 8	0.675 0	0.657 5	0.640 7	0.608 6	0.578 7	0.524 5	0.476 8	0.434 8	0.397 5
4	0.635 5	0.592 1	0.571 8	0.552 3	0.515 8	0.482 3	0.423 0	0.372 5	0.329 4	0.292 3
5	0.567 4	0.519 4	0.497 2	0.476 1	0.437 1	0.401 9	0.341 1	0.291 0	0.249 5	0.214 9
6	0.506 6	0.455 6	0.432 3	0.410 4	0.370 4	0.334 9	0.275 1	0.227 4	0.189 0	0.158 0
7	0.452 3	0.399 6	0.375 9	0.353 8	0.313 9	0.279 1	0.221 8	0.177 6	0.143 2	0.116 2
8	0.403 9	0.350 6	0.326 9	0.305 0	0.266 0	0.232 6	0.178 9	0.138 8	0.108 5	0.085 4
9	0.360 6	0.307 5	0.284 3	0.263 0	0.225 5	0.193 8	0.144 3	0.108 4	0.082 2	0.062 8
10	0.322 0	0.269 7	0.247 2	0.226 7	0.191 1	0.161 5	0.116 4	0.084 7	0.062 3	0.046 2
11	0.287 5	0.236 6	0.214 9	0.195 4	0.161 9	0.134 6	0.093 8	0.066 2	0.047 2	0.034 0
12	0.256 7	0.207 6	0.186 9	0.168 5	0.137 2	0.112 2	0.075 7	0.051 7	0.035 7	0.025 0
13	0.229 2	0.182 1	0.162 5	0.145 2	0.116 3	0.093 5	0.061 0	0.040 4	0.027 1	0.018 4
14	0.204 6	0.159 7	0.141 3	0.125 2	0.098 5	0.077 9	0.049 2	0.031 6	0.020 5	0.013 5
15	0.182 7	0.140 1	0.122 9	0.107 9	0.083 5	0.064 9	0.039 7	0.024 7	0.015 5	0.009 9
16	0.163 1	0.122 9	0.106 9	0.093 0	0.070 8	0.054 1	0.032 0	0.019 3	0.011 8	0.007 3
17	0.145 6	0.107 8	0.092 9	0.080 2	0.060 0	0.045 1	0.025 8	0.015 0	0.008 9	0.005 4
18	0.130 0	0.094 6	0.080 8	0.069 1	0.050 8	0.037 6	0.020 8	0.011 8	0.006 8	0.003 9
19	0.116 1	0.082 9	0.0703	0.059 6	0.043 1	0.031 3	0.016 8	0.009 2	0.005 1	0.002 9
20	0.103 7	0.072 8	0.061 1	0.051 4	0.036 5	0.026 1	0.013 5	0.007 2	0.003 9	0.002 1
21	0.092 6	0.063 8	0.053 1	0.044 3	0.030 9	0.021 7	0.010 9	0.005 6	0.002 9	0.001 6
22	0.082 6	0.056 0	0.046 2	0.038 2	0.026 2	0.018 1	0.008 8	0.004 4	0.002 2	0.001 2
23	0.073 8	0.049 1	0.040 2	0.032 9	0.022 2	0.015 1	0.007 1	0.003 4	0.001 7	0.000 8
24	0.065 9	0.043 1	0.034 9	0.028 4	0.018 8	0.012 6	0.005 7	0.002 7	0.001 3	0.000 6
25	0.058 8	0.037 8	0.030 4	0.024 5	0.016 0	0.010 5	0.004 6	0.002 1	0.001 0	0.000 5
26	0.052 5	0.033 1	0.026 4	0.021 1	0.013 5	0.008 7	0.003 7	0.001 6	0.000 7	0.000 3
27	0.046 9	0.029 1	0.023 0	0.018 2	0.011 5	0.007 3	0.003 0	0.001 3	0.000 6	0.000 2
28	0.041 9	0.025 5	0.020 0	0.015 7	0.009 7	0.006 1	0.002 4	0.001 0	0.000 4	0.000 2
29	0.037 4	0.022 4	0.017 4	0.013 5	0.008 2	0.005 1	0.002 0	0.000 8	0.000 3	0.000 1
30	0.033 4	0.019 6	0.015 1	0.011 6	0.007 0	0.004 2	0.001 6	0.000 6	0.000 2	0.000 1
35	0.018 9	0.010 2	0.007 5	0.005 5	0.003 0	0.001 7	0.000 5	0.000 2	0.000 1	*
40	0.010 7	0.005 3	0.003 7	0.002 6	0.001 3	0.000 7	0.000 2	0.000 1	*	*
45	0.006 1	0.002 7	0.001 9	0.001 3	0.000 6	0.000 3	0.000 1	*	*	*
50	0.003 5	0.001 4	0.000 9	0.000 6	0.000 3	0.000 1	*	*	*	*
55	0.002 0	0.000 7	0.000 5	0.000 3	0.000 1	*	*	*	*	*

附录三　年金终值系数表（FVIFA 表）

n	i									
	1%	2%	3%	4%	5%	6%	7%	8%	9%	10%
1	1. 000 0	1. 000 0	1. 000 0	1. 000 0	1. 000 0	1. 000 0	1. 000 0	1. 000 0	1. 000 0	1. 000 0
2	2. 010 0	2. 020 0	2. 030 0	2. 040 0	2. 050 0	2. 060 0	2. 070 0	2. 080 0	2. 090 0	2. 100 0
3	3. 030 1	3. 060 4	3. 090 9	3. 121 6	3. 152 5	3. 183 6	3. 214 9	3. 246 4	3. 278 1	3. 310 0
4	4. 060 4	4. 121 6	4. 183 6	4. 246 5	4. 310 1	4. 374 6	4. 439 9	4. 506 1	4. 573 1	4. 641 0
5	5. 101 0	5. 204 0	5. 309 1	5. 416 3	5. 525 6	5. 637 1	5. 750 7	5. 866 6	5. 984 7	6. 105 1
6	6. 152 0	6. 308 1	6. 468 4	6. 633 0	6. 801 9	6. 975 3	7. 153 3	7. 335 9	7. 523 3	7. 715 6
7	7. 213 5	7. 434 3	7. 662 5	7. 898 3	8. 142 0	8. 393 8	8. 654 0	8. 922 8	9. 200 4	9. 487 2
8	8. 285 7	8. 583 0	8. 892 3	9. 214 2	9. 549 1	9. 897 5	10. 259 8	10. 636 6	11. 028 5	11. 435 9
9	9. 368 5	9. 754 6	10. 159 1	10. 582 8	11. 026 6	11. 491 3	11. 978 0	12. 487 6	13. 021 0	13. 579 5
10	10. 462 2	10. 949 7	11. 463 9	12. 006 1	12. 577 9	13. 180 8	13. 816 4	14. 486 6	15. 192 9	15. 937 4
11	11. 566 8	12. 168 7	12. 807 8	13. 486 4	14. 206 8	14. 971 6	15. 783 6	16. 645 5	17. 560 3	18. 531 2
12	12. 682 5	13. 412 1	14. 192 0	15. 025 8	15. 917 1	16. 869 9	17. 888 5	18. 977 1	20. 140 7	21. 384 3
13	13. 809 3	14. 680 3	15. 617 8	16. 626 8	17. 713 0	18. 882 1	20. 140 6	21. 495 3	22. 953 4	24. 522 7
14	14. 947 4	15. 973 9	17. 086 3	18. 291 9	19. 598 6	21. 015 1	22. 550 5	24. 214 9	26. 019 2	27. 975 0
15	16. 096 9	17. 293 4	18. 598 9	20. 023 6	21. 578 6	23. 276 0	25. 129 0	27. 152 1	29. 360 9	31. 772 5
16	17. 257 9	18. 639 3	20. 156 9	21. 824 5	23. 657 5	25. 672 5	27. 888 1	30. 324 3	33. 003 4	35. 949 7
17	18. 430 4	20. 012 1	21. 761 6	23. 697 5	25. 840 4	28. 212 9	30. 840 2	33. 750 2	36. 973 7	40. 544 7
18	19. 614 7	21. 412 3	23. 414 4	25. 645 4	28. 132 4	30. 905 7	33. 999 0	37. 450 2	41. 301 3	45. 599 2
19	20. 810 9	22. 840 6	25. 116 9	27. 671 2	30. 539 0	33. 760 0	37. 379 0	41. 446 3	46. 018 5	51. 159 1
20	22. 019 0	24. 297 4	26. 870 4	29. 778 1	33. 066 0	36. 785 6	40. 995 5	45. 762 0	51. 160 1	57. 275 0
21	23. 239 2	25. 783 3	28. 676 5	31. 969 2	35. 719 3	39. 992 7	44. 865 2	50. 422 9	56. 764 5	64. 002 5
22	24. 471 6	27. 299 0	30. 536 8	34. 248 0	38. 505 2	43. 392 3	49. 005 7	55. 456 8	62. 873 3	71. 402 7
23	25. 716 3	28. 845 0	32. 452 9	36. 617 9	41. 430 5	46. 995 8	53. 436 1	60. 893 3	69. 531 9	79. 543 0
24	26. 973 5	30. 421 9	34. 426 5	39. 082 6	44. 502 0	50. 815 6	58. 176 7	66. 764 8	76. 789 8	88. 497 3
25	28. 243 2	32. 030 3	36. 459 3	41. 645 9	47. 727 1	54. 864 5	63. 249 0	73. 105 9	84. 700 9	98. 347 1
26	29. 525 6	33. 670 9	38. 553 0	44. 311 7	51. 113 5	59. 156 4	68. 676 5	79. 954 4	93. 324 0	109. 181 8
27	30. 820 9	35. 344 3	40. 709 6	47. 084 2	54. 669 1	63. 705 8	74. 483 8	87. 350 8	102. 723 1	121. 099 9
28	32. 129 1	37. 051 2	42. 930 9	49. 967 6	58. 402 6	68. 528 1	80. 697 7	95. 338 8	112. 968 2	134. 209 9
29	33. 450 4	38. 792 2	45. 218 9	52. 966 3	62. 322 7	73. 639 8	87. 346 5	103. 965 9	124. 135 4	148. 630 9
30	34. 784 9	40. 568 1	47. 575 4	56. 084 9	66. 438 8	79. 058 2	94. 460 8	113. 283 2	136. 307 5	164. 494 0
40	48. 886	60. 402	75. 401	95. 026	120. 80	154. 76	199. 64	259. 06	337. 88	442. 59
50	64. 463	84. 579	112. 80	152. 67	209. 35	290. 34	406. 53	573. 77	815. 08	1 163. 9
60	81. 670	114. 05	163. 05	237. 99	353. 58	533. 13	813. 52	1 253. 2	1 944. 8	3 034. 8

续表

n	i									
	12%	14%	15%	16%	18%	20%	24%	28%	32%	36%
1	1.000 0	1.000 0	1.000 0	1.000 0	1.000 0	1.000 0	1.000 0	1.000 0	1.000 0	1.000 0
2	2.120 0	2.140 0	2.150 0	2.160 0	2.180 0	2.200 0	2.240 0	2.280 0	2.32	2.36
3	3.374 4	3.439 6	3.472 5	3.505 6	3.572 4	3.640 0	3.777 6	3.918 4	4.062 4	4.209 6
4	4.779 3	4.921 1	4.993 4	5.066 5	5.215 4	5.368 0	5.684 2	6.015 6	6.362 4	6.725 1
5	6.352 8	6.610 1	6.742 4	6.877 1	7.154 2	7.441 6	8.048 4	8.699 9	9.398 3	10.146 1
6	8.115 2	8.535 5	8.753 7	8.977 5	9.442 0	9.929 9	10.980 1	12.135 9	13.406	14.799
7	10.089 0	10.730 5	11.066 8	11.413 9	12.141 5	12.915 9	14.615 3	16.533 9	18.696	21.126
8	12.299 7	13.232 8	13.726 8	14.240 1	15.327 0	16.499 1	19.122 9	22.163 4	25.678	29.732
9	14.775 7	16.085 3	16.785 8	17.518 5	19.085 9	20.798 9	24.712 5	29.369 2	34.895	41.435
10	17.548 7	19.337 3	20.303 7	21.321 5	23.521 3	25.958 7	31.643 4	38.592 6	47.062	57.352
11	20.654 6	23.044 5	24.349 3	25.732 9	28.755 1	32.150 4	40.237 9	50.398 5	63.122	78.998
12	24.133 1	27.270 7	29.001 7	30.850 2	34.931 1	39.580 5	50.895 0	65.510 0	84.32	108.437
13	28.029 1	32.088 7	34.351 9	36.786 2	42.218 7	48.496 6	64.109 7	84.852 9	112.303	148.475
14	32.392 6	37.581 1	40.504 7	43.672 0	50.818 0	59.195 9	80.496 1	109.611 7	149.24	202.926
15	37.279 7	43.842 4	47.580 4	51.659 5	60.965 3	72.035 1	100.815 1	141.302 9	198	276.98
16	42.753 3	50.980 4	55.717 5	60.925 0	72.939 0	87.442 1	126.010 8	181.867 7	262.36	377.69
17	48.883 7	59.117 6	65.075 1	71.673 0	87.068 0	105.930 6	157.253 4	233.790 7	347.31	514.66
18	55.749 7	68.394 1	75.836 4	84.140 7	103.740 3	128.116 7	195.994 2	300.252 1	459.45	700.94
19	63.439 7	78.969 2	88.211 8	98.603 2	123.413 5	154.740 0	244.032 8	385.322 7	607.47	954.28
20	72.052 4	91.024 9	102.443 6	115.379 7	146.628 0	186.688 0	303.600 6	494.213 1	802.86	1 298.8
21	81.698 7	104.768 4	118.810 1	134.840 5	174.021 0	225.025 6	377.464 8	633.592 7	1 060.8	1 767.4
22	92.502 6	120.436 0	137.631 6	157.415 0	206.344 8	271.030 7	469.056 3	811.998 7	1 401.2	2 404.7
23	104.602 9	138.297 0	159.276 4	183.601 4	244.486 8	326.236 9	582.629 8	1040.358 3	1 850.6	3 271.3
24	118.155 2	158.658 6	184.167 8	213.977 6	289.494 5	392.484 2	723.461 0	1332.658 6	2 443.8	4 450.0
25	133.333 9	181.870 8	212.793 0	249.214 0	342.603 5	471.981 1	898.091 6	1706.803 1	3 226.8	6 053.0
26	150.333 9	208.332 7	245.712 0	290.088 3	405.272 1	567.377 3	1114.633 6	2185.707 9	4 260.4	8 233.1
27	169.374 0	238.499 3	283.568 8	337.502 4	479.221 1	681.852 8	1383.145 7	2798.706 1	5 624.8	11 198.0
28	190.698 9	272.889 2	327.104 1	392.502 8	566.480 9	819.223 3	1716.100 7	3583.343 8	7 425.7	15 230.3
29	214.582 8	312.093 7	377.169 7	456.303 2	669.447 5	984.068 0	2128.964 8	4587.680 1	9 802.9	20 714.2
30	241.332 7	356.786 8	434.745 1	530.311 7	790.948 0	1181.881 6	2640.916 4	5873.230 6	12 940.9	28 172.3
40	767.09	1 342.0	1 779.1	2 360.8	4 163.2	7 343.9	22 728.8	69 377.5	*	*
50	2 400.0	4 994.5	7 217.7	10 435.6	21 813.1	45 497.2	*	*	*	*
60	7 471.6	18 535	29 220	46 058	*	*	*	*	*	*

附录四 年金现值系数表（PVIFA 表）

n	i									
	1%	2%	3%	4%	5%	6%	7%	8%	9%	10%
1	0.990 1	0.980 4	0.970 9	0.961 5	0.952 4	0.943 4	0.934 6	0.925 9	0.917 4	0.909 1
2	1.970 4	1.941 6	1.913 5	1.886 1	1.859 4	1.833 4	1.808 0	1.783 3	1.759 1	1.735 5
3	2.941 0	2.883 9	2.828 6	2.775 1	2.723 2	2.673 0	2.624 3	2.577 1	2.531 3	2.486 9
4	3.902 0	3.807 7	3.717 1	3.629 9	3.546 0	3.465 1	3.387 2	3.312 1	3.239 7	3.169 9
5	4.853 4	4.713 5	4.579 7	4.451 8	4.329 5	4.212 4	4.100 2	3.992 7	3.889 7	3.790 8
6	5.795 5	5.601 4	5.417 2	5.242 1	5.075 7	4.917 3	4.766 5	4.622 9	4.485 9	4.355 3
7	6.728 2	6.472 0	6.230 3	6.002 1	5.786 4	5.582 4	5.389 3	5.206 4	5.033 0	4.868 4
8	7.651 7	7.325 5	7.019 7	6.732 7	6.463 2	6.209 8	5.971 3	5.746 6	5.534 8	5.334 9
9	8.566 0	8.162 2	7.786 1	7.435 3	7.107 8	6.801 7	6.515 2	6.246 9	5.995 2	5.759 0
10	9.471 3	8.982 6	8.530 2	8.110 9	7.721 7	7.360 1	7.023 6	6.710 1	6.417 7	6.144 6
11	10.367 6	9.786 8	9.252 6	8.760 5	8.306 4	7.886 9	7.498 7	7.139 0	6.805 2	6.495 1
12	11.255 1	10.575 3	9.954 0	9.385 1	8.863 3	8.383 8	7.942 7	7.536 1	7.160 7	6.813 7
13	12.133 7	11.348 4	10.635 0	9.985 6	9.393 6	8.852 7	8.357 7	7.903 8	7.486 9	7.103 4
14	13.003 7	12.106 2	11.296 1	10.563 1	9.898 6	9.295 0	8.745 5	8.244 2	7.786 2	7.366 7
15	13.865 1	12.849 3	11.937 9	11.118 4	10.379 7	9.712 2	9.107 9	8.559 5	8.060 7	7.606 1
16	14.717 9	13.577 7	12.561 1	11.652 3	10.837 8	10.105 9	9.446 6	8.851 4	8.312 6	7.823 7
17	15.562 3	14.291 9	13.166 1	12.165 7	11.274 1	10.477 3	9.763 2	9.121 6	8.543 6	8.021 6
18	16.398 3	14.992 0	13.753 5	12.659 3	11.689 6	10.827 6	10.059 1	9.371 9	8.755 6	8.201 4
19	17.226 0	15.678 5	14.323 8	13.133 9	12.085 3	11.158 1	10.335 6	9.603 6	8.950 1	8.364 9
20	18.045 6	16.351 4	14.877 5	13.590 3	12.462 2	11.469 9	10.594 0	9.818 1	9.128 5	8.513 6
21	18.857 0	17.011 2	15.415 0	14.029 2	12.821 2	11.764 1	10.835 5	10.016 8	9.292 2	8.648 7
22	19.660 4	17.658 0	15.936 9	14.451 1	13.163 0	12.041 6	11.061 2	10.200 7	9.442 4	8.771 5
23	20.455 8	18.292 2	16.443 6	14.856 8	13.488 6	12.303 4	11.272 2	10.371 1	9.580 2	8.883 2
24	21.243 4	18.913 9	16.935 5	15.247 0	13.798 6	12.550 4	11.469 3	10.528 8	9.706 6	8.984 7
25	22.023 2	19.523 5	17.413 1	15.622 1	14.093 9	12.783 4	11.653 6	10.674 8	9.822 6	9.077 0
26	22.795 2	20.121 0	17.876 8	15.982 8	14.375 2	13.003 2	11.825 8	10.810 0	9.929 0	9.160 9
27	23.559 6	20.706 9	18.327 0	16.329 6	14.643 0	13.210 5	11.986 7	10.935 2	10.026 6	9.237 2
28	24.316 4	21.281 3	18.764 1	16.663 1	14.898 1	13.406 2	12.137 1	11.051 1	10.116 1	9.306 6
29	25.065 8	21.844 4	19.188 5	16.983 7	15.141 1	13.590 7	12.277 7	11.158 4	10.198 3	9.369 6
30	25.807 7	22.396 5	19.600 4	17.292 0	15.372 5	13.764 8	12.409 0	11.257 8	10.273 7	9.426 9
35	29.408 6	24.998 6	21.487 2	18.664 6	16.374 2	14.498 2	12.947 7	11.654 6	10.566 8	9.644 2
40	32.834 7	27.355 5	23.114 8	19.792 8	17.159 1	15.046 3	13.331 7	11.924 6	10.757 4	9.779 1
45	36.094 5	29.490 2	24.518 7	20.720 0	17.774 1	15.455 8	13.605 5	12.108 4	10.881 2	9.862 8
50	39.196 1	31.423 6	25.729 8	21.482 2	18.255 9	15.761 9	13.800 7	12.233 5	10.961 7	9.914 8
55	42.147 2	33.174 8	26.774 4	22.108 6	18.633 5	15.990 5	13.939 9	12.318 6	11.014 0	9.947 1

续表

n	i								
	12%	14%	15%	16%	18%	20%	24%	28%	32%
1	0.892 9	0.877 2	0.869 6	0.862 1	0.847 5	0.833 3	0.806 5	0.781 3	0.757 6
2	1.690 1	1.646 7	1.625 7	1.605 2	1.565 6	1.527 8	1.456 8	1.391 6	1.331 5
3	2.401 8	2.321 6	2.283 2	2.245 9	2.174 3	2.106 5	1.981 3	1.868 4	1.766 3
4	3.037 3	2.913 7	2.855 0	2.798 2	2.690 1	2.588 7	2.404 3	2.241 0	2.095 7
5	3.604 8	3.433 1	3.352 2	3.274 3	3.127 2	2.990 6	2.745 4	2.532 0	2.345 2
6	4.111 4	3.888 7	3.784 5	3.684 7	3.497 6	3.325 5	3.020 5	2.759 4	2.534 2
7	4.563 8	4.288 3	4.160 4	4.038 6	3.811 5	3.604 6	3.242 3	2.937 0	2.677 5
8	4.967 6	4.638 9	4.487 3	4.343 6	4.077 6	3.837 2	3.421 2	3.075 8	2.786 0
9	5.328 2	4.946 4	4.771 6	4.606 5	4.303 0	4.031 0	3.565 5	3.184 2	2.868 1
10	5.650 2	5.216 1	5.018 8	4.833 2	4.494 1	4.192 5	3.681 9	3.268 9	2.930 4
11	5.937 7	5.452 7	5.233 7	5.028 6	4.656 0	4.327 1	3.775 7	3.335 1	2.977 6
12	6.194 4	5.660 3	5.420 6	5.197 1	4.793 2	4.439 2	3.851 4	3.386 8	3.013 3
13	6.423 5	5.842 4	5.583 1	5.342 3	4.909 5	4.532 7	3.912 4	3.427 2	3.040 4
14	6.628 2	6.002 1	5.724 5	5.467 5	5.008 1	4.610 6	3.961 6	3.458 7	3.060 9
15	6.810 9	6.142 2	5.847 4	5.575 5	5.091 6	4.675 5	4.001 3	3.483 4	3.076 4
16	6.974 0	6.265 1	5.954 2	5.668 5	5.162 4	4.729 6	4.033 3	3.502 6	3.088 2
17	7.119 6	6.372 9	6.047 2	5.748 7	5.222 3	4.774 6	4.059 1	3.517 7	3.097 1
18	7.249 7	6.467 4	6.128 0	5.817 8	5.273 2	4.812 2	4.079 9	3.529 4	3.103 9
19	7.365 8	6.550 4	6.198 2	5.877 5	5.316 2	4.843 5	4.096 7	3.538 6	3.109 0
20	7.469 4	6.623 1	6.259 3	5.928 8	5.352 7	4.869 6	4.110 3	3.545 8	3.112 9
21	7.562 0	6.687 0	6.312 5	5.973 1	5.383 7	4.891 3	4.121 2	3.551 4	3.115 8
22	7.644 6	6.742 9	6.358 7	6.011 3	5.409 9	4.909 4	4.130 0	3.555 8	3.118 0
23	7.718 4	6.792 1	6.398 8	6.044 2	5.432 1	4.924 5	4.137 1	3.559 2	3.119 7
24	7.784 3	6.835 1	6.433 8	6.072 6	5.450 9	4.937 1	4.142 8	3.561 9	3.121 0
25	7.843 1	6.872 9	6.464 1	6.097 1	5.466 9	4.947 6	4.147 4	3.564 0	3.122 0
26	7.895 7	6.906 1	5.490 6	6.118 2	5.480 4	4.956 3	4.151 1	3.565 6	3.122 7
27	7.942 6	6.935 2	5.513 5	6.136 4	5.491 9	4.963 6	4.154 2	3.566 9	3.123 3
28	7.984 4	6.960 7	5.533 5	6.152 0	5.501 6	4.969 7	4.156 6	3.567 9	3.123 7
29	8.021 8	6.983 0	5.550 9	6.165 6	5.509 8	4.974 7	4.158 5	3.568 7	3.124 0
30	8.055 2	7.002 7	5.566 0	6.177 2	5.516 8	4.978 9	4.160 1	3.569 3	3.124 2
35	8.175 5	7.070 0	6.616 6	6.215 3	5.538 6	4.991 5	4.164 4	3.570 8	3.124 8
40	8.243 8	7.105 0	6.641 8	6.233 5	5.548 2	4.996 6	4.165 9	3.571 2	3.125 0
45	8.282 5	7.123 2	6.654 3	6.242 1	5.552 3	4.998 6	4.166 4	3.571 4	3.125 0
50	8.304 5	7.132 7	6.660 5	6.246 3	5.554 1	4.999 5	4.166 6	3.571 4	3.125 0
55	8.317 0	7.137 6	6.663 6	6.248 2	5.554 9	4.999 8	4.166 6	3.571 4	3.125 0